高培勇　主编

与改革开放共进

《财贸经济》创刊35周年纪念文集

中国社会科学出版社

图书在版编目(CIP)数据

与改革开放共进：《财贸经济》创刊35周年纪念文集/高培勇主编.—北京：中国社会科学出版社，2015.7

ISBN 978 – 7 – 5161 – 6301 – 6

Ⅰ.①与… Ⅱ.①高… Ⅲ.①经济学—文集 Ⅳ.①F0 – 53

中国版本图书馆CIP数据核字(2015)第131058号

出 版 人	赵剑英
责任编辑	田　文　王艳春
责任校对	李　莉
责任印制	王　超

出　　版	中国社会科学出版社
社　　址	北京鼓楼西大街甲158号
邮　　编	100720
网　　址	http://www.csspw.cn
发 行 部	010 – 84083685
门 市 部	010 – 84029450
经　　销	新华书店及其他书店
印刷装订	北京君升印刷有限公司
版　　次	2015年7月第1版
印　　次	2015年7月第1次印刷
开　　本	787×1092　1/16
印　　张	27.25
插　　页	2
字　　数	518千字
定　　价	108.00元

凡购买中国社会科学出版社图书，如有质量问题请与本社联系调换
电话：010 – 84083683
版权所有　侵权必究

序 言

1978年年底，党的十一届三中全会决定，党的工作重心转移到社会主义现代化建设上来，实行改革开放。从那时起，中国实行渐进式改革，摸着石头过河，从农村改革起步，到2012年党的十八大后发展为全面深化改革，为中国经济起飞和经济社会科学发展不断提供强大动力。

渐进式改革的重要特点是先着重推进经济体制改革，以振兴经济，为改变国家贫穷落后的面貌并逐步迈向工业化和现代化提供坚实的物质基础。即使是进入全面深化改革阶段，也要以经济体制改革为重点。这是由我国将长期处于社会主义初级阶段，需要坚持以经济建设为中心，以便为全面建成小康社会和中华民族的伟大复兴打牢坚实的物质基础所决定的。因此，中国三十多年来最显著的特点是改革开放，特别是经济体制改革和发展外向型经济。

中国的经济体制改革是沿着两条主线展开的，一条是所有制改革、企业改革，重塑社会主义市场经济的基础结构；另一条是经济运行机制改革，用市场价格取代行政定价，宏观经济从直接管理改为以间接管理为主，从吸收外资和发展对外贸易入手实行对外开放。中国三十多年改革实践表明，所有制改革在体制外发展个体私营等非公有制经济方面取得明显进展，但国有经济与企业改革因困难重重至今远未到位。而经济运行机制改革则取得实质性进展，20世纪80年代价格改革一枝独秀并带动各种各类市场像雨后春笋般成长起来、90年代即初步建立起以财政政策和货币政策为主要手段的宏观调控体系、2001年加入世贸组织使对外开放和中国经济融入全球化进入新阶段。2013年，党的十八届三中全会决定对此后如何健全社会主义市场经济体制和整体推进"五位一体"改革，做了很好的顶层设计并正在逐步落实中。

改革开放使中国经济迅速活跃起来，有力地推动着经济的持续高速增长，改革开放36年GDP年均增速达9.7%，而同期世界经济年均增速不到3%。我国经济高速增长时期持续的时间和增长速度都超过了经济起飞时期的日本和亚洲"四小龙"，创造了人类经济发展史上的新奇迹。从2010年起，中国已超越日本成为世界第二大经济体。2014年，中国人均GDP已达7000美元以上，稳居中上收入国家行列。

　　正是在上述大背景下，《财贸经济》从1980年创刊起35年来发表了大量中国经济运行机制改革方面有质量的文章，以及其他经济领域改革和发展的热点文章，其中有的着重从理论上进行研究和阐述，有的提供改革、发展的方案和政策建议，成为国内财贸及经济领域的权威杂志，在社会上和理论界产生越来越大的影响。本书收录的三十多篇文章，就是《财贸经济》创刊以来发表的比较有代表性的作品，每年一篇。这当中既有孙冶方、许涤新、刘明夫等大家敬仰的老一辈马克思主义经济学家的传世之作，也有不少改革开放后涌现的掌握现代经济学原理的中青年经济学家的佳作。

　　当前，中国经济正在稳步进入新常态。经济正从高速换挡为中高速增长，经济结构正在进行重大的调整和转型升级，经济发展方式正逐步转向创新驱动发展，经济改革正在紧紧围绕使市场在资源配置中起决定性作用深化和攻坚克难。国民经济包括财贸领域有许多重大战略性全局性理论性问题，迫切需要我们认真研究和出谋献策。为了促进我国经济更好地顺利进入新常态，我们要有新视野，采用新方法，运用新概念，研究新情况，探索新规律，概括新理论，提出新对策，百花齐放，百家争鸣。《财贸经济》作为全国性的重要学术园地，将扮演更加重要的角色，肩负更重要的责任，发挥更大、更好的作用。

　　衷心祝愿《财贸经济》百尺竿头，更进一步！

张卓元

2015年4月

主编的话

一

《财贸经济》今年35岁了。恰如人生旅程，35岁意味着进入了能干事、干成事的黄金年龄段。对创办于1980年的这本应用经济学综合性学术期刊而言，以往的35年，不仅记录了自身不平凡的成长轨迹，而且见证了祖国改革开放事业的历史进程。今天的她，正迎来既富有深厚根基又彰显发展潜力的极好时光。

二

诞生并成长于改革开放年代的《财贸经济》，天然地肩负着一种特殊使命：与改革开放共进。

1980年，那还是改革开放刚刚起步之时，《财贸经济》就以丛刊的名义应运而生。那个时候，"实践是检验真理的唯一标准"得以确立，经济理论界呈现出"百家争鸣、百花齐放"的大好局面，各种思想激荡、不同观点碰撞。作为一个探索改革开放事业道路、贡献财经科学前沿成果的园地，在创刊初期，《财贸经济》就坚持刊发的高起点，围绕经济管理体制改革、财税管理体制改革、流通管理体制改革、价格管理体制改革等方面主题，相继刊发了薛暮桥、于光远、许毅、杨纪琬、黄达、王绍飞、何振一、贾履让、王振之、林文益等一系列著名经济学大家的论述。这些论述，对于指导、推动那一时期的改革开放，无疑起到了重要的支撑作用。

从那以后，《财贸经济》致力于"共同探讨财政、金融、商业、外贸、物资、价格、旅游等方面的理论和实践"，努力"做党和政府的得力助手"；同时，又坚持与时俱进，密切关注"不断出现的许多新事物与新问题"[1]，逐步形成了自身的

---

[1] 引自《实践 认识 再实践 再认识》，《财贸经济》（丛刊）1980年第1辑。该文由"本刊编辑部"撰写，可看作是当时的发刊词。

办刊风格。

今天，当我们站在新的历史起点上回望《财贸经济》35年的成长历程，可以异常清晰地看到，《财贸经济》始终是与祖国的改革开放事业和经济社会发展进程紧密地联系在一起的。每逢关乎改革开放事业的重大实施方案酝酿、出台，每当关乎改革开放事业的重大理论观点孕育、形成，每遇牵涉中国经济社会发展进程的重大事件发生，每到牵涉中国经济社会发展进程的重大时机来临，《财贸经济》都秉承"研以致用、为人民做学问"的办刊理念，以研究党和国家亟待回答和解决的重大理论和现实问题为主攻方向，以服务于党和国家的全局性、战略性和前瞻性经济问题决策为中心目标，发表了一系列高质量的研究成果。可以说，在中国改革开放和经济社会发展进程中的几乎每一个环节，《财贸经济》都留下了自己的深刻印记。

从研究改革开放问题起步，随着改革开放问题研究的日益深入而逐渐成熟起来。研究改革开放、推进改革开放、把脉改革开放，进一步完善改革开放，事实上构成了《财贸经济》成长历程的一条主线索。

三

随着改革开放迈入深水区和攻坚期，随着发展步入新阶段，中国的改革开放任务异常艰巨而繁重，中国的经济社会发展任务亦面临机遇且极富挑战。于是，在新的历史起点上，以"四个全面"战略布局的实施为契机，始终与改革开放共进的《财贸经济》又迎来了新的成长期。

我们发现，当改革开放全面覆盖经济体制、政治体制、文化体制、社会体制、生态文明制度和党的建设制度领域，从而进入全面深化改革开放的特殊历史时期时，对于改革开放问题的研究需求越来越呈现出综合性的特点。几乎所有的事关改革开放的重大理论和现实问题，都是要跃出单一学科或专业的局限而放置于跨学科、跨专业的宏观棋局上，通过多学科会诊、多专业协同作战加以破解的。

我们还发现，当经济社会发展面临极为错综复杂的国内外形势，面临一系列前所未有的新问题、新矛盾、新挑战、新机遇，从而处于一个极不确定、极不稳定的新的历史阶段时，对于经济社会发展的研究需求也越来越呈现出综合性的特点。几乎所有的事关经济社会发展的重大理论和现实问题，也都是要跃出单一学科或专业的局限而放置于跨学科、跨专业的宏观棋局上，通过多学科会诊、多专业协同作战加以破解的。

这即是说，在当前的中国，我们比以往任何时候都需要加强对于综合性问题的研究，都需要增加对于综合性研究产品的供给。完成这一任务的通道，就在于告别以学科或专业领域划界的传统研究范式，而以脱出学科、专业局限的综合视野，致力于跨学科、跨专业的综合性研究。

这种新的形势，自然会挑战越来越趋向于细化的现实学科体系和专业布局，同时也会倒逼传统科研作业方式和科研组织机制的转型。可以预期，提倡跨学科、跨专业的综合研究，推崇多学科、多专业的合作研究；以社会调研为根本，把"广阔天地"作为社会科学研究的试验室，让学术研究更"接地气"；实现理论与实践相结合、理想与现实相融合等，将会成为我国学术研究领域的新潮流。

认识到"办刊如办（研究）院"以及学术性期刊在引领学术发展方向、推动科研体制机制改革方面所具有的独特作用，以财贸所改建为财经院为转折点，在建设"国家级学术型智库"的旗帜下，我们决定，在继承并保持各方面传统学科优势的基础上，将《财贸经济》定位于"应用经济学研究的综合性学术期刊"，重点发表代表中国应用经济学最高水准、以重大理论和现实问题为研究对象的应用经济学领域的优秀研究成果。

四

应当说，经过以往35年成长历程的洗礼，《财贸经济》所形成的办刊风格是颇具特色的。概括起来，它可大致做如下几个方面的归结：

第一，重视基础理论研究。

立刻可以找到几个突出的代表性例子。

1981年第1期发表的孙冶方《流通概论》一文，对于社会再生产中的流通过程做了深刻分析。该文指出，《资本论》的第一卷和第三卷都写生产过程，第一卷写个别资本的生产过程，第三卷写资本主义生产的总过程；第二卷研究"资本的流通过程"。没有流通过程，就不能把千千万万个企业的生产联合成为一个全社会的总生产过程。故而，针对当时存在的"无流通论"，该文认为，《资本论》第一卷为社会主义政治经济学打下了基础，第二卷关于循环、周转以及再生产（综合平衡）的理论，才是建设社会主义政治经济学的主要内容。任何社会化的大生产都包括两个过程，即生产过程和由交换组成的流通过程。政治经济学所研究的生产关系不仅存在于直接生产过程中，而且更多地存在于或反映在流通过程中各个环节上。肯定流通领域劳动过程的生产性非常重要。在社会化大生产条件下，社会再生产过程的两个阶段——生产阶段和流通阶段，相互联系、相互制约，客观上要求有相互适应的比例关系：社会用于流通领域的劳动量（包括活劳动和物化劳动）必须同生产的发展、同消费的需要相适应。

价格理论也是《财贸经济》长期关注的一个研究领域。1981年第1期发表的薛暮桥《谈谈物价问题》，涉及价格是怎么形成的、通货膨胀和物价稳定以及物价问题的根本解决三方面内容。1984年第10期发表的孙冶方《价格和价格政策》，涉及的内容包括不同的价值理论产生了不同的价格理论；为什么经济学界否认等价交换原则的意见一度很流行；何谓比价；关键在于工农产品要等价交换；价格与价值相符的政策是最正确的政策，等等。1986年第7期发表的张卓元《论价格体制从直接管理向间接管理转变》，涉及国家对价格从直接管理逐步转变为主要进行间接管理改革的理论分析。

创刊号（1980年第1期）发表的许毅《综合财政的理论对财政学的发展》一文，在回顾了综合平衡理论在新中国的发展及所经过的曲折过程基础上，做出了如下判断：其一，坚持财政收支平衡，是恢复时期夺取财经状况根本好转的关键。其二，1953年计划工作失算证明，财政收支与信贷收支是相互联系、相互制约的，必须统一平衡。银行信贷收支靠财政来保证，预算结余是不能轻易动用的。其三，1956年第二次失算的问题出在增加基本建设、增拨农贷和增加工资齐头并进上。其四，"大跃进"三年的国民经济大挫折，从反面证明了建设规模与国力失去平衡，是国民经济比例失调的症结所在，也让人们认识到坚持三大平衡，坚持建设规模和国力平衡，对于发展国民经济具有极为重要的意义。其五，"文化大革命"期间，综合平衡遭到否定和破坏。第六，粉碎"四人帮"以后，在如何坚持建设规模和国力平衡上存在不同认识。

王绍飞在1983年第3期上发表的《关于财政学的几个问题》，发展了他在20世纪60年代的观点，着重讨论了财政学的研究对象、财政关系与国家、财政一般与特殊财政的关系等问题。在他看来，财政学是一门经济科学，其研究对象是客观存在的财政关系，即社会对剩余产品的分配过程，不是上层建筑，也不是经济基础和上层建筑的混合体。财政学是一门具有原理性质的专门经济学。

1982年第3期发表的何振一《财政起源刍议》，则系统阐述了财政怎么起源的观点。该文指出，在人类社会历史上，财政都是社会为满足共同需要而对人力、物力、财力的分配活动。在国家存在的情况下，财政分配活动表现为以国家为主体的分配活动，但财政不由国家产生，财政分配现象产生的时间要比国家早得多，在人类社会出现剩余产品，有了社会共同需要时就产生了。财政不是由国家产生的，而是社会生产发展的结果，是由于人类社会生产的发展，出现了剩余产品或剩余劳动之后，随着社会共同需要出现而产生的，其实质是人们为了满足社会共同需要而对剩余产品进行分配所产生的分配关系。

第二，选题不拘一格，重大现实问题必有声音发出。

紧扣改革开放形势，对重大现实问题的关注，已经形成《财贸经济》的重要风格之一。

比如商业改革与发展，一直是《财贸经济》关注的重点领域。1985年第12期发表的刘毅《商业改革的形势和任务》，其背景即是中共十二届三中全会通过的《中共中央关于经济体制改革的决定》，做出了"社会主义计划经济应该是统一性和灵活性相结合的体制"、"社会主义计划经济必须自觉依据和运用价值规律，是在公有制基础上的有计划的商品经济"等新的判断。针对商业工作如何在宏观上指导整个社会商品流通、实现有计划的商品经济的要求问题，该文提出要在宏观上加强市场的综合平衡；要少管多放，改善管理；要面向农村、面向外地，建设城市贸易中心；要把经营转到大力组织市场调节。

再如财政政策与货币政策，是宏观经济调控的两大政策。《财贸经济》一直重视财政政策与货币政策的研究。早在创刊初期，就组织了财政银行合作方面的论文，可视为财政政策与货币政策合作的雏形论文。进入20世纪90年代之后，随着两大政策在市场经济体制下的作用日趋凸显，特别是在经历了1998年和2008年两轮金融危机的背景下，先后刊发了陈浪南的《我国财政政策与货币政策的配套模式及现实选择》（1992年第12期）、张小蒂的《积极运用财政政策扩大内需》（1998年第10期）、李扬的《货币政策与财政政策的配合：理论与实践》（1999年第11期）、高培勇的《新一轮积极财政政策：进程盘点与走势前瞻》（2010年第1期）等代表性论文。

又如住房制度改革。1997年第12期和1998年第1期先后发表的中国社会科学院财贸所"中国住房制度改革研究"课题组《关于深化城镇住房制度改革的总体设想》，即探讨了城镇住房制度改革的目标、原则、方式等最基本的问题。2001年第7期刊发的"中国城镇住房公共政策选择研究"课题组（倪鹏飞执笔）《寻求公平前提下的住房市场均衡模型》，从政府与住房市场的关系入手，寻求解决住房问题的基本模型，并讨论了模型的应用问题。2010年第11期刊发的况伟大《中国存在住房支付困难吗？》，在居住贫穷指标基础上，构建了住房收入指标理论上限值，等等。

还如资本市场建设。王国刚于1996年第4期发表的《中国资本市场若干问题的理论思考——兼论"九五"资本市场取向和动态》，涉及资本市场推进中的体制、政策、观念约束及化解，国债市场的基本问题与主要走向，企业债券的规模控制与债券证券化，股票市场的规范化建设和市场体系调整。吴晓求于2006年第2期发表的《股权分置改革的若干理论问题——兼论全流通条件下中国资本市场的若干新变化》，分析了股权分置改革和改革完成后的中国资本市场所能发生的变化。

第三，注重不同观点得以充分表达。

《财贸经济》为不同学术观点提供了争鸣阵地，以下仅是其中的几个突出例子。

早在创刊初期的1982年，针对何振一的《财政起源刍议》，1982年第10期发表了许方元的《也谈财政的起源——同何振一同志商榷》，对何振一论文的主要观点和论证提出疑问。许文不赞同"原始社会就有财政"的提法，因为只有与国家收支有直接联系的活动，才能称得上财政；因为原始社会中没有称得上"政"的政治和政事。

针对1993年第2期发表的扈洪波、张天犁《世界税收改革的中性趋势与我国中性税收的建设》，1993年第7期发表了李万甫《中性税收不宜成为我国税制改革的方向——兼与危洪波、张天犁商榷》。李文指出"中性税收"概念非常模糊，难以界定，经不起理论推敲和实践检验，是将市场经济运行理想化了的观点在税收分配领域的体现，以此作为税制改革取向不可取。

在杨培新于1990年第6期发表《当前票子多了？还是少了？——对当前宏观经济形势的分析》，提出当前市场票子不是多了，而是少了，"现在制止通货膨胀、货币紧缩已经到位，应当停止继续抽血"的观点之后，1990年第10期即发表了张一耿《当前票子多了？还是少了？——同杨培新同志商榷》，张文认为，从数据看，杨培新的分析无可非议。但同经济实际运行的全面情况联系起来分析，并非货币紧缩过度、市场货币流通量不足。

1995年第10期发表的熊贤良《大国对外贸易相对重要性的降低》，提出了发展中大国应该实行内向型的内外贸易战略的观点。次年第7期发表的刘力《也论发展中大国对外贸易的重要性——与熊贤良先生商榷》一文，则对此进行了反驳。刘文认为发展中大国必须实行开放型贸易战略，同时还要积极利用国内市场，发展国内贸易。

第四，为财经学科建设服务。

1982年第4期发表的陶桓祥《尽快建立服务经济学》，是一篇较早在我国提出服务经济学学科建设问题的代表作。该文认为，服务业属于社会经济部门，在社会再生产总过程中的地位和作用愈发重要，但尚未作为一门系统的科学加以研究。马克思主义的经济理论和经济学研究的最新成果为服务经济学奠定了理论基础，新中国成立以来服务业的经济实践也为研究服务经济学提供了丰富素材。同时，国外服务业的经济理论和实践亦可供借鉴。服务经济学是一门介于部门经济学与政治经济学之间的经济科学，研究范围比政治经济学要窄，与部门经济学也不同，所涉及不只是个别部门，除了狭义的服务业以外，还包括医疗卫生、教育、文化艺术等。服务不仅存在于服务行业，在产品的生产过程与销售过程中也伴随着一定服务活动。

1982年第10期发表的魏浩光、蔡纪良、马文叔《论社会主义城市经济学的研究对象》，是以一篇论述城市经济学学科建设的代表作。该文指出，社会主义城市经济学的研究对象，首先应该是城市经济（包括生产力和生产关系），应该综合研究城市经济有机体中各个部门、各个企业的生产关系的本质特征，部门与部门之间、企业与企业之间以至城市与城市之间、城市与乡村之间的相互联系和关系，以及它们之间相互联系和关系发展的客观规律性，充分发挥城市的经济作用。社会主义城市经济学是一门独立的科学，不把城市经济中的具体问题例如房屋问题、交通运输问题等作为研究对象，是一门综合的学科，应当把城市经济当作一个有机总体，综合起来进行研究。

2001年第11期发表的《21世纪中国金融学教学改革与发展战略》，是一次有关金融学学科建设的会议发言整理稿。在教育部新世纪教改工程项目"21世纪中国金融学专业教育教学改革与发展战略研究"取得阶段性成果之后，2001年8月16日至21日，承担该项目的中央财经大学、中国人民大学、厦门大学和复旦大学在青海省西宁市举行成果交流和研讨会，与会专家学者回顾了近20年国内外金融业的迅猛发展，分析了在21世纪随着经济全球化、金融国际化对我国经济金融带来的机遇和挑战，以及给我国金融研究、金融学科建设和人才培养带来的冲击。

2004年第4期发表的张馨《公共经济（学）析疑》和2007年第12期发表的杨志勇《财政学科建设刍议：结合中国现实的研究》，则属于有关财政学学科建设问题的代表作。前文分析了财政学与公共经济学的关系，认为公共经济学拓展了财政学的研究范围，有利于财政理论、实践和教学的发展。后文提出财政学是介于经济学、政治学、公共管理学等多个学科之间的一门学科。财政学科建设首先需要建立在准确界定财政学学科属性的基础之上，财政学科建设的当务之急是加强中国财政改革与发展现实的理论研究。

2006年第6期发表的夏春玉《流通、流通理论与流通经济学——关于流通经济理论（学）的研究方法与体系框架的构想》，可视为有关流通学科建设的代表作。该文将流通问题研究的学科视角限定为经济学或管理学，进而将流通界定为不包括货币、资金、劳动力、服务的有形商品或产品从生产领域到消费领域的流动，指出了流通与交换、贸易、商业、营销、分销等概念的异同。该文认为可以从宏观与微观两个视角，用经济学与管理学两种分析工具研究流通问题，进而形成两种流通理论，即流通经济理论和流通管理理论。

第五，不问出身，坚持以成果质量为唯一筛选标准。

这一风格在创刊的35年中一直得以延续。如今，我们随意浏览目录，一个又一个熟悉的名字就会展现在眼前。阵容庞大的作者群中，既有当时就已成名的大家，也有当今学术界的中流砥柱，还有正在升起的学术新星……论文发表不论出身，博士生也好，硕士生也罢，甚至包括本科生在内，只要能够拿出经得起历史检验的成果，只要能够对学术发展有所贡献，都有机会登上《财贸经济》的平台。

五

对《财贸经济》35年来的成长历程、功能定位和办刊风格做上述的总结和归纳，当然是为了继承和弘扬历经几代作者、编者和读者的共同努力而得以打下的优良学风和传统基础，使得我们钟爱的这本学术期刊再攀上一个新的台阶。

正是基于这样的考虑，在《财贸经济》创刊35周年之际，我们决定出版这本纪念文集。

纪念文集的编撰，自然要围绕一个明确的主题线索而进行。在此过程中，取舍实属难免。问题是取什么？在我们看来，一个最能体现《财贸经济》成长历程、功能定位和办刊风格，也最能契合财经院"国家级学术型智库"功能定位的主题线索，就是"与改革开放共进"——《财贸经济》对于中国改革开放事业和经济社会发展进程的学术贡献。

面对35年来《财贸经济》所刊发的数千篇论文，我们从一开始便确定了三项基本原则：其一，每年选取1篇，共选取35篇论文；其二，挑选当年最具重大意义的理论或现实问题，选取围绕该问题而刊发的最有代表性的论文，或者是在若干年后已经证明系当时最具前瞻性或引领性意义的论文；其三，在上述原则的基础上，适当平衡著名学者、代表性人物，同一作者只选取一篇，并尽可能覆盖财税、贸易、金融、价格、产业经济以及综合经济等不同学科领域。

从筛选出来的这35篇论文中，我们能够看到，发表在早期年份的论文，其主题大都比较宏大,在研究方法上也以逻辑推演为主;随着时间的推移,近些年所刊发的论文则多是对某个较为具体的问题的深入探讨,在研究方法上也开始引入数理模型和计量分析等工具。这既揭示了中国经济社会的演变轨迹,也反映出中国经济学研究的进展状况;或者,也可归结为学术分野和学科细化的结果。但无论怎样,以与时俱进的精神,引领中国经济学发展方向,贡献中国经济学前沿成果,都是我们一直坚守的理念和始终不变的目标。

前路漫漫,任重道远。我们感谢广大的作者和读者对《财贸经济》长期以来的关爱和呵护,也感谢各位领导、前辈和同仁对中国社会科学院财经战略研究院一以贯之的关心和支持。让我们共同努力,把《财贸经济》办得更好,为中国经济学研究水平的提升多做贡献。

高培勇

2015 年 6 月 6 日

目 录

关于经济管理体制几个问题的探索
  ——在辽宁省干部会上的发言摘要 ………………………… 刘明夫（1）
流通概论 ……………………………………………………………… 孙冶方（11）
国民经济综合平衡和市场调节的问题 ……………………………… 许涤新（25）
经济战略与经济效益 ………………………………………………… 汪海波（33）
孙冶方社会主义流通理论的形成及其主要内容 …………………… 高涤陈（39）
关于中国经济体制改革的几个理论问题 …………………………… 孙尚清（46）
宏观经济的财政控制问题 …………………………………………… 王绍飞（51）
第二次调节论 ………………………………………………………… 厉以宁（58）
经济运行机制：市场中心论
  ………… 中国社会科学院财贸物资经济研究所财贸综合问题课题组（70）
价格理论突破有力地推动着价格改革前进
  ——纪念党的十一届三中全会召开十周年 ……………………… 张卓元（80）
90年代我国外贸发展与改革的总体思路和设想 ………………… 袁文祺（94）
中国城市土地配置：土地市场和土地价格
  ………………………………… "中国城市土地的利用与管理"课题组（102）
谈谈社会主义市场经济
  ——为什么要变计划经济为市场经济 ………………………… 刘国光（122）
加快建立社会主义市场经济新体制 ………………………………… 高尚全（126）
投资体制改革需解决的突出问题及相关对策 ……………………… 刘溶沧（135）
中国改革开放以来的通货膨胀问题 ………………………………… 黄达（140）
中国经济转型期的财政政策模式及"九五"的政策重点选择
  ……………………………………… "经济转型期的财政政策选择"课题组（147）
关于深化城镇住房制度改革的总体设想
  ………………………………………… "中国住房制度改革研究"课题组（162）

中国资本市场：理论与实践 ·· 李扬（179）
生态旅游的理论与实践 ·· 张广瑞（189）
虚拟经济、泡沫经济与实体经济 ······················· 李晓西　杨琳（199）
"入世"对我国经济的影响及其对策 ····························· 杨圣明（210）
建立稳固、平衡、强大的国家财政与构建公共财政的基本框架 ··· 邓子基（228）
向潜在增长率趋近
　　——中国经济进入新一轮快速增长时期 ··················· 江小涓（238）
中国第三产业的战略地位与发展方向 ··························· 李江帆（252）
房价与地价关系研究：模型及中国数据检验 ··················· 况伟大（267）
中国生产者服务业的增长、结构变化及其影响
　　——基于投入—产出法的分析 ····························· 程大中（281）
公共服务均等化：理论、问题与对策 ··················· 安体富　任强（296）
服务贸易：国际特征与中国竞争力 ······················ 陈宪　殷凤（307）
关于人民币国际化的若干问题研究 ······························ 王元龙（321）
开放战略新支点：积极参与全球经济治理 ······················ 裴长洪（332）
中国创业板市场：现状与未来 ··································· 吴晓求（336）
关于"地方政府融资平台债务"的冷思考 ························ 王国刚（352）
论新一轮改革的突破口 ·· 刘树成（365）
由适应市场经济体制到匹配国家治理体系
　　——关于新一轮财税体制改革基本取向的讨论 ··········· 高培勇（374）

附录1　《财贸经济》大事记（1980—2014年） ················ （397）
附录2　《财贸经济》编辑部历年工作人员 ····················· （417）
附录3　《财贸经济》出版的基本情况 ·························· （419）

后记 ·· （420）

关于经济管理体制几个问题的探索

——在辽宁省干部会上的发言摘要[*]

刘明夫[**]

内容提要：为调动各方面积极性，更好地发挥工业基地和中心城市的经济优势，使得生产关系更好地适应生产力的发展，上层建筑更好地服务于经济基础，社会主义制度不断完善，优越性发挥得越充分，作者结合在四川、辽宁等地调研了解到的情况，详细分析了经济管理体制改革的方向和思路七个方面的问题，即社会主义社会还处在幼年时期、全民所有制可能还带有某些集体经济的性质、社会主义经济不能跳过商品经济大发展的阶段、实现四个现代化应当以现有的经济中心为主要基础和主要依靠、如何研究和掌握经济政策、着重抓好政策问题研究的三个方面、实际与理论工作者要加强合作。最后，作者引用若干领导同志的讲话，对经济管理体制改革的方式、方法再次予以阐述。

关于体制改革问题我们已经摸索了一年多，感到情况确实很复杂，需要好好地探索，不宜急于成套，避免主观臆断。去年年底到今年年初，我们到四川去探路。回京后，姚依林同志又叫我们到辽宁继续探路。无论在四川，还是在辽宁，我们都得到了很大启发。今天我既不代表任何组织，也不作为一种正式的建议，而只是作为个人的学习心得，谈点认识，供大家讨论研究，批评指教。

体制改革怎么搞？在四川，学到的是三句话：实事求是，因势利导，循序前

---

[*] 原文发表于《财贸经济》1980年第3期。

[**] 刘明夫（1915—1996），湖南宁乡人。1937年毕业于复旦大学。历任延安马列学院政治经济研究室副主任，中共中央宣传部、中央政治研究室研究员，齐齐哈尔三区代区长，哈尔滨市副市长，东北人民政府计委副秘书长，贸易部代部长，国家计委局长、计委委员，国家计划委员会副主任，中国社会科学院财贸物资经济研究所首任所长、名誉所长、研究员及博士生导师等职。参加编写《抗战中的中国经济》。代表作：《经济体制改革若干问题的探讨》。

进。这就是说，不能有任何框子，要在总结我们自己经验的基础上，提一个方向正确的试点要求，一边试验，一边总结，一边继续探索前进的道路；然后，再试验，再总结，再继续探索前进的道路。这样不断地循环往复，以求产生出一套切实可行的改革方案来。与此同时，要逐步进行可能的改革，顺乎自然地由小改进入中改和大改。要力争不经过一个大的震动，就完成一个大的改革。我们在辽宁还没有学完，直到今天学到的是这样四句话：以身作则，深入群众，发挥优势，更大贡献。辽宁是全国重工业基地。有这样的工业基地，这么多城市，一定会在四个现代化建设中，作出更大的贡献。问题是要研究出一个什么样的体制，才有利于我们更好地发挥工业基地与中心城市的经济优势。

邓小平同志在《目前的形势和任务》里讲到了要继续发扬艰苦创业的精神。那么，我们从事经济工作的同志，艰苦创业精神要用在哪里呢？我认为应当首先用在聚精会神、专心致志地，经过实践—认识—再实践这样一个循环往复的过程，摸索出一条多快好省地实现四个现代化的中国式道路这个共同的任务上面。这是我们义不容辞的历史职责。

与此相联系的是，我们到底用一套什么样的经济管理体制，才能更好地调动各方面的积极性，特别是企业、中心城市和老工业基地的主动性、积极性和创造性。这样，使得我们的生产关系更好地适应生产力的发展，上层建筑更好地服务于经济基础；使得我们的社会主义制度能够不断完善，社会主义制度的优越性发挥得越来越充分；使得我们中国能够对人类作出较大的贡献。

现在，我分七个问题谈一些初步认识。

第一，要承认我们的社会主义社会还处在一个幼年时期。这个论断是叶副主席在纪念新中国成立三十周年的文章里代表我们党提出来的。既然我们是处在社会主义社会的幼年时期，我们就不能按照马克思、恩格斯所预言的，在生产力发展水平很高的基础上，取得政权以后的那种社会主义经济形式，来安排我们的事情。这点务必严加区别。那么，我们的社会主义社会到底有一个什么样的发展过程？是不是可以说大体分为初级、中级、高级三个阶段。

适合于高级阶段的组织形式、管理制度、方针政策、领导方法，不见得都适合于初级阶段；同样，在初级阶段适用的也不能都运用于中级阶段和高级阶段。因此，我们必须注意，生产关系一定要与生产力发展水平相适应，上层建筑一定要同经济基础发展的要求相适应。体制问题就是要解决生产关系的问题，要解决上层建筑的问题，使得我们的生产关系更好地适应生产力的发展，使我们的上层建筑，即各种法律规章、各种管理制度、各种政策办法适应经济基础的要求，这是个很艰巨的任务。我们必须依靠广大的实际工作者和理论工作者共同合作，努力完成这个艰巨的任务。

第二，我们的全民所有制可能还带有某些集体经济的性质。既然社会主义社会有个发展过程，全民所有制也有个发展的过程。全民所有制在它产生的初期和中期以及将来的高级阶段不会都是一样的。事物发展的过程是量变到质变的过程，是由部分质变到完全质变的过程。新生的事物，一开始不可能就是很成熟的。因此，全民所有制的初期，难免带有某些集体经济的性质。正如像现在的集体所有制中还不能不有一些家庭副业作补充一样。因此，国家和企业之间就有个统一性和与这个统一性相联系的独立性的辩证关系。企业与企业之间有共同的利益，因为它是全民所有，但也有在这个共同利益基础上的特殊利益。企业的特殊利益要求企业有相对独立性。因此，毛主席在《论十大关系》里提出了地方和企业的特殊权益与它们的相对独立性问题。我们要让企业实行独立经济核算，不要随便去干预。这样才便于企业把经济权利、经济责任、经济效果和经济利益结合起来。它有了权就能更好地执行它的责任；它有了权，有了责，就会有更好的经济效果。经济效果不同，企业的收益就应该不同，企业内部个人的收益也应该不同。不能总是干好干坏一个样。国家任务完成得好的，集体利益就多一点，集体中的个人利益也应该多一点；反之，国家任务完成得不好的，集体利益和个人利益就应该少一些。但是，必须在国家利益、集体利益、个人利益相结合的过程中，加强整体观念。国家利益、集体利益、个人利益三者相互结合，才是全民所有制企业发展的内在动力。正确处理这三者之间的利益关系，是充分发挥社会主义制度优越性的关键，是党的各项经济政策的核心，是运用各项经济杠杆的准则，是正确处理人民内部矛盾的重要内容。这种认识也正在以扩大企业自主权的形式，在实践中经受检验。

我们在四川、辽宁看到都在搞扩大企业自主权的试点，即在国家计划的指导下，扩大企业自主权的试点。在"国家计划的指导下"这几个字，是陈云同志加的，请同志们注意。在扩大企业自主权试点中，四川采取了利润分成的办法。分成所得的一部分是企业发展基金，一部分是福利基金，一部分是个人奖金。按照这样的办法试点，在思想上引起了两个变化。一是企业里面的整体观念加强了。因为要完成国家的任务，集体才能多得，个人才能多得；反过来完成任务不好还要扣。这样一来，用四川同志的话来讲，就是把国家、集体、个人三者利益捆在一起了。过去干不干反正一个样，整体观念不强；现在形成了一个人保班组、班组保车间、车间保全厂的新局面。全厂任务没完成，整体任务没完成，个人想多得也不可能。再就是加强了经济核算的观念。过去讲经济核算，由于没有和经济利益结合起来，往往时冷时热，流于形式。现在跟经济利益结合起来，经济核算才真正加强了。在这个基础上，企业开始发生两个显著的变化。一是企业正在变成一个真正具有内在动力的经济组织，二是企业正在变成一个内部相互协调的有机整体。各级组织都动起来了，协作的空气好，民主的空气好，领导干部和工人关系好，学习和进步的气氛也好。总而言之，人与人之间的关系发生了很大变化，我们的社会主义生产关系正在不断地完善中。1957年毛主席在《关于正确处理人民内部矛盾的问题》一文中就讲过，我们的社会主义制度还有一个继续建立和巩固的过程，还讲到我们的社会主义制度还不完善。由于种种原因，二十年来，我们没有能够使我们的社会主义生产关系进一步完善起来、巩固起来。现在已经开始抓这个问题了。这是我们国家一件可喜的大事，也是广大企业干部、工人群众的创举。我们一定要很好地关心、支持、爱护、帮助它，切莫泼凉水。

第三，社会主义经济不能跳过商品经济大发展的阶段。这是回答经济联系的性质问题的。企业与企业的经济联系到底是什么样性质的联系呢？现在的认识，是社会主义商品经济性质的联系。的确，在实践中有许多难题，使得我们不能不考虑斯大林同志所说的生产资料不是商品这样一个论断是否正确。我们认为在社会主义阶段商品经济并不是跟计划经济不相容的。我们的社会主义商品经济还很不发达，物资是缺乏而不是极大丰富。我们的技术水平还很低，怎么能够不经过货币来管理我们的经济？来进行经济活动？只有经过社会主义商品经济大发展，才能极大地发展社会生产力。过去因为不承认社会主义经济是商品经济，我们就往往为生产而生产，不注意产品是为了交换、为了满足社会的需要而生产的。也往往重生产轻流通，重生产轻分配。抓生产抓得欢，而把流通工作和分配工作放在很次要地位，甚至不抓。其实，在社会化的生产过程中，生产、流通、交换、分配是不可分割、相互渗透、相互依存的。我们一定要注意把生产、流通和分配捆在一起来抓。因为我们不承认社会主义的经济是商品经济，我们就往往忽视价值规律，不会运用它来进行经济核算，也不会运用它来健全我们的计划指导和正确制定我们的各项经济政策，从而使得我们不能正确处理各种利益关系，更好地调动一切积极因素。因为我们不承认社会主义经济是商品经济，以致同商品经济相联系的许多经济手段都不会使用。我们不会运用借贷关系、租赁关系、各种信托关系和各种服务事业来极大地节约社会资金、社会物资和社会劳动力。这是很不明智的。难道资产阶级能够运用商品经济在人类历史上大大地发展生产力，无产阶级就没有本领没有胆量运用商品经济在人类历史上创造出比资本主义更高的社会生产力吗？我看，我们大家都是不服这口气的。现在的情况，正在发生一些可喜的变化。在辽宁也好，在四川也好，按照社会主义经济是社会主义的商品经济这样的认识去实践，效果是很好的。生产是为了消费。工商结合更密切了。为了把流通渠道搞好，我们正在恢复和创立各种交换形式与各种交易的中心，包括贸易货栈，农贸市场，生产资料服务中心，工业品交易中心，工业品批发市场，等等。这些东西尽管还有某些毛病，但是只要我们在党的领导之下，加紧工作，我们就能够使它不断完善。

为使社会主义商品经济能够健康发展，我认为有必要进一步提出这样一个问题来探讨：社会主义的商品经济同资本主义的商品经济的共性和特性究竟在哪里？

除了一是公有制一是私有制，一是有剥削一是没有剥削这些不谈以外，首先是企业的相对独立性同全民所有制的统一性之间的辩证关系要不断地深入研究。

统一分配同自由贸易之间的辩证关系要研究。在比例比较协调的情况下，在经济生活比较正常的情况下，多数物资是用自由交换来解决的，但有少数对国计民生关系重大而又缺少的物资要采取统一分配。什么时候统一分配应该多一点，什么时候统一分配应该少一点，要随着经济情况的变化而改变。我们必须抛弃那种认为商品供不应求是社会主义经济发展的必然趋势的错误认识。不能说社会主义社会总是存在着商品跟购买力不平衡的现象。从总体来看，商品跟购买力总是要不断平衡的。每年总可以建立起一个相对的平衡，然后又打破这个平衡，再建立一个新的平衡。我们不能老是搞得供不应求，不注意搞好综合平衡，不注意留有余地。只有做到基本平衡，留有余地，这样才能让人有择优购买的可能，才能督促企业生产出物美价廉的东西。

处理好互助合作和适当竞争的辩证关系，这一点尤其重要。我们没有竞争是吃了亏的。落后的东西一定要逐步淘汰，不能加以保护。但是，我们绝不能够搞大鱼吃小鱼，搞尔虞我诈，搞损人利己的竞争，也不能损害我们的全局利益，发展本位主义。我们讲的竞争是建立在社会主义共同利益的基础上的，不存在你死我活的利害关系。应该规劝有些同志去掉那些不适当的保密做法，相互封锁不好，更不能挖人家墙脚。这些关系如何处理好，又不妨碍正常的竞争，这是一个很难而又必须完满解决的问题，需要我们很好地研究。

计划调节同市场调节相结合，到底怎么结合法，也要继续探索。我提议同志们注意研究各种中心，如生活资料、生产资料服务中心等，学会如何利用这些中心去摸底，去系统地了解供需情况，并且根据当时的供需情况，预测今后，在这个基础上建立一套动态的平衡。我们一定要逐步形成一套用经济手段领导市场的办法。日本朋友曾经建议我们搞出一套对市场敏感的经济管理体制和计划体制来。我个人是完全赞成这个建议的。我们的经济管理体制、计划管理体制对市场太不敏感了。对市场的敏感，也就是对社会需要的敏感。没有这样的敏感，就永远实现不了管理工作的现代化。

第四，实现四个现代化应当以现有的经济中心为主要基础和主要依靠。目前，中心城市的困难很大。重庆同志概括成四句话：其一，上下都收权，中间怎么办？底下收权指扩大企业自主权，上头收权指中央部门和省的部门也在收企业。其二，权利与义务不结合怎么办？市里的权力确实有限，有好多事情解决不了。其三，欠账很多怎么办？特别是一些老城市、老工业基地欠账很多，沈阳、重庆如此，其他好多城市也是如此。其四，再继续收厂，把我这个市原有的协作关系搞得支离破碎怎么办？沈阳市有个材料，提到部和省要收的企业占它的产值21%，占利润50%。这是一个值得注意的问题。沈阳市的同志，也对目前中心城市领导机关的处境，概括成了四句话。这就是：坐井观天，难以安定；矛盾太多，有翅难展。为什么说他们自己是坐井观天，有翅难展呢？就因为长期没有城市工作会议，他们无法知道作为一个整体来讲，究竟每个中心城市有个什么样的发展方向。只见领导多头，而又互相牵制，很不好办。这种状况，迫使我们必须认真探讨：我们对中心城市的地位和作用应该怎么认识？应该怎样来发挥它们的作用？

中心城市，是历史发展特别是商品经济发展的必然产物。它是集中起来进行分工协作比较先进的有机整体，是国家经济命脉之所在。我们应当研究如何发挥这些各有特点的中心城市的经济优势，来多快好省地实现四化，而不应当加以分割。过去农村的形势不稳定。现在，我们在农村中已经不再搞穷过渡，不再来回折腾了，政策一落实，广大农民的积极性正在起来。是不是可以考虑：我们在继续狠抓以农业为基础的同时，要注意加强城市工作的领导，注意系统地研究城市工作，注意更好地让一些中心城市发挥它应有的作用，让它们为国家作出更多的贡献。我们要注意到中心城市是一个有机的整体，不要随便去分割它，不要过多地去干预它。要让它享有一定的自主权。

中心城市，本来就是社会化大生产、专业化协作的中心。应当逐步加强；并且从此出发，对外辐射，建立起城城之间、城乡之间的广泛协作。在可能的情况下，应该允许、帮助并且支持它们能够协作多远就协作多远。对于城市与城市之间的分工协作，应当主要靠各个中心城市来进行，并由上面领导机关加以指导与帮助。对于城市跟农村之间的协作，也应当主要靠城市来进行，逐步有计划地搞一些卫星城市。当然，所谓中心，有大、中、小之分，而且一个地区有一个地区的中心，一个省有一个省的中心，还有全国的中心。

先进地区的中心城市，还有一个义不容辞的历史职责，就是要帮助后进地区的中心城市与农村。

计划指导、政策指导和组织领导，应该以中心城市为重点。应当围绕着若干经济中心摸索出一套计划性和灵活性相结合、计划调节和市场调节相结合的组织形式、管理制度、方针政策和工作方法来，便于我们学会领导经济的新方法。在一切组织形式中，银行最值得注意。应当研究如何更好地发挥它作为一个神经中枢、周转轴心和社会经济调节机构的应有作用。在各个中心城市，需要研究如何逐步建立起我们的金融中心，来帮助党和国家指导与调节全盘的经济活动。

学习四个现代化的经验，应该以主要的中心城市为主要课堂。化工部的经验很好。它组织了十四个城市的化工局既交换产销情报，又搞互通有无，既交流管理经验和节能的办法，又搞某些生产协作。这种领导方法，值得推广。

社会主义的商品流通，应该以中心城市为中心向外辐射，不要中央管一级批发站，省管二级批发站，某些地方管三级批发站。要尽可能三位一体、一身三任，由上面各级机关加以指导。

科学技术、文化知识的交流，应当以中心城市为中心来进行，并且注意发展跨区交流。城乡差别和地区差别的缩小，也应当以一些主要的中心城市为依托来积极进行。

当然，我们不能把城市搞得无限膨胀，而应当着重于提高。辽宁在挖掘企业潜力、搞生产协作、组织服务工作等方面，已经开始前进。我们所接触到的有利润包干、车间核算、设备更新、产品升级、军民两手、国合联营、改革学制、缩短工时、十揽十销、跨区经验交流、跨区联营、卫星环抱、交易中心、三位一体、产销结合、政策领先等做法和想法。这对我认识中心城市的作用启发很大。

第五，经济政策。上级机关对企业和中心城市，最好都逐步减少行政干预，把主要的力量放在了解情况、掌握政策上面。要按照客观规律办事，政策问题就更加突出起来。农村靠政策，城市也要靠政策，发展农业靠政策，发展工商业也要靠政策。新中国成立初期一直到1957年以前，我们都是很注意政策的。现在，农村工作已经注意政策，城市的工商业政策亟待研究解决。四川的工作是做得很好的。但是，也不是没有问题。比如，四川84个地方工厂试点企业只分到利润3000多万元，有一个企业就分到1000万元，就是因为这个企业的价格高，利润高，并不是这个企业的贡献有那么大。现在四川已正确处理了这些问题。但是，如何根据贡献的大小来平衡利益关系，这还是需要我们很好研究的问题，比如税收政策、价格政策、利息政策等，怎样调整才能使之更加合理，都要认真研究解决。同样，把不同企业中的个人收益分配得好，也涉及很多政策问题。现在是经委主持试点，这还不够。我主张有关单位大家合作，搞一个小组，共同去指导试点工作，同时注意研究政策。这不仅是对企业的帮助，对我们自己也会是一个提高。在新情况下，如何调整各行各业之间的利益关系，也是一个很大的政策问题，需要各级领导机关去抓，去解决。

第六，在政策问题的研究上，可以考虑先着重抓三个方面。一是如何更好地发挥基层企业主动性、积极性、创造性。看看要把国家利益、集体利益、个人利益怎样结合得更好，有些什么政策问题需要解决？要把企业与企业之间、企业内部个人之间的利益调整好，有哪些政策需要解决？要使城市作为经济中心更好地发挥作用，有些什么政策问题要解决？二是如何自觉地运用价值规律来领导经济工作，促进经济发展。要把税收、价格、利息、工资等政策，结合在一起来研究。三是如何发展分工协作。为什么我们老是大而全、小而全？为什么我们在部门与部门之间，企业与企业之间常常扯皮？到底要用一些什么政策才能推动专业化协作，组织好社会化大生产？

第七，建议实际工作者和理论工作者一起亲密合作，坚持不懈地探索我们前进的道路及其发展的规律性。在这方面，我想讲一讲一些领导同志的重要讲话来帮助我们进行思考。先念同志说过：（1）不要再来回折腾了。过去折腾来折腾去，损失太大，想起来就寒心。折腾来折腾去，在座的同志都感到精力不够了吧！遵照先念同志的指示，我们就应当讲客观规律，研究客观规律。不讲规律，不研究规律，免不了还要折腾，还要寒心。（2）要注意发挥我们社会主义制度的优越性，要正确宣传我们社会主义制度的优越性。我们过去是犯过不少错误，吃过不少亏，但是总要记得我们社会主义制度的优越性。（3）现在讲物质利益是应该的，因为已经长期不讲物质利益了。但是还要讲一点革命精神，教育青年学习老一辈革命者的优良传统。

薄一波同志在去年组织调查组的时候，讲了一个很重要的意见。他说：三十年了，把搞研究工作的同志和搞实际工作的同志召集在一起开会，组织起来，搞这样大规模的研究调查，还是第一次。他要求我们亲密合作，共同进入实践—认识—再实践—再认识这样一个循环往复的过程。他说：今后二十年，像这样的反复循环不知要有多少次，希望大家密切合作，把工作做好。

陈云同志一贯强调六个字：全面、比较、反复。这就是看问题要全面，不要片面；要比较，陈云同志特别强调利弊得失比较；要反复，要听得进不同的意见。自己昨天认为对的，今天也要考虑，究竟对不对，在实践中反复检验自己的认识。最近他又讲了这个意见之后，在他身边工作的同志提醒他，你在延安时还讲过，不要唯上、不要唯书、要唯实。陈云同志说：这些话还是符合辩证唯物主义的。

胡乔木同志讲过两点意见。他说：研究体制问题不要只坐在房子里面讨论。只是坐在屋子里讨论，会徒然引起一些无谓的纠纷。应该到底下去，解剖麻雀。他还说：解剖麻雀，既可以解剖它内部各个方面的相互关系，也要解剖它上下左右的相互关系；既要解剖它的内脏，又要分析它的运动，看它是怎么运动的，能飞多高，为什么只能飞那么高？我看可以请同志们考虑对企业作个解剖，对城市作个解剖，看它究竟能飞多高，为什么只能飞这么高。乔木同志的另一个意见是，形成一个新的观点比较容易，而形成一套办法就比较难。

姚依林同志说：搞研究工作的同志和搞实际工作的同志要一起来研究问题，深入地调查研究，搞出一个方案来。这个方案，应该达到这样的水平，不仅搞理论研究工作的同志，认为应当这样做，而且搞实际工作的同志也认为是可行的。一定要注意有一个起步点。

我再把中央领导同志对我讲的一些意见，向同志们汇报一下。我们到四川第二天中央领导同志跟我们谈了这么几点：第一，搞体制改革从在国家计划指导下扩大企业自主权入手。这是一个根本点。第二，不主张急急忙忙成立很多公司，搞得不好就像胡耀邦同志讲的换汤不换药，还是一套行政机构。可以从生产的要求出发来组织各种联合。可以是公司，也可以不是公司。第三，在搞好各种改革试验的基础上不断地总结经验，要力求不经过大的震动来完成一个大的改革。后来，我汇报时讲到四川试点面很宽，领导机关要去做工作的时候，中央领导同志讲，销售人员满天飞，开始有积极的意义。因为，把没有打开的销路打开了，没有建立起来的联系建立起来了，应该支持这样去做。但是搞久了，到处碰不行，领导机关要帮助解决。中央领导同志说：在企业试点的时候，领导机关有两条任务，一是帮助，二是影响。他说：你讲多加帮助，多加指导。我说：就是帮助，影响。为什么我讲影响？意思就是少搞行政干涉，而多用经济办法，多用一些经济政策去影响。你们讲要打破行政机构，行政层次，行政区划的框框。怎么打破？从何入手？我说就是从逐步减少行政机构对经济活动的干预入手。他又说：一些利益关系要调整，四川没有出大乱子，但是有一些问题要注意，就是利润分配不平衡的问题。他指出，不断地调整利益关系，是正确处理人民内部矛盾的主要内容。要在社会主义制度下把各行各业、各个企业之间利益关系调整好，是一代人的问题，不是短期的问题。在这个问题上领导机关的任务有两条：一是要加强政治思想工作，不要把人们引到斤斤计较上去；二是要不断调整利益关系。当我汇报到要发挥中心城市作用时，他说，城市很重要。中心城市作用的发挥从哪儿开始？就是从建立各种服务中心开始。我们现在建立的一些机构，总是只要人家为它服务，它却不为别人服务，今后要搞到不为别人服务，而只要别人为它服务的那种机构存在不了就好了。

我还谈谈邓力群同志的意见。我到中国社会科学院前后，他曾经要我把《资本论》第二卷再好好读一读。他认为，我们的经济工作之所以出现这样或那样的问题，归根到底就是因为我们不懂得马克思主义的再生产理论，更谈不上很好地运用。我觉得他这个意见很重要，有条件的同志最好把《资本论》第二卷和毛主席的《论十大关系》好好读一读，在理论上武装一下。同时密切注意新鲜的经验。只有这样，我们才有可能在党的领导下，经过试点和总结，不断加深我们的认识，搞出一套办法，把体制改革搞好。

最后，声明一下，一些领导同志的讲话我不一定记得很确切。在涉及行动的时候，应该仍以领导上的正式传达为准，避免产生差错。

流通概论[*]

孙冶方[**]

内容提要：本文从《资本论》叙述程序出发，明确并强调流通在生产过程中的位置——把个别生产过程结合成全社会总生产过程，并指出流通过程是社会主义计划性和资本主义自发性的主要差别。由于历史的原因造成政治经济学对流通存在误解，贬低以至否定流通过程在社会主义经济中的作用。因此，作者认为：阐明社会主义经济中流通过程的重要性、研究并说明流通过程的本质，设计出流通过程的最合理的组织形式，是社会主义政治经济学的主要任务之一。基于此，作者从五个方面阐述其流通概论：否定社会主义政治经济学中的"无流通论"；生产与交换、交换与流通、流通一般、流通对生产的作用；流通领域的劳动、流通费用；流通规模、流通时间；研究流通过程的目的，研究对象。

马克思的资本主义政治经济学巨著——《资本论》的第一卷所研究的是"资本的生产过程"，也就是每一个个别资本的直接生产过程（在社会主义社会里，也就是每个独立经济核算的企业中的直接生产过程）。第三卷所研究的是"资本主义生产的总过程"，也就是从总体看的资本主义生产过程。在这两卷之间的第二卷研究的是"资本的流通过程"。对于马克思的这样一个叙述程序，或许可以提出这样一个问题：为什么马克思在讲完个别资本（企业）的直接生产过程之后，不直接

---

[*] 本文是正在编写中的《社会主义经济论》的一章。撰写前经编写小组讨论过。初稿执笔人是高涤陈同志。原文发表于《财贸经济》1981年第1期。

[**] 孙冶方（1908—1983），原名薛萼果，江苏无锡人。历任华东军政委员会工业部副部长兼上海财经学院院长、国家统计局副局长、中国科学院经济研究所所长、第五届全国政协委员、中国社会科学院顾问、中央顾问委员会委员。从1956年下半年起，撰写《把计划和统计工作建立在价值规律基础上》《从"总产值"说起》《关于全民所有制经济内部的财经体制问题》等著名论文和报告，从市场社会主义的角度对我国经济体制提出了系统的改革思想。这些思想对当时中国经济界和学术界均产生重要影响。中共十一届三中全会后，起草《社会主义经济论》大纲，并发表22篇论文，积极推动中国政治经济体制的改革进程。

就讲资本主义生产的总过程，而要把生产过程的研究中断一下，先讲流通过程，然后回过头来再讲资本主义生产的总过程？把个别资本的直接生产过程和全社会的资本主义生产总过程连接起来，一口气讲完之后再讲流通过程，岂不更顺当一些吗？

从表面看，这样提问题是颇有道理的。但是，只要我们深入研究一下事物本质，我们就会发现，马克思的叙述程序是唯一正确的程序，这个叙述过程反映了客观事物的本质。因为正是通过流通过程，才把千千万万个个别资本的生产过程结合成为全社会的总生产过程。不先讲清楚流通过程，就没有办法讲清楚全社会的总生产过程。

这样的叙述程序，不仅对于资本主义政治经济学是必要的，是不可违背的；就是对于社会主义政治经济学来说也是不可违背的。因此，我们不避"生搬硬套"的嫌疑，认为社会主义政治经济学仍然应该按照《资本论》的叙述程序，在讲完了直接生产过程之后，接着就讲流通过程，然后再讲全社会的总生产过程。尽管在社会主义社会里，公有制已经代替了私有制，计划经济已经代替了自发性的市场经济；但是没有流通过程，仍然不能把千千万万个企业的生产联合成为一个全社会的总生产过程。而且所谓计划性和自发性的差别，主要就表现在流通过程中，而不表现在直接生产过程中。我们知道，资本主义生产的无政府状态或自发性并不表现在每个企业内部的生产过程中。相反，在资本主义企业内部，生产都是按照资本家或是他们所雇用的经理人员的意志，有计划地进行的。同时，资本主义的企业管理是很科学的，在许多方面还是值得我们学习的。因此，我们社会主义计划经济的优越性，主要表现在流通过程的计划性，即如何科学地来组织流通。

但是，由于历史的和社会的种种原因，社会主义革命首先是在经济发展比较落后的俄罗斯、东欧和中国这样的国家取得胜利的。在这里，革命胜利前，缺乏社会化大生产的传统。在这里，小农经济和封建庄园的自然经济的生产关系占统治地位。在这里，人们对于流通过程中商业、高利贷资本的剥削和压迫是心有余悸的。他们往往把这种剥削和压迫归罪于流通过程本身。他们的理想的经济体制是个体经济和封建庄园经济那种自给自足的自然经济，是没有流通过程的经济。这反映到政治经济学思想上，就是对于流通过程的鄙视，贬低以至否定流通过程在社会主义经济中的作用，把社会主义社会的"商品""货币"等范畴看作是资本主义的东西。因此，阐明社会主义流通过程的重要性，研究并说明社会主义计划经济的流通过程本质，从而设计出这个流通过程的最合理的组织形式，即使不是社会主义政治经济学的主要任务，也是它的主要任务之一。

我们在 20 世纪 50 年代末 60 年代初，就提倡要重视流通过程的研究。我曾经讲过（在中国人民大学讲课时——冶方注），为了研究和建设社会主义政治经济学，必须着重研读《资本论》第二卷。因为第一卷只是为社会主义政治经济学打了基础。第二卷"流通过程"所讲的内容：关于循环、周转以及再生产（综合平衡）的理论，才是建设社会主义政治经济学的主要内容。遗憾的是一方面由于我自己主观努力不够，另一方面由于"四清"运动和十年"文化大革命"的干扰，我对于社会主义计划经济的流通过程的认识，还是停留在二十年前的水平上。现在只能把我们的一些肤浅认识写出来"抛砖引玉"，请经济学界的同志们批评指正。

讲到这里，我们不免又想念到刘少奇同志对于流通问题的卓越见识和他对于政治经济学研究工作的关怀。1962—1963年，在总结三年"共产风""瞎指挥"的经验教训的时候，他得出一个结论：流通过程是经济生活中最敏感的环节，生产中的一些问题，首先会在流通过程中反映出来。研究社会主义政治经济学必须重视对流通过程的研究。因此，他指示中国科学院经济研究所，不仅要和国家计委挂钩，而且还要同国务院财贸办公室挂钩。在过去十多年中，由于前面说过的原因，这个"钩"没挂好。但是少奇同志要我们重视对流通过程的研究这个指示，还是值得我们经济学界全体同志牢牢记住的。

我们在这篇概论中将讲以下五个问题。

一　社会主义政治经济学中的无流通论

社会主义经济还处于幼年时期，正在成长、壮大过程之中。政治经济学研究社会主义经济为时甚短，许多问题研究得不透，有些甚至还没有展开研究。同直接生产过程相比，对于流通的研究，特别是把流通作为一个客观经济过程来研究，则更是不深不透。像前面所说过的那样，在相当长时间内，流通问题竟没有被经济理论界列入研究的日程。为什么会忽视流通，不研究流通过程呢？这主要是由于"无流通论"在作怪。"无流通论"并不是我们虚设的一个靶子，它是社会主义经济理论中客观存在的现实。斯大林关于生产关系的定义就没有流通。[1] 有些经济学家，虽然也谈流通，但是他们认为这只是因为在社会主义社会中，还有不同的所有制存在，还有集体所有制和个体所有制存在的缘故。在他们看来，全民所有制生产关系本身是没有流通的。流通只存在于商品经济中。正是在这种思想指导之下，所以全民所有制各企业之间的产品流通，过去都用"调拨"和"配给"的形式，而不是

---

[1]《斯大林文选》，人民出版社1962年版，第629—630页。

采用产品流通形式。

　　自苏联十月革命以来，也就是自从有了社会主义政治经济学以来，否定社会主义经济中，特别是否定社会主义全民所有制经济内部客观存在着流通过程的自然经济观点，亦即无流通的观点一直占据统治地位，它给社会主义经济发展造成极大危害，严重地妨碍着人们在理论上全面认识社会主义经济。

　　否定社会主义经济中存在着流通过程，看不到或根本不承认流通过程在社会再生产中的作用，当然也就不会去研究流通领域中的客观规律，更说不上按客观经济规律办事了。我国长期采用单纯的行政手段去组织生产资料流通，用调拨、配给的办法代替交换。其结果是：一方面货不对路，需要者得不到应有的东西，生产出的东西无人需要，物资部门货物盈仓，生产企业大批存料，整个社会再生产周期拖长，生产发展缓慢；另一方面又不顾社会的实际需要而到处盲目建厂，大量生产那些社会不需要或已经生产有余的东西，造成社会劳动的极大浪费。就是在消费资料的商品中，也常常受"无流通论"的影响，违反商品交换规律，打击生产，妨碍消费。

　　"无流通论"否定流通是一个客观存在的经济过程，因而否定等价交换原则。不按照等价原则组织交换和流通，结果是到处不计成本，不讲核算，不顾经济效果，企业以及整个社会流通迟滞，周转不灵，资金循环极慢，劳动效率低，经营管理差，社会财富浪费惊人，社会生产力发展缓慢，使社会主义公有制的优越性发挥得很差。社会主义条件下流通过程是各方面经济利益得以具体实现的场所。否定流通过程，必然否定等价交换，从而也就否定了社会主义客观存在着社会、集体、个人经济利益。从而否定了社会主义社会化大生产对流通过程的基本要求——以最小的消耗取得最大的经济效果。

　　否定流通过程的自然经济观点造成的一个更大的危害，是流通与生产、消费不相适应，严重地妨害生产发展与劳动者生活的改善。生产发展，进入流通领域的产品不断增加，客观上要求流通领域的人力、物力要相应地增长。"无流通论"否定社会主义流通过程，也使人们忽视现实的商品交换与商品流通。我国商业网点、人员严重不足，流通领域的各种技术设备（包括运输设施、仓储设备、搬运机械、商品包装和售货技术设备等）非常落后，特别是交通运输与生产、流通的需要极不适应。流通阻滞，货不能畅其流，生产就难以迅速发展。

　　总之，无流通论的危害是很大的，我们要坚决地批判它。而为了批判它，就必须挖一挖形成"无流通论"、"自然经济观"的思想、社会和经济的原因，并进而分析它的错误所在。

（1）"无流通论"的社会历史根源。社会主义政治经济学起源于苏联，从20世纪20年代起，至少到60年代初，"无流通论"的理论观点一直统治着苏联经济学界。苏联的一位学者阿·克留切夫在《论作为经济过程的交换的内容》文章[①]中道出了这种状况："在我们的经济著作中，有一个根深蒂固的意见，这就是流通只能被设想为商品流通，除了商品流通以外，不可能有任何别的流通。按照这种意见，结果就成为：流通只有当它是商品流通的时候才构成社会生产的特殊阶段。"苏联经济学界的自然经济观点对我国经济学有很大影响。"无流通论"在中国还有其更深刻的社会根源。如同前面已经说过的那样，新中国成立以前也同革命前的俄国一样，商品生产不是很发达，小农和地主庄园的自然经济关系占统治地位。封建社会在中国延续了几千年。小生产、宗法式的经济占据相当大的优势。这是半自给甚至是完全自给自足的自然经济。它几乎与世隔离，不懂得也不需要流通。历代封建王朝都把"重本（农）轻末（商）"奉为国策，压抑、排斥商人，蔑视商业。封建士大夫的清高思想就是这种自然经济的思想反映。他们和那些受商业资本盘剥的广大小生产者一样，对商人有特殊反感，因而祖辈相传地咒骂"无商不奸"。加上新中国成立前的战争年代，在解放区广泛实行着基本上是平均主义的供给制，它对广大干部有着深远的影响，所有这一切就使轻商思想、否定流通过程的"无流通论"有了广泛的社会基础。

尽管"无流通论"长期居于不言而喻的统治地位，我们整个社会经济因忽视流通而遭受巨大损失，但是，"四人帮"作乱时期，他们出于彻底搞垮社会主义经济的反革命的目的，竟然大肆批判虚拟的所谓"流通决定论"（1970年9月19日《人民日报》的一篇"大批判"文章），流毒甚广，危害极大，必须肃清。

（2）"无流通论"错误地把社会共同占有生产资料的社会主义全民所有制经济看作是一个大工厂，把工厂之间的社会分工同工厂内部技术分工等同化。因此，因社会分工而在不同生产者之间起联系纽带或媒介作用的交换或流通过程也就自然不存在了。实际这两种分工有重大差别：一个独立核算企业内部的技术分工，是通过不同劳动者相互交换活劳动而共同完成同一产品，他们之间的联系或协作并不需要通过生产品的交换来实现。社会分工发生在各个独立核算企业之间，它们之间的联系或协作是通过生产品的交换实现的，而所谓流通也就是从总体上看的交换。随着生产的发展，社会分工越来越细。企业间通过产品交换进行协作也就愈频繁、愈密

[①] 列宁格勒，恩格斯苏维埃商业学院《学术著作》第十八辑，1961年版，译文载《经济学译丛》1962年第6期。

切。因而流通过程对于提高社会劳动生产力就更加重要。否定流通过程的自然经济观，无非是不知社会化大生产为何物的复古倒退的小生产思想的理论表现。

（3）"无流通论"混淆了"交换"与"分配"，混淆了政治经济学中所说的"分配"和实物"配给"——混淆了这样几种不同的概念和不同的社会职能；错误地把"配给"当作"分配"并且代替了"交换"，从而取消了"流通"。在我国社会主义经济建设实践中，对于生产资料在不同部门之间，在千万个企业之间的交换都采取了50年代初期从苏联搬来的，近乎"配给制"的"分配"或调拨的形式。从而造成一种假象，似乎社会主义再生产过程只剩生产、分配、消费三个环节了，交换已被分配所代替或已包括在分配之中了。造成这种假象有两方面的原因：第一，由于建设规模过大，生产资料生产的增长速度长期赶不上经济建设的实际需要。于是采取了近乎"配给制"的物资调拨或"物资分配"方法，这实际上是在物资缺乏、供不应求局面下，不得不采取的措施，并不是流通过程中的正常交换形式。正如恩格斯在批判杜林时指出的，这是任何一个被围困的城市的司令官都会采取的办法——没收垄断者的存货，把有限的物品拿来进行平均分配。第二，由于对社会化大生产客观规律不够了解，对公有制经济具体组织形式缺乏知识，用小生产的狭隘眼光去理解社会主义的分配。

交换和分配是政治经济学上两个完全不同的范畴。分配是指社会总产品的价值量按照 C＋V＋m 这三大部分进行的初次分配——C 指补偿物质消耗的那部分价值，V 指物质生产部门的职工的工资收入，m 是物质生产部门职工为社会所创造的那部分价值——以及 V 和 m 这两部分社会总产品在物质生产部门和非物质生产部门之间进一步进行的再分配。

用行政手段分配产品，无论是生产资料的调拨和"分配"，或者是消费资料的统购包销、凭票凭证供应等，都是交换的不正常形式，不属于分配范围以内的事，更不是一种社会进步。

二 生产与交换、交换与流通、流通一般、流通对生产的作用

任何社会化的大生产都包括两个过程，即生产过程和由交换组成的流通过程。而"无流通论"者正是看不到这一点。

由社会分工而发展起来的生产社会化过程，使交换日益成为同生产并列的具有同等重要作用的社会职能。恩格斯说："生产和交换是两种不同的职能。……这两种社会职能的每一种都处于多半是特殊的外界作用的影响之下，所以都有多半是它

自己的特殊规律。但是另一方面，这两种职能在每一瞬间都互相制约，并且互相影响，以致它们可以叫做经济曲线的横座标和纵座标。"①"生产以及随生产而来的产品交换是一切社会制度的基础；在每个历史地出现的社会中，产品分配以及和它相伴随的社会之划分为阶级或等级，是由生产什么、怎样生产以及怎样交换产品来决定的。"②

从恩格斯以上两段话，我们看到马克思主义的奠基人是把交换和生产相并立，看作是决定一切社会制度的基础的东西；而流通"是从总体上看的交换"③。

流通是社会产品从生产领域进入消费（包括生产消费和个人生活消费）领域所经过的全部过程。由不断进行着的亿万次交换所构成的流通，是社会化大生产的一个客观经济过程。有社会分工，就会有交换；有社会化的大生产，就会有流通过程。这是流通一般。流通一般是一个抽象，它同生产一般一样，"只要它真正把共同点提出来，定下来，免得我们重复，它就是一个合理的抽象"。④从这个意义上说，在研究社会主义公有制经济的具体流通形式问题以前，先提出流通一般的问题，是合理的、必要的。

流通一般之所以重要，不仅是因为不承认、不认识流通一般就不可能彻底了解特殊的社会主义产品流通；而且是因为"无流通论"并不否定某一特殊的流通，即社会主义的商品流通。但是他们认为在社会主义社会中，除了商品流通之外，就不再有其他流通概念，不承认社会主义商品流通之外，还有社会主义的产品流通。从而也否定了流通一般。

虽然有史以来，流通过程一直是采取商品流通形式进行的，但是，不能说，没有了商品经济就没有流通过程。例如大多数经济学者都认为共产主义高级阶段将不是商品经济而是产品经济了，但是我们能说，到那时就不要流通，就没有流通过程了吗？我们这样提问题，或许又会被认为是脱离了社会主义的实际，做学院式的研究，认为我们只要认识到当前的社会主义阶段还存在流通，还要重视流通过程的研究，那就够了。至于未来的共产主义的非商品经济，我们就管不着，不用管了，留待共产主义时代的经济学家去研究吧！

不！我们不能这样实用主义地看问题。我们要搞清楚非商品经济有没有流通的问题，并不是为了替未来的共产主义高级阶段设计什么乌托邦的蓝图，而是为了解

---

① 《反杜林论》，《马克思恩格斯选集》第3卷，人民出版社1972年版，第186页。
② 同上书，第307页。
③ 《政治经济学批判导言》，《马克思恩格斯选集》第2卷，人民出版社1972年版，第101页。
④ 同上书，第88页。

决当前社会主义社会中的现实问题。因为如果流通仅仅在商品经济中存在，而商品经济又是和存在不同的所有制相联系的；那么交换或流通只是私有制的遗迹；随着生产力的发展，随着不同的所有制逐步过渡为单一的全民所有制，交换或流通的重要性将逐步减弱以至完全消失（我们反对"穷过渡"；但并不否定"富过渡"，即使这是较遥远的未来的前景）。这是第一。第二（这是更重要的），如果只承认不同所有制之间的商品流通，那么在同一所有制，即全民所有制内部各企业之间，就不存在交换，就没有流通问题了。我们前面已经批判过的，全民所有制内部的物资调拨制或"配给制"就是在这种只承认商品流通、不承认产品流通的思想指导下形成的。

所以，我们必须从流通一般谈起，而把社会主义的商品流通和产品流通，只看作是社会主义流通的两种特殊形态。

因此，我们必须把流通同商品脱钩，离开商品来找寻交换和流通的必要性。我们必须从产品两重性的观点出发，在肯定商品流通的同时，再用产品流通的概念来批判"无流通论"或"自然经济论"，来认识社会主义全民所有制内部各企业之间以至共产主义高级阶段上仍然会存在的流通这个客观经济过程。

流通过程对生产过程、对整个社会经济起着重大作用。在社会化大生产条件下，流通对于社会再生产极为重要。但是，我们常常是讲生产决定流通多些，而讲流通对生产、对巩固和发展公有制的作用少些。所谓流通是指生产物的流通。所以，流通首先是由生产决定的，没生产出东西来，当然就无所谓流通；生产出来的东西过少或过多，要搞好流通就比较困难。在流通与生产的关系中，流通不仅仅是被动的、被决定的。流通组织得好坏，对生产可以起促进或促退的作用，对公有制可以起巩固或瓦解的作用。所以，又必须肯定：流通与生产之间存在着对立和统一的关系。

生产社会化程度的加强，不仅表现在企业规模的扩大上，而且更重要的还表现在社会分工的发展上，企业之间的交往关系随生产社会化发展而更为错综复杂。千万个企业通过交换生产品而发生的复杂的经济关系表明，流通是一个经济过程。一个个生产单位正是经过流通过程才结成为一个有机整体，组成为社会经济。正因为如此，所以流通过程在社会经济生活中最敏感，生产中的许多问题都会在流通中反映出来。

政治经济学所研究的生产关系不仅存在于直接生产过程中，而且更多地存在于或反映在流通过程中各个环节上。社会主义与资本主义的区别在生产过程中主要表现在公有制还是私有制，劳动者是主人还是被剥削的奴隶；另一个重要表现是计划经济还是盲目竞争的自发性经济，而计划性或自发性则主要反映在流通领域中。资本主义企业自身是有计划的，但企业之间的相互联系，即在流通领域中的交换活动是盲目的、自发的。社会主义经济的计划性则主要表现在整个社会经济的计划化程度；而计划所要解决的问题，主要还在于如何协调好部门之间、地区之间、企业之间的关系，这些基本上都是流通领域中的问题。所以，有计划地组织流通过程中两大部类之间、各部门之间，归根到底是千千万万个企业之间的交换是计划经济的要害所在。交换或流通"是生产以及由生产决定的分配一方和消费一方之间的媒介要素"①。

但是，如果从社会再生产周而复始的不停运动中去考察，生产与流通又是互为媒介的。从生产过程出发，我们可以看到，两个生产过程之间有一个流通过程，流通过程表现为生产过程的媒介；若是从流通过程出发，又可以看到，两个流通过程中间是生产过程，生产过程又表现为流通过程的媒介。所以，社会化大生产条件下，生产与流通互为媒介，互为前提，相互制约，没有生产固然没有流通，而交换或流通又是社会再生产过程中不可缺少或不可分割的要素，没有它，社会再生产也无法进行。流通顺当，货畅其流，可以使生产迅速发展，流通阻滞，生产就寸步难行。

从产品两重性观点出发来看，流通作为社会再生产过程的一个必要阶段，作为一个重要的客观经济过程，它的主要内容包括两个方面：产品价值的补偿和产品使用价值的物质代谢。不论交换形式或社会形态有什么变化，只要社会化大生产在持续进行，那么流通过程中亿万次交换活动的这两个实质性的经济内容就会客观存在。

产品的生产过程是产品价值的形成过程，也是消耗各种旧使用价值和创造新使用价值的过程。

经过交换过程，产品的价值必须得到等量的补偿。在交换中，产品生产者不仅要收回产品价值的 C+V 部分，以补偿生产产品时的消耗，还要得到 M 部分，以扩大生产规模、增加个人和社会集体消费。如果在交换中他得到的价值量小于 C+V，那么，他连简单再生产也不能维持。所以，按照价值量相等的原则进行交换，是补偿生产中的劳动消耗所必需的。在流通过程中等价交换是必须遵守的一条极其重要的经济规律。我们经济中的许多毛病都同不尊重等价交换规律密切相关。工农产品的不等价交换，农业生产部门所创造的价值被转移为全民所有制工业企业的超

---

① 马克思：《政治经济学批判》，人民出版社 1976 年版，第 208 页。

额利润,是农业扩大再生产困难,农业生产发展缓慢,农民生活较低的一个重要的经济原因。不少行政手段之所以对生产有害,并不是不应该使用行政手段(到了共产主义也还会有经济工作中的行政手段),而是因为这些行政手段违背了客观经济规律,其中特别是违背了等价交换这个客观规律。

交换过程也是产品物质内容(即使用价值)的新陈代谢过程。产品生产过程中在实物形态上所消耗掉的各种使用价值,必须在流通过程中经过交换得到更新,也就是生产者在产品价值实现之后,用以换回的物品,必须在使用价值形态上(包括它的数量和质量)能够替换已消耗的各种物资。或者说,生产者必须交换到同他生产消费和生活消费相适应的使用价值。交换过程中的这种物质新陈代谢是保证社会再生产持续进行、保持整个社会经济正常运转的绝对条件。企业生产的产品不符合别人的需要,或者反过来说,企业再生产所需要的各种使用价值得不到及时的替换,它的再生产就无法正常进行。

因此,是否依照价值量相等的原则进行交换,能否按需要及时地替换已消耗的各种使用价值,是交换或流通直接对生产产生强有力影响作用的两个主要因素。

三 流通领域的劳动、流通费用

社会主义政治经济学中长期存在着一个牢固的观点,认为流通领域中的劳动是非生产性的劳动,是不创造价值的劳动。这种观点根深蒂固,形成了轻视流通过程的重要原因之一。

在资本主义条件下,流通领域中的劳动是为资本家实现剩余价位服务的。因此,马克思认为在流通过程中的劳动,即商业职工的劳动,除了从事运输、包装、保管等工作作为生产过程在流通领域中的继续,算作创造价值的劳动以外,一般商业工作人员的劳动,都是为实现资本家所剥削去的剩余价值服务的,是不创造价值的。

社会主义社会是消灭了剥削的社会,用在流通领域的劳动,不再像资本主义社会那样是为实现资本家攫取剩余价值服务的,而是为了满足人民大众日益增长的物质文化需要服务的。在生产领域中直接生产产品的劳动和流通领域中把产品传送给消费者的劳动都是为满足消费需要这一目的服务的;产品从生产领域到进入直接消费领域之间的流通过程,都是生产过程在流通领域的继续。不仅产品运输、保管等劳动是生产过程劳动在流通中的继续,而且售货员把商品交给购买者,实际上也是广义上的商品运输过程,或者说是运输的终结过程。

任何产品，在它进入消费之前，并不是现实的产品而只是潜在的产品。只有"……消费中产品才成为现实的产品，……它在消费中才证实自己是产品，才成为产品。消费是在把产品消灭的时候才使产品最后完成"[①]。产品的使用价值是生产过程创造的，但它只是潜在的使用价值，只有经过流通中的劳动使它转入消费时，这个使用价值才能实际地被使用，它才变成现实的使用价值，才真正有"使用价值"。

在社会化大生产条件下，正如没有流通就没有生产一样，没有流通中的劳动，也就不可能有生产中的劳动。就产品的最终消费来说，流通中的劳动同直接生产过程的劳动是同样必要的，同样重要的。流通中存在着非生产性的劳动是资本主义生产方式的特殊产物，不是社会化大生产的共同现象。

肯定流通领域劳动过程的生产性，有助于区分资本流通与公有制条件下产品流通的不同本质，有助于克服忽视流通、轻商思想，大大改善在流通领域从事辛勤劳动的人员的社会地位，有利于正确贯彻按劳分配原则，发挥流通领域劳动者的积极性，搞好流通，加快生产发展。

产品从生产到消费领域转移过程中所花费的活劳动和物化劳动构成流通费用。

同社会主义社会中流通领域的劳动性质相适应，社会主义社会的流通费用也不再像资本主义社会的流通费用那样，分为生产性费用和纯粹流通费用两个部分。在资本主义社会里，因生产过程在流通领域继续而花费的活劳动和物化劳动，属于生产性费用；为资本家实现和占有剩余价值所发生的费用属于纯粹流通费用。在社会主义条件下，产品经过流通进入消费领域而花费的各项劳动支出所构成的费用，都是属于生产性费用，都是使产品最后完成（被消费）所必须花费的。只有流转环节过多、产品迂回运输，以及因货不对路而造成的储存时间过长、产品损耗过大，超过客观需要以上而占用的人力和物力等，才是一种"虚费"，是社会劳动的一种浪费，是产品总价值的一种直接扣除。

降低流通费用是节约社会劳动的一个重要环节。社会主义应该也有可能使流通费用低于资本主义社会的流通费用，使它降低到最低水平。

四　流通规模、流通时间

在社会化大生产条件下，社会再生产过程的两个阶段——生产阶段和流通阶

[①] 马克思：《政治经济学批判》，人民出版社1976年版，第201页。

段，相互联系、相互制约，客观上要求有相互适应的比例关系：社会用于流通领域的劳动量（包括活劳动和物化劳动）必须同生产的发展、同消费的需要相适应。它具体表现为流通领域所占用的人力和物力（交通运输、通信设施、仓储设备、营业网点等一切产品流通所必需的技术设备）要同进入流通过程的社会劳动产品数量的增长保持适当的比例关系。因此，必须按照一定比例在生产过程和流通过程之间分配社会劳动量，使流通领域所占用的人力和物力，能够保证全部社会产品以最快的速度和最小的耗费从生产领域进入消费领域。所用的劳动过少（例如商业网点过少）或过多，都将会造成社会总劳动的浪费。

在这里需要特别强调的是交通运输事业的发展，一定要适应流通过程的需要。多年以来，我们已经吃够了由于交通运输事业的发展不适应流通过程而带来的苦头。现在，应该是总结经验教训而重视交通运输事业的时候了。

社会再生产过程中这种客观存在的比例关系，在资本主义制度下是在盲目、自发、无政府状态中实现的，社会主义条件下可以自觉地有计划地去进行。这种比例关系适合产品的生产和流通的要求，适合满足消费的需要，是整个社会产品能够以最短的时间、最小的花费走完流通过程的重要前提条件。

产品从生产领域出来直到进入消费领域的时间是产品的流通时间。流通时间与生产时间相互制约，互相排斥。

无论是个别企业还是整个社会，在再生产物质条件（在价值形态上即是资金总额）既定条件下，流通时间愈长，生产时间就愈短，生产效率就愈低。反之，流通时间愈短，生产时间愈长，生产效率就会愈高。

个别产品以至全部产品流通时间的长或短，决定于交通、通信、仓储设施等物质条件，也取决于产品的消费特点和产品销售范围、原料来源的变化（马克思指出，商品消费的不同——有的一次性消费，有多次地逐渐消费，商品容易腐坏的物理性能，使商品的生产与消费有不同的间隔时间，因而商品能够有长短不等的时间停留在 W—G 的阶段上）[①]，还取决于整个流通过程的组织形式及具体组织工作的效率。

整个社会流通时间的长短，流通过程工作效率的高低，流通经济效果的好坏，集中反映在流通领域所占用的资金数量的多少和资金周转速度的快慢上。目前，我国流通领域占用资金数千亿元，年周转速度不到两次。如果加快周转达到两次以上，或三次，那么就可以节约出几百亿元的资金，这个数字是十分可观的。

---

① 见《资本论》第 2 卷，《马克思恩格斯全集》第 24 卷，人民出版社 1972 年版，第 145 页。

五　研究流通过程的目的，研究对象

流通是社会再生产过程的一个必要阶段。不能离开生产过程、离开社会再生产运动孤立地去研究流通过程中的问题。

研究流通过程的目的，是使流通过程同生产过程相适应，寻找出正确的组织形式和有效的组织方法，使社会劳动产品能以最短的时间和最小的花费从生产领域进入消费领域，缩短再生产周期，加速社会生产的发展速度，更好地满足各种消费需要。

流通过程虽然是社会再生产过程的一个阶段，但是作为一个客观经济过程，它又有自己的相对独立性。产品一旦离开生产过程进入流通领域，它就会有自己的独立的运动规律。

因此，流通过程的研究对象，首先就应该是产品流通过程中的客观经济规律。不仅要研究比如两大部类比例关系、价值规律等在流通过程中的表现，而且更重要的还要研究流通过程自身所特有的一些客观规律性。

其次，要研究流通过程中的各个方面的各种物质利益关系。因为，劳动者所创造的、包含在每个产品中的新价值，要在流通中得到实现。流通过程是生产者，以及整个社会成员相互间的经济利益关系比较集中的场所。研究流通过程中的经济利益关系，正确处理好这些关系，是组织好流通过程的一项基本问题。在存在不同公有制形式的社会主义阶段，必须研究各种不同交换关系中的利益问题，不仅要具体研究商品交换、产品交换中的经济利益关系，而且要研究它们之间的互相影响。处理好流通过程中的生产者之间、生产者同社会之间的经济利益关系，才能使各个有关方面都努力为组织流通而工作。

再次，各个企业之间、各个地区之间、各个部门之间经过交换发生的经济联系，或者说整个社会范围内通过交换产品不断进行的物质新陈代谢的流通过程，是建立计划经济管理体制和组织形式的关键所在。因此，不仅要研究流通过程中的各项经济规律，而且要具体研究公有制条件下产品流通的组织形式、管理体制和各种流通渠道问题，研究这些具体组织形式如何与一定时期（经济发展阶段）的生产力发展相适应问题，即研究那种具体流通组织形式最有利于当时生产力发展和公有制巩固的问题。为此，还要研究资本主义经济中符合社会化大生产客观要求的流通组织形式，用作建立和健全计划经济组织管理的借鉴。

最后，还要研究如何加快企业资金周转和整个社会的资金周转和产品周转的问题。我们不仅要从微观经济学角度研究个别企业的流通问题,而且更要从宏观经济学角度上去研究产品如何以最短的时间、最小的花费走完流通过程进入消费领域,为此,要研究整个社会的流通规模(包括交通、通信设备、仓储设施、营业网点和设备、组织流通的人员等,即社会用于流通过程的人力和物力的总和)如何同进入流通过程的产品总量的增长相适应。

国民经济综合平衡和市场调节的问题[*]

许涤新[**]

内容提要：本文引用马克思对社会分工的论述，认为在社会主义经济中综合平衡是全局性问题。根据新中国成立30年来的实践，综合平衡和经济发展速度是成正比的——综合平衡搞得好，经济就发展得快。首先，作者总结了30年来综合平衡工作中的经验与教训：搞好国民经济综合平衡，才能协调各种比例关系，才能解决社会生产两大部类的比例，才能实现规模扩大的社会主义再生产。其次，全国性的综合平衡，才能调整先进地区与后进地区之间的矛盾，发挥地区优势，做到全国一盘棋。最后，作者梳理了国家计划和市场调节之间的关系：宏观方面实行国家计划管理的综合平衡，微观方面在国家计划的指导下发挥市场调节作用。

一　综合平衡是一个全局性的问题

在社会主义经济中，综合平衡是一个全局性的问题。这个问题并不是一个主观的设想，而是客观的必然性。马克思在谈到社会分工的时候说："不同的生产领域经常力求平衡，一方面因为，每一个商品生产者必须生产一种使用价值，即满足一种特殊的社会需要，而这种需要的范围在量上是不同的，一种内在联系把各种不同的需要联结成一个自然的体系；另一方面因为，商品的价值规律决定社会在它所支配的全部劳动时间中能够用多少时间去生产每一种特殊商品。"[①] 这段话，就是社

---

[*] 原文发表于《财贸经济》1982年第2期。
[**] 许涤新（1906—1988），广东棉湖人。抗日战争时期，任《新华日报》编辑，《群众》杂志主编。新中国成立后历任中共上海市委委员，统战部长，华东财委和上海市财委副主任、市工商局局长，中共中央统战部副部长，国家行政管理局局长，中国社会科学院副院长兼经济研究所所长，汕头大学校长等职。是第一、三届全国人大代表，第五、六届全国人大常委。主要学术著作：《中国过渡时期国民经济的分析（1949—1957）》《论社会主义的生产、流通与分配》《中国国民经济的变革》《中国社会主义经济发展中的问题》等。
① 《马克思恩格斯全集》第23卷，人民出版社1972年版，第394页。

会主义国民经济综合平衡的理论根据。我国过去二十多年，国民经济的综合平衡，是不受人们重视的。长线越拉越长，短线越来越短，而那个完全由唯心主义所制造出来的"缺口"，也就越来越大。实践使我们认识到马克思所说的真理，认识到超过平衡的什么长线、缺线和"缺口"，都是违反国民经济综合平衡的要求的。党的十一届三中全会号召全党要把调整作为八字方针的主导，是完全正确的。事实上，国民经济的调整，说到底，就是如何搞好综合平衡。只有搞好综合平衡，正确处理国民经济中的各种主要比例关系，把长线缩短，把短线拉长，把各种缺口加以消除，才能制订出切实可行的计划，使国民经济各方面协调发展，使人力、物力、财力得到合理使用，更好地发挥中央、地方、企业与劳动者个人的积极性，从而使国民经济更快地发展起来。

我国30年来的实践证明，什么时候综合平衡搞得比较好，国民经济发展的速度就比较快；反之，什么时候忽视综合平衡，比例失调，国民经济就难以发展，甚至还要倒退下去。离开综合平衡，就谈不上高速度。这是实践反复证明了的一条定律。综合平衡搞好了，计划切实可行，这样就可以取得最大的经济效果；并且可能在政治上取得极大的主动。在政治上，在军事上，同志们都知道要争取主动，避免被动；唯独在经济建设上，我们却不但忘记了争取主动，避免被动，反而掩耳盗铃，把被动当作"主动"。在二十几年打被动战的情况下，人力、财力、物力的浪费，没法不成为无底洞。哪里能够谈到经济效果和政治上的主动呢？计划上的浪费，特别是超过力所能及的基本建设，是国民经济中最大的浪费。而这种浪费的出现，往往是同不讲综合平衡有着密切的关系的。

在国民经济综合平衡问题上，我们经历了曲折的道路。"一五"时期，对国民经济综合平衡比较重视，坚持财政、物资、信贷三大平衡，在五年中平均积累占国民收入的比重为24％。在这种情况下，工农业生产平均每年增长11％，国民收入增长9.8％，城乡人民的生活逐年在改善，每年平均递增4.3％，有力地促进了国民经济有计划、按比例地发展。可惜的是，1957年的南宁会议开始批判"反冒进"，从而1958年轻率地发动了"大跃进"。从此以后，正确的综合平衡被当作"消极"的东西加以批判；在"积极平衡"的口号下，毫无根据地提出1958年钢铁要翻一番，达到1070万吨，1959年要求达到1800万吨；与此相适应，积累率在1958年提高到36％，1959年提高到44％，高指标、瞎指挥、浮夸风和"共产风"，造成国民经济比例的严重失调，高速度不但成为泡影，工农业生产也突然下降。国民收入呢？在这五年中平均每年下降3.1％。消费资料越来越感到缺乏，人民生活怎能不受到影响呢？党中央针对当时的实际情平衡，以及地区平衡与全国平衡的关系等问题。至于破坏国民经济和破坏比例关系的"大跃进"的经验教训，在"左"倾错误严重泛滥的形势下，有谁敢于认真总结呢？"文化大革命"开始后，由于林彪、"四人帮"的破坏，以及"左"倾错误在经济领域的贯彻，在计划上出现的缺口越来越大，因而国民经济的比例失调越来越加严重。国民经济弄到了崩溃的边缘，能够说是意外的事情吗？粉碎"四人帮"后，本来应该抓紧国民经济综合平衡，应该调整国民经济中的长线和短线，解决十年内乱中造成的比例失调问题。可是，有的同志对比例失调的严重性估计不足，对综合平衡的重要性认识不够；有的同志坚持主观唯心主义的"左"倾错误，在打倒了"四人帮"之后的两年多，还制订了过高的计划。这实际上仍然想"以钢为纲"，再来一次新的"大跃进"。就这样，在长期比例失调的条件下又进一步使比例失调。这怎能不使各种矛盾尖锐地暴露出来呢？党中央发现了这个问题，决定对国民经济进行调整，加强综合平衡工作。在党中央的号召下，理论界又开展了对综合平衡问题的讨论。这次讨论，比60年代初期的讨论，大大前进了一步。如果说那次讨论主要限于名词、概念之争，那么，这次讨论则主要联系我国30年的经验教训，集中批判了"以钢为纲"所造成的"缺口论"，提出了从最终产品出发或从人民生活消费出发，进行国民经济综合平衡的问题，并探讨了国民经济综合平衡与速度、结构、效果、体制的相互关系。

二 在综合平衡中的经验与教训

30年来，在综合平衡工作中的经验与教训是相当深刻的。

首先，在社会主义计划经济中，要不要始终坚持国民经济综合平衡，能不能用唯心主义去取代客观存在的经济规律，这是一个关系极其重大的问题。林彪、江青反革命集团以及一些醉心于唯意志论的人们，矢口否定国民经济综合平衡，鼓吹什么"打仗就是比例"。有些同志口头上似乎也没有否定国民经济综合平衡，然而办起事来，就忘记了综合平衡，甚至否定了综合平衡，及至出现了严重问题，方才察觉忽视综合平衡的恶果。还有些同志仅仅把综合平衡看成是一件普普通通的工作，没有看到它在社会主义生产和社会主义建设中所具有的必要性和必然性。也有的同志把市场调节与综合平衡对立起来，似乎提出市场调节的必要性，就不需要搞综合平衡，也不能搞综合平衡了。这些情况说明，必须弄清综合平衡与社会主义经济发展的关系。我们重视市场调节，把生产和流通搞活、把微观经济搞活，这不但不会削弱综合平衡，反而必定会加强综合平衡。只有在社会主义经济的基础上，加强国家的计划指导，搞好国民经济综合平衡，各种比例关系才能协调，微观经济才能真正地活跃起来，宏观经济也才能顺利地发展起来。

其次，综合平衡所要解决的社会生产两大部类的比例、农轻重的比例、积累与消费的比例等，30年来既有成功的经验，也有失败的教训。我们吃过高积累的亏，可是为什么一直坚持高积累？我国的市场消费品供应一直很紧张，可是为什么农业、轻工业上不去？在国民经济主要比例关系上，曾经出现过两度严重的失调。粉碎"四人帮"后，对这种严重性又估计不足，竟有两年时间继续走着严重失调的道路。这难道不是"左"倾错误在继续作怪么？

最后，长期以来，为了否定综合平衡，不但把它作为消极平衡来批判，而且把留有缺口当作积极平衡来宣传，甚至认为缺口越大，计划越是积极可靠。这种提法难道有一点科学根据吗？实践证明，这种故意制造缺口，甚至故意扩大缺口的做法，是反马克思主义的，是完全违反客观经济规律的。马克思在《资本论》中说："从整个社会的观点来看，必须不断地有超额生产，也就是说，生产必须按大于单纯补偿和再生产现有财富所必要的规模进行，——完全撇开人口的增长不说，——以便掌握一批生产资料，来消除偶然事件和自然力所造成的异乎寻常的破坏。"[①]按照马克思这一段话的意思，为了实现规模扩大的社会主义再生产，不但不应"留有缺口"，而且还要保留充足的后备。可惜的是在"左"倾错误的指导下，在社会主义再生产问题上，不但不保留充分的后备物质力量，反而盲目地长期地扩大了缺口。这难道不是同马克思主义对抗的唯意志论吗？吃了二十多年的大亏，难道不值得我们反省吗？

三 关于地区间的矛盾问题

我国幅员辽阔，情况复杂，各地区的经济发展水平差别很大。因此，因地制宜，发挥地区优势，扬长避短，是势在必行的。这样做，会大大有利于国民经济的发展。但是，地区与全国之间、地区与地区之间，也存在着一定的矛盾。只有从全国的综合平衡出发，才能更好地发挥地区优势。否则，离开全国一盘棋的大前提，而片面强调一个地区的情况，其结果是不但地区的优势发挥不了，而且整个国民经济综合平衡也会受到损害，盲目的无政府生产就会代替社会主义的计划生产。

当前出现许多产品（主要是原材料）"派不下、收不上、调不动"的情况，出

[①] 《马克思恩格斯全集》第24卷，人民出版社1972年版，第198页。

现了大厂吃不饱、小厂到处搞，重复生产、重复建设的严重情况。这样一来，国家的一些重要工业企业就发生了原料危机。以上海为例，棉花1975年调入247万担，1979年减为97.5万担，减少60%；烤烟1977年调入129万担，1979年减为98万担，减少24%；羊毛1979年调入2.8万余吨，1980年减为1.85万吨，减少37%；牛皮1979年调入27.5万张，1980年减为19万张，减少30%。其他如松香、桐油、羽毛、苇席、造纸原料等也都大为减少。上海的轻工业出现了原料危机，国家不得不花大量外汇进口原料。这些情况说明，在发挥地区优势和全国综合平衡之间是存在着密切关系的。发挥地区优势，绝不能离开全国一盘棋，绝不能置全国综合平衡于不顾。当然，全国性的综合平衡，不可能忽视各地区的利益，使后进的永久后进。只有在全国一盘棋的前提下，调整先进地区与后进地区之间的矛盾，一方面要使先进地区不至于被人拖后腿，而不能迈步前进；另一方面，也要设法使后进地区，逐步改进后进状况，使其在竞争中能够站得住。

四　在国家计划的前提下市场调节的问题

过去若干年，我们忽视以至否定价值规律的市场调节作用。现在改革经济体制，其重要内容之一，就是要在国家计划的指导下，逐步扩大市场的作用。也就是说，要把国民经济有计划、按比例发展规律同价值规律的调节作用结合起来，而以前者为主导。

实践证明：国民经济有计划、按比例发展规律同价值规律之间，是存在着矛盾的，因为后者是通过市场的自发调节而起作用的；而前者则是在事前通过国家的计划安排，做过国民经济的综合平衡的。但是两者之间，又存在着一致性。马克思曾经说过："商品的价值规律决定社会在它所支配的全部劳动时间中能够用多少时间去生产每一种特殊商品。"[①] 这就是说，社会总劳动时间，必须根据社会要求，按比例地分配在各个不同的生产部门之间。这就证明这两个规律的一致性。计划调节和市场调节之所以能够结合起来，就是以这两个规律的一致性作为论据的。那么，怎样把这两种调节结合起来呢？这种结合的根本点在于：计划调节是前提，是矛盾的主导方面；而市场调节则是计划调节的补充，或者这样说，在宏观经济（主要指整个国民经济的发展方向）方面必须实行国家计划管理的综合平衡；在微观经济（主要指各基层企业的经济活动）方面必须在国家计划的指导下发挥市场调节

---

① 《马克思恩格斯全集》第23卷，人民出版社1972年版，第394页。

作用。

国民经济综合平衡的最重要的环节,是正确地安排国民收入中积累和消费的比例。根据中国的经验,首先要防止当年积累基金加消费基金,超过国民收入,否则就会造成财政赤字、通货膨胀和物价上涨;同时又要按照生产发展水平,确定合理的积累率,勿使过高,否则就会影响人民生活水平的提高,不利于劳动人民积极性的发挥。中国是十亿人口(其中八亿是农民)的国家,生产和收入水平都相当低,1980年每人平均国民生产总值还不到300美元,积累基金一般只能保持在25%左右,才能使国家建设与人民生活的关系,处于合理的、欣欣向荣的状况。

控制积累基金的重点,是要控制基本建设投资。长期以来,国家对国营企业实行资金无偿使用的制度;从1958年以后,只讲高速度,不讲按比例,基本建设投资一直难以控制住。结果如何呢?随着基本建设战线的越拉越长,基建工期就没法不延长,工程造价就没法不提高,投资效果就没法不下降。1980年年底,党的中央工作会议决定对国民经济作进一步的调整,采取的重大措施之一,就是要把基本建设投资,从1980年的500多亿元,降到1981年的300亿元,降低40%以上。

同时,国家计划还应当把基本建设投资在国民经济各部门之间进行合理的分配,使之符合本国国情和发展战略的要求。长期以来,为了追求高速度,国民经济比例严重失调。当前,为了克服比例失调,进一步调整经济,全面提高经济效果,应当使积累基金和基本建设投资,多用于发展农业、轻工业、交通、能源和服务性行业。最近几年,除发展能源外,少发展重工业。当然并不是永远如此。当调整取得巩固的成就的时候,我们还必须根据马克思关于社会生产第一部类和第二部类互相关系的原理,按比例、有计划地发展重工业。

消费基金的计划安排,重点是控制社会购买力的增长。1979年和1980年,我国财政发生巨大赤字(1979年为170亿元,1980年为127亿元)。为什么发生这种情况呢?除了主要由于基本建设投资没有按计划压缩以外,也由于社会购买力的增长突破了原定计划。1970—1978年社会购买力平均每年增长91亿元,1979年增长322亿元,1980年增长354亿元(扣除物价增长因素,这两年每年增长200多亿元),超过了社会商品供应量的增长。当前,我们必须纠正滥发奖金、补贴,管理议购范围,压缩集团购买力,以控制社会购买力的增长。

实践证明:在国家的计划指导下,价值规律的市场调节作用,有必要加以重视。

第一,改变多数产品的统购包销制度,除粮食、棉布等极少数供不应求的重要商品外,一般商品由商业部门按照市场需要,制订收购计划。工厂按照商业部门的收购计划和市场需要进行生产。许多种就地销售的日用百货，工厂可以不经过批发机构，而同零售商店直接交易，有些产品还可以由工厂设门市部自己销售。商业部门在取消包销制度之后，实行选购，对于不适销的产品，可以拒绝收购；商业部门不收购的产品，工厂可以自销。

逐步改变生产资料计划调拨制度，允许一部分生产资料进入市场。现在有些城市设立生产资料交易市场，一般产品可以自由交易，有些计划供应的短缺产品，可以同棉布一样发票证，用户凭票随时采购。许多工厂把多年库存积压的产品，拿到交易市场去销售，不但大大减少了库存，而且大大缓和了许多产品供应紧张的程度。自1979年以来，一部分机电产品进入市场以后，收到了显著的效果。

第二，增加流通渠道，减少流转环节，取消"独家"包办。过去流通渠道被控制得很狭窄。现在不但供销合作社可以进城，集体农业的生产队也可以进城在农副产品市场上销售自己的产品。商业部门和某些工厂可以下乡销售日用百货。各地区也可以直接组织货源出口。当前要在国营商业外继续发展一大批集体所有制和少数个体所有制的商业，允许互相竞争。大大发展城市中的农副产品市场。

第三，制定长期的物价调整规划，使价格逐步接近价值。过去我们对物价进行严格的计划管理，使几十万种产品的价格不能随着市场供求情况的变化而变化。要实行市场调节，就必须放宽价格的计划管理。除国家统配产品外，要使地方甚至企业有调整价格的一定的自主权。许多商品必须有适当的季节差价，还必须有适当的地区差价，以鼓励地区间调剂余缺。扩大质量差价，让各工厂的产品在市场上竞争，供不应求的准许其提价；供过于求的准许其降价；新产品可以允许高价试销；积压产品允许削价处理；同时，对于有利于发展生产，而又不影响人民生活的一些商品的价格，如机械产品等，要逐步调整。如果不调整现在长线产品的价高利大、短线产品的价低利小甚至亏损的情况，国家的调整政策，就会落空；国民经济各部门的比例关系，就难于在调整中达到合理的地步。

发挥市场调节的作用，还可以采取调整税率，利用银行信贷杠杆等措施。与此同时，市场行政管理，也是不可废除的，因为市场管理是取缔投机倒把和乱提价所必需的。

在第一个五年计划期间，我国有大量的资本主义工商业、个体手工业和小商贩，他们在许多种商品的生产和零售额中占有相当大的比重；除粮食、棉布等外，没有建立价格的统一管理制度。在那种情况下，并没有动摇我国国民经济的计划管理，削弱我国的社会主义国营经济的领导地位，而做到在计划调节的前提下，市场调节发挥其补充作用，从而促使国营工商业重视自己的经营管理，使它们出售的产品适销对路，使企业的劳动效率高，服务态度好。现在，国营经济已经很强大，资本主义工商业已经实现了社会主义改造。在这种情况下，发展自负盈亏的集体工商业和少量的个体工商业，在一定范围内，能够推动竞争，发挥市场调节的作用。它们不可能动摇国家的计划管理和计划调节，更不会削弱国营经济，而只会进一步搞活社会主义经济，发挥社会主义经济制度的优越性。

经济战略与经济效益[*]

汪海波[**]

内容提要：作者基于党的十二大提出的 20 年经济发展战略的目标、重点和步骤，认为战略涉及的一系列问题中，提高经济效益是核心问题。未来 20 年工农业总产值和国民收入增长速度目标要以提高经济效益为前提，社会财富才会有真正的、比较快的、稳定的、持续的增长；工农业总产值的增长要遵守一定的比例关系，避免经济大上大下，是服从于提高经济效益的要求；城乡人民收入成倍增长也要在提高经济效益的基础上，才会有人民生活的稳定、迅速的提高。作者进一步结合经济发展战略的目标、重点和步骤论证了提高经济效益的重要性——实现目标要增加积累基金和消费基金需要提高经济效益；要使得战略重点能够满足实现战略目标的需要也有赖于经济效益的提高；战略步骤的实施也离不开经济效益的提高。

胡耀邦同志代表党中央在党的十二大提出了我国二十年经济发展的战略。这对于我国顺利实现社会主义现代化事业具有极重要的指导意义。正确把握经济战略与经济效益的关系，又是顺利实现这个战略的重要一环。

一

我国二十年经济发展战略的目标、重点和步骤，涉及经济的效益、速度、比例

---

[*] 原文发表于《财贸经济》1983 年第 1 期。
[**] 汪海波（1930— ），安徽宣城人。历任中国社会科学院工业经济研究所副研究员、研究员、工业经济理论和发展史研究室主任、中国工业经济学会常务理事、副秘书长；经济管理出版社副社长、副总编辑和《中国经济年鉴》副总编辑、经济管理出版社社长和总编辑、《经济管理》主编、《中国经济年鉴》总编辑等职。主要研究领域：社会主义商品经济、经济体制改革、经济发展战略、经济运行和经济史。主要著作：《中华人民共和国工业经济史》《社会主义经济问题初探》《论中国经济社会的持续快速全面发展 2001—2020》。

和社会主义生产目的等一系列重要问题,其中提高经济效益是核心问题。

第一,就经济增长速度与提高经济效益的关系看,我国二十年工农业总产值的增长是以提高经济效益为前提的。

首先,要求有扎扎实实的、不带水分的速度。1953—1980年,我国工农业总产值每年平均增长速度达到了8.2%。这种较高的经济增长速度,体现了社会主义制度的优越性。但长时期内,由于受到"左"倾错误的影响,违反量力而行的原则,盲目追求高速度,许多年份都带有较大的水分。按照二十年工农业总产值翻两番的要求,平均每年增长7.2%,这个速度虽然比过去低,但它体现了量力而行的原则。这样说,是考虑到下列因素的作用:经济工作的指导思想已经清除了"左"的错误;经济结构将继续进行调整;经济管理体制将完成改革;科学技术将得到发展;经济、企业的经营管理水平、生产技术水平和劳动者的思想、文化素质将得到提高。

据预测,前十年工农业总产值可以达到5%—6%,后十年可以提高到8%以上;前十年中的头五年为4%—5%,后五年提高到5%—6%。就是说,前十年的经济增长速度比后十年要低;前十年中的头五年比后五年又要低。前十年之所以比后十年要低,是考虑到经济调整、企业整顿和经济改革的完成,能源、交通落后状况的改变,重大科学技术的攻关和企业的技术改造,人才的成长和技术水平、经营管理水平的提高,均需经历较长的时间。这些制约经济增长的因素,在"六五"期间表现得尤为突出,因而此期间的经济增长速度比"七五"时期还要低。后十年之所以可能比前十年要高,是基于那时已经实现了经济结构和经济体制的合理化,企业经营管理已经走上了正轨,社会主义精神文明建设将取得重大成就,农业的科学技术和现代技术装备将获得较大的提高,工业的技术改造也将大规模地、普遍地开展起来;能源、原材料和机械等工业部门的产量将有较大的增长;伴随着科学技术的巨大进步及其在生产中的广泛运用,能耗、物耗将大大降低,产品质量和加工深度将显著提高;许多附加价值大的新兴工业部门,如电子工业、核能工业、石油化学工业、精细化学工业、新型材料和生物技术工业等将获得迅速的发展。

由过去不少年份水分较大的速度改变为今后扎实的速度,表明经济的增长是以提高经济效益为前提的。因为所谓水分除了由于没有按照规定计算产值而虚报的部分以外,主要是产品没有达到质量标准而造成的损失部分,以及不符合或超过社会现实需要的那部分产品,即由于货不对路而造成的积压产品和超过正常周转需要的库存产品。这表明为此而耗费的一部分社会劳动是无效益的。而扎实的速度除了表明产值是实际存在的以外,主要指产品符合规定的质量标准,品种、数量都符合社会现实的需要，因而表明了为此而耗费的社会劳动都是有效益的。

其次，要求显著改变过去那种国民收入增长幅度大大落后于工农业总产值的状况。1980 年同 1952 年相比，工农业总产值增长 8.1 倍。由于种种原因，国民收入只增长 4.2 倍，经济效益很差。今后二十年的经济增长，则要求尽量缩小上述差距，以至于要接近、等于工农业总产值的增长速度。按照马克思主义政治经济学的观点，国民收入的增长，取决于下列三个因素：物质生产过程中使用的劳动量的增长；劳动生产率的提高；生产资料的节约。我国劳动力资源极为丰富，劳动力使用中的浪费也很大，因而第一个因素对我国今后国民收入的增长具有某种特殊重要的作用。但从长时期看，国民收入的增长主要还是依靠后两个因素，也就是依靠物质生产过程中的活劳动和物化劳动的节约。从这个主要意义上说，二十年经济发展过程中国民收入的较快增长，是经济效益提高的一个突出表现。

二十年经济增长速度以提高经济效益为前提，正确地反映了产值增长对经济效益的依存关系。因为只有经济效益提高了，社会财富才会有真正的、比较快的、稳定的、持续的增长；否则，就是不可能的。

第二，就速度与比例以及比例与效益的关系看，我国二十年工农业总产值的增长要求遵守一定的比例关系，这同时也是服从于提高经济效益的要求。

长时期内，由于盲目追求产值的高速度，主要是重工业产值的高速度，忽视一定的经济增长速度要以一定的经济比例关系为前提，几次导致了国民经济比例关系的严重失调，使得经济发展时而大上，时而大下，损失了大量的社会劳动。今后则要求遵守一定的比例关系。就战略部署看，前十年中的头五年经济增长速度比后五年低，是要在提高经济效益的基础上，实现稳定的国家财政收支平衡，争取国家财政经济状况的根本好转；头十年又比后十年低，主要是为了继续完成调整国民经济、实现国民经济的均衡发展。如果不是这样安排，那么，已经大大缓解的经济中的潜在危险又会进一步发展，已经显著改善的比例失调状况又会进一步加剧，其结果是大上大下。二十年内一定要牢牢抓住农业、能源、交通、科学和教育这几个根本环节，把它们作为经济发展的战略重点，因为，它们不仅是基础性部门，而且在一个长时期内都是国民经济中突出的薄弱环节。加强这些环节是实现国民经济综合平衡的保证。

二十年经济增长以遵守一定的比例关系为条件。国民经济的按比例发展，是社会再生产顺利进行的必要条件。比例制约速度，比例又服从提高经济效益的要求。这当然不是说，一定的增长速度对改变一定的比例关系是无作用的。但是，这种改变必须在原有的经济比例关系的基础上进行；否则，即使一时改变了，终究还得退回来，造成经济发展的严重挫折。可见，国民经济按比例发展，同时是为了取得良好的经济效益。

第三，就人民生活与速度、效益的关系看，今后二十年要求在翻两番的基础上，城乡人民的收入也将成倍增长。

从1952年到1980年，全国人民平均消费水平提高了一倍。我国原来底子薄，人口多，人口增长快；又长期面临着帝国主义和其他国外敌对势力的侵略威胁，不得不把大量的资金耗费在国防上。在这些条件下，人民生活得到这样大的改善，是很不容易的，体现了社会主义制度的优越性。但是，由于过去的长时间，盲目追求产值的高速度，严重忽视经济效益，致使人民生活水平提高不快。在上述期间内，人民生活水平提高幅度比工农业总产值增长幅度相差7倍多，比国民收入增长幅度相差3倍多。当然，今后二十年，人民生活水平的提高速度也低于（必须低于）工农业总产值和国民收入的增长速度，但前者同后者的差距是大大缩小了。这个对比正确地反映了效益、速度对于人民生活的制约关系。如果只顾产值的增长，不问效益的降低，那不仅达不到提高人民生活水平的目的，甚至会适得其反。只有在经济效益提高条件下，实现产值增长的高速度，才会有人民生活的稳定、迅速的提高。

二

提高经济效益，是实现二十年经济发展战略的一个极重要因素。

第一，就实现战略目标看，要实现工农业总产值翻两番和城乡人民收入的成倍增长，需要增加的积累基金和消费基金，将是十分庞大的数字。首先要在提高经济效益基础上使得国民收入有较快的增长。因为经济效益的提高意味着社会劳动的节约，节约社会劳动正是国民收入增长的最重要因素；国民收入较快的增长，可能使得积累基金和消费基金同时较快的增长。但由于种种原因，二十年内增长的国民收入既不能充分满足追加的货币资金的需要，也不能完全满足追加的生产资料的需要。资金和某些重要生产资料不足，将是我国二十年经济发展过程中的尖锐矛盾。这个矛盾在前十年特别是头五年表现得尤为突出。比如，在单位固定资产原值实现的产值、单位产值用的流动资金，以及单位产品物耗量不变的条件下，工农业总产值增长3倍，资金和材料也要有相应的增长。而现在一元固定资产，只能增加产值0.96元。此外，要增加产值，还需要占用流动资金。当前单是国营企业的固定资产就是5000多亿元，流动资金3000多亿元。这样算来，二十年内需要筹集的资金将是一笔惊人的数字！而现在国家的财政收入，一年只有 1000 亿元左右，预算外的资金为 500 亿元。能够用于固定资产投资只是其中的一部分，预算内外共计 700 亿元。这样，即使把今后二十年国家预算内固定资产投资以及地方、部门和企业的自筹投资的增长统统计算在内，也无法满足实现经济战略目标的要求。就材料来说，据预测，钢材、水泥和棉纱等重要材料也只能增长一倍。因此，还需要通过节约地使用资金和生产资料来实现经济发展的战略目标。而在当前和今后一个时期，这两方面节约的潜力都是很大的。比如，每百元积累提供的国民收入，"一五"时期平均为 35 元，1981 年下降到 20 元，减少了 43%；每百元社会产品的物质消耗，"一五"时期平均为 44.3 元，1981 年增加到 56.4 元，上升了 27%。流动资金的占用方面也存在着类似的情况。原商业部系统的流动资金几乎占了国营企业流动资金总额的一半，而且工业流动资金周转的快慢主要是通过商业部门（还有物资部门）反映出来，这里且以商业部系统的流动资金周转速度为例，历史较好水平的 1957 年为 2.21 次，而 1981 年下降到 2.1 次，约多占用流动资金 35 亿元。可见，把这些指标恢复到"一五"时期的水平，也可以节约大量的资金和生产资料。何况"一五"时期的水平也并不是最理想的水平。因此，提高经济效益可以从国民收入的增产和节约使用两方面保证二十年经济战略目标的实现。

第二，要使得战略重点能够满足实现战略目标的需要，也有赖于经济效益的提高。且以能源为例加以说明。要使得能源能够满足战略目标的需要，一方面要适当集中资金，在提高经济效益的前提下加快能源的开发；另一方面要靠能源的节约使用。最近一个时期主要是靠节能。在单位产品能耗不变的条件下，适应工农业总产值翻两番的需要，能源也要翻两番。但据预测，能源大约只能增长一倍。这样，要满足战略目标的需要，就要把单位产品的能耗降低一半，把能源弹性系数降为 0.5。由于我国当前能源使用中的浪费很大，这样做是有可能的。1957 年我国每吨能源提供的国民收入为 1037 元，1980 年降为 552 元，减少了 46.7%。又如，我国目前的能耗总量同日本差不多，但国民生产总值大约只相当于日本的 1/4。当然，我国当前的情况，和"一五"时期有许多区别。但这些数字表明的节能潜力大，则是确定无疑的。那么，通过什么途径把这个巨大潜力发挥出来呢？一是对现有企业技术改造，逐步用新的、技术先进的、低能耗的设备、工艺和产品代替老的、技术落后的高能耗的技术设备、工艺和产品，以期大大降低现有企业的能耗水平。二是调整企业组织结构。1965—1981 年，全国工业企业由 15.8 万个增长到 30.2 万个，增加了一倍多。其中一部分是适应国民经济发展的需要建立起来，也有一部分是盲目发展起来，不必要的重复建设不少。因此，必须结合企业的整顿、改组和联合，对那些能耗物耗高、收益低、销路差而又难以改造或者在经济上不值得改造的企业实行关停并转。三是改善工业生产结构。依据国民经济发展和人民生活水平提高的需要，大力发展那些技术先进、附加价值大、能耗低的新兴工业（如新型材料工业、精细化学工业、电子工业、精密仪器仪表工业等），提高它们在工业结构中的比重；而那些耗能高的老工业（如钢铁工业、化肥工业等）由于增长速度慢，它们的比重会降低。这样，整个工业的能耗水平就会显著降低。四是逐步调整工业布局，使工业布局和能源布局相适应，重点是要有计划、有步骤地把能源供应紧张的东北、华东地区的一部分能耗大的工业企业转移到水力电力资源比较丰富的西北地区，以充分地有效地使用水力电力资源。五是全面整顿企业改革经济管理体制，提高企业的经营管理水平，把中央、地方、企业和劳动者个人节能的积极性充分地调动起来，把宏观和微观范围内的节能潜力统统挖掘出来。通过这些措施，是有可能逐步把能源弹性系数降低到 0.5 的。

第三，就实施战略步骤来说，也离不开经济效益的提高。我国二十年经济发展的战略部署要分两步走：前十年主要是打好基础，积蓄力量，创造条件；后十年要进入一个新的经济振兴时期。"六五"时期是前十年打基础的关键时期，而要实现"六五"计划的根本任务，即争取国家财政经济情况的根本好转，就必须要以提高经济效益为基础。近几年来，经济效益是有某些提高的，但经济效益差的状况并未根本改变。前面列举的每百元积累提供的国民收入以及每百元社会产品的物耗的数据，已经从总体上表明了这一点。显然，即使只把这两项指标恢复到"一五"时期的水平，那国家财政经济困难情况也会根本改观。这样说，并不意味着提高经济效益对"七五""八五"和"九五"计划是不重要的。恰恰相反，由于这三个五年计划时期的经济增长速度是越来越高的，因而提高经济效益也是它们得以实现的基础。按照恩格斯的说法，剩余产品，"以及社会生产基金和后备基金从这种剩余中的形成和积累，过去和现在都是一切社会的、政治的和智力的继续发展的基础"[①]。显然，较高的经济增长速度是以剩余产品的较快增长，从而是以经济效益的逐步提高为基础的。

总之，提高经济效益对于实现二十年经济战略目标、重点和步骤都具有十分重要的意义。战略目标、重点和步骤都是战略的组成部分。所以，集中起来说，提高经济效益是实现经济战略的重要因素。

---

① 《马克思恩格斯选集》第 3 卷，人民出版社 1972 年版，第 233 页。

孙冶方社会主义流通理论的形成及其主要内容[*]

高涤陈[**]

内容提要：作者评价了孙冶方同志社会主义经济理论对推进四化建设事业的重要意义，其中社会主义流通理论占有极为重要的位置。本文首先回顾了孙冶方社会主义流通理论的形成过程。其次，着重介绍了孙冶方社会主义流通理论的主要观点。包括：社会主义流通是从理论上认识社会主义经济的一个关键，是社会再生产总过程中最敏感最复杂的环节，是搞好社会主义计划经济的要害所在；社会主义流通过程对国民经济的发展起着重要的作用。再次，分析了孙冶方流通理论在其整个理论体系中的地位。孙冶方经济理论体系中的四根主要支柱之一就是社会主义流通论。最后，表达了孙冶方同志对开展流通问题研究的期望。

我国著名经济学家孙冶方同志从我国经济建设实践经验出发，运用马克思主义基本原理，在许多方面对社会主义经济问题进行了理论上的探讨。他丰富的经济思想和在一些重要经济问题上所得出的结论，以及已经形成的理论体系，是我国社会主义经济学的宝贵财富，对于我们进一步认识社会主义经济，改造不适应生产力发展的某些经济体制，推进我国四化建设事业，具有十分重要意义。

孙冶方同志的社会主义经济理论包括许多方面，其中有关社会主义流通问题的

---

[*] 原文发表于《财贸经济》1984年第4期。

[**] 高涤陈（1931—2014），辽宁康平人。中国社会科学院荣誉学部委员。历任中国社会科学院财贸物资经济研究所副所长、研究员，博士生导师；兼任北京市人民政府顾问，中国商业经济学会副会长，中国物资学会副会长。学术专长为流通经济理论、贸易经济。他依据马克思主义经济学理论，结合我国流通经济体制改革与发展的实践，发表了一系列有关社会主义经济与流通、市场经济与流通体制、商业体制改革、服务经济和对外贸易等方面的论著，形成了较系统的流通与商业经济学术思想，对促进我国流通与商业经济理论研究的发展起到了重要推动作用。代表作：《商品流通若干理论问题》《社会主义流通过程研究》《商业运行概论》等。

理论,在他的整个社会主义经济理论体系中占有极为重要的位置。这里,我仅就孙冶方社会主义流通理论的形成及其主要内容,谈些粗略的看法。

一 孙冶方社会主义流通理论的形成过程

1959 年冬至 1960 年底孙冶方同志在经济研究所组织编写《社会主义经济论》,初稿过程中,就提出了社会主义经济运动中的流通理论问题。当时,原经济研究所财贸组的穆庆新同志第一个提出了社会主义经济中有没有流通过程的问题。孙冶方同志认为穆庆新同志提出了一个对于社会主义经济具有重大理论意义和实践意义的问题。他敏锐地抓住了这一问题,并组织人翻译出苏联一位不知名的作者阿·克留切夫于 1961 年写的一篇在苏联经济学界并没引起什么反响的文章,题目《论作为经济过程的交换的内容》。同时,他还提出经济理论研究者要下功夫,深入持久地研究社会主义流通问题。孙冶方同志后来的研究历程证明,当时他所以立即抓住社会主义流通这个问题,是因为他在具体的经济领导工作中,早已感到社会主义流通过程是一个关系社会主义经济发展全局而又未被人们给予应有注意的领域。这不仅在中国是这样,就是在其他一些社会主义国家中也是如此。因此,1961 年春在讨论"社会主义经济论"第二稿初步设想时,不仅把"流通过程"作为重要一篇肯定下来,而且还提出何谓流通?流通存在的客观基础是什么?社会主义全民所有制内部有无流通?未来共产主义经济中有无流通?流通过程中的主要矛盾,社会主义全民所有制企业的资金循环,企业之间产品供销的合理组织等问题,列为需要进一步展开研究的重要课题。1962—1963 年孙冶方同志在中国人民大学的讲坛上,用了一年左右的时间系统地讲授了《社会主义经济论》的基本内容,社会主义流通问题就是其中的一个篇章。就是在中国人民大学讲授提纲基础上,形成了第一个《流通概论》。这期间,他对社会主义流通问题的研究做了不少的设想,后来,因他把精力集中到论战上去而中辍。

1963 年夏,孙冶方同志编写《社会主义经济论》的工作第二次上马。这次只是组织了一个比较小的班子,而且除继续探讨生产过程的几个重要问题之外,重点是研究流通问题,因为,他认为社会主义经济中的流通过程是《社会主义经济论》中最薄弱的环节,必须把它作为重点来展开调查研究。当时批判孙冶方的风潮已越来越大,有的同志建议他考虑一下,如何把阶级斗争糅进他的《社会主义经济论》之中,在生产过程,特别是在流通过程中,多讲讲阶级斗争。孙冶方同志不以为然。他说,马克思在《资本论》中并没有到处都标出"阶级斗争"的字样,或者用"阶级斗争"作为口号充满各个篇章。然而马克思在《资本论》中对资本主义经济活动的所有剖析,就其内容和实质而言,都是资产阶级对工人阶级的残酷剥削,都是生动的阶级斗争的画卷。此后,对孙冶方的批判日益频繁,他为答辩各种批判所占用的时间越来越多。于是,第二次上马编写《社会主义经济论》的小班子的工作也就时断时续。到1964年10月22日,以批判孙冶方为内容的"文化革命"试点工作在经济研究所开始了,从此全所的科研业务工作全部停止,连《社会主义经济论》第二次上马的小班子也就随之消散了。

"文化大革命"期间,冶方同志在狱中继续思考社会主义经济问题,一遍又一遍地给《社会主义经济论》提纲打腹稿。1975年他出狱后向驻所工军宣队报到时首先声明:"我的观点没有变,还要继续研究。"1979年秋,他带重病重新学习了《资本论》第二卷,于1980年上半年完成了第二个《流通概论》和流通篇各章节大纲的初稿,后来在青岛写出第二稿。

二 孙冶方社会主义流通理论的基本观点

除了《流通概论》以外,孙冶方有关流通问题的理论观点散见于许多篇论文之中。要全面概括他的流通思想,不是一篇短文所能完成的。这里,我只讲一下他关于社会主义流通的几个主要观点。

1. 正确地理解作为客观经济过程的社会主义流通,是从理论上认识社会主义经济的一个关键。孙冶方同志认为,社会化大生产是社会主义经济的前提,而大生产是离不开产品流通的。在这里,投入流通的产品不只是生产的结果,也是生产持续进行的前提条件,也就是如果流通过程不能向生产提供数量上充足的、使用价值上适合生产需要的生产资料和消费资料,那么,生产过程就难以进行。由于传统的观点是把社会化大生产必然存在的流通过程等同于商品流通,把商品流通等同于流通一般,商品消亡也就是流通的消失,所以社会主义特别是共产主义不存在流通的思想就不言而喻地被人们所接受。可见,对流通问题,并不只是一般地在经济理论上被忽视,而是被这种传统观点从根本上给否定了,以致使人们在研究社会主义经济问题当中,"看漏了流通"。这正是人们把社会主义经济看成是自然经济的一个根本原因。它给社会主义经济建设实践所带来的损失,已经被人们察觉和认识。因此,完全可以这样说,不了解流通问题,不弄清流通问题,不从客观经济过程上把握流通,就不可能真正认识以公有制为基础的、以社会化大生产为前提的社会主义经济。

2. 流通过程是社会主义生产关系比较集中的领域，各种生产关系在这里相互交叉，因而它是社会再生产总过程中最敏感、最复杂的环节。孙冶方同志认为，各种生产关系各方面的物质利益要通过流通来实现。因此，要保证社会经济顺利发展，首先就必须遵循流通领域的各种规律，按照正确的原则，去协调和解决社会再生产运动中的各种经济关系。在必须运用抽象劳动来比较劳动量的条件下，等价交换就是在社会流通过程中正确处理好各方面经济利益关系和协调好各种比例关系的基本原则。因为，在各经济部门之间，各经济单位之间的产品交换活动，只有按照等价原则，即按照抽象劳动量相等的原则进行交换，才能使它们为生产产品而花费的劳动消耗、按社会平均必要劳动时间得到等量的补偿。这样，既可保证参与交换活动各方的经济利益得到完满的实现，又可保障最终表现在各类产品数量上的各种经济比例关系互相协调，从而保障社会主义生产更加符合社会主义社会的全面需要。

3. 流通过程是搞好社会主义计划经济的要害所在。社会化大生产的流通过程是连结各个经济部门、各个生产经营单位的纽带，正是这个纽带使国民经济结成为一个有机整体，才有生机勃勃的社会经济运动。国民经济有计划的发展，这是以公有制为基础的社会主义经济的重要特征。社会主义计划经济不仅表现在个别生产企业和某一生产部门的计划性，而且更为重要的还表现在把各个生产单位和各个生产部门连结起来的流通过程的计划性，以及借助这种计划性所连结起来的整个国民经济发展的计划性。

实践表明，社会主义经济计划工作难度较大的地方正是流通领域。社会主义生产目的是满足人们日益增长的物质和文化需要，而人们复杂的消费需要首先要通过流通领域反映出来；要生产出适合人们各种需要的产品，就需要有相应的生产设备和原材料，而这一些又需要由流通过程来提供。在我国，无论消费品流通领域还是生产资料流通领域，货不对路的情况是经常发生的。这种情况当然有生产领域的诸种原因，但是问题的关键还在于产品流通过程的计划问题。不用说供过于求的产品主要是由于流通计划不够准确，就是那些供不应求的产品，也经常是因为流通领域信息不灵、流通计划不周，而使货不对路，不能很好地满足人们的消费需求。

因此，要保持社会主义经济按比例地、有计划地协调发展，首先就需要搞好企业之间、部门之间的产品交换计划，即产品的流通计划。这样，整个社会经济就会被流通计划联结起来，真正成为完整的计划经济。所以，社会主义经济中的流通过程，既是计划经济工作难度较大之处，也是社会主义经济计划水平高低的主要表现。正是从这个意义上说，流通过程是社会主义计划经济的要害部位，是搞好社会主义计划经济的关键。

4. 社会主义流通过程对国民经济的发展起着重要的作用。在理论上对社会主义流通过程估计不足，以及实践上对它重视不够，把流通置于次要地位，不善于从加速周转上推动经济发展，是我们经济建设中的一大弱点。孙冶方同志在60年代初，就提出要认真学习《资本论》第二卷和第三卷，尤其是第二卷。他认为，搞社会主义建设非学好第二卷不可。第二卷对于流通的作用作了详尽的分析。社会化大生产与自然经济不同，在这里流通过程对整个社会经济运转起着巨大的推动作用。如产品流通时间的长短、流通速度的快慢、流通费用的高低，都直接对社会再生产产生重大的、有时是决定性的影响。流通的经济结构、流通的规模、流通的技术设施（包括道路、车辆、仓储等设施），更是在宏观上制约、决定生产过程和影响社会经济发展的重要物质因素。流通过程的技术设施水平高，流通过程的组织工作完善，产品就可以用最少的时间、最快的速度、最低的费用，通过流通过程，进入消费领域。这样，社会主义经济就会有较好的经济效益和较高的发展速度。社会再生产运动是生产过程与流通过程的统一，也是生产过程与流通过程相互联结、不断循环的运动过程。所以，我们既要从生产过程的前提和结果上去认识流通的作用，又要从再生产总过程的一个阶段上来认识流通的作用；既要从流通过程的相对独立意义上去看待流通的作用，又要从国民经济整体的一个部分上来看待流通过程。这样才能全面地认识流通过程在社会化大生产中的能动作用。

三　孙冶方流通理论在其整个理论体系中的地位

如何概括孙冶方经济理论体系及其基本内容，是一个需要经济学界共同探讨的问题。为了解孙冶方流通理论在他整个理论体系中的地位，这里只提出孙冶方经济理论体系中的几个主要观点。我觉得孙冶方经济理论体系中有四根主要支柱，其他理论观点，以及对解决实际经济问题的意见或建议，都是由这四根支柱来支撑的。它们犹如海上石油钻井台的支柱一样，深深扎进实际经济生活的汪洋大海，可以经受住狂风大浪，接受各种考验而毫不动摇。

1. 与众不同的价值论。孙冶方同志的价值论通常被称为"产品价值论"，它与商品价值论是不相同的。产品价值论的主要论据是：凝结在人类劳动产品中的抽象劳动，不只是商品经济的特有现象。只要存在社会分工，存在社会化生产，就会存在产品交换，从而就必然存在劳动量的比较和计算，因而也就必然存在抽象劳动的范畴。否定这个客观范畴，否定凝结在产品中的抽象劳动即价值，就会使计算社会劳动总量及其在不同部门的分配失去理论根据，因而也就无法比较劳动消耗及其有用效果的大小，也就无法确定社会经济运动所必须保持的各种比例关系，更无法制订完整的社会经济发展计划。尽管"价值"一词容易同商品价值相混同，他还是认为应该用"价值"这一概念来表示人类为生产产品而消耗的必要劳动时间。因为用"产品价值"一词既可同"商品价值"相区别，又能反映价值实体即凝结在产品或者商品中的人类抽象劳动时间的联系性和一致性。他坚持公有制经济中需要有价值概念，在社会化大生产条件下必须运用价值规律，主张价格必须尽可能同价值相一致，工农产品交换中必须遵循等价交换的原则，都是以他的这种价值论为基础的。

2. 经济效果论。孙冶方同志以马克思关于一切有人类进行生产劳动地方都存在的劳动时间节约规律为依据，提出了以最小劳动消耗取得最大有用效果是一切经济活动的核心的经济效果论。因为，在任何社会形态下，一切劳动生产活动都有人与人的关系和人与物的关系这两个方面，都要解决人与人的关系如何适应人与物的关系这个根本性的问题。而解决人与人的关系归根到底还是为了解决好人与物的关系，即为了付出尽可能少的劳动消耗，以取得尽可能大的劳动成果。孙冶方同志强调社会主义经济中的盈利或利润原则，强调技术改造，反对阻碍技术进步的"复制古董"的做法，主张给企业以适当的独立自主的经营权力，主张提高折旧率和加强核算制度，严格考核企业经营成果，等等，都是从他的效果（效益）论出发的。

3. 社会化大生产理论。还在60年代初，孙冶方同志就提出，社会化大生产不仅是社会主义经济借以建立的物质条件，也是社会主义经济与资本主义经济的共同点。"《资本论》中有许多范畴的实体或基础是社会化大生产的客观规定，当把资本主义关系给它们加上的外衣脱去以后，它们作为一种客观规定，也存在于社会主义经济之中。"社会主义经济理论研究中那些以小生产或自然经济为基础的思想观点，只有用社会化大生产的观点去克服。这个曾经被作为典型的修正主义观点，已经被实践证明是正确的。它已经成为我们开展国际经济技术交流、实行对外开放政策和借鉴资本主义经济管理某些经验的理论根据之一。

4. 最后就是我们前面叙述过的孙冶方的社会主义流通论。

从以上所述中，我们不难看出孙冶方社会主义流通理论不仅是他的经济理论体系的四根支柱之一，而且也是同其他三根支柱紧密相连的。正如产品价值、经济效果必须经过流通才能最终实现一样，价值论和效果论也必须有流通论作补充才能得到比较全面的论证，而社会化大生产的理论则既是以流通理论作补充的，也是流通理论借以建立的前提和基础。孙冶方的社会主义流通论在其理论体系中的地位和作用，并不是孙冶方同志理论体系本身的一种发明，而是社会主义经济运动的现实在理论上的必然反映。如果说价值论是孙冶方理论体系的基础或主要支柱，那么，流通论则是把各项理论联系起来使之形成一个体系所不可缺少的四根支柱之一。没有流通论，他的理论体系"建筑"就会缺少重要一角，甚至可以说就构不成一个比较完整的理论体系。

四 孙冶方同志对开展流通问题研究的期望

还在 60 年代初，孙冶方同志就不止一次地说过，流通过程在社会主义经济中的重要性还没有被人们所了解，轻视流通的传统观点根深蒂固，一下子难以消除，必须把流通过程作为社会主义政治经济学的一个重要课题展开研究。他自己只是"开了一个头"，"文章并没有做下去"，"大块文章要靠大家去做"。

1979 年以后，他再次着手编写"社会主义经济论"时，又说，流通问题是他经济论中最薄弱的环节，还没有形成比较系统的东西。特别是近几年实际经济生活已经把流通问题提到重要日程，他在病榻上仍然兴致勃勃地注视着流通领域的各种经济问题，他总是把听到的和从报刊上看到的实际工作中的具体问题，提高到流通理论上来加以讨论。在病危期间，他一再讲到，期望有更多的人来研究社会主义流通问题，期望有志于探索社会主义流通问题的同志持久地展开研究。

在研究方法上，他认为必须从总体上研究流通过程，从客观经济过程上研究流通。不仅要研究产品使用价值的流通，而且要研究产品价值的流通和资金运动；不仅要研究商业和物资部门如何组织产品流通的问题，而且要研究对外贸易、交通运输、仓储设施和信息系统，不要局限于消费品流通、商业问题的研究上，要扩大视野，研究与流通有关的所有部门和各个领域，否则，就难以从总体上去把握社会主义流通问题。

关于中国经济体制改革的几个理论问题[*]

孙尚清[**]

内容提要：本文阐释了党十二届三中全会《关于经济体制改革的决定》对传统的社会主义经济理论框框的重大突破，其主要体现在两个方面：一是《决定》的理论基础——社会主义商品经济论；二是提出了中国式的社会主义经济模式。作者指出，在理论上承认社会主义商品经济的客观存在具有重大意义，并归纳出社会主义经济模式的基本特征：以社会主义公有制为基础的商品经济；自觉地、充分地运用价值规律的社会主义计划经济；政企合理分工；多种经济方式和经营方式长期并存。为了使人们正确理解社会主义商品经济，本文指出需消除两个传统的理论上的误解：一是把苏联经济模式当作社会主义唯一高标准的模式；二是把商品经济看成是资本主义特有的。

1984年10月举行的中国共产党第十二届三中全会上通过的《关于经济体制改革的决定》（以下简称"《决定》"），是中国共产党历来的文件当中前所未有的。《决定》全面地、系统地阐述了中国社会主义经济模式的一系列原则性问题的重要文件。这个文件，遵循一切从实际出发，实事求是这个马克思主义的思想路线，科学地总结了我国社会主义建设几十年来正反两方面的经验和十一届三中全会五年来经济体制改革试点的经验，吸收了经济学界长期研讨的成果，并且参考了外国有关的理论和实践，在这个基础上，对传统的社会主义经济理论框框有重大的突破。

---

[*] 原文发表于《财贸经济》1985年第4期。
[**] 孙尚清（1930—1996），吉林洮南（今洮安）人。历任中国社会科学院经济研究所副所长、研究员、《经济研究》副主编，中国社会科学院副秘书长，国务院发展研究中心副总干事、主任，兼任中国企业管理协会副会长、中国生产力经济学研究会副会长、中华全国日本经济研究会会长、《中国大百科全书·经济学》编辑委员会委员。主要致力于经济结构及其对策问题的研究，主编的《论经济结构对策》一书获孙冶方经济科学奖首届著作奖。主要著作：《经济与管理》、《中国经济的新路》（日文）、《前进中的中国经济》、《长江经济研究》（主编）等。

在这里，我准备讲的第一个问题，是关于这个《决定》的理论基础。据我个人理解，似乎可以把《决定》的理论基础归结为社会主义商品经济论。而社会主义商品经济论的确立则是对传统的社会主义政治经济学的突破。众所周知，传统的社会主义经济理论，从根本上说，是排斥商品货币关系的。其根据是马克思、恩格斯曾经预言，在社会主义社会商品和货币将会消失。马克思在《哥达纲领批判》中提出了共产主义社会划分为两个阶段的学说，并提出在第一阶段或初级阶段要实行按劳取酬，但对这个阶段的商品货币关系仍持否定态度。马克思、恩格斯设想的这样一种情况，是以社会主义将首先在最发达的资本主义国家取得成功为前提的。但在实践上，社会主义制度却首先在中等发展水平及生产力较落后的国度建立了。这就是说，马恩关于社会主义社会商品货币关系将消失的预言的前提已经变化了。在这种情况下，我们就不应当不顾前提，只看结论。马克思主义的灵魂是发展学说，把马克思主义理论当作僵化的教条是马克思主义者历来坚决反对的。因此，我们就有必要从实际出发，重新研究和认识某些传统的社会主义经济理论问题。

马克思、恩格斯虽然对未来的社会作了一些粗线条的预言，但他们自己在书信中就明确表示过不应该也不可能作详尽的论述。这也体现出马克思主义同空想社会主义的原则区别。马恩在当时的历史条件下，只能在如何实现未来理想社会的道路和方法上同空想社会主义划清界限，并且摒弃了空想社会主义者著作中对未来社会的详细描写，因为，未来社会的种种问题是要在社会实践发展过程中才能作出科学回答的。

根据已经建立了社会主义制度的国家的经验，已经证明，在建立社会主义公有制以后，在个人、集体、国家之间还存在着利益上的差别，即利害关系，而产品作为商品实行等价交换则是调节这种利益关系的唯一可行的经济机制。我认为，这是社会主义公有制内部存在商品货币关系的根本原因。就是说在社会生产力还不发达，不能实行按需分配的条件下，国家与企业之间、企业与企业之间、企业与职工之间的利益关系，必须通过等价交换来调节。

在理论上承认社会主义商品经济的客观存在具有重大意义。在社会主义商品经济条件下，社会主义公有制的国营企业便是具有相对独立性的经济实体，是自主经营的商品生产者。这样，就必然在作为所有者的国家和作为相对独立、自主经营的企业之间的关系上出现所有权与经营权的分离。

在社会主义公有制的范围内，根据生产力发展水平和各国的不同情况，会出现各种复杂的经济组织形态，而不能认为传统社会主义公有制经济模式是唯一正确的、不可逾越的。

由于企业自主权的扩大，企业利润提留部分增加，按国家规定可用一定比例的利润留成用于本企业增加生产设备和技术改造，扩大生产规模。因而，全民所有制企业在发展中就必然出现一部分设备也归企业，这是完全合乎逻辑的。当然，即使如此，从整体上看，也不会超出社会主义公有制的范围，更不会动摇公有制本身。

在社会主义商品经济条件下，价值规律、经济杠杆、市场机制必然起作用。各企业间展开竞争，既是企业活力的表现，也是企业经营的内在动力和外在压力。既然要竞争，起跑点就必须是大致同等的。这就要求价格体系的合理化。由于历史上的复杂原因所形成的那种既不反映价值规律，也不反映供求关系的人为地制定的价格，就应该朝着合理化的方向逐步调整，有升有降，有计划地稳步加以改革，这将给企业间开展竞争逐步创造适当的前提条件。

第二个问题，关于中国式的社会主义经济模式。

据我的理解，《决定》的出发点和归宿都在于探索建立中国式的社会主义经济模式。中国式社会主义经济模式的基本特征似可归纳成如下四点：

第一，中国式社会主义经济是以社会主义公有制为基础的商品经济。对这个问题，必须根据对立统一规律去理解。传统的社会主义经济理论过分强调了社会主义公有制与商品经济的矛盾方面，而否定了二者的统一方面。但实际上，在社会主义的现阶段，以至今后相当长的时期内，公有制与商品经济的统一是社会主义经济发展的客观要求。

第二，社会主义计划经济，是自觉地、充分地运用价值规律的计划经济。这是从社会主义公有制和商品经济的统一性中得出的必然结论。根据我们以往的实践经验来看，把计划经济同商品经济截然对立起来的观点，是一种传统的偏见。

第三，政企合理分工。政权和企业有各自特殊的机能，不应互相混淆。国家政权代表全体人民，自然是全民所有制企业的所有者，这是毫无疑义的。国家必须在宏观上对整个国民经济进行控制，通过计划，保持重大比例关系的平衡。但控制的方法必须适应社会主义商品经济运动的规律，其主要手段不应单纯依靠以前那种指令性指标，而应当根据经济发展的具体情况逐渐减少指令性计划，扩大指导性计划。不过，指令性计划仍须存在并发挥其作用。指导性计划的逐步扩大，是为了更好地利用商品经济的机制，实现对宏观经济更有效的管理，更好地保持积累与消费的适当比例，控制固定资产投资的合理规模，社会购买力与商品可供量的平衡，财政收支和信贷的平衡等。这就有利于在微观上放开、搞活。

第四，多种经济形式和经营方式长期并存。不过，这是在公有制占绝对优势的条件下的长期共存。

目前，我国农村和城市的个体户已达598万户，参与其中的劳动力已达770余万人。中外合资经营或合作经营的企业也有相当增加，中外合资企业共有362个，合作经营企业已达1000个左右。所谓合资经营是一种股权式形态，即有限股份公司的形态。合作经营则是契约式的经营。在合作经营的情况下，利润分配和经营方式都按契约规定进行。所以合作经营这种方式是比较灵活的。此外还有完全由外国资本投资经营的独资企业。

这样，在社会主义商品经济条件下，就有全民所有制、集体所有制、个体经营、中外合资经营、中外合作经营等多种经济形态与经营方式。由于全民所有制和集体所有制这两种社会主义公有制占据绝对优势，所以多种经济形式和经营方式的发展，不仅不会动摇社会主义制度，相反地还有利于发展社会主义社会的生产力。社会生产力的发展会从根本上使社会主义制度不断得到巩固和加强。

以上的四个特征，似乎可以简单地概括为两句话：一是使企业有充分活力的社会主义经济；二是充分运用价值规律的社会主义计划经济。如果这两点实现了，职工的积极性和创造性就会比较充分地发挥出来，社会主义经济将逐步过渡到良性循环的轨道上来。日本朋友所说的"中国企业花国家的钱大手大脚"的问题就会得到解决。总之，社会主义制度本来就存在的优越性就能更充分地显示出来。

最后，为了使人们正确理解社会主义商品经济，看来应当消除两个传统的理论上的误解。

第一个误解是把苏联经济模式当作社会主义唯一高标准的模式。由于这种认识而导致对发展社会主义商品经济的怀疑。这种情况在日本的经济学书刊上是屡见不鲜的。我们知道，苏联模式基本上是排斥商品货币关系的。直到50年代，斯大林才在《苏联社会主义经济问题》这本书中，权威性地提出社会主义制度下消费品还是作为商品来生产和流通的，价值规律也还在一定的范围内起作用，可以利用价值规律为社会主义经济服务，这无疑在理论上是前进了一步。但斯大林在书中仍然坚持生产资料不是商品，价值规律在这个领域里不起作用的观点，却未能提出经得起推敲的、令人信服的理由。

我们认为，一个国家的社会主义经济模式，首先应以该国的国情为基础，在马克思主义的基本原理的指导下来考虑。在中国叫作一切从实际出发，实事求是。中国的社会主义经济模式并不一定适用于其他的社会主义国家。不过，从许多社会主义国家迄今为止的经验来看，可以说把商品货币从社会主义经济中排斥出去这种传统观念是不切实际的，因而是难以站住脚的。

第二个误解是，把商品经济看成是资本主义特有的。大家知道，商品经济在人类历史上已经延续了几千年,存在于奴隶社会、封建社会、资本主义社会、社会主义社会。所以,把商品经济看成是资本主义社会特有的经济范畴,完全不符合历史事实。商品经济不是某种独立的社会经济形态,我们不应把商品经济同某种社会经济制度混同起来。

在资本主义经济条件下,商品经济发展到了最高阶段,劳动力变成了商品,商品的范围被无限扩大,以致名誉和良心也商品化了。但商品经济毕竟不能同资本主义画等号,商品经济本身所特有的价值规律、市场机制、竞争等,也不能看成是资本主义的特有现象。在社会主义的商品经济中运用价值规律、运用市场机制,并不意味着将走向资本主义,因为商品经济自发地向资本主义经济转化是需要一定社会条件的。只有在私有制度下,这种转化才会自发地进行,并且导致资本主义商品经济制度的建立。但在生产资料公有制占统治地位的条律下,例如在中国,商品经济则不可能走向资本主义,作为公有制基础上的社会主义商品经济,它将为更好、更快地发展社会主义社会的生产力和提高人民的生活福利服务。

宏观经济的财政控制问题[*]

王绍飞[**]

内容提要：本文首先指出，财政制约经济反映了商品经济发展的客观规律。进而，作者论述了：（1）财政在宏观经济控制中的地位，这是由社会主义商品经济是以公有制为主、有计划的商品经济决定的，这要求改变企业和国家的关系，实现政企分离。（2）财政通过分配过程对宏观经济进行控制，包括控制社会再生产的补偿过程、控制固定资产投资规模、控制货币发行等。因此，作者指出，健全宏观经济的财政控制机制是加强宏观控制的关键环节，也是增强企业活力的条件，并应成为"七五"时期财政体制改革的目标。最后，本文从健全税制、建立真正的分级财政体制、改革财政补贴制度等方面提出了对策建议和具体措施。

在宏观经济决策中把财力作为主要制约因素，用财政分配制约投资需求和经济增长幅度，使经济增长率不超越财力可能承受的限度，就是我们所说的宏观经济的财政控制。习惯的说法是经济决定财政，财政影响经济，我们说用财政制约经济，这种在习惯上看来颠倒的关系，在实际生活中却反映了商品经济发展的客观规律。近几年固定资产投资规模过大、消费基金增长过猛、货币发行过多，在很大程度上与放松宏观经济的财政控制有关。加强宏观经济的财政控制，对于消除经济生活中的不稳定因素和贯彻"七五"计划的基本指导原则来说是非常重要的。

---

[*] 原文发表于《财贸经济》1986年第5期。
[**] 王绍飞（1929—1992），山西灵丘人。历任中国科学院经济研究所财政金融研究室主任、研究员，中国社会科学院研究生院教授、博士生导师。兼任中国财政学会常务理事、中国金融学会理事和中国投资学会理事。王绍飞是最早提出在我国实行分税制的学者之一，主要著作有《〈苏联社会主义经济问题〉浅说和名词解释》（合著）、《社会主义经济核算理论》（合著）、《财政学新论》、《改革财政学》等。

一 财政在宏观经济控制中的地位

商品经济进行宏观控制的主要手段是财政和货币政策。财政在宏观经济控制中的地位是由以下经济条件决定的。

(1) 社会主义商品经济是以公有制为主的商品经济。公有制要求消灭剥削阶级、避免两极分化、走共同富裕的道路,这是社会主义商品经济与资本主义商品经济的根本区别。因此,社会主义分配过程始终要坚持按劳分配原则,限制按资分配的范围,使国民收入分配随着社会生产力的发展逐步达到均衡、合理。分配不均衡是产生阶级的经济根源。这不是说分配上的任何差别都会产生阶级,而是说分配上的差别过大会形成阶级差别。剩余产品归私人占有是产生分配不均衡和两极分化的经济条件。要使商品经济适应社会主义生产方式的要求,有效地促进社会生产力的发展而不产生两极分化,必须加强宏观经济的财政控制,利用财政分配的调剂,使劳动人民创造的剩余产品成为促进社会生产力、增加公共财富的手段,而不变为私人财产的积累。这是以公有制为主的商品经济的本质要求,也是财政进行宏观经济控制的核心。没有这种控制很难保证商品经济不自动地滑向资本主义。从控制商品经济发展趋向来说,没有别的手段可以代替财政在宏观经济控制中的地位。

(2) 社会主义商品经济是有计划的商品经济,不是盲目发展的商品经济。计划的实质是自觉地保持社会总需求和总供给的基本平衡。平衡是经济发展的普遍规律,经济发展就是争取平衡的过程,不平衡就会产生经济危机。有计划的商品经济与无政府状态的商品经济的根本区别,在于有计划的商品经济是通过社会意识自觉地保持平衡;无政府状态是自发地通过各种破坏因素达到平衡。在调节社会需求中,财政分配占有重要地位。因为"调节需求原则的东西,本质上是由不同阶级的互相关系和它们各自的经济地位决定的,因而也就是,第一是由全部剩余价值和工资的比率决定的,第二是由剩余价值所分成的不同部分(利润、利息、地租、赋税等等)的比率决定的"[①]。在以公有制为主的社会主义商品经济中,无论是剩余产品与工资的比率还是剩余产品分为利润、税收的比率都由财政分配来调节。财政分配既能控制税收和企业留利的比率,也能控制企业与职工的分配过程,这就使财政成为控制社会总需求和实现国家计划的重要经济杠杆。

(3) 有计划的商品经济要求改变企业与国家的相互关系,实现政企分离,使

[①] 《马克思恩格斯全集》第 25 卷,人民出版社 1974 年版,第 203 页。

企业成为相对独立的商品生产者和经营者，自主经营，自负盈亏，根据市场需求灵活经营，并具有自我改造和自我发展的能力。增强企业活力是经济体制改革的中心，市场体系和间接控制是增强企业活力的条件。如果不改变控制形式，企业仍然处在国家机关直接控制之下，要增强企业的活力是很困难的。

由直接控制为主转向间接控制为主要以建立经济控制机制为前提，在不具备间接控制的经济机制时放松直接控制会造成经济过程的紊乱。在实行政企分离、减少行政控制的条件下，加强宏观经济的财政控制就成为有计划商品经济发展的必要条件。

二 财政进行宏观经济控制的环节

财政属于分配过程，它对宏观经济的控制是从分配过程产生的，这就决定了财政控制的基本环节：

（一）要控制社会再生产的补偿过程

我们知道，社会再生产的补偿不属于财政分配范围，但是由于产品价值是由转移价值和新创造的价值两部分构成，在新创造的产品价值中物质生产领域职工的劳动报酬采取补偿形式计入产品成本，这就使再生产的补偿过程与国民收入分配发生直接联系。产品价值中的 C+V 构成补偿过程的产品成本，与财政分配的剩余产品价值 m 形成互为消长的关系。在产品价格不变的情况下，产品成本升高，财政能够分配的剩余产品价值就会相应减少。如果财政分配放松对补偿过程的控制，就难以防止部分剩余产品价值采取补偿的形式转化为集体或个人收入，使财政收入减少。因此，控制再生产的补偿过程是保证财政收入的关键环节。

财政对补偿过程的控制，除了运用法律手段规定成本开支范围和工资水平以外，还要利用分配形式进行经济制约。实行经济制约的主要手段是根据经济效益规定企业留利比率，对成本低、效益高的企业适当提高留利比率，反之则降低留利比率。在实行自主经营、自负盈亏的条件下，经济制约比法律手段可能收到更好的效果。但是，现在财政对补偿过程的控制很薄弱，既无严格法律规定，也无有效的经济制约机制，这是"七五"时期财政体制中需要认真解决的一个问题。

（二）控制固定资产投资规模

固定资产投资基本上属于扩大再生产的范围，是协调经济发展的关键环节。投入决定产出，投资规模决定经济增长速度。在商品经济中，经济增长总是从增加投资开始，而投资是用货币进行的。在没有形成生产能力以前，首先要投放货币资金购买原材料和生活资料，形成有支付能力的社会需求，并通过需求刺激生产的发展，即所谓"需求拉动"。但是，"需求拉动"是有限的，其限度就是社会上现有和可能生产出来供积累用的生产资料和生活资料。超过这个界限，货币投资就失去拉动的效力，会造成物价上涨和比例关系失调。所以，财政对宏观经济的控制必须抓住固定资产投资这个重要环节。

财政对固定资产投资规模的控制是通过财政收入和财政支出两个渠道进行的。在财政收入中，要正确规定国家财政收入和企业留利的比率，确定国家和企业分配剩余产品的份额，限制企业自行投资的资金来源。近两年固定资产投资规模过大的原因之一是预算外投资失控。控制预算外收入成为控制固定资产投资来源的重要方面。

在财政支出中，财政对固定资产投资规模的控制，要从正确安排财政支出结构入手。首先要保证必不可少的消费性财政支出，然后量力安排基本建设投资，防止因投资规模过大造成财政赤字。这不是说财政要放松对消费基金的控制，而是说消费基金的膨胀在很大程度上和固定资产投资规模过大造成的盲目发展有直接关系，控制固定资产投资规模，消费基金的膨胀也会受到限制。

（三）控制货币发行

在商品经济中，社会财富是用货币计算的，国民收入分配是用货币进行的。要保证社会产品和国民收入合理分配并有效地控制固定资产投资规模，必须严格控制货币发行。纸币是流通中的价值符号，本身没有使用价值和价值。纸币发行过多会造成国民收入超分配，即用纸币分配的国民收入超过实际创造的国民收入的实物量。这种超分配可能产生两种结果，或者在价格自由涨落条件下造成货币贬值、物价上涨；或者在物价管制条件下造成需求过大，使社会再生产的比例失调。货币发行过多经常是和固定资产投资规模过大联系在一起的，凡是固定资产投资规模过大的年份，也都是货币发行过多的年份。1984年在社会总产值比上年增长13.8%、国民收入比上年增长13.9%的条件下，固定资产投资比上年增长25.1%，在很大程度上是由于纸币发行比上年增长49.5%造成的。只有控制货币发行，才会使固定资产投资规模受到限制。

控制货币发行的主要责任在银行，但是不能忽视财政对货币发行的控制作用。首先，坚持财政收支平衡，避免财政发行，是控制货币发行的重要环节。其次，财政要利用经济手段控制银行的货币发行,对银行每年增发的货币要征收货币发行税或超额发行税,使银行超限额的货币发行转归财政。在银行搞信用膨胀的情况下,征收特种所得税,可以有效地控制货币发行,防止通货膨胀。

为了控制货币发行,在财政和银行之间要建立互相制约的经济机制,即银行运用货币手段控制财政赤字,财政运用经济手段控制货币发行和信用膨胀。这才能使宏观经济具有自控能力,也利于使国家对企业的管理由直接控制为主转向间接控制为主的轨道。

三 健全宏观经济的财政控制机制

健全财政控制机制是增强宏观经济自控机能的关键。目前,由于经济体制不协调和财政体制本身的弊病,财政控制机制运转不灵,宏观经济失去自控机能。要增强宏观经济的自控机能,必须完善和强化财政体系对宏观经济的制约作用。

(一) 健全税制,强化税收机制的控制机能

税收是财政收入的基本形式,对宏观经济和微观经济都有制约作用。目前,我国的税收对宏观经济之所以不能发挥有效制约作用,不能成为经济发展的"内在稳定器",主要是由于我们的税制没有摆脱供给制的影响,弹性过大,是一种软性税制。主要表现是:第一,税收是按照所有企业都能存在的原则设置的。有盈利的企业纳税,盈利越多纳税越多;无盈利的企业不纳税;亏损企业减税免税直至进行财政补贴。技术先进、经营好的企业税负偏重;技术落后、经营差的企业享受减税免税和财政补贴,起了保护落后、限制先进的作用。第二,没有法制观念,减税免税权力过度分散。从中央到地方(到县)的各级政府都有减税免税权力,甚至一个税务专管员也可以给纳税人减税,税收也变成个人权力,成了维护局部利益、损害整体利益甚至以权谋私、拉关系、送人情的手段。第三,税种设计不合理,税收负担不均衡,各种税的作用互相矛盾。产品税、增值税从促进技术进步、鼓励专业化协作出发,抵消价格不合理的因素;所得税又从组织财政收入、维护既得利益出发;调节税是利多多交,利少少交,无利不交,把其他税种的调节作用全部抵消。在总税负上是外资轻于内资、集体轻于全民、小厂轻于大厂。这种互相矛盾的现象削弱了税收的调节作用,限制了税收的控制机能。健全税制就是要克服上述弊病,强化税收机制的制约作用。具体改进措施是:

1. 对企业实行硬性税制。不论企业技术水平和经营好坏一律平等照章纳税,

贯彻优胜劣汰原则，使技术先进、经营好的企业具有自我发展能力；使技术落后、经营差的企业逐渐淘汰，从而促进技术进步，提高经营水平，限制盲目发展，有利于现代化。

2. 要使税收的调节作用和价格的调节作用相协调。价格的调节作用是按质论价、协调供求关系。优质优价、劣质低价，对供不应求的产品提价，对供过于求的产品降价，这是利用价格促进技术进步和企业改善经营的方法。在一般情况下，税收要与价格保持同向运动，不能对降价的产品减税和对提价的产品提高税率（特殊情况例外）。

3. 税种税率的设计要互相配合，同向作用，避免互相矛盾。就现行税制而言，除完善产品税征收制度以外，要改进所得税，取消调节税，对同类企业实行相同税率，需要特殊照顾的企业采用免税办法。

4. 明确划分中央税和地方税，减少共享税。中央税由中央立法，收入全归中央，成立国税局，实行垂直领导；地方税由地方立法报中央备案，收入全归地方。实践证明，共享税实际上成为地方通过减税免税挤占中央收入的手段，分税要尽量减少以至取消共享税。对分税以后收入不能弥补支出的地方采取定额补贴办法。

（二）建立真正的分级财政体制

现行"分灶吃饭"体制，不是真正的分级财政。分级财政的特征是：（1）每一级都有独立的收入来源，不是在统一收入中互相分成，互相挤占，而是"包收到户，独立经营"；（2）各级财政都有独立财权，因地制宜，自己规定开支标准和开支范围；（3）各级财政自求平衡，自负盈亏，地方预算和中央预算没有直接联系。

分级财政体制的国家预算由三个层次构成，即中央预算、地方预算、国家总预算。中央预算是中央一级财政收支计划，地方预算是地方各级的财政收支计划；国家总预算是中央预算和地方预算的汇总，也是国家的综合财政计划。这个计划只起平衡作用，执行计划是按照中央预算和地方预算分别进行的。

在分级财政体制中，除了中央预算和地方预算以外，还要编制具有独立性和专门用途的特种基金预算，如国家信用基金（包括国内外的借款）收支预算、专用基金（包括更新改造技术措施基金等）收支预算，这些专用基金预算要由有关部门汇总作为各级预算的附件提交各级权力机关审阅，并纳入各级综合财政计划，由银行或国家信用机构监督执行，以反映各级财政收支总规模和平衡情况，对宏观经济起制约作用。

（三）改革财政补贴制度

现在各种财政补贴在国民收入分配中占相当比重，补贴渠道和办法比较混乱。所有补贴就其产出的根源来说大多与价格有关，有的是因价格不合理造成的，有的是因生产技术造成的。随着价格改革和技术进步，有些补贴会逐渐减少以至消失。但是，作为一种经济杠杆，财政补贴是不能完全取消的，因为经济发展是在不断争取平衡的过程中实现的，财政补贴是保持社会总需求和总供给基本平衡的经济杠杆之一，无论社会主义国家还是资本主义国家都要加以利用。但是，现在我们的财政补贴与年俱增，效果不佳，许多专项补贴不能用于补贴的用途，需求转移，财政负担加重，被补贴者未得到实惠。我认为，除了随着价格改革可以逐步取消的补贴以外，凡是不能取消的财政补贴一律转作财政支出，摆在明处，对个人补贴作为个人收入，对企业单位的补贴作为财政拨款，不再采取减收抵支的办法。全收全支，可以真实地反映国民收入分配过程，提高财政宏观控制效能。

总之，健全宏观经济的财政控制机制是加强宏观控制的关键环节，也是增强企业活力的条件，应该成为"七五"时期财政体制改革的目标。

第二次调节论[*]

厉以宁[**]

内容提要：本文从"社会主义经济首先是商品经济，然后才是有计划发展的商品经济"入手，梳理了社会主义商品经济的理论脉络，澄清了"商品经济和市场经济存在区别"的误解。在此基础上，作者提出"市场调节是第一次调节，政府调节是第二次调节"的观点，论述了市场调节和政府调节之间的关系，并指出市场调节存在五方面的局限性，以及政府调节的两个特征。同时，作者强调，计划价格可以同市场价格有出入，但计划价格的制定必须以市场价格为依据。最后，作者指出，第二次调节的功能在于协调社会和经济的发展，并分析了社会主义国家的经济调节与资本主义国家的经济调节在调节的目标、环境和效果等方面的区别。

在社会主义国民经济管理中，一个重要的问题是如何确定政府调节与市场调节之间的关系。如果不能从理论上明确这种关系，那么在国民经济管理中，就会对"政府应该管什么，政府不必管什么"这个问题认识不清，结果，"政府该管的没有管好，政府不该管的反而管了"，这对社会经济的发展显然是不利的。

本文试图从理论上对这个问题进行探讨，并把本文所表述的一系列观点归结为"第二次调节论"。

---

[*] 原文发表于《财贸经济》1987年第1期。

[**] 厉以宁（1930— ），江苏仪征人。曾任北京大学经济管理系主任、教授，北京大学社会科学学部主任，现任北京大学光华管理学院名誉院长、博士生导师，中国民生研究院学术委员会主任，中国企业发展研究中心名誉主任。第七、八、九届全国人大常委，第七届全国人大法律委员会副主任，第八、九届财经委员会副主任，第十、十一届全国政协常委、经济委员会副主任，第十二届全国人大常委。因在经济学以及其他学术领域中的杰出贡献而获"孙冶方经济科学奖"、"金三角"奖等。主要著作：《中国经济双重转型之路》《中国经济改革的思路》《非均衡的中国经济》《中国经济改革与股份制》《股份制与现代市场经济》等。

社会主义经济首先是商品经济，然后才是有计划发展的商品经济

社会主义经济首先是商品经济。这是建立在社会主义公有制基础上的商品经济。社会主义经济之所以是商品经济，主要有以下两个原因。一是广泛存在社会分工。每个生产者的产品作为交换价值而被生产出来，这些产品通过交换而变为社会一般劳动的产品，因此，每个生产者都以商品生产者的身份参加社会分工，参加交换。二是生产单位有自身独立的经济利益。集体经济单位和个体经济单位存在自身独立的经济利益这一点，不言自明。即以国营经济单位来说，由于它们在接受国家委托的条件下使用这些生产资料，进行生产和经营，并向国家承担相应的责任，所以所有权和经营权是适当地分开的。企业实行经济核算，它们的盈亏直接影响本企业的发展和本企业职工的生活。它们出于自身独立经济利益的需要，要求等价交换，要求通过商品货币关系来实现这一利益。

在社会主义商品经济中，价值规律对社会主义的生产和流通起着调节作用。如果商品生产者投入某种商品生产上的劳动总量超过社会需要投入的必要劳动量，超过部分的劳动量将得不到社会的承认，所以价值规律使得生产资料和劳动力在各个商品生产者之间不断地进行重新配置，使社会上的商品供求具有不断保持适应的趋向。

社会主义经济是商品经济，这是基本的、首要的。如果要问社会主义商品经济是什么样的商品经济呢？它同私有制基础上的商品经济有什么区别呢？那么可以认为，社会主义商品经济是有计划发展的商品经济，以区别于私有制基础上处于生产无政府状态条件下的商品经济。有计划还是无计划，是指商品经济发展的社会条件而言，是指商品经济发展的手段而言。正是就这个意义来说，社会主义经济是有计划的商品经济。

商品经济就是市场经济，不必去寻找二者之间的区别，硬要找出二者之间的所谓区别，只能增加混乱

商品经济与市场经济的含义是相同的。社会主义商品经济就是"社会主义市场经济"，社会主义有计划的商品经济也就是"社会主义有计划的市场经济"。

有人认为，市场经济只存在于资本主义条件下，或者只存在于私有制条件下。这种看法是不妥的。难道，不通过市场，能有商品生产和交换么？没有市场，商品

经济能成为事实么？无论在资本主义社会还是在社会主义社会，无论在私有制条件下还是在公有制条件下，商品生产和交换都以市场的存在为前提。至于我们究竟称为商品经济还是称为市场经济，那是另一回事。我们可以把社会主义商品经济称为"商品经济"，把资本主义商品经济称为"市场经济"，这无关紧要。真正的区别是商品经济或市场经济前面的定语（社会主义的或资本主义的）有所不同，而商品经济与市场经济二者在含义上是没有区别的。假定我们全都使用"市场经济"这个概念，以代替"商品经济"一词，那么我们仍然可以清楚地看出"社会主义市场经济"与"资本主义市场经济"的主要区别，即"社会主义市场经济"是建立在公有制基础上的"有计划的市场经济"，它显然不同于建立住私有制基础上的、社会生产无政府状态的"资本主义市场经济"。此外，"资本主义市场经济"的范围要比"社会主义市场经济"广泛，某些产品和劳务，在"资本主义市场经济"中作为商品而被交换，而往"社会主义市场经济"中，则已不再作为商品了。

换言之，区别不在于"商品经济"与"市场经济"之间，而在于"社会主义的商品经济（或市场经济）"与"资本主义的商品经济（或市场经济）"之间。一心想把"商品经济"与"市场经济"区分开来的同志，可能是出于维护社会主义商品经济的好心，但他们在寻求二者之间的区别方面的努力是徒劳的，也是没有意义的。不仅如此，他们的好心很容易引起概念上的混乱。

但由于大家目前已经用惯了和见惯了"社会主义商品经济"一词，因此在本文以下的论述中不使用"社会主义市场经济"，而只使用"社会主义商品经济"这一概念，尽管在我看来，"社会主义商品经济"与"社会主义市场经济"并无区别，正如"资本主义商品经济"与"资本主义市场经济"没有区别一样。

市场调节是第一次调节，政府调节是第二次调节

如上所述，社会主义经济首先是商品经济。既然是商品经济，那就说明市场调节无时无刻不存在。可以把市场调节称作第一次调节。

要知道，市场本身有一种自行调节的功能，它可以使需求和供给趋向平衡。但市场调节有各种局限性，因此有必要进行政府调节。但绝不能反过来，认为政府能包办一切，只是由于目前力量不足，才需要由市场来拾遗补阙。

那么，市场调节的局限性何在呢？这里暂不分析供求结构方面的问题，不分析企业是否完全按照价格升降而自行调整存货，也不分析个人的需求是否随价格变动而自行调整。这里仅仅从总量分析的角度来讨论这种局限性。市场调节的局限性主

要在于：

第一，通过市场调节，从总需求同总供给的不适应，到商品价格的升降，再到企业和个人按照变动后的价格来调整供求，再到总需求同总供给相适应，将是一个很长的过程。在这一很长的过程中，总需求和总供给的不适应可能给国民经济造成较大的损失。

第二，在市场调节过程中，即使总需求同总供给的不适应引起了商品价格升降，但由于商品价格是相互联系的，一些商品价格的升降会在许多商品价格之间引起连锁反应，而连锁变动后的商品价格究竟会在何种程度上使商品的供给和需求进行调整，从而使总需求会在何种程度上同总供给相适应，则是不确定的。特别是把价格变动及其效应的产生当作一个连续的过程来看，这种不确定性将更加显著。这是市场自行调节的又一个局限性。

第三，如果让市场自行调节，供给由于受到资源供给条件的约束，供给不足的商品不可能完全按照供求比例的变化而自行调整其价格，从而也就不能通过价格的自行调整来协调需求和供给之间的关系。

第四，在实际生活中，经济信息系统并不健全，与社会商品生产和经营有关的各方在市场上并不能及时得到自己所需要的有用的信息。也就是说，在市场调节过程中，从价格的升降到供求的调整，实际上都只可能在信息不完整的情况下进行。因此，在实际生活中，市场调节作用的发挥不能不受到较大的限制。

第五，市场调节的结果即使可以使供求趋于平衡，但不一定符合社会和经济发展目标。特别是就社会的协调发展来说，市场调节的局限性则是明显的。市场不可能自行使社会在收入分配方面、社会生活质量的提高方面、地区的发展方面达到相互协调的境地。

正因为市场调节有上述各种局限性，因此在经济运行过程中，政府调节是必要的。可以把政府调节称为第二次调节。如果第一次调节的结果已经符合政府预定的社会经济发展目标了，政府就不必过问。如果第一次调节未能符合社会经济发展目标的要求，就需要进行第二次调节。第二次调节也可以是预防性的，即政府预计到第一次调节不可能符合社会经济发展目标，因此不必等到第一次调节后已经出现不协调时再着手第二次调节。总之，第一次调节和第二次调节不是调节时间的先后顺序问题，而是两个不同的调节层次的问题。第二次调节是一种高层次的调节。

政府调节与计划调节的含义不完全相同；政府调节的范围要比计划调节的范围广泛

政府调节是第二次调节。但政府调节与计划调节之间不能画等号。可以这么说，计划调节只是政府调节的一种形式。政府调节的范围要比计划调节广泛。为什么这么说？让我们从两方面来理解：

第一，计划调节是一种经济调节，即运用指令性计划或指导性计划而进行的调节。但政府进行第二次调节时，除了运用经济手段（其中包括计划手段）而外，还要运用行政、法律手段。

第二，计划调节的特点是"计划性"，不管是指令性计划还是指导性计划，都体现了"计划性"。然而，政府调节除了有计划的调节而外，还包括临时的、应急的、相机处置的调节。后者不一定是事先按计划安排的。

正因为政府调节比计划调节更广泛，也更符合政府行为的特点，所以不能把"第二次调节"等同于计划调节，而应当认为："第二次调节是指政府调节而言，其中包括了计划调节。"

换言之，第二次调节是依靠政府的各种调节手段（经济的和非经济的，计划的和非计划的）的运用而实现的。在政府面前，有一系列可供选择的调节手段。即以经济调节而言，其中就有价格调节、财政调节、信贷调节、工资调节、汇率调节等。每一种调节手段又有"放松"和"抽紧"的区别。政府在进行第二次调节时，究竟采取这种调节手段还是采取那种调节手段，究竟采取"松"的措施还是采取"紧"的措施，以及究竟"松"到何种程度或"紧"到何种程度，都没有固定不变的模式，一切视具体情况而定，以如何有效地实现预定的社会经济发展目标为转移。

在第二次调节所要选择和运用的各种经济调节手段中，财政调节和信贷调节占据最重要的位置。财政与信贷的收支，通过对部门和地区的供给和需求的刺激或抑制，有可能使供求变动的结果大体上适应第二次调节的要求。

具体地说，一方面，财政支出和信贷支出所表示的社会总需求的增加不是笼统的需求的增加，而必然体现于对某些具体产品和劳务的需求的增加上。因此，通过财政支出和信贷支出，一些部门和地区的需求或供给将受到刺激，从而将改变原来的部门结构和地区经济结构。另一方面，财政收入和信贷收入的来源也不是笼统的，它们必定来自某些部门和地区，而且各部门和地区的收入中转化为财政收入和信贷收入的数额及其相对份额是不相等的,这也会影响各个部门和地区的需求和供给,从而会改变原来的部门结构和地区经济结构。

由此可见,无论从哪一个方面来看,第二次调节作为政府的有意识的调节,是有助于总需求与总供给之间关系的调整,有助于各个部门和地区的结构的改变,有利于政府预定社会经济发展目标的实现。但必须指出,第二次调节是指科学的政府调节,即依据客观经济规律而进行的调节。与其是不科学的、主观主义的、违反客观经济规律的政府调节,还不如不要这种政府调节。这是因为,完全由市场来调节,经济毕竟可以在波动中增长,而不科学的、瞎指挥的政府调节的结果,经济不仅不可能实现预定的发展目标,而且可能背离正常的发展轨道,经济不仅不可能增长,甚至有可能倒退。

计划价格可以同市场价格有出入,但计划价格的制定必须以市场价格为依据

第二次调节虽然是高于第一次调节的层次上的调节,但它必须以第一次调节作为出发点。两次调节之间的这种关系,具体反映于计划制定的价格与市场上实际形成的价格之间的关系上,以及计划利润率与市场利润率、计划利息率与市场利息率、计划工资率与市场工资率、计划土地征用费与市场土地征用费、计划汇率与市场汇率等之间的关系上。其中,计划价格与市场价格之间的关系是基本的。

要知道,即使在社会主义商品经济中,任何商品的销售价格都不可能由生产该种商品的企业单方面决定,而要由供求双方通过市场来决定。由于供给条件的不同,市场大体上可以分为完全竞争市场和不完全竞争市场两大类型。在完全竞争的市场条件下,市场价格表现为非限制价格,即自由价格,它唯一地取决于市场上供求两种力量的对比。如果供大于求,价格下降;如果供不应求,价格上升。任何一个生产这类商品的企业都不可能控制市场上的供给量,任何一个购买这类商品的企业或居民也不可能控制市场上的需求量,从而市场上由供求关系所决定的价格不是任何企业或居民所能控制的。假定这时政府认为市场调节的结果不能符合自己预定的社会经济发展目标,而认为有必要进行第二次调节的话,那么政府制定的计划价格必须以完全竞争市场条件下自发形成的自由价格作为依据,即以后者作为价格指导线,使政府制定的价格或高于价格指导线,或低于价格指导线。究竟在何种情况下高于价格指导线,在何种情况下低于价格指导线,以及高于或低于价格指导线的幅度究竟有多大,要以客观经济情况和政府所要达到的目标而定。不考虑价格指导

线，政府是不可能确定计划价格水平的。

　　在不完全竞争的市场条件下，价值规律的作用要受到这样或那样的限制。假定某种商品只由少数几家企业提供，于是形成了对该种商品的垄断性的生产经营。这时，市场上该种商品的价格是不完全竞争的价格。但不完全竞争价格也是由市场决定的。垄断性的生产经营者考虑到竞争的存在，以及顾客的价格意识，所以仍然不可能任意提高所提供的商品的价格。在这种情况下，如果政府有必要对市场进行调节，那么它同样要以不完全竞争市场上的价格作为制定计划价格的指导线，并在这种价格指导线上下的某一个合适的位置上确定计划价格，这样才能起到第二次调节的应有的作用。

　　由此可以认为，社会主义商品经济中存在着多少种市场（完全竞争的市场以及不完全竞争程度不等的若干市场），就有多少种市场价格（自由价格以及各种不完全竞争价格），而对于政府调节来说，也就会有多少条制定计划价格的价格指导线，并相应地有多少种计划价格。这就是说，那种认为所有的计划价格都以自由价格作为依据的看法，是不正确的。

　　假定计划价格不以相应市场上自发形成的价格作为制定时的价格指导线，即不考虑生产该种商品的企业用于生产该种商品的各种费用，不考虑企业的盈利问题，不考虑到该种商品的供求关系，从而所制定的价格偏低或偏高将分别引起如下的结果：

　　在计划价格偏低的情况下，假定生产该种商品的企业不可能减少这种商品的供给量，从而处于亏本状态，而社会上又不可能没有该种商品，于是政府不得不以津贴的方式来维持该种商品的生产。假定企业感到价格偏低而减少了该种商品的供给量，于是该种商品可能因供给量不足而形成了黑市价格和黑市交易。在计划价格偏低而商品供给不足的条件下，要想彻底消灭黑市价格和黑市交易，并不是一件容易的事情。

　　在计划价格偏高的情况下，假定企业认为生产该种商品是有利的，于是社会上该种商品的供给量可能超过了社会对该种商品的需求量。这时，继续维持偏高价格，过多的供给将找不到出路。假定政府对过多的供给实行收购，政府的支出将不断增大；假定政府不愿承担维持偏高价格的费用，那么偏高的价格就无法继续维持下去。偏高价格的实行与维持，从较长时期来看，不利于生产该种商品的企业改善经营，改进技术。这类企业实际上处于依赖政府保护的状态之中。显而易见，尽管计划价格是由计划部门制定的，但计划部门仍然不能任意决定价格。计划价格脱离相应市场上的价格的结果，有可能给经济带来不利的后果。

第二次调节的功能在于协调社会和经济的发展

前面谈到计划价格的制定要以相应市场上自发形成的各种价格作为依据。但这并不意味着计划价格必须与相应市场上自发形成的价格完全一致。价格指导线毕竟只是指导线，只起指导作用。政府可以有意识地安排计划价格偏高些或偏低些。这就是说，为了调整供给、需求、产业结构、产品结构、地区经济结构，政府可以有意识地制定较高的价格或较低的价格。这正说明了第二次调节的功能在于协调社会和经济的发展。

然而从第二次调节的效果来看，价格调节的运用与财政、信贷调节的运用仍是有区别的。财政调节和信贷调节通过对不同部门和不同地区的投入和产出的直接影响和间接影响，往往可以起到比价格调节更好的作用。

比如说，在资源供给所容许以及个别企业的产量对该种商品的市场供给量的影响微不足道，从而市场价格接近于由供求关系自行决定的自由价格的情况下，政府没有必要一定要把计划价格定得高于自由价格或低于自由价格。这是因为，这种情况下的市场已经接近于完全竞争市场了，市场调节已经能够使资源较为合理地配置于各种产品和劳务的生产方面了，价格已经接近于自由价格了，政府还有什么必要使它偏离这一价格指导线呢？

又比如说，假定资源供给受到较大的限制，而市场竞争又是不充分的，个别企业的产量对该种商品的市场供给量的影响较大，从而市场价格表现为通过不完全竞争而形成的限制性价格。这时，如果政府出于协调社会和经济发展的需要，最好的办法是通过财政调节或信贷调节来影响企业的投入和产出，并设法使市场竞争趋于比较充分。如果政府一定要把计划价格定得高于或低于这种不完全竞争的市场价格，那么计划价格偏离价格指导线的各种后果都将出现，从长期来看，国民经济今后必将承受由此导致的资源配置方面的损失。不仅如此，由于产品价格总是相互联系的，一种计划价格同价格指导线的偏离会对其他有关的产品的价格产生影响，而多种价格变动之间的连续和相互的影响，会使资源配置的变动具有较大的不确定性，甚至很可能与计划价格制定者原来的愿望相反。

因此，不应当把第二次调节同计划价格的制定和推行混为一谈。第二次调节的功能在于协调社会和经济的发展，而这种协调是可以通过多种调节手段来实现的。制定和执行计划价格，只是其中可供选择的一种手段。计划价格只有与该种商品的相应市场价格大体上一致，才是既不偏低，也不偏高。离开了相应的市场价格，计划价格也就失去了基本的依据。当然，计划价格也可以被有意识地制定得高于或低于它引以为依据的市场价格。但在财政调节和信贷调节可以达到同样目的的情况下，应当尽可能地少利用计划价格作为调节手段，以减轻由计划价格与相应市场价格的偏离而可能引起的不利于资源配置的后果。

政府调节与市场调节是互补的，一方不能代替另一方

如上所述，第一次调节和第二次调节之间的关系是两个不同层次的调节之间的关系。第二次调节作为协调社会与经济发展的一种调节，起着弥补第一次调节之不足的作用。凡是第一次调节能做到的，就不需要第二次调节了。只要我们按照这样一种关系来理解第一次调节和第二次调节之间的关系，即市场调节和政府调节之间的关系，那么，多年来争论不休的社会主义条件下的计划与市场之间的关系问题，不就可以迎刃而解了吗？

换言之，两次调节之间的关系实际上是互补关系，一方不能取代另一方。政府调节不能取代市场调节，道理是十分清楚的，因为市场调节是政府调节的出发点和依据，离开了市场调节和相应市场上形成的价格指导线，政府调节是不可能有效的。同时，政府只是办市场所办不到的事情。市场能够办到的，政府又何必去过问呢？至于市场调节不能取代政府调节，道理同样十分清楚，因为市场调节有各种局限性，它不能自行实现社会主义社会与经济的协调发展。市场本身所提出的目标以及所要实现的目标都是有限的，社会主义经济中必须有政府的目标和政府为实现自己的目标所做的努力。

可以把并存着的、互相补充的市场调节作用和政府调节作用称为社会主义经济中的二元机制。社会主义经济中不可能只存在一元机制。所谓一元机制是指经济中只存在市场调节或者只存在政府调节。社会主义经济中之所以必然存在着市场调节，是因为社会主义经济首先是商品经济。社会主义经济中之所以不可能唯一地存在市场调节，是因为社会主义经济是有计划的商品经济。在社会主义经济中，政府调节作用与市场调节作用始终有机地结合在一起。不妨再重复一句：二元机制是必要的。只有通过二元机制作用的发挥，才能使社会主义经济在供求关系适应与不适应的交替中前进。不可能设想社会主义经济的运行会那样"完善"，那样和谐。现实生活不可能出现这种尽善尽美的情况。即使在二元机制条件下社会主义经济中出现了这样或那样的问题，出现了需求大于供给或供给大于需求，甚至出现了经济增长率下降或通货膨胀，那么原因不在于经济中市场调节和政府调节的并存，可能由

于以下两种情况的存在：第一，市场环境不够完善，即市场调节所要求的各种条件并未完全具备；第二，政府调节不够完善。要知道，任何政府调节，即使是力求遵循客观经济规律的政府调节，也不可能与客观经济规律的要求完全吻合，不可能使市场调节的局限性全都消失。在市场调节与政府调节的结合方面，总还有继续调整、改进的余地。因此，上述问题的出现不应当成为否定二元机制存在的理由。

"计划经济为主"中的"主"是指"主动权"；引而不发，保留政府调节经济的主动权，这正体现了"计划经济为主"的原则

过去相当长的时间内，某些书刊上流行着一种不正确的看法，即把计划经济同价值规律割裂开来，把计划经济同商品经济对立起来，并且认为计划经济正是作为价值规律起作用的部分的对立面而存在的。简单地说，这种观点把社会主义经济分为两块，一块是计划调节部分，另一块是市场调节部分，前一块是"一大块"，后一块是"一小块"。这就被看成是"计划经济为主"。实践证明这种观点在理论上站不住脚，在社会主义建设中是有害的。现在，根据第二次调节理论，既然市场调节是第一次调节，政府调节是第二次调节，两次调节都存在于社会主义商品经济环境中，那么价值规律也就不可避免地在社会主义经济中广泛地起作用，政府调节与市场调节就不是"一大块"和"一小块"的关系，甚至不是并列的、平行的两块之间的关系，而是两个不同层次的调节之间的关系。第一次调节时时处处存在，第二次调节可多可少，可有可无。需要政府调节时就调节，不需要时就不必调节，一切视具体情况而定。也就是说，政府调节的范围不一定越来越大，也不一定越来越小，这里并不需要一种固定不变的模式。"计划经济为主"，意味着政府掌握着经济调节的主动权。这里所说的"主"是指"主动权"而言。

过去，在某些书刊上还有这样一种看法，即认为在社会主义计划经济中，只有指令性计划才是唯一的形式，指导性计划并非计划经济的重要形式，甚至认为指令性计划的范围越大，社会主义的优越性才越能体现出来。实践证明，这种看法也是不正确的。就我国而言，我国的幅员如此宽阔，各地区、各部门之间在经济发展程度上的差异如此巨大，而迄今所达到的社会化生产的水平又如此之低，用单一的指令性计划的形式只会把经济统得过死。所以，原有的计划体制的弊病恰恰在于指令性计划的范围过大，比重过高。我们要缩小指令性计划的范围，扩大指导性计划和市场调节的范围，以便克服以往指令性计划范围过大、管理权限过分集中的弊病。缩小指令性计划的范围，是符合第二次调节的理论的，也是与"计划经济为主"

不矛盾的。目前,在我国的实际条件下,指令性计划的范围可以缩小,但还不能立即取消,因为目前若干重要资源的供求还比较紧张。从长期来看,将来指令性计划不是不可以取消的,甚至指导性计划的范围也可以缩小。即使那样的话,仍然体现了"计划经济为主"。要知道,引而不发,政府保留了调节经济的主动权,这就是"计划经济为主"。在社会主义经济中,只要政府掌握了调节经济的主动权,如果市场调节已经使经济活动符合于社会经济发展目标了,从而政府不需要对经济进行干预,那么这同样符合"计划经济为主"的原则。可以再重复一句:既然是社会主义经济,社会主义国家的政府就始终掌握着调节经济的主动权。从这个意义上说,"计划经济为主"的原则长期适用。我们所要抛弃的、否定的,是那种对"计划经济为主"的"板块式"的理解(即把计划经济理解为"一大块",把市场调节理解为"一小块"),而绝不是"计划经济为主"这一原则本身。

社会主义国家的经济调节与资本主义国家的经济调节的区别不在于所使用的调节方法,而在于调节的目标、调节的环境、调节的效果的不同

前面已经提到,在社会主义经济调节过程中,指令性计划可有可无,指令性计划的范围可大可小,甚至指导性计划的范围也是有很大弹性的。这一切都要根据客观的经济情况和政府预定的社会与经济发展目标而定。于是有人提出了异议,他们问道:"按照你的解释,社会主义国家的经济调节与资本主义国家的经济调节之间的区别不就消失了吗?"不妨反问他们一句:"你们所理解的社会主义国家的经济调节与资本主义国家的经济调节的区别,究竟是什么呢?"原来,他们把是否存在指令性计划当作这种区别了,似乎社会主义国家中的指令性计划一旦取消,就同资本主义国家的经济调节相同了。这显然是一种错误的观念。

计划的指令性质和指导性质的区别,反映了计划方法的不同,正如财政调节、信贷调节、价格调节、工资调节、汇率调节的程度的强弱和范围的大小,也只是调节手段的差别一样。资本主义国家的政府,往往根据本国的经济情况和政府所要实现的目标,选择计划方法,选择调节手段。在它们认为必要的场合,它们也采用指令性的计划方法。一些西方国家在第二次世界大战期间实行的经济统制、第二次世界大战结束后不久一些西方国家仍然维持的配给制度、70 年代某些年份一些西方国家所采取的工资物价的冻结措施,不都具有指令性、强制性么?可见,计划管理的具体方式是可以选择的。谁也不会因为这些西方国家当时采用了指令性计划而认为它们采用了社会主义性质的经济调节手段。

社会主义国家采用的经济调节措施中,如果有一些至今还不曾被资本主义国家所采用,那么并不能保证以后不会被它们所采用。资本主义国家采用的经济调节措施中,如果有一些至今还不曾被社会主义国家所采用,那么也不能断言社会主义国家以后不会加以采用。经济调节措施是供选择的,选择者从本国的实际情况和自己的需要出发,既可以进行适当的修改,也可以原封不动地照搬,还可以拒绝采用。从调节措施本身是判断不出社会主义国家的经济调节或资本主义国家的经济调节的特征的。

那么,社会主义国家的经济调节与资本主义国家的经济调节的区别何在呢?区别在于调节的目标不同、调节的环境不同、调节的效果不同。

就调节的目标而言,资本主义国家进行经济调节是为了维持资本主义制度,避免国内阶级矛盾的尖锐化,而社会主义国家进行经济调节是为了发展社会主义经济,实现社会主义生产目的。

就调节的环境而言,资本主义国家的经济调节是在资本主义私有制的环境中进行的,而社会主义国家的经济调节则是在社会主义公有制的环境中进行的。

再就调节的效果而言,由于资本主义国家的经济调节旨在缓和资本主义社会中的阶级矛盾,由于它是想用经济调节来维持资本主义制度的存在,因此,即使从暂时来看经济调节可以取得某种效果,但不能解决资本主义社会中的政治、经济、社会方面的基本问题,有时甚至使这些问题变得更加深刻、更为复杂化。社会主义国家的经济调节,只要运用得当,符合客观经济规律的要求,那么即使不能避免社会主义经济发展过程中出现新的问题,但它的促进社会主义社会与经济协调发展的作用,则是可以肯定的。

这就是两种性质不同的经济调节的区别。这就够了。有什么必要硬要从经济调节手段本身去寻找两种经济调节的区别呢?

经济运行机制：市场中心论[*]

中国社会科学院财贸物资经济研究所财贸综合问题课题组[**]

内容提要：本文阐释了党的十三大报告精神，提出"市场处于中心地位是新经济运行机制的显著特点，要真正形成这一运行机制，相应要求建立国家调节下的市场经济体制"的论点。围绕这一论点，文章指出，市场是具备不可取代的自组织功能，而国家调节市场是形成这种自组织功能的内在要求；企业是经济的运行主体，市场是引导企业运行的轴心，市场引导的本质是经济利益的引导；要确立市场的中心地位，需要有国家和政府的维护。进而，文章还分析了国家调节与政府调节含义和范围的不同，以及场外指导和场内引导的两种政府调节形式。同时指出，市场中心地位是以多元的市场主体结构为基础的，运行机制和运行规则要求一元化，这一切要求价格必须成为首要的经济参数。作者认为，新的运行机制目标的实现是一个渐进过程，同时还要有突变阶段，因此，建议要相机组织一场战略决战。

经济体制改革的一个重要任务，是要完成经济运行机制的转变。党的十三大报告为此确立的目标是："新的经济运行机制，总体上来说应当是'国家调节市场，市场引导企业'的机制。"我们感到，市场在经济运行机制的新构想中明显处于中心地位。提出这一新构想具有重大意义，它既是对九年改革实践的深刻总结，也是加快和深化改革，建立新体制的经济运行机制的指导方针；既对后续改革提出了许

---

[*] 原文发表于《财贸经济》1988年第1期。
[**] 中国社会科学院财贸物资经济研究所财贸综合问题课题组（执笔人：刘溶沧、李晓西）
刘溶沧（见本书1994年文章作者简介）；李晓西（见本书2000年文章作者简介）；宋则（1951— ），辽宁大连人。曾任中国社会科学院财政与贸易经济研究所、财经战略研究院流通产业研究室主任、学术委员会副主任。现为中国社会科学院研究员、中国社会科学院研究生院教授、博士生导师。兼任中国物流学会副会长。主要研究领域：市场体系、收入分配、就业、消费、流通等。主要著作：《工业投资品流通问题研究》《论中国经济改革的战略决战》《市场化——中国粮食流通体制改革的政策评价和基本思路》《中国经济改革的市场体制》《生产资料流通新论》。多次荣获商务部、中国商业联合会、中国物流学会学术成果奖。

多新的要求，也引出了许多迫切需要进一步探索和解决的新问题。

市场处于中心地位是新经济运行机制的显著特点；要真正形成这一运行机制，相应要求建立国家调节下的市场经济体制。

传统经济运行的根本特点是以行政命令、行政手段和行政组织机构为中心。在这种场合，宏观决策取代微观决策，政府直接干预企业，整个经济完全是围绕行政轴心运转的，价值规律和市场机制基本上受到了排斥。实行经济体制改革以来，传统运行机制已发生很大变化，主要表现是指令性行政机制的作用大大减弱，市场的作用逐步增强。但是，这种变化还属于外在性的比重和范围的增减变动，并非传统运行机制的根本改造，因而出现了经济按行政运行和按市场运行二者并存的双轨制局面。由于双轨之间依然存在互不相容的排斥性，在经济运行中已经出现了一系列互相矛盾、摩擦和冲突的现象。这种复杂局面表明，对经济运行机制的改造不可能停留在"行政一块""市场一块"的板块状态中，必须寻找新的统一的运行机制，而与此相关联又必须与建立什么样的经济体制模式的重大问题结合起来。党的十三大提出的新的经济运行机制的目标，为我们进一步探讨上述问题提供了新的重要启示。

我们知道，经济体制是经济制度结构的具体表现形式，包括各种经济行为的组织原则、组织形式，各种责权利划分和管理的方式等整个体系，经济运行机制是经济运行过程中各种以经济行为、经济利益为背景的经济参数、调节手段互相制约的动态联系。经济体制是经济运行机制的框架，经济运行机制是经济体制的实现形式，二者必须互相适应。在"国家调节市场，市场引导企业"的经济运行机制的目标中，市场被置于中心地位，是它不同于以往运行机制的根本特点，它不再被看作是处于辅助、补充地位，也不再被看作外在于经济运行的异己力量。这将使市场成为联结宏观控制系统和微观动力系统的枢纽，成为国家对企业间接管理的传导系统，成为覆盖全社会经济运行的网络。因此，这种经济运行机制的形成，必然要求经济体制模式与之相适应，即经济运行机制的市场化，要求经济体制也要以市场经济为基础，要求经济体制中计划和市场不再是双轨制的板块关系，而是有机结合的内在整体关系。其中，市场经济是基础，覆盖整个经济活动；计划覆盖整个市场经济，对其发挥调节作用。而不能反过来，从经济计划出发去模拟市场，这就要求把市场看作是囊括生产、分配、交换、消费的经济循环系统及物质利益的协调系统和资源配置系统，而不仅仅是商品交换的场所。换言之，市场及市场运行机制处于经济运行机制的中心地位，要求在经济体制改革的目标模式中确认市场经济的基础地位，建立社会主义国家调节之下的市场经济体制。

"市场经济"并非资本主义经济的代名词。国家调节下的市场经济与有计划的商品经济在本质上是一致的。劳动产品成为商品,在于它要与外界发生交换关系,而商品交换关系的总和即商品生产者之间的全部经济联系正是市场。因此,商品生产是市场的基础,市场是商品经济关系的总系统。市场机制不仅存在于交换领域,而且作用于生产、分配和消费领域,内在于经济运行的方方面面。强调社会主义经济是市场经济,不仅不会抹杀有计划商品经济的本意,而且会使之更加明确。这对于我们深化改革,促进市场体系的发育和健全,对于从经济整体论的方法论角度、从经济运行上把握商品经济的特征,对于消除一方面承认商品经济,另一方面却又否定市场经济,否定市场机制的奇怪逻辑,都具有重要意义。

以市场为中心的运行机制目标的确立,无论在理论上还是在实践上都曾经历了一个艰苦探索的过程,即从计划与市场的互斥对抗论到板块结合论,再到互相渗透论。这当中虽然包含着认识上的深化,但都共同包含一个方法论上的缺陷,即都是首先把计划和市场看作是两种彼此独立的范畴,然后再考虑怎样使二者结合起来,结合的方式有哪些。其实,计划和市场在思考的起点上就应当作为内在统一体来理解,对于经济运行实践来说,计划和市场也是"一体论"的关系。只有从"一体论"的方法论出发,才可能提出不同于以往的、以市场为中心的经济运行机制目标。因此,"一体论"是继互相渗透论的理论发展,是市场中心论的理论基础。计划和市场的一体论,使计划不再是孤立于市场之外的计划,市场也不再是盲目运行的市场。

从实践上看,国家调节市场,正是要通过市场来体现经济运行的计划性;同时,企业所面临的市场,也不是充满盲目性的市场,从而使企业有了生产经营的合理的导向。

市场处于经济运行机制的中心地位,是因为它具备不可取代的自组织功能;在社会主义商品经济条件下,国家调节市场是形成这种自组织功能的内在要求。

市场是经济运行动态的自组织系统。市场运行机制是市场参数如价格、利率、汇率、工资率、股息等的相互变动和相互作用关系,是市场参数对市场主体如生产者、经营者和消费者的引导,是市场信号、市场动力、市场决策的连续运动和反馈协调,市场本身总是在动态中朝着按比例分配资源性产资料、劳动力、资金等的方向发挥调节作用。市场之所以能保持自组织运动,从控制论的角度讲,是因为它含有反馈调节的平衡功能。企业(供给方)根据变化了的市场信号调整产量,消费者(需求方)根据变化了的市场信号调整消费需求,都属于反馈调节。在各种市场参数的动态作用中,我们都可以看到市场主体根据动态的市场信号作出反应的反馈调节的情形。因此，市场绝不是一种僵化、静态、孤立的事物，绝不是一个任凭外力随意拨动的算盘子。市场有其内在的运行规律，是一种"有生命"的活泼的机体。市场固有的自组织功能是市场经济运行中无可替代的经济机制。正因为如此，它理所当然具有经济运行机制的中心地位。

市场自组织功能在社会主义条件下不仅要解决企业的短期行为问题，而且要解决企业行为和国民经济发展的长期趋势问题，因此，国家调节市场是形成市场自组织功能的内在要求。国家调节市场，有法律的方法、行政的方法和经济的方法。通过立法和执法，来确定和维系市场运行的规范，保证市场运行的自我约束，使其符合经济发展的长期目标。通过行政方法，可以用强力及时改变市场运行的非常状态，减缓市场的振幅。但是，运用行政方法，一般具有暂时性和局部性，并且，不应损害市场运行的基本规则。国家调节市场最有效的是经济方法，即根据市场变动规律和长期趋势，通过对市场参数施加影响，来调节市场主体的经济行为，使市场运行尽量平稳地达到预定目标。归结三种方法，国家对市场的调节，主要表现为一种带有预见性和规范化的超前反馈调节，调节的目的是把市场运行和长期目标有机地衔接起来。因此，这种调节首先是以充分发挥市场自组织功能为基础的。从这个意义上讲，通常所说的计划要建立在价值规律的基础上，与国家调节经济活动要建立在市场自组织功能的基础上，二者是一致的。国家调节市场，为的是借助和发挥这种市场的功能以引导企业。

企业是经济的运行主体，市场是引导企业运行的轴心，市场引导的本质是经济利益的引导。

从传统经济学的角度出发，往往把市场与商品交换、市场与商品流通视为同类的范畴，因而市场引导企业就很自然地被理解为狭义的商品流通（交换）与商品生产的关系。这种狭义的市场观念并非我们所说的处于经济运行机制中心地位的市场含义。从经济运行机制角度讲，市场机制是囊括了市场经济条件下生产、分配、交换、消费诸环节的作用机制。它不仅调节着商品交换，同时也调节着生产、分配和消费。它所以贯穿于经济运行的全过程，就在于它调节着人们最为敏感的经济利益关系，从而使上述各种经济行为都服从于统一的利益导向。因此，市场引导企业，本质上是经济利益的引导；市场中心地位也是由它表现为各种利益实现和协调的场所这一点决定的。在经济运行中，市场机制之所以能够调节资源配置、刺激生产、满足消费，保持自行协调的经济均衡，就是因为市场经济使生产者、经营者、消费者和各种生产要素的所有者（或支配占有者）各自的经济利益目标汇聚在市场体系中，在各自收益最大化的导向牵引下，通过各种市场供求双方的双向选择、比较和竞争，使有限资源趋向竞争力强、效率高、收益大的最佳分布和组合，使消费者（市场力量的一级是企业，另一级是消费者）主权得以实现，使市场当事人达到各自的利益目标。其中，市场信号既是说的市场当事人共同作用的结果，也会对他们经济行为的调整和选择起到反馈调节作用。前文所说的国家调节市场，就是国家基于市场变动和经济利益的长期趋势，通过多种调节方式，促使生产者、经营者和消费者都在经济行为上自主作出合理的调整和选择，使经济利益关系和经济运行通过市场来达到均衡。

在受到这种市场引导的当事人中，生产企业至关重要。马克思主义经济学历来重视生产对分配、交换和消费的决定性作用。因此，在当前，重点强调市场的自组织功能对生产企业尤其是对大中型国有企业的引导，具有重要的现实意义。经济发展有赖于搞活生产企业，而大中型国有企业又是国民经济的骨干，其有无活力，有无自主权，事关发展与改革的全局。大中型国有企业能否受到市场的引导，取决于这些企业自主决策程度和活力大小，而这又取决于企业财产关系和分配关系的明晰化和规范化。我们认为，这是培育市场主体、转变企业经营机制的关键。要构造以市场为中心的经济运行机制的微观基础，实行股份制应是大中型国有企业改革的一种重要选择。股份制是可以容纳多种所有制关系和分配关系的十分灵活的经济组织形式，在当前大中型国有企业普遍实行两权分离，推行各种承包制的基础上，应当积极探索股份经济问题，以便缩短各种承包制的过渡期，使大中型企业的权、责、利与市场运行建立起内在联系。

为确立市场的中心地位，需要有国家和政府的维护。国家调节与政府调节的含义和范围有所不同。

为促成上述新的经济运行机制，强化市场的中心地位，需要发挥国家和政府的作用。为此，有必要提出国家调节市场与政府调节市场的关系问题。我们知道，马克思主义经典作家曾多次指出国家兼有一般的经济职能。恩格斯在《反杜林论》中说道："政治统治到处都是以执行某种社会职能为基础，而且政治统治只有在它执行了它的这种社会职能时才能持续下去。不管在波斯和印度兴起或衰落的专制政府有多少，它们中间每一个都十分清楚地知道自己首先是河谷灌溉的总的经营者……"[①] 列宁和毛泽东也都提到社会主义国家组织经济建设的职能和任务。显然，国家调节市场，是从国家的经济职能引出的重要命题。

随着我国社会主义经济的发展，特别是随着经济改革的深入，使得国家如何更

[①] 《马克思恩格斯选集》第3卷，人民出版社1972年版，第219页。

有效地发挥其经济职能的一系列问题日益突出了，也日益复杂了。这里，首先要遇到的问题是，国家调节市场与政府调节市场二者是否等同？在一些同志看来，两者的含义是一致的。因为各级政府部门要代表国家行使经济调节和管理的职权，是国家经济事务的具体承担者。我们认为，这种看法不尽全面，严格说来，二者等同的看法恰好是多年来经济靠政府行政手段运转的一种观念反映。因为，国家调节市场的职能除了政府是承担者以外，还有其他承担者。国家调节包含政府调节，但包括的范围又比政府调节更大一些。

法律调节，从严格意义讲是国家调节而不属于政府调节。因为立法具有规范性、稳定性和独立性的特点，按程序由各级人民代表大会通过，由司法部门负责执行，经济法包括有关市场运行的法律，都是如此。各级立法机构和司法部门直接对各级人民代表大会负责。行政部门虽可依法制定各种有关经济运行的规章和政策，干预经济活动，但没有立法权。

中央银行及其货币政策对市场的调节，从健全经济运行机制的发展目标看，也应当由全国人民代表大会及其常务委员会审议通过。中央银行应与政府保持独立，只对全国人大常委会负责，而不应看作是政府机构的附属物和政府的"出纳员"。上述立法、司法机构及中央银行在行使职权、调节经济运行时，都有自己的独立性，是不能包括在政府调节市场的范围内的，也是不应被政府行政职能所取代的。但是，它们同政府调节一样，都属于国家调节。

财政政策对市场的调节，情况比较特殊。财政政策的制定虽然由政府的财政部具体负责，并较多地体现着政府的意图，但是财政预算、决算，财政政策目标也要受到立法的约束和全国人民代表大会审议、监督。这就体现了政府调节与国家的其他调节主体的交叉关系和渗透关系。

法律调节、中央银行独立的货币政策调节、国家财政政策调节的最大优点是具有市场经济所要求的规范性和作用影响下的广泛性，任何市场主体都在同等的调节之列，不存在任何例外。相比之下，政府调节在这一点上显得不足。因为各级政府，特别是地方政府，和政府的专业主管部门，易于在发挥调节作用的同时，造成市场的割据和封锁，甚至发生用行政干预取代市场的现象。在财政利益关系没有理顺的情况下，地方政府更易于各自为政，割裂统一市场的自然联系，削弱甚至排斥市场的中心地位。有鉴于此，就更突出了国家规范性调节的必要性，以弥补政府调节可能带来的缺陷。因此，我们认为区别国家调节与政府调节具有重要意义，即可以避免把各级政府、各级行政机构看作是国家调节市场的唯一主体，而忽视其他调节主体需要独立发挥的某些重要作用，忽视其他调节主体对各级行政部门的必要制约与监督。只有国家调节市场的各种承担者互相制约、互相配合，才能维护市场的统一性，强化市场的中心地位，避免经济运行出现重大失误。

政府对强化市场的中心地位具有两种调节形式，一是场外指导，二是场内引导。

从一般经济职能来看，政府负有组织、协调经济生活的责任，负有维护、保证市场机制正常发挥作用的责任。这是任何现代国家都具有的经济职能的重要体现。但是，由于作为社会主义国家的政府还同时是国有资产的代表者，因此，作为国有资产所有者的代表，又要通过自己委托的企业经营者以平等的经济身份和市场中的一员，参与市场活动，影响市场运行。于是，政府作为国家调节的一个主体，调节市场表现为场外指导和协调；作为国有资产的代表，调节市场表现为通过国有企业的自主经营，发挥场内引导和参与的作用。显然，由于政府具有两种不同的身份，产生了双重管理职能，产生了两种调节市场的方式。

为强化市场的中心地位，促进市场体系的发育和健全，政府的两种调节方式都是需要的。前者多表现为制定经济政策、采取经济手段（对市场参数施加影响）和必要的行政手段；后者多表现为经济性参与手段，对市场供求、市场环境直接施加影响。值得我们重视的问题是，政府参与市场的方向和限度。政府凭借国有经济的力量，应当在哪些产业参与，参与到何种程度，事关重大。因为这种参与是以尊重市场为前提的，是借助市场力量校正市场运行的一种经济性措施。特别是在流通领域中，政府如何通过国有商业、物资、外资、供销企业的经济活动来实现参与市场、引导市场的目的，不仅是现在，而且在将来，都是需要不断探索的问题。

从参与市场的意义上来说，政府行为和市场运行不可能截然分开，政府调节与市场的自组织功能是紧密联系的，也不可能截然分开。正是由于政府调节中还具有以经济性方式参与市场的一面，所以实际生活中计划和市场会融为一体的，把市场调节与政府调节严格分作两个调节层次的说法是不够准确的，在实践上容易重新导致经济双轨运行的板块论。

市场中心地位是以多元的市场主体结构为基础的，但要求运行机制和运行规则一元化。

在对经济运行机制的理解中，区别一下"双轨""二元"等概念是很有必要的。"双轨"是针对我国当前改革中出现的经济运行规则不统一而提出的。经济运行规则不统一以价格双轨制最为明显，即同一种产品的价格，一轨由纵向的政府直接计划来决定，另一轨由横向性市场原则来决定。于是，同一种产品的价值受到计划和市场的两种评价，导致经济运行秩序的混乱和双轨运行之间的摩擦，企业一只眼睛盯在市场，另一只眼睛看政府。同一种产品的生产经营活动，由于计划内外有别，使企业经济行为处于十分混乱的矛盾状态。在这种场合，市场中心地位是建立不起来的。为实现新的经济运行机制的目标，双轨运行状态必须予以改变。

"二元"概念在发展经济学中，是从生产力发展水平的角度，来表述发达经济与落后经济同时并存的一种经济结构和经济状况。这在发展中国家包括中国在内都是普遍存在的。但是，借用"二元"术语来解释经济运行机制则是说不通的。经济运行规则犹如体育运动的竞技规则和城乡交通规则，必须都是统一的，经济运行机制必须对所有的当事人都具有同一的调节功能和约束效力。这是由市场经济条件下，市场价值的形成规律和产品按同一价值尺度（价格）等价交换规律所决定的。只有用同一的货币尺度才能准确地评价和确定各种生产者真实的生产经营状况。

因此，在我国社会主义初级阶段，各种企业尽管存在多种所有制和经济成分的差异，尽管它们之间的比重地位、作用不同，甚至相差悬殊，但是多元化的市场主体在经济运行机制上，都具有平等的经济身份和平等的竞争资格，谁都不能凭借超经济的特权进入市场，国有企业也不例外。国家、政府借助国有企业对市场的调节和引导，必须建立在这些国有企业自身最具有效率、效益和竞争能力的基础上。因此，经济运行机制的转变首先对大中型国有企业提出了更高的要求。此外，也对国家调节市场提出了更高的要求。因为，国家调节市场首先要维护市场运行机制和运行规则的一元化，创造可供各种企业开展平等竞争的市场环境。所以，经济运行机制一元化是深化改革、结束经济运行双轨制的客观要求。

在新的经济运行机制中，要强化市场的中心地位，价格必须成为首要的经济参数。

以市场为中心形成新的经济运行机制，不仅需要国家宏观调控方式的转变，企业微观经营机制的转变，而且需要价格形成机制和作用形式的转变。在传统经济体制中，有价格却无价格机制，是因为价格的形成和作用都听命于国家的行政干预。在新的经济运行机制中，广义价格，包括商品价格、利率、汇率、工资、股息、租金等的地位将发生根本性的变化。市场机制作用的增强，本质上是价格机制的强化。因为价格机制是市场运行中首要的经济参数。其中，市场商品价格调节商品供求；市场利率、股票价格调节资金供求；市场汇率调节外汇供求；市场工资水平调节劳动力供求；地租地价调节土地供求。因此，在这个意义上，市场的自组织功能就是价格的调节功能。在价格机制调节供求关系的背后，是各种资源的有效配置和各种经济利益目标的实现。另外，合理的价格也只能在健全的市场体系中才能形成。改革的实践表明，在市场不健全的条件下，放开价格，价格仍然不合理；调整价格，出于缺乏参照系，也不能做到合理。因此，在强调价格形成机制转换重要性的同时，更应强调新的市场价格形成机制健全和完善的重要性。

在以市场为中心的经济运行机制中，价格管理将出现"三制一体化"的局面，即政府以国有资产代表者的身份参与价格的形成，将出于国家的经济职能干预价格的形成，国家也将以立法形式监督和规范价格的形成，参与制、干预制、监督制，这三个方面是一体化的。因此，价格机制的作用将既不是主观随意性的，也不是盲目自发性的。在这种场合，价格将表现为完全竞争价格和不完全竞争价格。两种基本形态在完全竞争价格中，国有经济的参与或不参与，都不影响市场价格的形成和市场价格水平。在不完全竞争价格中，政府参与、影响价格有垄断制、领价制和灵活吞吐市场商品以平抑物价等多种方式。但是，无论有无国家的干预，计划价与市场价都将保持在基本一致的价格水平上。

以市场为中心充分实现新的经济运行机制目标是一个渐进过程，但是基本确立这一运行格局则又包含突变阶段。因此，在改革的总进程中，相机组织一场战略决战是不可避免的。

无可否认，新体制和新的运行机制的成长、完善，是一个长期渐进的过程。因为，第一，我国尚处于社会主义初级阶段，生产力水平、工业化水平、科学技术水平都还比较低，经济改革和经济发展的物质基础还比较薄弱。第二，改革传统体制，是一场深刻的革命，任务十分艰巨，改革的深化将引起各种物质利益关系的重新调整，人们需要有一个循序渐进的适应过程。第三，改革是一种创新，没有现成的模式和答案，需要总结经验，摸索前进。

但是，在对这一总过程有这一正确的基本估计的同时，也应当充分考虑问题的另一方面。这就是在总体上看到改革是一个渐进过程的前提下，并不排除甚至十分需要有一个突变阶段，以确立新的经济运行机制的基本框架。无论从哲学方法论的角度看，还是从经济理论和改革实践的角度看，我们都可以确认，一场战略决战迟早将会发生。所谓战略决战，是指在比较短的时期内，在那些事关改革全局和长远的领域、环节，通过实施重大步骤和决策，产生显著的、实质性的重大变化，一举改变经济体制改革原有的基本态势，为后续的发展和完善过程铺平道路。以市场为中心的经济运行机制的形成也是这样。

总结改革的实践经验，我们可以清楚地看到在总体上渐变的过程中，突变的不可避免性。如前所述，经济系统的内在统一性要求有统一的运行规则，彼此矛盾、互相摩擦的多元运行规则只会造成经济系统的紊乱，干扰国民经济的稳定发展。

在我国改革的现阶段，已经出现新旧体制并存、经济双轨运行的复杂局面。一方面,"国家调节市场,市场引导企业"的因素已经有所增长,但另一方面"计划脱离市场,国家干预企业"的情况依然严重存在。在国家在部分地实行间接管理的同时,还离不开直接行政干预的"拐杖";企业在面向市场的同时,还留恋统配包销体制的保护;市场在发挥调节功能的同时,"死"与"乱"的双重弊病相伴而生。这种局面倘若不能在短期内有较大改变,将直接影响深化改革的总进程。为了使新体制和新的运行机制能够真正处于主导地位,为了基本结束经济双轨运行的混乱局面,十分有必要选择适当时机,开创经济体制改革战略决战的决定性阶段。

价格理论突破有力地
推动着价格改革前进

——纪念党的十一届三中全会召开十周年[*]

张卓元[**]

内容提要：本文首先提出价格由政府制定不利于经济增长，并指出恩格斯、马克思和西方经济学关于价格理论的进展是对中国价格改革实践的巨大支持，必须让价格回到市场交换中形成。进而，作者回顾了我国确定新的经济运行机制近 10 年的历程，以达到使市场定价体制逐步代替行政定价体制的价格改革目标。文章还分析了让价格从核算工具转变为最重要的调节手段的理论脉络，指出价格改革是市场取向改革的关键，并阐释了价格改革三个阶段，即调整价格、放开价格、同国际市场价格挂钩。作者在对双轨制价格分析的基础上，指出价格改革的难点和主要矛盾在于既要理顺价格关系又要稳定物价水平。最后，本文认为，从狭义价格改革发展为现阶段以物价、工资、利率联动为特征的广义价格改革，是价格改革进程合乎逻辑的发展。

理论来源于实践，但实践又总是在一定的理论指导或影响下发展的。我国十年价格改革的实践证明，在理论上、思想观念上突破传统框框的束缚，逐步形成适合

---

[*] 原文发表于《财贸经济》1989 年第 1 期。
[**] 张卓元（1933— ），广东梅县人。曾任中国社会科学院财贸物资经济研究所所长、研究员、《财贸经济》主编、博士生导师；中国社会科学院工业经济研究所所长；中国社会科学院经济研究所所长、《经济研究》主编；第九、十届全国政协委员。现为中国社会科学院学部委员、中国社会科学院经济研究所研究员。兼任中国价格学（协）会顾问，中国城市经济学会、中国城市发展研究会副会长，中国成本研究会荣誉会长，孙冶方经济科学基金会荣誉理事长。主要著作：《论社会主义经济中的生产价格》《社会主义经济中的价值、价格、成本与利润》《论孙冶方社会主义经济理论体系》《社会主义价格理论与价格改革》等。曾获孙冶方经济科学论文奖、著作奖，中国社会科学院优秀成果奖。

社会主义商品经济发展的价格理论和思想观念，对价格改革实践起着巨大的推动作用；与此同时，价格改革的丰富实践，也为新的价格理论的形成、价格改革客观规律性的探索，提供了极为丰富的材料和根据。这是理论和实践相互促进的生动表现。本文拟着重论述党的十一届三中全会以来，价格理论突破对价格改革实践的推动作用，并对价格改革的某些规律性进行探索。

一 必须让价格回到市场交换中形成

传统的社会主义经济理论认为，社会主义国家价格应由政府制定，排斥市场因素的渗入，不考虑供求关系的作用。由于社会上产品数以万计十万计，而各种产品的社会劳动消耗和供求关系是经常变化的，政府不可能对这么众多的产品的价格及时进行合理的调整，结果使价格结构畸形，比价差价不合理，价格关系呈扭曲状态。国际经验表明：价格是否扭曲，对经济增长有明显的影响，价格扭曲对经济增长起消极作用，价格关系比较合理则能促进经济增长。有鉴于此，这几年越来越多的经济学家肯定，价格本来产生于商品交换和市场买者与卖者之间的竞争，应当让价格恢复其真面目，在市场交换中形成。只有这样，才能使产品价格能够灵活地反映社会劳动消耗和供求关系的变化，成为生产者和消费者的利益的均衡点，从而使价格比较真实地反映资源的稀缺程度和供求关系，使价格结构、比价和差价趋于合理，为生产者、经营者和消费者提供比较准确的信号，以利于优化资源配置，优化生产和消费结构。

与此相适应，应当更明确地肯定恩格斯关于价值是生产费用对效用的关系的著名论点，恢复马克思在论述另一种含义的社会必要劳动时间时关于供求关系（我体会指长期和稳定的供求关系）制约价值的形成和决定，而不只是制约价值的实现的重要观点。西方经济学中关于边际生产率、机会成本等概念，对分析社会主义价格运动，是有用的；而对于均衡价格理论，虽然其理论说明含有许多主观唯心主义的因素，但对商品经济中价格现象的描述不无道理，对我们也有借鉴意义。

我国价格改革的实践得到上述理论进展的巨大支持，并且越来越明确地沿着放开价格、让价格在市场中形成的方向前进。目前，我国已有50％的商品的价格已经放开，由市场调节，其中农副产品和工业消费品价格放开的比例大一些，工业生产资料价格放开的比例小一些。还有50％的商品，包括粮、棉、油等农产品和重要生产资料的价格，仍由国家控制，需要随着条件的具备，随着整个经济体制改革的深入，继续逐步放开。应当承认，我国十年来价格改革的步子迈得相当大，放开价格的速度是很快的，并且带来了举世公认的成效：整个流通领域搞活了，市场一片繁荣，社会生产能够比较好地适应社会需求的变化，整个国民经济朝气蓬勃，充满生机和活力。

二　用市场定价体制代替行政定价体制

传统的经济体制是高度集中的、以行政管理为主的体制，其价格体制则是行政定价体制，即单一的计划价格体制。这种体制的根本特征是排斥商品货币关系和市场机制。这种体制有利于集中全社会资源实现紧迫的战略任务，但随着社会经济从粗放型向集约型发展，生产技术的日新月异的变化，以及生产目标从单纯的数量增长到还要兼及质量提高、生活改善、环境治理等的转变，传统体制的弊端日益显露，特别是不适应迅速实现现代化和缩短同先进国家的经济、技术差距。因此，从60年代以来，改革传统的社会主义经济体制的浪潮，遍及各社会主义国家。改革的实质在于：扩大商品货币关系，利用市场机制，尊重价值规律的作用。在我国，则进一步确定国家调节市场，市场引导企业，作为新的经济运行机制的目标模式。与此相适应，各方面都逐步接受了价格改革的目标模式，是用市场定价体制代替行政定价体制，即要逐步建立少数重要商品和劳务价格由国家制定，其他大量商品和劳务价格出市场调节的制度。

应当看到，上述认识的取得不是轻而易举的，而是经历了近十年的历程。80年代初期，经济理论界只有少数人赞同市场价格模式。1984年中共中央关于经济体制改革的决定确认社会主义经济是有计划的商品经济以后，加上改革实践的推动，经济界和经济理论界才逐渐肯定市场价格模式和体制。而理论认识的飞跃，又有力地促进1984年以来以放开价格为主的价格改革的进程，并使公众也逐渐明确我国价格改革的总方向是向市场定价体制过渡。

把市场定价体制作为价格改革的目标模式，有助于人们正确估价理论价格和计算价格的作用和局限性。改革初期，为了寻找改善原来不合理的价格结构的参照系，以便使价格的调整和改革有比较充分的根据，理论界曾提出测算理论价格或计算价格问题，有关部门还抽调力量从事实际操作。这在当时是必要的、有意义的。但理论价格和计算价格有其天生的局限性，即它只能起某种参照作用，或影子价格作用，既不可能代替市场价格的形成和运动，更不可能覆盖全社会的经济活动。企图用计算价格去规范价格改革，无异于否定市场价格模式；而只在完善原来行政定价体制的框框内打转，并不符合整个改革的根本方向。

价格改革的目标模式是建立市场价格体制，并不意味着要把全部产品价格放开，统统让市场调节。少数重要商品和劳务的价格，将来仍需实行国家定价，正像目前许多发达的市场经济国家那样。一般认为，按销售额计算，将来仍将有15%—20%的部分的价格由国家定价或受国家直接管制，放开让市场调节的部分，则占绝大部分，达到80%—85%。同时，实行市场定价体制更不意味着国家放弃对价格的管理，除上述占15%—20%的部分仍将由国家直接管理外，国家还将通过实施财政、货币政策等手段，对价格进行间接管理，特别是对宏观价格和某些要素价格（如利息率、外汇汇率等）进行管理，目的是保持物价总水平的基本稳定或相对稳定。这也属于新的经济运行机制模式中国家调节市场的重要内容。

从行政定价体制到市场定价体制过渡，并不是一蹴而就的，而是逐步过渡的。由于采取渐进的发展方式，就会出现一些中间过渡形式。这其中，除双轨制价格留待后面专门论述外，比较重要的包括浮动价、最高限价、最低限价等形式。从1979年8月1日起对电子元件实行的浮动价格形式，曾经取得过良好的效果。看来，对一部分供求大体平衡或价格的供给与需求弹性大的产品，实行浮动价格制度，容易收到比较好的效果。但是，迄今为止，实行最高限价或最低保护价的，在许多场合效果不好。实行最高限价者，往往一限东西就没有了，或者转入黑市交易或实物串换。而实行最低保护价者，则往往因流通部门没有足够的资金或仓储设备，不能够兑现收购产品。这说明，如果没有必要的平抑市场的资金和物资，国家发布最高限价和最低限价的作用就要大打折扣。因此，如何在经济体制改革过程中，灵活而恰当地运用国家定价、国家指导价和市场调节价这三种主要价格形式，合理控制它们所占比重的升降变化，是一项重要的改革艺术。

三 价格从核算工具转变为最重要的调节手段

传统的吃大锅饭的经济体制严重贬低了价格在国民经济中的地位和作用，几乎成为单纯的经济核算工具，而同人们的经济利害脱节。在全民所有制经济内部，各个企业、部门和地区，并不那么关心产品价格的高低和交换条件的好坏，因为那时实行统收统支制度，企业职工的收入同企业经济效益完全脱钩。这也是造成不同产品价格畸高畸低，价格体系不合理而且长期得不到纠正的一个重要原因，即不存在要求改善价格结构，扭转价格扭曲状态的压力和内在机制。这时，价格只是作为经济核算的工具，起不到调节资源分配、调节生产的作用。斯大林在《苏联社会主义经济问题》一书中，认为价值规律不能调节生产，正是传统体制下价格不能充当经济调节手段的理论说明。

与此同时，在处理国家与集体经济、城市居民与农民的关系方面，价格的分配职能则被滥用。为了高速实现社会主义工业化，国家常常把农产品收购价格压得很低，保留甚至扩大工农产品价格剪刀差，以便从农业部门和农民手里得到更多的积累资金，用于建设重工业，结果把农民挖得很苦，严重挫伤了农民的生产积极性，使农业生产长期落后于国民经济的发展。在理论上，苏联长期流行的所谓没有价格同价值的背离就没有价格政策的观点，就是为这种剥夺农民的做法作理论辩护的。

随着人们对社会主义经济的本质属性是商品经济的确认，随着改革实践的推进，价值规律在社会主义经济中的作用越来越受到普遍的重视；价值规律不仅在流通领域起调节作用，在生产领域也起调节作用。相应地，价格就不只是作为经济核算的工具，更是最重要最有效的调节手段，产品价格高低，利润大小，越来越成为生产经营决策的主要依据。随着对价值规律作用的重视，那种违背价值规律的要求，人为地使价格严重背离价值的主观主义的价格政策，也受到有力的冲击。在理论上，则提出要弱化价格的分配职能，真正贯彻等价交换原则，来更好地协调商品生产者和经营者之间的关系，以利于商品经济的发展。

价格职能的重大转变，说明价格在国民经济中的地位和作用都大大提高了。这种状况，有助于商品货币关系的扩大和市场机制的强化。在实际生活中，价格已成为人们从事经济活动的重要指示器，农民生产和出售什么农副产品，企业生产和经营什么产品，消费者购买什么商品，都首先考虑价格行情，从中作出决断。这正是商品经济意识。而商品经济意识的提高，必然使社会经济关系越来越卷入商品货币关系的漩涡，加速社会经济商品化的进程。

四 价格改革是市场取向改革的关键

经济体制改革以来，企业、个人以至地方、部门经济利益的独立性日益明显，利益主体呈多元化格局。这时，原来的不合理的价格体系，已不能成为评价各项经济活动效果的准则，对价格结构进行调整和改革的必要性日益突出。1984年10月通过的《中共中央关于经济体制改革的决定》，在确认社会主义经济是有计划的商品经济的同时，鲜明地提出：价格体系的改革是整个经济体制改革成败的关键。这样就把价格改革的重要性和意义提到一个新的高度，并使人们在改革实践中采取了更加大胆的放开价格以形成新的价格模式的措施。

需要指出，上述认识是有曲折的，是随着改革的深化才逐渐被普遍接受的。比如，1986年，鉴于宏观经济环境比较紧张，社会供求总量和结构失衡都比较严重，物价上涨压力比较大，因而深化价格改革难度比较大，有的同志就对价格改革的重要性、价格改革在整个经济体制改革中的关键地位表示怀疑；有人还建议绕开价格改革，或把价格改革放在后期处理，全力推进企业改革。原来拟议中的价格改革方案，也被束之高阁。但是，随着改革的推进，改革理论研究的进一步开展，大家清楚地认识到：价格改革是绕不过去的，价格改革是整个经济体制改革过程中首先要过而又最难过的关口，价格改革的确是整个经济体制改革成败的关键。为什么中国经过十年改革后，价格改革成为进一步深化改革首要的课题呢？

这是因为，无论是为了加快社会主义商品经济的发展，优化资源配置和改善消费结构，还是进一步深化体制改革包括企业改革，建立社会主义商品经济新秩序，都要求尽快深化价格改革，使价格这个最重要、最灵敏的经济调节手段比较合理、比较规范。

理论的进展有力地推动着改革的实践。价格改革又一次作为最重要改革排入深化改革计划。1988年9月底，党的十二届三中全会还原则通过了《关于价格、工资改革的初步方案》，对今后五年及更长时间的价格改革作了战略部署。人们有理由期望经过五年或较长一些时间的努力，能够初步理顺价格关系，即解决对经济发展和市场发育有严重影响，突出不合理的价格问题。这使深化整个经济体制改革，使新体制在社会经济运行中发挥主导作用，将迈出重要的决定性的一步。

五 一调二放三挂钩——价格改革前进的三部曲

我国进行经济体制改革包括价格改革已经十年。改革初期难以避免的撞击反射式前进的阶段已经过去。改革的深化要求有更坚实的理论指导，要求更好地总结国内外改革的经验教训，寻找其客观规律性，以增强改革的自觉性，避免只是应付眼前事变而缺乏战略眼光。而价格改革理论的进展，价格改革规律性的把握，将使我国今后价格改革的规划建立在科学的基础上，减少实际操作中的盲目性，从而充分显示改革对经济发展的强大推动作用。

在这方面有重要意义的是：价格改革是采取一揽子转轨的方式还是逐渐前进的方针？如果是渐进式的发展，那么是否可以大致勾画出几个大的不同阶段？目前，理论研究和实际做法都倾向于我国价格改革应采取逐步推进的方针。国内外价格专家还提出：价格改革一般将经历调整价格、放开价格、同国际市场价格挂钩三个阶段。调整价格在于初步理顺比价差价关系，使各行各业都能得到大体相同的利润水平；放开价格在于使价格能比较充分地反映市场供求关系，反映资源的稀缺程度；同国际市场价格挂钩，是为了更好地参与国际市场竞争。

为什么改革价格体系要采取先调后放的方针？这是因为，解决原来价格体系严重扭曲问题（农产品价格偏低、工业初级产品价格偏低、房租和服务收费偏低、农副产品购销价格倒挂、人民币汇价高估等），最好先采取有计划调整的办法，初步理顺价格关系，然后再在较大的范围内放开价格，以便使价格变动对人们利益关系的影响不致太快太大，且限制在可控制的范围以内。如果不是这样，一开始就大量放开价格，原来偏低的产品的价格就会一次到位，上涨较多，使生产和经营这些产品的企业与部门骤然得到许多利益；原来偏高的产品的价格则会不动，上涨较少甚至有所下降，生产这些产品的企业和部门的经济利益就会相对减少，从而造成利益关系的大的变动。改革的实践证明，在改革中如果发生利益关系过大的变动，会增加改革的难度和阻力，影响改革的顺利进行。

采取先调后放的办法，还可以在价格改革过程中比较有效地控制物价总水平的上涨幅度，不至于使物价总水平失去控制，上涨过猛。因为调整价格对价格总水平的影响及连锁反应程度，是可以测算和控制的，而同放开价格会影响物价总水平的较大幅度上涨与连锁反应较大有所不同。比如，1979年我国大规模提高农产品收购价格（当年提价幅度22%多），大幅度提高八种主要副食品价格（提价幅度30%多），只影响1980年社会零售物价总指数上升6%，而且1981—1984年保持了物价的基本稳定，社会零售物价总指数上升幅度在1%—3%。与此不同，1985年放开农副产品价格，不但导致1985年社会零售物价总指数上升8.8%，而且还对以后物价上涨产生重大影响。1986年社会零售物价总指数上升6%，其中因上一年涨价翘尾巴因素就占3%。1987年政府调价引起的零售物价上涨率不到2%，而全年社会零售物价总指数上涨率达7.3%。由于通货膨胀压力加大，1988年物价上涨幅度更大，达16%以上。所以，如果先初步理顺了价格关系，价格扭曲程度有所缓解，然后再放开价格，就可能不会带来物价总水平的大幅度上涨，连锁反应也会小一些，从而有利于价格改革的稳步推进。

放开价格是价格改革的方向，要逐步创设条件使除少数最重要的或垄断性产品和劳务价格外，统统放开价格。放开价格也要逐步进行，一次全部放开价格是不现实的，因为要么做不到，要么风险太大，造成社会震荡过于猛烈。在经济发展过程中，那些需要放开价格的产品，其供求关系变化，产品的供给弹性和需求弹性等是不相同的。供求基本平衡或供给、需求弹性较大的产品的价格，可以较快放开；而供求矛盾尖锐或供给、需求弹性较小的产品的价格，就要放得慢一点。还有，在我看来，在价格改革过程中，生产资料价格可以早放多放一些，而消费资料特别是人民生活必需品价格则要迟放少放一些。这样既有利于企业之间开展平等竞争，又能保证人民生活的安定。这种思路同管住上游产品价格放开下游产品价格的思路是不同的。如果上游产品较多地实行国家定价，而下游产品则实行市场调节价，那么，就很难解决原材料价格或工业初级产品价格偏低而加工产品价格偏高的问题，或者会使原来不合理的比价复归。因为在一般情况下，国家定价往往是偏低的，或因受国家管制或干预而使价格不能充分反映供求关系，反映资源的稀缺性，从而同价格放开的下游产品即加工产品的价格相比显得偏低。只有同样实行基本放开价格的方针，才有助于理顺初级产品和加工产品之间的价格关系。

从长远看，我国价格要同国际市场价格挂钩，以利于发展对外经济关系，参加国际市场竞争。从近中期看，则只能少数和部分产品同国际市场价格挂钩，以免受国际市场价格波动影响过大；同时，由于技术、管理水平都不高，加工工业消耗较大，为了提高本国的加工产品在国际市场上的竞争能力，国内的能源、原材料价格可考虑略低于国际市场价格。

十年来，我国价格改革的步伐，总地看并不算慢，可以说是比较快的，有力地配合和推动了整个经济体制改革。尤以 1984 年以前调整价格的成绩更为显著。1984 年以后，由于发生通货膨胀，放开价格带来了物价总水平的较大幅度的上涨，因而影响了放开价格的成效，并且严重影响了价格放开的步伐。即使如此，放开价格的成效也是相当显著的。一些价格的供求弹性比较大的产品，如水产品、水果、花生米、服装、细菜等，价格放开后，虽有所上涨，但供给增加较快，市场比较稳定和繁荣，受到广大居民的好评。

六　双轨制价格的风波

在价格改革实践和价格理论研究中，争议最大的莫过于双轨制价格问题，有的经济学家从一开始就持反对意见，非难颇多。有的经济学家则一直持肯定态度，认为是学习组织市场经济的有效途径。也有不少经济学家认为，双轨制价格的出现有其客观必然性，在前一段其作用可能利大于弊，而由于受到通货膨胀的影响，双轨价差不但没有逐渐缩小反而不断扩大,因而逐渐暴露和突出其弊端,到现在已呈弊大于利的势头。

同种产品(主要指同种工业生产资料)在同一时间地点上存在计划内价格和计划外价格,是 1984 年开始出现的。1984 年 5 月 20 日,国务院规定:工业生产资料属于企业自销(占计划内产品的 2%)和完成国家计划后的超产部分,一般在不高于或低于国家定价 20% 幅度内,企业有权自定价格,或由供需双方在规定的幅度内协商定价。1985 年 1 月 24 日,国家物价局和国家物资局又通知,工业生产资料属于企业自销和完成国家计划后的超产部分的出厂价格,取消原定的不高于国家定价 20% 的规定,可按稍低于当地的市场价格出售,参与市场调节。从此,双轨价格就成为合法化和公开化的了。

工业生产资料价格双轨制的出现,在我国有其客观必然性。我国经济体制改革,包括价格改革,不是采取突变式一次行动完成的,而是采取渐进式逐步发展和完成的。从旧体制向新体制过渡,要经历十几二十年甚至更长的时间,也就是说,我国在改革过程中不可避免地要出现两种经济体制同时并存的局面。这反映在价格形成上,就是既存在按照原来的机制形成的价格,即国家统一定价,又存在在改革过程中按照新的机制——市场机制形成的价格。这两种不同机制形成的价格,不仅表现在不同种类的商品交换中,形成板块分割,而且表现在同种商品的交换中,出现价格双轨制的局面。价格双轨制正是集中反映了双重经济体制特别是双重计划体制和物资体制并存的态势。

工业生产资料价格双轨制,也是扩大企业自主权过程中不可避免的。我国城市改革是从扩大企业自主权开始的。随着改革的进行,国家规定计划内产品中有一部分(比如一般企业占 2%)允许企业自销,超计划产品也允许企业自销。既然允许企业自销一部分产品,就应当允许企业对这部分产品有定价权,同买主进行协商定价,从而形成计划外价格。

由此可见,双轨制价格在我国出现,合乎改革发展的逻辑,可以成为从行政定价体制向市场定价体制过渡的一种形式,从而发挥一定的历史作用。许多论者肯定双轨制价格的积极作用时往往从这一点出发。

这几年实践说明,双轨制价格的利弊都很突出。双轨制价格能刺激紧缺的物资的增产,满足计划照顾不到的乡镇工业的原材料等的需要,有助于调剂余缺、调节流通,有助于了解市场供求关系的变化和正常的比价关系,这是它有利的一面。双轨制价格又常常冲击国家计划,影响供货合同计划的完成,不利于增强大中型企业的活力，助长投机倒把、追逐大量流通利润，不利于经济核算等，这是它有弊的一面。现在看来，如果双轨价差不那么大，比如计划外价格高出计划价格的幅度在50％以内，双轨制价格的积极作用可能发挥得好一些，而其消极作用可能不会过于突出。但是，这两年，价差不是在缩小，而是在扩大。由于价差过大（一般计划外价格高出计划价一倍左右），利用双轨制价格从事投机倒把、大量追逐流通利润的活动日趋严重，甚至成为哄抬物价的重要力量，和以权谋私的主要媒介。这样，逐步取消价格双轨制，变双轨制为市场单轨制，就成为下一步深化价格改革的重要内容。

双轨制价格的双轨屏障是很难严密的。计划外价格上涨幅度大，往往拉动计划价格的变相上涨。目前，使用计划分配物资的企业，其价格由于受计划外高价影响，已逐渐变相上涨，一般都要高出国家规定的"本本价格"20％—50％。比如，目前钢材国拨价700元/吨，用户实际使用价1100元/吨，市场价1800元/吨，用户实际使用计划钢材价高出计划价50％以上，而市场价则高出计划价160％。正因为计划外价格很高，使得计划价格内的各种形式的地方临时加价五花八门。以钢材为例，据我们1987年在湖北省的调查，其计划价格就有国家统一调拨价、地方价、中价（由地方政府有关部门掌握的非计划物资的官定价格）、临时价（又分冶金部定临时价、国家物价局定临时价、省市物价局定临时价等多种，实行地方临时价的已占总产量的40％）、优质价、来料加工价（物资部门使用的）、进口代理价、协作价等十几种。其中地方价（加上手续费）一般比计划本本价格高出50％以上。

看来，对价格双轨制，我们既不能估价过高，如像1985年"巴山轮"讨论时有的外国经济学家说的那样，是什么"发明创造"，"可以使行政的直接控制平稳地过渡到通过市场进行间接控制"；也不能把它说得一无是处，有百害而无一利。它是经济体制改革采取渐进式发展不可避免的，也是一种可以利用的过渡形式。随着改革的深化，就要不失时机地进行并轨，向市场单轨制过渡。这样的理论认识，也许有助于价格改革的推进。

七　价格改革的难点和主要矛盾在于既要理顺价格关系又要稳定物价水平

价格改革的实践和理论的研究向人们昭示了这样一个重要原理：价格改革的难点和主要矛盾，在于既要理顺价格关系又要稳定物价水平。这个关系处理好了，价格改革就能顺利发展；处理不好，价格改革就很难迈步，再好的方案也无法出台，甚至有可能重新强化行政干预。

在传统体制下，由于严格的行政管制，农产品价格、初级工业产品价格和一些服务收费长期被压得很低。改革价格体系，就要改变这种状况，提高上述偏低的价格，而原来偏高的产品价格是不容易降下来的。这样，在理顺价格关系过程中，物价总水平的一定幅度的上涨是必然的。因此，进行价格改革，要打破传统的稳定物价即冻结物价、物价总水平越是原封不动越好的观念，逐步树立商品市场经济价格经常变动、价格总水平一般会有所上升的新观念。

在价格改革过程中，如果物价总水平的上涨只限于调整不合理的价格结构，那么其上涨率不会太高，一般估计在30%—50%的幅度内。而由于物价改革是分阶段经历多年实现的，这样分解下来，年物价上涨率可以控制在3%—4%，还能保持物价的基本稳定，即可以在保持物价基本稳定的条件下理顺价格关系。但这只是一种理想模式，实际发展常常越出这一理想模式，出现物价总水平上升幅度过大的情况，从而增加了价格改革的难度。

在改革过程中，由于如下几种情况，常常导致需求过旺和通货膨胀。第一，经济发展"快了还要更快"的数量驱动和扩张冲动，还普遍存在，形势稍趋好转便会走向"过热"。特别是宏观指导思想如果有片面追求高速度的倾向，就容易推行用多发货币来加快经济增长的政策，对过热的经济火上浇油。第二，改革放权，使地方、企业有了归自己支配的财权和财力，形成了新的膨胀主体。预算外投资已经成为社会固定资产投资膨胀的主力，工资奖金津贴以及社会集团购买力也由此而难以控制，不断猛增。第三，结构失衡和总量膨胀互为因果，循环推动。当地方政府和企业成为新的投资主体之后，利润高低就对投资决策起引导作用，在价格扭曲尚未理顺条件下，必然把投资引向价高利大的"短平快"项目和加工工业部门，而能源、交通、原材料等基础部门则更加短缺，中央政府被迫包括采取多发票子的办法，把更大规模的投资用于"瓶颈"部门，面多加水，水多加面，加剧总量膨胀。第四，传统的宏观调节手段已经弱化而新的调节手段尚未形成，也增加了总量控制的难度，使得总量膨胀不但容易萌生，而且难以控制。近几年每年拟定的货币发行和信贷规模指标，都被突破。由于社会的总需求大于社会总供给，其幅度1984年以来每年都在11%—16%；货币的过量发行，1984年以来货币供应增加率每年都超出经济增长率（以国民收入增长率为代表）10%以上，就导致了1984年以来，经济长期过热，工业超高速增长，同时伴随着结构矛盾加剧，物价上涨幅度过大。

1985—1987年，按社会零售物价总指数平均上升7.3%，如加上生产资料价格的物价总水平上升幅度则达到两位数（10%左右），1988年，物价总水平以更大幅度上升，达16%以上。

如果说1984年以前我国价格改革过程中物价总水平的上涨，主要是由于对原来不合理的价格结构进行调整引起的，即主要是结构性的物价上涨；那么，1984年以后，我国的物价上涨，除了继续包含结构性物价上涨因素外，已经越来越主要的是由通货膨胀引起的，并且表现为需求拉动型物价上涨，并且夹杂一部分成本推动型物价上涨（工资增长速度超过劳动生产率增长速度引发的工资成本上升，进口原材料价格上涨引发的成本上升）。总之，1984年以来，由于发生通货膨胀，并且呈发展趋势，使原来顺利发展的价格改革受到干扰，使结构性的价格调整和改革变成物价的普遍上涨。这样，第一，粮食等农产品收购价格偏低问题重新突出起来，粮价又一次像1979年前那样成为整个价格体系的"谷底"。第二，近两年加工工业产品价格上涨率已不低于甚至高于原材料价格上涨率，初级产品价格偏低问题远未解决和逐渐突出。原来我们预计，对长期以来存在的不合理的价格结构进行调整，可能导致物价总水平上升30%—50%，然而从1979年到1987年，全国零售物价总指数已上升45.7%，但是目前价格体系的主要矛盾仍然未能得到根本解决，改革的任务仍然很繁重。

物价的持续过高上涨会对人们产生心理压力，使企业和单位不是致力于改进技术，改善经营管理，提高效益，而是致力于囤积居奇，投机倒卖，竞相提价，以及利用垄断和特权地位追逐大量流通利润等；使公众产生通货膨胀预期，挫伤群众储蓄的积极性，抢购物资，冲击市场等。这种情况，只能使价格关系混乱，甚至使已初步理顺了的价格关系重新扭曲，即比价复归。物价上涨过猛，也影响价格改革的深化，使原定的改革方案难以出台，因为风险太大，甚至影响社会的安定。

现在，各方面已倾向于认为：价格改革的难点和主要矛盾在于：一方面要理顺价格关系，另一方面在理顺过程中物价上涨幅度不能过大，要努力保持物价的基本稳定，以利于经济的稳定和社会安定。而如果在改革过程中出现了通货膨胀，那么理顺价格关系和稳定物价水平的矛盾就会尖锐化，甚至难以解决。一次又一次的教训使人们认识到，深化价格改革，要尽可能排除通货膨胀的干扰，而如果已出现通货膨胀，则要治理它，特别是要抑制它的发展势头，彻底摒弃通货膨胀的政策。只有这样，才能为价格改革创造必要的经济环境。这也许是十年价格改革最主要的一条经验教训。

理顺价格关系和稳定物价水平的矛盾，在很大程度上规定和制约着价格改革过程中出现的其他矛盾，诸如价格与财政的矛盾，物价与工资的矛盾，国内价格水平与人民币汇价的矛盾，价格双轨制的矛盾，等等。这些矛盾在不出现通货膨胀时，都比较好解决。但是，如果出现通货膨胀，就会形成"物价—补贴—税收"的怪圈，出现物价与工资轮番上涨，国内价格水平上涨同人民币汇价下跌的恶性循环，以及双轨制价差拉大等。

显然，上述价格改革难点和主要矛盾的认识，必将增强我国今后价格改革的自觉性，有助于为顺利推进价格改革创设良好的条件，使价格改革更加健康发展。党的十三届三中全会批准中央政治局提出的治理经济环境、整顿经济秩序、全面深化改革的指导方针和政策、措施，充分体现了这一点。1988年10月1日发表的公报指出：为了创造理顺价格的条件，为了经济建设持续、稳步、健康地发展，必须在坚持改革、开放总方向的前提下，认真治理经济环境和整顿经济秩序。治理经济环境，主要是压缩社会总需求，抑制通货膨胀。整顿经济秩序，就是要整顿目前经济生活中特别是流通领域中出现的各种混乱现象。"治理经济环境和整顿经济秩序是长期要注意的大问题，最要紧的是明后两年一定要抓出成效。明年价格改革的步子较小。务必确保明年的物价上涨幅度明显低于今年，明年一切工作都要服从这一点。"可以预期，按照上述已确定的方针，我国价格改革将在新的发展阶段胜利前进。

八　从狭义价格改革发展为广义价格改革

传统的社会主义经济理论排斥广义价格概念，因为这种理论不承认资金、劳动力、土地等生产要素商品化的可能性和必然性，利息率、工资、地价和地租都由国家制定和调整，排斥市场机制的作用。1985年"巴山轮"会议上，提出了战略性价格的概念，即把生产要素价格归结为战略性价格。[①] 随着社会主义商品经济理论研究的进展，生产要素被确认要逐渐商品化和进入市场，显露其价格，广义价格及其改革的概念被提出来并开始得到广泛的重视。

在改革的实践方面，1979年以来，我国价格改革，已经历如下两个阶段：

[①] "有三种价格是战略性的，一是资本的价格，即利率；二是劳动力的价格，即工资；三是外汇的价格，即汇率。国家要对这三个市场的运转加以控制。"（中国经济体制改革研究会编：《宏观经济的管理和改革》，经济日报出版社1986年版，第50页。）

1984年前以调整各种产品（和劳务）价格为主的阶段，1984年后以放开各种产品（和劳务）价格为主的阶段。前十年可以归结为主要从事狭义的价格调整与改革。从1989年起，我国价格改革将进入一个新的阶段，其主要特征是物价、工资、利率联动的广义价格的调整与改革。

从狭义价格改革发展为现阶段以物价、工资、利率联动为特征的广义价格改革，是价格改革进程的合乎逻辑的发展。

发展还是排斥商品货币关系，是新旧体制的根本区别所在。在扩展商品货币关系方面，我们已两次冲破传统经济理论的束缚，形成新的社会主义商品经济观。第一次为20世纪70年代末，肯定生产资料也是商品；第二次为1984年以后，肯定生产要素包括资金、劳动力、土地等的商品化或具有商品形式。商品经济就是市场经济。随着商品关系范围的扩大，不仅生产资料要进入市场，生产要素也要进入市场，形成完整的市场体系，从而使依靠市场优化资源配置成为现实的经济过程。这是中国经济改革走在苏东各国前面的集中表现。商品和市场范围的扩大，开拓了人们关于价格改革的视野。价格改革不只是包括各种产品和劳务的价格体系与形成机制的改革，而且包括各种生产要素的价格体系与形成机制的改革，即从狭义价格改革发展为广义价格改革。广义的价格改革过程同完整的市场体系的形成过程的统一，同市场机制的整体功能的发挥的统一，是这一时期价格改革的显著特点。

为使联动有条不紊地进行，考虑到物价改革已进行多年取得了实质性进展，而工资、利率改革刚刚起步，保证宏观经济变动的可控性，目前物价改革可实行放调结合以放为主，而工资和利率改革则实行调放结合以调为主为宜。

可以预期，从狭义价格改革发展为广义价格改革，广义价格改革的展开和深化，将同利率体制改革、工资体制改革、土地管理体制改革、外汇体制改革，共同汇合成一股强大的改革潮流，促进"国家调节市场，市场引导企业"的新的经济运行机制的形成和完善，使社会经济生活逐步转到新的体制上健康发展。

90年代我国外贸发展与改革的总体思路和设想[*]

袁文祺[**]

内容提要：本文从90年代我国外贸发展现状入手，论述了90年代我国外贸发展的总体思路和设想，指出我国外贸发展的核心问题是宏观经济效益不高，分析了外贸集约化是扩大出口和提高效益的根本途径，以及如何实现对外贸易集约化，并提出了深化90年代我国外贸体制改革的总体思路和设想。作者指出，集中和分散是为了达到扩大外贸出口、提高外贸宏观经济效益、促进国民经济发展的目的。我国应逐步建立计划经济与市场调节相结合的外贸体制，逐步建立一批具有中国特色的综合商社式的大型外贸企业集团——具有外贸、生产、调研、科研等多种功能的综合体。

我国外贸发展与改革是一个整体的两个相互制约的有机组成部分。外贸发展要求外贸体制改革不断深化，而外贸体制改革的最终目的是不断促进外贸事业的顺利发展。

一　90年代我国外贸发展的总体思路和设想

党的十三届五中全会指出："我们任何时候都必须坚持从我国的基本国情出

---

[*] 原文发表于《财贸经济》1990年第6期。
[**] 袁文祺（1934—1994），山东黄县人。曾任中国社科院财贸物资经济研究所对外贸易研究室主任、研究员、博士生导师。主要研究领域：国际贸易理论、当代中国对外贸易理论。代表作：《中国对外贸易发展模式研究》。论文《国际分工与我国对外经济关系》（合著）曾获首届（1984年度）孙冶方经济科学奖。

发，牢固树立持续、稳定、协调发展的指导思想，坚决防止片面追求过高的发展速度，始终把不断提高经济效益放到经济工作的首要位置上来。"这应当成为90年代和今后我国外贸发展总体思路的指导思想。如何从理论与战略的高度，采取什么样的发展模式，才能使我国对外贸易始终把不断提高经济效益放到首位，使我国出口创汇不断优化，使进口能够最有效地使用来之不易的外汇，以达到加速我国90年代国民经济的发展。这是需要深入研究和探讨的重大理论与现实问题。

（一）宏观经济效益不高是近些年来我国外贸发展中的核心问题

自我国实行对外开放政策以来，我国对外贸易取得了巨大的成就，对外贸易额有了大幅度的增长。据统计，1988年出口额比1978年增长了3.2倍，每年平均增长15.2%。但是，出口宏观经济效益起伏较大。从出口宏观经济效益的角度考察，1978—1988年可划为两个阶段。1978—1981年，出口贸易额指数的增长高于出口贸易量指数的增长。1981年与1978年相比，前者约增长114%，后者约增长54%，说明在这期间我国出口宏观经济效益较好。但是，1981—1988年我国出口宏观经济效益则不尽如人意，表现在出口商品的贸易量指数大幅度增加，而出口商品的贸易额指数却未相应地大幅度上升。1988年与1981年相比，出口贸易量指数增长141%，而出口贸易额指数却只增长94.6%，出口价格指数下降了11%。[①]

出口宏观经济效益下降主要有如下几方面原因。（1）未能摆正和理顺出口发展速度与出口宏观经济效益的关系。往往在强调扩大出口量的同时，忽视了单位出口产品换汇额的提高。实践证明，出口量的扩大与单位出口产品换汇额的增长不一定成正比例关系。有时，商品出口量的过分扩大，会使单位出口产品换汇额减少。因为任何商品的国际市场容量弹性都是有限度的，当某些商品出口量超过国际市场容量时，其价格便会自动下降。例如，我国出口的乌龙茶、中药材、棉纱、钨砂、人工珍珠等，都有类似情况。这说明，出口采取粗放经营，"以量取胜"的方法，不应是我国出口的发展方向。（2）出口商品结构的非优化和出口商品质量及档次不高。长期以来，由于我国出口商品结构非优化，特别是出口商品的质量和档次不高，技术含量低，导致出口商品附加价值低等因素，直接影响了单位出口商品换汇额的提高。仅以我国的丝绸出口为例：1986年我国出口29.6万吨蚕茧制品。其中，大部分是厂丝和坯绸等初级产品，占当年丝绸出口总量的67%，出口换汇额

[①] 根据《中国对外经济贸易年鉴》（1989年）第303页材料计算。

11.3亿美元。平均每万吨蚕茧制品出口换汇额为3820万美元，换汇比为1:0.382。同期韩国出口2万吨蚕茧制品，其中大部分加工成附加价值高的中高档的印花染色绸和丝绸服装出口，换取外汇额高达2.5亿美元，每万吨蚕茧制品出口换汇额达1.25亿美元，其换汇比为1:1.25，大大高于我国。(3)外贸宏观管理失控。我国外贸体制改革，扩大地方、部门和企业的出口经营权限，调动它们的出口积极性，这无疑是正确的。但是，由于出口宏观管理失控以及出口过分分散经营，使得各种出口公司泛滥成灾，从而造成多头对外，自相竞争，"水货"泛滥，肥水外流，大大降低了出口宏观经济效益。(4)进口刚性过强，出口压力过大，未能形成提高出口宏观经济效益的宽松环境，使出口难以谋求经济效益。近些年来，不必要的盲目进口和重复引进，在宏观上给出口造成很大压力，特别是由于超前消费，不适当地进口大量高级耐用消费品，如豪华轿车、摩托车、电视机、电冰箱、录像机，甚至还盲目进口大量的烟、酒、化妆品以及饮料、水果等。这些进口耗费了我国本来已很短缺的外汇，人为地造成了进口的紧张。

(二) 对外贸易集约化是90年代我国外贸发展的总体思路，也是今后扩大出口和提高外贸经济效益的根本途径

如何才能使我国对外贸易既能发展扩大，又能不断提高宏观经济效益呢？根据我国国民经济发展战略的要求，我认为，作为国民经济重要组成部分的对外贸易应由以粗放经营为主逐步转向以集约经营为主的轨道。所谓对外贸易集约化，包括两个方面：出口集约化是通过采取各种有效措施，以较少或最少的出口量换回较多或最多的外汇额，即以不断提高单位出口产品换汇额的方法，来发展我国的出口贸易，达到不断增加出口创汇的目的；进口集约化是通过采取各种有效措施，以较少或最少的外汇换回较多或最多的使用价值的方法，来发展我国的进口贸易，达到不断增加使用价值的目的。

出口集约化之所以是提高出口宏观经济效益和扩大出口的根本途径，正是因为它符合当代国际市场竞争机制变化的要求，并符合我国的基本国情。

1. 应当看到，随着新的科学技术的不断发展以及世界消费者特别是发达国家消费者的消费水平和消费心理的变化，国际市场的竞争日趋激烈，国际竞争机制与第二次世界大战以前相比较，发生了重大变化，其重要标志有：(1)非价格竞争的作用相对加强，价格竞争因素的作用相对下降。也就是说，决定一国的商品能否跻身于国际市场，主要不是取决于商品的价格是否低廉，而是取决于该商品的质量和其他非价格竞争因素。如商品的花色、款式的新颖程度、商品的安全程度、包装装潢、交货期限和售后服务等。尤其是进入 80 年代以后，新的科学技术又有了新的发展，这必将引起 90 年代世界范围新的产业化浪潮，出现"新工业产品"时代。国际市场非价格竞争因素的作用越来越强，国际消费者对产品的质量要求越来越高，甚至于在国际市场上出现了"感觉"质量，即产品的品质除了要符合消费者的各种要求之外，还要使产品的其他细节所呈现的整体感使消费者感兴趣。在 90 年代的国际市场上，价格低而质量次的商品将很难销售，国际消费者宁愿出高价购买性能符合要求、质量优良的商品，也不愿意以低价购买质量差的同类商品。
（2）现代国际市场已经"利基"（Niche）市场化了。所谓"利基"市场，即是为了特殊的消费者生产的批量小、质量好、档次高的适销对路的商品市场。各国竞争者只有及时地、准确地抓住"利基"市场，才能在竞争中取胜。面对当代国际市场竞争机制的变化，我国出口只有走集约化的道路，不断提高出口产品的附加价值，使之高档化和"利基"产品化，才能适应当代国际市场竞争日趋激烈的挑战。

2. 出口集约化是抵制西方国家贸易保护主义的有效方式。应当指出，90 年代在国际市场上，贸易保护主义仍将是西方发达国家贸易政策的核心，而西方发达国家贸易保护主义的一个特点，往往是限制进口商品的数量，而不限制进口商品的单价。而出口集约化是通过提高出口商品的质量和档次来提高单位出口产品的换汇量，从而可以绕过西方国家这种贸易保护主义的限制。

3. 出口集约化符合我国人均资源相对短缺的国情。我国资源绝对拥有量堪称世界资源大国。但是，按人均计算，我国又是一个资源相对缺乏的发展中国家，人均资源占有量低于世界平均水平。据国家统计局统计，1987 年我国几种主要原材料、能源等人均的产量均低于世界人均产量水平。因此，我国出口采取"以量取胜"的粗放经营方法，显然不符合我国人均资源相对短缺的国情。特别是那些不可再生的资源的出口产品，更应实行集约化经营。

4. 出口集约化有利于缓和国内总需求和总供给的矛盾。我国社会总需求与总供给的矛盾，特别是出口与国内市场争货源的矛盾将不是短期现象。走集约化道路，可以在保证出口创汇不断增加的前提下，相对减少出口与国内市场争货源的矛盾，从而缓和社会总需求与社会总供给的矛盾。同时，出口集约化有利于控制国内通货膨胀。因为通过出口集约化经营，可以相对减少出口量，从而抑制由于过量的出口收购而引起国内某些商品价格的上涨，有利于缓解和控制国内的通货膨胀。

另外，进口集约化同样是提高进口宏观经济效益的最佳方法，也是符合我国国情的。第一,进口集约化可通过种种有效措施,以较少或最少的外汇支出换回较多或最多的使用价值,有利于缓解我国当前外汇短缺的紧张状况。第二,进口集约化有利于发挥我国大宗进口商品买主的优势。根据国际贸易惯例,一国如果大批量进口某种商品,在价格上是可以得到优惠的。但是由于我们缺乏进口集约化观念,使这种优势没有充分发挥出来。例如,我国分别是新西兰和澳大利亚羊毛的第一大和第二大买主,今应成为我国获得优惠价格的重要筹码,但由于违背进口集约化原则,采取多头分散经营进口新毛和澳毛,结果不但没有得到价格优惠的好处,相反,却引起对方价格上涨。据估计,仅1987年我国由新西兰进口的羊毛,就多支付了600万美元,1988年多支付了3000万美元。① 第三,进口集约化也可减少重复引进。这些年来在技术设备引进过程中,盲目重复引进了许多生产流水线,一个重要原因就是缺乏进口集约化观念。

(三) 如何实现对外贸易集约化

1. 首先应摆正出口发展速度和出口宏观经济效益的关系。不断提高经济效益是一切经济发展的根本指导思想,也是发展出口的根本出发点。特别是由于对外贸易与国内贸易不同,宏观经济效益的好坏将直接关系到国家财富的增加和流失。因此,保持一定的出口发展速度固然重要,但所需要的应当是使出口创汇优化的出口发展速度,即在保证实现出口宏观经济效益的前提下,争取出口发展速度的稳步增长。

2. 积极创造条件,力求在技术进步和产品创新的基础上,增加出口商品的附加价值,不断提高出口商品的质量和加工深度,使之中、高档化。这样,即使在不增加出口量的条件下,也能大幅度地增加出口换汇额。这里仍以丝绸出口为例,假如我国丝绸出口能达到韩国1986年并不算太高的丝绸出口附加价值水平,则我国1986年丝绸出口换汇额就可以在不增加出口量的条件下,净增25.7亿美元。

3. 应树立商品国际化观念。即必须保证出口商品的质量符合国际市场需要的国际先进标准,而出口商品的价格则应接近或低于国际市场同类产品的国际价格。过去我国某些出口产品之所以很难与国际市场上同类商品相竞争,其中重要的原因是这些出口商品的质量达不到国际市场要求的先进标准。同时,对产品质量的理解也存在片面性,往往侧重于产品的内在质量,而忽视出口商品的包装、

---

① 《国际商报》1989年1月28日。

花色品种新颖程度、产品的卫生与安全性能、交货期限以及售后服务，等等。因此，只有实现出口商品国际化，才能有效地利用非价格竞争因素，提高单位出口产品的换汇率。

4. 应科学适度地控制某些商品的出口量。例如，我国有出口优势的丝绸、棉纱、钨砂、乌龙茶、人工珍珠等商品，如能根据国际市场需求变化，科学地适度控制这些产品的出口量，则完全能够提高单位出口产品的换汇额。同时，要特别重视国际市场价格斗争策略，充分利用我国某些出口商品在国际市场的"垄断"优势，不断提高这些商品的出口单价。如目前我国生丝、坯绸和棉坯布的出口量，分别占世界出口量的90%、10%和41.8%。根据国际贸易的一般原理，当一国某种商品的出口贸易量达到或超过世界出口贸易量的40%以上时，即可控制和垄断这些出口商品的国际市场价格。因此，我们完全可以利用这些出口商品的垄断地位，控制和垄断其国际市场价格，以提高单位出口产品的换汇额。当然，提高价格不能随心所欲，按照垄断竞争条件下制定商品价格的一般原理，确定垄断性价格时，所依据的主要不是生产这种产品的自身费用，而是其竞争者，包括潜在竞争者生产该产品费用量的大概估计。

5. 必须加强外贸宏观控制与管理，坚决制止各种形式的"水货"出口，某些具有垄断优势的出口产品不宜分散经营，而应绝对集中经营。加强出口宏观控制与管理，已成为提高我国单位出口产品换汇率的前提条件。因为"水货"出口的冲击，使我国在国际市场上占有绝对优势的出口产品价格的提高无法实现。为此，应尽快地颁布《对外贸易法》，以法律的手段杜绝一切形式"水货"的出口。

6. 大宗进出口商品应实行联合统一经营，以便统一对外，提高进出口的宏观经济效益。根据进出口金额分类，几年进出口额在1亿美元以上的大宗进出口商品，均应采取相对集中经营的方式，以利于对外贸易集约化的实现。

7. 根据国际市场行情的变化，坚持进出口计划的灵活性。在安排进出口计划时，应当考虑到国际市场可能发生的变化而留有余地，选择对我国有利的时机进出口。

以上若干主要战略措施的实施，将会大大提高我国对外贸易集约化的程度，从而将促使出口的扩大和出口的经济效益提高。总之，我们认为，对外贸易经营从粗放逐步走向集约化，应当成为90年代或更长远的对外贸易发展战略选择，也应当成为今后我国外贸体制改革进一步深化的一个重要的内容和原则。

二 90 年代我国外贸体制改革的总体思路和设想

我国社会主义经济是公有制基础上有计划的商品经济，因此，计划经济与市场调节相结合应是 90 年代和更长时期我国外贸体制改革的指导思想。对外贸易集约化应成为深化外贸体制改革的一个重要内容和原则。

（一）放权分散有余，集中统一不足是 10 年来外贸体制改革中存在的核心问题

10 年来外贸体制改革在调动各方面经营外贸的积极性，在打破国家统负盈亏的"大锅饭"体制，在促进工贸结合（如实行进口代理制）等方面，取得了明显成效，促进了对外贸易的发展。但同时外贸体制中仍然存在着一些问题，核心问题是放权分散经营有余，而集中统一经营和管理不足。以致造成宏观管理失控，出口多头对外，自相竞争，"水货"猖獗，肥水外流十分严重，出口宏观经济效益大大下降，国家经济利益蒙受巨大损失。同时，由于外贸宏观失控，经营过于分散，对内抬价收购，各种"大战"此起彼伏。甚至出现了地区相互封锁、相互割据的局面，导致发生商品出口后复进口的极不正常的现象和竞相出口附加价值低的资源型、原材料型的初级产品。这些问题的产生说明，过去的外贸体制改革，在某些方面尚不能适应当代国际市场竞争的要求，也违背了如前所述的外贸集约化原则。

（二）深化外贸体制改革的基本心和路原则

1. 必须指出，集中和分散不是外贸体制改革的最终目的，而只是为了达到扩大外贸出口，提高外贸宏观经济效益，促进国民经济发展的手段。我国 40 年来的对外贸易实践证实，高度集中经营和过度分散经营，都不能适应我国对外贸易发展和外贸经济效益提高的需要，也不能适应如前所述的当代国际市场竞争机制变化的要求。同时，也不符合对外贸易集约化的原则。因此，进出口商品的集中经营和分散经营的程度，一是应根据对外贸易集约化原则来确定；二是应按照当代国际市场竞争机制变化的要求来确定。

2. 根据社会主义有计划的商品经济的要求，逐步建立计划经济与市场调节相结合的新的外贸体制。应当指出，市场调节不一定就等于分散经营。应当充分认识到对外贸易的特殊性和复杂性，这种特殊性和复杂性主要是由于当代世界市场的特殊性和复杂性所决定的。某些西方国家的经济模式是市场经济，但是为了适应当代国际市场竞争日趋激烈的趋势，它们的外贸经营和管理是相当集中的。例如，韩国的外贸计划是由中央政府制订的，官方直接干预，企业配合执行。还应当看到，当代国际市场竞争的性质是垄断条件下的竞争，当前世界经济地区集团化日益增强的发展趋势，实质上也是在国际竞争日益加剧的形势下出现的地区贸易垄断。因此，我国外贸体制深化的目标模式，必须能适应当代国际市场竞争的特点。这就决定了我国的外贸经营体制不宜过度分散，而应采取相对集中、适当分散、统一计划、统一政策、联合统一对外的原则。对于我国出口占世界出口量40%以上的商品，应当采取绝对集中经营出口的方式，以利于出口集约化的实现；对于年出口额在1亿美元以上的大宗商品，应实行相对集中经营；对于出口额在1亿美元以下的商品，可采取适当分散经营。年进口额在1亿美元以上的大宗商品，应实行集中经营；年进口额在1亿美元以下的商品可采取适当分散经营，这符合进口集约化原则。

3. 鉴于此，应充分发挥我国社会主义制度的优越性，在我国逐步建立一批具有中国特色的综合商社式的大型外贸企业集团，这种大型外贸企业集团应是具有外贸、生产、调研、科研等多种功能的综合体，它们应拥有自己的出口生产体系，具有自己的开拓出口新产品的科研体系和国际市场信息调研系统，成为外贸、生产、科研、调研四位一体的综合外贸企业。它们应控制全国外贸总额的60%—70%，应逐步改变外贸切块承包为大型外贸综合企业集团承包。这种大型的外贸综合企业集团的优点在于：第一，它有利于国家对外贸发展的宏观调控，特别有利于国家通过采取各种经济杠杆进行间接调控和政策倾斜。第二，它的资金和科研力量雄厚，能使现代科学技术直接用于出口新产品的开发，从而从根本上改变和优化我国出口产业结构和出口商品结构，不断提高我国出口产品的技术含量和附加价值量，达到提高出口经济效益的目的。第三，有利于彻底改变这些年来外贸多头对外、自相竞争的局面，使统一计划、统一政策和统一对外，真正得到落实。总之，这种大型的外贸综合企业集团可具有强大的国际竞争力，适应当代垄断条件下国际市场竞争日趋激烈的要求，有利于克服前期外贸切块承包责任制所带来的某些问题，同时也是实现对外贸易集约化的重要战略措施。

中国城市土地配置：土地市场和土地价格[*]

"中国城市土地的利用与管理"课题组[**]

内容提要：本文根据实际调研情况提出，中国确实存在土地市场，且已发展到相当程度。进而，围绕土地市场结构，以上海、广州、深圳、北京等城市为例，分析了（1）土地所有权交易市场中的交易与征地补偿费；（2）土地使用权一级市场中的土地使用权出让及出让价、同国外投资者的交易；（3）二级市场中的拆迁拨用及拆迁补偿费，以及自主转让的方式和价格。文章指出，市场机制对于提高城市土地配置效率已发挥了较大作用，中国政府的重要任务之一，应采取各种政策来实际推动和规范土地使用权的交易。最后，本文根据地价上涨的趋势，提出了抑制地价的方案建议。

迄今为止，大多数中外研究者都认为：从总体特征上讲，中国目前还不存在土地市场。

本文打算提出并论证一个相反的看法：中国目前不仅确实存在土地市场，而且土地市场已发展到某种出人意料的程度。这一判断基于如下市场概念：（1）土地所有权或土地使用权的取得，要经过协商或讨价还价；（2）土地所有权或土地使用权交易中产生的补偿费、价格和租金，明显地受供求关系影响；（3）参与土地

---

[*] 原文发表于《财贸经济》1991年第8期。
[**] "中国城市土地的利用与管理"课题组（主持人：张卓元；执笔人：杨重光、李扬、张敬东）

张卓元（见本书1989年文章作者简介）；杨重光（1937— ），浙江诸暨市人。曾任中国社会科学院财贸所研究室主任，所学术委员会委员、学位委员会委员，中国社会科学院城市发展与环境研究中心副主任，中国土地学会、中国土地估价师协会常务理事等职。现任中国城市经济学会副会长，中国社会科学院研究员。主要研究领域：城市经济、土地经济。主要著作：《社会主义城市经济学》（合著）、《美国经济中的商品和劳务流通》（合译）。

所有权或土地使用权交易的各方均明显地考虑自身的经济利益。

中国目前的土地市场还不够规范,它明显地带有初期发展的特征。本文将分别就各种交易形式来讨论形成这些特征的原因,并对它们的今后发展提出建议。

一 改革前的情况

经济改革以前,中国城市内的土地基本上是无偿分配的,土地的交易主要发生在国家征用农民土地的场合。既然名为征用,就带有强迫的性质;既然是强迫的,征地费——国家在征地中给予农民的补偿——就不能反映供求关系。

征地是土地所有权变更的过程,所以,政府必须对原土地所有者支付补偿费。按照政府的规定,补偿费一般由土地补偿、拆迁房屋补偿、和地上附着物(除房屋之外的地上设施、农作物和树木等)补偿构成。对于用地行为说,这构成它们取得土地的成本。

征地费由被征土地的所有者——农民获得,后者所放弃的土地以及在土地上的投资均在一定程度上得到了补偿。但是,政府制定的征地费水平是很低的,它往往并不能充分补偿农户放弃土地及地上投资的损失。[1] 可以说,农户为国家的建设提供了贡赋。

征地费无论高低,都是用地单位取得土地使用权的代价,从这个意义上说,征地费可能构成用地单位用地行为的经济约束。然而,在统收统支体制下,企业的投资资金(包括征地费)几乎全部由财政拨款。所以,征地费对用地单位并不构成真正的经济约束。换言之,土地对于用地单位来说,几乎等于无偿取得。于是,多征少用、征而不用的现象必然会发生。

从各个建设项目汇总起来的征地费用,到了政府那里构成了真正的经济约束。政府的投资资金总是有限的,用在征地上的资金多些,可用于厂房建设和设备购置等其他方面上的资金就少些,反之亦然。可以说,对于政府来说,征地费构成了投资成本。所以,在经济改革以前,征地费毕竟还对政府(包括政府所属企业)的用地行为造成了一定的约束。

尽管征地费可能直接(对政府)和间接地(对用地企业)约束用地者的用地行为,但是,由于它被政策压在一个很低的水平上,而且长期不变,它并不能作为

---

[1] 《国家建设征用土地办法》1958 年 1 月 6 日国务院公布。

一个反映土地资源稀缺程度的正确信号。相反，正是由于费用水平很低，它反倒引导了一个用地替代资本和劳动的社会过程，土地的浪费是不可避免的。

这种土地交易模式，反映了在改革前主宰着政府的工业化和社会主义化的战略思想：低价征用农户的土地，一方面可以保证工业化进程只需付出低的土地成本；另一方面也可以满足把"低级"的社会主义所有制——集体所有者，改造成为"高级"的社会主义所有制——全民所有制的需要。

二 土地市场结构

当中国终于由"吃饭"问题的紧迫性而认识到自己的土地资源十分稀缺，并由此产生改革城市土地使用和管理制度的要求时，她首先想到的是要在城市土地配置过程中引入市场机制。事实上，在中国于80年代中期明确提出市场导向的土地使用制度改革时，市场因素已经悄悄地进入了城市土地配置过程。例如，实际发生的征地费和拆迁费已经突破了政府规定的项目和标准，明显地有了反映供求关系的倾向，非法的土地使用权交易已经或明或暗地在许多城市中发生。改革方案的提出，不过是加速了城市土地市场的发展。

依据城市土地流转的顺序，中国城市土地市场可分为三种基本类型。与之相应，便有三类交易价格：

（1）政府征用农村集体所有制的土地，使之转变为国有土地，这是土地所有权的转变，交易的价格是征地补偿费。

（2）政府出让土地使用权给土地使用者，这里只发生土地使用权的交易，这一交易目前存在两种出让方式，一是行政划拨；二是有竞争地出让（又称有偿出让）。在行政划拨的情况下，土地交易价格是使用者交给政府，再由政府交给被征地者的补偿费。在竞争方式有偿出让土地的情况下，土地交易价格是通过协议、招标、拍卖形成土地出让价。土地征用和土地出让这两个过程，从城市土地资源配置的角度来看，可以称为城市土地的初次配置。在其中，发生在政府和用地者之间的土地使用权出让活动，被人们称为土地使用权的一级市场。

（3）土地使用权转让，这是发生在土地使用者之间的土地交易。这类交易存在两种形式。1990年《中华人民共和国城镇土地出让、转让暂行条例》以前，国家规定只能由政府将原土地使用者的土地划拨给另一个使用者，官方术语称为"土地拨用"。实际上，从1979年改革以来，土地使用者以各种手段转让土地的活动日益增多。只是《暂行条例》实施以后，这种土地转让形式才合法化。在政府拨用土地的情况下，新土地使用者搬迁原使用者，按国家规定应给予原使用者以拆迁补偿，此时的交易价格是拆迁补偿费。在使用者相互转让土地的情况下，交易价格由交易双方议定或由交易各方竞争决定，价格形式则是多种多样的。从城市土地资源配置的角度看，土地使用权转让，可以视为城市土地的再配置，或称土地使用权二级市场。表1列示了中国城市的土地市场结构。

表1　　　　　　　　　　　中国城市土地市场结构

市场类型	交易参加者	交易形式
土地所有权交易市场	农户（售者）、国家（买者）	征地
土地使用权一级市场	国家（售者） 土地使用者（买者）	行政划拨 协议出让 招标出让 拍卖出让
土地使用权二级市场	土地使用者之间	拆迁拨用 以地换房 出售房地产 出租房地产 转让已开发土地 以土地合营、入股 企业兼并

三　土地所有权交易与征地补偿费

国家从农户手中取得土地，仍然保留着征地的形式，但是，征地费的构成项目明显增加了（见表2）。

表2　　　　　　　　　　　征地费：改革前后的比较

改革以前征地费项目	改革以后征地费项目
1. 土地补偿费 2. 青苗补偿费 3. 农房动迁安置费 4. 地上附着物补偿费	1. 土地补偿费 2. 青苗补偿费 3. 劳动力安置费 4. 农房动迁安置费 5. 乡村企业动迁安置费 6. 农田设施补偿费 7. 粮差补偿费 8. 耕地占用费 9. 垦复基金 10. 菜地建设费 11. 安置农民住公房建房费

资料来源：改革前：1958年《国家建设征用土地办法》；改革后：本课题组上海调查资料。

征地费总额也大大提高，而且还有不断上涨之势（见表3、表4）。

表3　　　　　　　　　　上海市1979—1989年征地费变化

1979年	1982年	1985年	1987年	1989年
15元/m²	27元/m²	50元/m²	80元/m²	120元/m²

资料来源：本课题组上海调查资料。

表4　　　　　　　　　　北京市、广州市征地费上升情况

城市	1981年以前	1988—1989年
北京市	近郊8.5万—17万元/亩 远郊3.5万元/亩	25万—30万元/亩 20万元/亩
广州市	近郊5万—8万元/亩 远郊2.1万元/亩	20万—38万元/亩 13万元/亩

资料来源：《中外房地产》1990年第1期、第3期。

征地补偿费如此之高，上涨速度如此之快，有三个方面的主要原因。第一，国家规定的补偿内容增多，引起征地费上涨。从表1中可以看到，征地补偿项目从4项增加到11项。我们从上海市了解到（见表5），该市某区在改革以后新增加的6项补偿项目的金额，平均为67500元/亩，占整个征地补偿费（10个项目合计101400元/亩）的61%，可见征地费补偿项目增加，对征地费的上涨有明显影响。征地费的经济性质也发生了变化。

表5　　　　　　　　　　上海市某地区征地拆迁安置费　　　　　　　　　单位：亩/元

征地补偿项目	粮棉地	蔬菜地	补偿受益者（以菜地为例）	
1）土地补偿费 2）青苗补偿费 3）农房动迁补偿费 4）安置农民住公房建房费 5）乡村企业运迁补偿费 6）农田设施补偿费	2700 450 5200 24000 5000 3000	4000 700 5200 24000 7000 3000	农村集体及农民直接得到的补偿合计：13900 占全部征地费的43%	
7）粮价差补偿费 8）耕地占用税 9）垦复基金 10）菜地建设金	1800 4000 5000 	2500 6000 　 20000	粮食局 财政部 土地局 土地局	政府得到的份额占全部征地费用的28%
11）劳动力安置费	20000	29000	安置单位，农民间接受益，占29%	
合计	85150	101400	100%	
平均每平方米土地	120	152		

资料来源：上海市征地事务所。

从表 5 可以看到，农村集体及农民直接和间接得到的补偿费，占全部征地费的 72%，另外的 28% 由政府得到了。这样，征地费的性质已经不完全是给原土地所有者的经济补偿，还包含了对因农地占用带来的社会损失的补偿。粮棉地垦复基金、蔬菜地建设金，一般根据重新开垦耕地所需的费用计算，各地土地开垦难易不一，开垦费水平也不同，这种基金相当于耕地的重置成本。这样，整个征地费已由对农民原土地收益损失的补偿和政府新垦耕地的成本两个主要部分构成。从某种意义上说，这种征地费似乎带有了土地社会机会成本的性质。

第二，征地补偿项目本身的价格上涨，引起征地费上涨。例如，由于征地费按照土地被征用前三年平均亩产值的 3—6 倍计算，农产品价格提高，征地补偿费自然水涨船高。又如对劳动力的安置是根据当地人均占地面积的比例计算的，人均占地少的地区，特别是城市近郊，征用一亩地需要安置的劳动力就多，相应地，安置费提高。这在某种程度上反映了土地的稀缺程度。

第三，被征地者还可能要求征地单位按照高于国家标准计算的征地费给予补偿。实际征地费突破按国家标准计算的征地费。通常，这种"超标准"部分以两种形式进行支付。一种形式是，征地单位除了按国家规定的标准支付给农民征地费外，暗中再以其他方式额外给农民一笔补偿费。比如，给农民建一座小工厂，送农村集体一定数量的汽车、机器设备，额外安置一部分劳动力就业等。另一种形式是，形式上不突破国家规定的项目，但对每个项目都从高估价。

之所以产生这种现象，是因为交易双方都从自己的经济利益考虑。被征地的农民认为，国家的征地标准，并不足以补偿他们的经济损失，即使国家规定的征地费能够补偿原来的收益损失，当意识到转变土地用途以后可能产生更高的收益时，他们也要求分享这部分增加的收益。征地单位当然希望征地费越低越好，但是，当其出价与农民的要价不一致时，讨价还价就会发生，这个讨价还价过程如果拖得很长，以致影响到征地单位的预期收益时，他们宁愿答应农民的部分要求，希望尽早得到土地，以节约交易费用。

征地者与被征地者之间的讨价还价，说明市场的力量在传统的征地形式中顽强地起作用，在这种情况下，实际成交的征地费已经不完全是按国家规定形成，而在很大程度上是讨价还价的结果。这样形成的征地交易价格更接近反映供求关系的市场价格。

四 一级市场：土地使用权出让及出让价

按照土地管理局的分类，土地使用权出让分为行政划拨和有偿出让两种类型。在有偿出让中，又可分协议出让、招标出让和拍卖出让三种形式。做出这种分类的目的，是想在行政划拨和有偿出让之间做出区别。按土地管理局的说法，行政划拨是无偿的，它是旧体制的遗迹；有偿出让是使用者要付费的，它是改革后的新事物。本文认为，上述两种出让方式确有区别，但区别并不在于有偿出让还是无偿出让，实际上这两种出让方式对土地使用者取得土地来说都是有代价的。两种出让方式的本质区别在于一种是有竞争地出让土地使用权，另一种则是无竞争地出让土地使用权。

行政划拨 在行政划拨的情况下，划拨土地和向农户征用土地是同一个过程。征地费由使用者支付给政府（通常付给土地管理局地政处），再由政府支付给被征地者。需要说明的是，政府征用农民土地花的不是政府的钱，而是征地单位即使用者的钱，政府以行政划拨方式出让土地给使用者时，除了收取管理费以外，（管理费一般按征地费的2%—5%提取）也没有收使用费。从政府的角度看，它是无偿出让国有土地使用权，但从使用者的角度看，取得土地使用权并不是无偿的，而必须以征地费的名义支付土地交易价格。这种价格也许有其不同的决定方式，但对使用者来说，它同后面将讨论的协议价、招标价、拍卖价等都是政府的出让价，而且构成其取得土地使用权的成本。

因此，"行政划拨和有偿出让"这两个概念并不能反映两种出让方式经济实质上的区别，它反倒容易给人们造成行政划拨是土地使用者无偿取得土地的误解。两种出让方式在经济实质上的区别在于：行政划拨是以非竞争的方式出让土地，而采取协议、招标、拍卖形式出让土地，是政府以与使用者竞价的方式出让土地，前者的出让价是由政府规定的，后者的出让价是竞争形成。基于这种认识，本文将土地管理局所称的"有偿出让"改称为"竞价出让"。

协议出让 使用者在用地申请经各部门批准后，与政府（通常是土地管理局）商议土地出让价，称协议出让。

政府的要价，在征地费、拆迁安置费和土地初步开发费是由政府先期垫付的情况下，一般由征地拆迁安置补偿费、"七通一平"费、市政大配套费，该块土地的预期净土地收益构成。其中，征地拆迁安置补偿费和初步开发费决定了政府能够出让最低价，再低它就会入不敷出。当然，如果政府有特别的需要，也可能要求比这个最低价还低的价。这样的事一旦发生，则意味着开发者能够以行政划拨土地时更少的钱（比征地拆迁补偿费还少）获得土地使用权。这种情况目前只有耳闻，我们还没有掌握实例。如果政府按照征地费来出让土地，则对开发者或新的土地使用者来说，取得土地的代价与前一种土地取得方式——行政划拨一样，开发者或新的土地使用者只付征地费就可获得土地。而对政府来说，它在这种土地出让行为中除了得到一点征地管理费以外，没有得到土地收益。只有当土地协议出让金高于征地费和开发费（如果政府投资开发）时，政府才能得到净土地收益。在这种情况下，开发者或新土地使用者为取得土地而付出的代价，比行政划拨土地时要高。

协议出让土地使用权这种方式，经常被用在土地使用者向政府提出用地要求，而不是政府寻求土地使用者的场合，或者被用在竞争不很充分的土地用途（如工业用地）、竞争不激烈的地块（如开发前景不明朗、风险较大）的情况上。协议出让价的决定机制与征地费的决定机制比较接近。

招标出让 在政府对某块土地有了明确开发意图和规划的情况，打算寻求一个对实现政府的开发规划有利的开发者时，它愿意采取招标的方式出让土地使用权。招标内容或者包含标价（出让价）或者包含规划设计开发方案，或者既包含标价又包含规划设计开发方案。有时则还包含要完成政府的某种公共开发项目的内容，如向政府提供一定数量的公共基础设施、公共服务设施或低价住宅等。

深圳市1990年3月公开招标出让两幅土地，采取"价高得地"的原则招标。第一块地位于福田区委北侧的莲花居住小区。用途为住宅，面积22535平方米，容积率为1.42，允许建筑面积不超过32040平方米，使用年期50年，要求于1992年12月30日前竣工。参加投标的共有17家企业，最高投标价是深圳市物业发展总公司，报价为3390万元。最低投标者是天安（深圳）实业发展有限公司，报价为1000万元。结果，前者获得该块土地的使用权。按合同要求，得地者还需再支付为绿化公共用地5676平方米的开发费（管理费尚未计入）85.14万元。因此，该开发公司取得这块土地的代价，实际上是3475.14万元。

广州市近几年实行一种被人们称为"以实物形式"收取地价的土地出让方式。政府规划出一片土地招标开发，中标的开发公司除了担负开发区的征地、拆迁、安置补偿费和开发区内基础设施、配套设施的费用以外，还须修建若干小区外的道路、桥梁等市政基础设施或公共服务设施。这些条件在政府划拨土地的标底中明确规定。并且，政府和开发公司要签订合同，确认双方的权利义务。如广州市东华实业有限公司1985年承担开发五羊新城任务，该小区用地面积31.4万平方米，总建筑面积 60 万平方米，按规划要求，该公司除同步完成小区内道路、下水道、供水、供电等公建配套设施建设外，还需无偿建设一座 1.2 万吨/日污水处理厂，以及中、小学 3 座，幼儿园 5 所，并按住宅总建筑面积 20% 以成本价向政府提供旧城改造用房 8 万平方米。

1986 年，广州市对东风街小区旧城改造实行招标，总用地面积 25.7 万平方米，需拆迁民房 12.5 万平方米，动迁人数 1.8 万多人，可建面积为 40.6 万平方米。开发者除按规划完成小区内的市政、公建配套及环境工程外，还须保证在 6 年半工期内竣工，并无偿向政府提供 2.3 万平方米的旧城改造用房。这样，在可建面积 40.6 万平方米当中，至少有 12.5 万（按拆一还一的比例）建筑平方米需返还拆迁户，有 2.3 万平方米交给政府，两项合计约占总建筑面积的 36%，房地产开发公司的得房率最多只能达到 64%。

在这种土地交易方式中，开发公司除了支付征地拆迁费以外，实际上还必须向政府交纳实物地租。对于政府来说，土地不是行政划拨而是有偿使用，土地出让价相当于开发公司向政府提供实物的价值，对于开发公司来说，取得土地开发、使用权的代价，是征地补偿费加交给政府的实物地租。在东风街小区开发中，总建筑面积的 36% 是开发公司取得土地的代价，而对于政府来说土地出让价款只相当于总建筑面积 5.7%（2.3 万平方米）的住宅价值。也就是说，在开发公司取得土地的代价与政府的土地出让价之间有一个差价（相当于征地拆迁补偿费）。开发公司为取得土地，实际花的钱要比政府得到的钱多得多。这部分货币支付是贡献给社会的。

广州的招标出让方式，对土地开发和土地利用会产生积极后果：

（1）通过招标方式出让土地，为土地出让引入了竞争机制，土地开发、利用权能够落在较优的开发者手中。这比起一对一地划拨（即便是有偿划拨）土地来说是一大进步。

（2）让开发者为取得土地而付出比征地拆迁补偿费更多的代价——实物地租，在开发后的房地产价格不会水涨船高的条件下，能够促进土地开发、利用效率的提高。而且，使政府以实物形式获得一部分净土地收益。

（3）实物形式竞价出让土地，可保证来自土地的收益直接用于城市基础设施建设，提高这部分资金的使用效益。既避免了一收一支过程中时间上的浪费，也避免了一收一支过程中，土地收益移作他用而造成的流失。

（4）对城市政府来说，收取实物地租，可使"肉烂在本城市这口锅里"，避免了中央和省政府分享这部分土地收益。当然，从中央和省的观点来看，这不一定是个有利的结果。

目前这种以实物方式有偿出让土地的方法存在一些缺点。主要问题是，政府要求开发公司提供实物的数量和价值量的根据往往不是该地块的预期土地收益[①]或土地本身的潜在价值。而是该块土地行将由政府投资建设公共基础设施或配套公共服务设施的实际需要，或者干脆就是政府的其他公共需要，比如政府解决住房困难户所需要的房屋等。这样，政府要求开发公司提供的实物量及货币量就可能偏离被开发土地的实际价值及土地收益。在政府要求提供的实物量大于该块土地可提供的土地收益时，如果开发公司不能提高房地产售价，就会减少其合理利润，或影响开发质量；如果开发公司可以按高进高出的原则提高房地产售价，那么该地块的房地产价格就会不合理地被抬高，消费者的利益就会受到损害。相反，在政府要求提供的实物量小于该块土地可提供的土地收益时，土地收益的相当一部分就会被开发公司获取。

因此，如果政府愿意采取收取实物的方式实现土地有偿使用，那么应该根据被出让地块的预期土地收益来计算应收取的货币地价，然后根据货币地价折算成实物量。这样算出的实物量，可能大于也可能小于政府应为该地块提供的公共基础设施量，无论怎样，这样做在经济上是公平的。

拍卖出让　在政府对某块土地有了明确的开发意图或规划，并想将该块土地出让给出价最高的开发者时，它愿意采取拍卖的方式。这种出让方式竞争最充分，出让价也基本上反映当时该地块的市场供求状况。这种出让方式现在看来还不多，原因可能在于，比起招标来，拍卖不利于实现政府的意图。

五　一级市场：同国外投资者的交易

中国城市土地使用制度改革中最令世界瞩目的事件，就是国家开始向国外投资者出让土地使用权。据不完全统计，截至1989年底，全国出让国有土地使用权250幅，土地面积达10.3平方公里。向国外投资者出让国有土地使用权，采取的形式同国内一样，即协议、招标、拍卖并用。然而，如同国内一样，拍卖形式是较少采用的。国内外研究者大都认为，在同国外投资者进行的土地交易中，竞争最为充分，价格最能反映供求关系，因而这是市场总发育最完善的市场。本文的研究表

[①]　某块土地的预期收益，是指按规定的用途进行开发，将开发物按照预期的价格出售以后，减去其他要素价格得到的土地收益。

明，情况可能并非如此，在这个市场中，也存在问题。

突出的问题是土地使用权的价格。自中国实行开放政策以来，沿海开放地区始终享有内地所没有的各种特殊政策，其经济迅速与国际市场上沟通。其结果是逐步形成两种既有联系但又很不相同的市场机制：以低收入低投资和自我循环为主要特征的内地市场，和以高收入高投资且与国际联系密切为特征的沿海开放地带市场。两种不同市场机制运作结果会产生不同的价格形成机制与价格水平。就土地而言，沿海开放城市的国有土地主要是出售给中国香港、台湾和外国厂商，他们的资金相对于内地企业要雄厚得多，并且都来自于地价高昂地区。按理说，出售给他们的地价应该高于或大大高于内地的地价。然而事实却正相反。从表6看，1989年沿海开放城市对外出售的土地价格甚至低于内地的征地价格（见表5）。也就是说，财力雄厚的外商在中国取得已完成基础开发的土地的价格，要低于财政上捉襟见肘的国内开发企业取得土地的价格。

表6　　　　　　　　　向外商出让国有土地使用权成交情况

年份	出让幅数	出让面积（公顷）	平均地价（平方米）
1987	5	15.73	223.5
1988	118	389.08	107.0
1989	127	625.22	71.5

资料来源：国家土地管理局。

沿海城市以极低的价格向外商出让长期（50—70年）土地使用权，不仅丧失了大量应得收入，并且往往连开发成本都难以收回。

沿海开放城市对外商出让土地使用权的价格不断降低，其原因是多方面的：

（1）供给严重超过需求。土地开发是一种投资大、周期长的风险性投资，一些外商在中国购置土地使用权时，还要进一步考虑开发后再转售或出租的可能性，其决策要受到国际、区域和中国国内经济和政治状况的影响。近几年，外商到中国考察后，表示购地意向的很多，但实际投资的却有限，这表明多数外商在决策之前还要进一步摸清情况。外商对中国城市的土地需求几年来虽然稳步增长，但不可能在短期内迅速扩大。然而在中国，从南到北的沿海城市纷纷迅速增加对外出让土地面积，甚至一些为外商很不了解的内地城市，也纷纷划出一块块土地，四处拉外商来考察投资。城市间的互相竞争使地价一再下跌，反而使外商望而却步。

（2）中国的一些地方官员对土地经济学知识，尤其对土地价值与价格变动规律知之较浅。他们往往习惯于将土地资源作为一般的和简单的商品甚至当作没有价值的东西来交换外商中的资金。他们以直接的和简单的成本、收益概念来算账，没有充分考虑土地的国际市场价值和机会成本。

（3）近几年来，在"改革开放"的背景下，在考核地方官员的指标体系中，引进外资的多少常常居于重要位置。由于对外商出让土地使用权不仅直接可得一笔外汇收入，而且今后也有可能源源不断地吸引外资流入，这将给地方官员的"政绩"中添上十分光彩的一笔。所以，有的地方官员常常急不可耐地要拍板成交，对地价的高低便来不及考虑周全了。

本文认为，中国在向外商出让国有土地使用权，尤其是在搞"成片出让"时，应当慎重行事。据我们调查，在向国外出让国有土地使用权的案例中，售价低于成本的情况是不多见的，尤其是低于会计成本的情况，更无一发生。问题主要是：

（1）成片出让土地，土地使用的主动权完全掌握在受让者手里，很难保证他们完全按出租时的规定（规划）使用土地，从而不能达到预期的效果。

（2）土地开发和使用必须投入大量基础设施建设，而城市基础设施建设具有整体性和超前性，不能因某一片土地而延期投资建设。如果承租后不按期进行自身的主体工程和基础设施建设，有意无意地闲置土地，那么待周围地区基础设施改善后，他的这片土地便会因周围基础设施的完善而自然增加价值。这样，城市基础设施建设的利益便落入他人之手。

（3）小块土地出让和开发，可以刺激对相邻地块的需要，这样不仅可以继续出让相邻地块的土地，而且后来出让的土地价格将随之提高。例如，在出让一块土地建筑宾馆和办公楼之后，接着在旁边建筑一个购物中心，这座购物中心的土地价格比出让宾馆用地时高得多。如果是成片出让，国家就无法得到这种利益。其利益完全让承租者独得。

（4）国家及城市的经济社会发展很快，目前对50年后的发展很难精确预测，出让条例（或合同）再完善，也难以估计50年后的变化。零星出租有较大的伸缩性和主动性，可以依据变化的形势采取相应的政策和方针，而成片出让却失去这种主动权。一旦城市建设发展需要该片土地或其中的一部分，国家和城市往往处于被动地位，或必须付出高昂的代价。

（5）城市土地总是在不断增值，成片长期出让土地难以计算其土地增值额，国家得不到土地增值带来的利益。

鉴于此，我们建议，在今后，除非万不得已或有特殊需要，国家一般不宜对外商搞成片出让；零星的、小块的土地使用权出让或房地产出租，应是中国对外商出让土地使用权的主要形式。

六 二级市场：拆迁拨用及拆迁补偿费

根据中国政府的规定，土地使用者要在城市内取得另一使用者的土地用于建设时，必须过政府批准，并由政府以国家建设用地的名义将该土地拨给新的土地使用者。这种转让土地的形式称为拆迁拨用。被转让土地的使用权价格为拆迁补偿费。政府将拆迁拨用视同土地的行政划拨，并且认为它仍属一种无偿使用国家土地使用权的形式。本文不同意这种说法，基本理由已在第四节中作了说明。

拆迁拨用这种取得土地使用权的方式，表面上虽还保留着无偿拨用的形式，但实际上，开发单位从政府手中无偿得到的仅仅是一纸官方用地批文，真正要得到土地开发权，还必须与原土地使用者进行艰巨的，有的甚至是旷日持久的讨价还价，并付出高昂的货币代价。这种货币代价现在仍被称为"拆迁费"，但它早已超出原地上附着物的拆迁补偿范围，而发展成为土地使用权的价格。这种性质的变化，可以在中国旧城改造中最普遍存在的难题中得到验证：开发公司宁愿改造地上建筑质量尚好的地区而不愿改造急待改造的人口稠密、建筑破旧的旧区，如果"拆迁费"只是补偿原建筑的支出，实际开发情况应该正相反。出现这种与拆迁本意不相符合状况的根本原因在于，旧区居民出让土地使用权的讨价还价能力特别强，而且，他们明确意识到自己建筑物下的土地的位置价值。从各地旧城改造，尤其是住宅改造的经验来看，"拆迁费"的变化与人口密度和讨价还价能力呈正相关关系，而与地上建筑（旧住宅）价值基本无相关。

为了说明拆迁费的经济性质，现以住宅区改造为例进一步观察"拆迁费"确定过程。中国城市旧住宅区改造最一般的形式，是开发公司将新建住宅的一部分补偿给原居民，这部分住宅的成本金额就成为"拆迁费"的主体，或取得土地使用权的价格。余下的住宅面积，开发公司可作为"商品房"以高价出售。"商品房"面积占新建住宅总面积的比率被称为开发公司的"得房率"。由于开发公司所有建筑安装成本的补偿和利润的实现，只能来自商品房部分的销售收入。因此，"得房率"只有达到一定水平，开发公司才能不亏本。根据中国许多大城市情况看，"得房率"一般要高于30%，开发公司方能赢利。也就是说，放弃70%的新建面积，是开发公司为取得一定地块开发权的最高出价。假设在这场围绕土地使用权的市场游戏中只有原使用者（居民）和开发公司两个参加者，这种土地价格的确定过程就可由下图简要刻画出来。

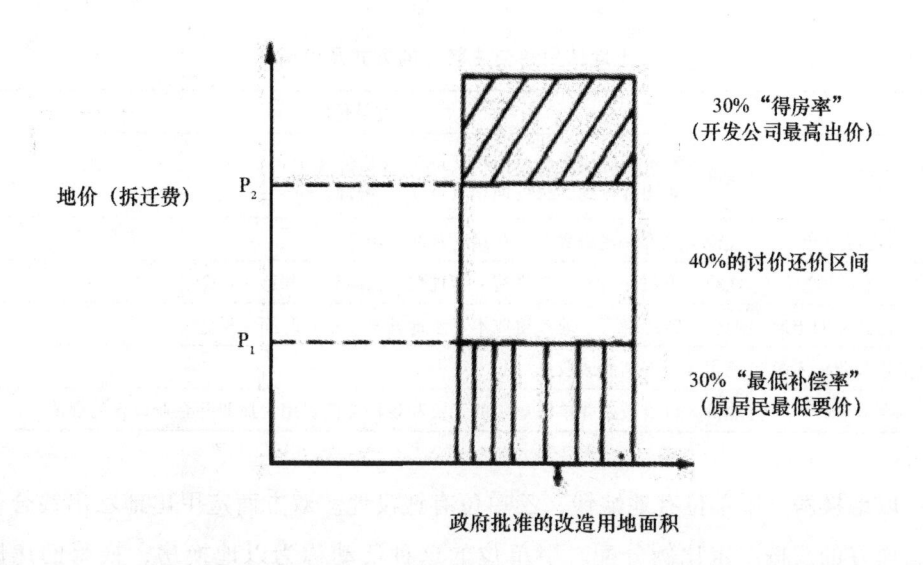

原居民出让土地使用权的最低要价不可能低于其原先居住面积，假设其相当于新住宅总面积的30%。而开发公司为取得土地开发权的最高出价是不小于30%的"得房率"。那么，"拆迁费"（或者说地价）的最后确定就取决于双方对余下的40%的新建住宅面积的讨价还价。

图中长方形表示将要兴建的住宅楼建筑总面积。地价（拆迁费）将由原居民和开发公司通过讨价还价在 P_1 和 P_2 之间确定。当然，实际生活中的情形要更复杂得多，比如，通过图可以明显看出，如果开发公司能使规划设计部门在建筑密度和容积率上让步，就能提高其赢利率，这又多了一层开发公司与规划设计部门之间的讨价还价，而规划设计部门则可以为之"收费"，如此等等。但是，通过这个简单的模型，毕竟可以看出旧城改造用地地价（拆迁补偿费）基本上是由市场法则决定的事实。

七 二级市场：自主转让

1979年以来，随着私房返还原主、住房商品化、房地产开发企业的商品化经营以及企业自主权的增强，土地使用者不经过政府划拨、拆迁的使用权自主转让日益普遍。使用权自主转让已经出现了各种各样的形式。转让价也变得多种多样。表6归纳了它们的形式及各种形式下的土地价格。本节不拟对所有的形式都进行讨论，只拟选取比较隐蔽的转让方式作出分析，说明使用者自主转让土地使用权，对城市土地配置所起的作用。

表7　　　　　　　　　　土地使用权自主转让的方式及价格

交易方式	交易价格
以地换房	地价 = $\dfrac{\text{建成房的总面积}（m^2）\times \text{房价} \times m^2}{\text{转让者得到的房屋面积}（m^2）\times \text{房价} \times m^2}$
出售房地产	地价 = 房价 – 建房成本 – 利息 – 利润 – 税金
出租房地产	地租 = 房租 – 折旧 – 维修费 – 管理费 – 保险费 – 利息 – 税金
转让已开发的土地	地价 = 转让价 – 土地取得成本 – 土地开发成本 – 利润 – 税金
以土地合营、入股	地租 = 分享利润或股息
企业兼并	地价 = 付给被兼并单位职工的工资和各种补偿费用 – 被兼并企业设备的现值

以地换房　甲单位有地缺钱，乙单位有钱没地。双方商定甲出地乙出钱合作建房，建好的房按一定比例分配。甲单位的这种活动称为以地换房，换得的房屋价格，相当于出让该块土地使用权的价格。从我们走访的城市（北京、广州、上海等）了解到，地价（甲方得房的价格）与房价的比例在30%—70%。一般来说，在大城市中，地价在房价中的比例较高。如北京，一般在50%以上。另外，政府对以地换房行为控制严的城市，这种交易的价格反而高。控制松的城市，价格反而较低。例如，广州市政府划拨给天河区某单位1245平方米的地，建设农贸市场。该单位（称甲方）因资金不足无力开发。经市政府批准，由广东粤华房地产联合开发公司与该单位共建。该公司建成八层大楼，下三层营业用房归甲方开办农贸市场和商店，上五层住宅归开发公司作为商品房出售。在这里，开发公司为取得土地开发权而付出的代价，约占总房屋价格的37%。这个例子表明，土地拥有者用土地换取建房资金，使可能闲置的土地得到利用，从而满足了社会对建房土地的需求，提高了土地配置效率。

以土地为资本合营　在这种土地使用权转让方式中，土地的原使用者（称甲方）用土地作为资本，与需要土地的企业（称乙方）建立合资企业或合营企业，甲方出土地，乙方出资金，合营企业的利润按双方商定的比例分成。由于中国目前还没有专业的土地估价机构，因此土地在作价时很不规范，加之没有现成的土地市场价格参照，作价就更无据可依。地价的确定在一定程度上依赖于当时土地交易双方的供求关系。乙方急需土地，甲方便可处于有利的谈判地位，要价因而就高；反之，土地供应充足，而乙方就有从别人手里获得土地的机会，甲方的要价往往不能得到满足。

土地交易根据双方供求关系成交,将会导致土地的配置效率的提高。因为,对甲方来说,合营后的新的土地利用方式比过去的土地利用方式给他带来更多的利益;对于乙方来说,取得土地使他的经营活动有了空间,土地交易使两方都获利,土地配置效率自然比以前高。然而,一般来说,自主性土地交易固然可以提高土地配置效率,但只有多次的交易方能使土地配置效率逐渐达到最高。

上面所说的不断交易现象在中国某些地区竟也出现了,本课题组在北京市中关村地区调查时,就发现过这种例子。

某建筑施工单位(甲方)用一块500平方米的堆料用地与一家高科技公司(乙方)联营(当时出租土地属非法行为,在中关村地区,人们大多以联营的名义出租土地)。1985年开始联营,联营期20年,合同规定,前10年乙方每年向甲方支付联营利润35万元,后10年每年42万元。这样在20年内,甲方将得到770万元的保底利润,这笔利润实为地租。20年后建成的房屋产权甲乙双方各得一半。乙方投资85万元建成1020平方米二层简易楼房一座,楼房价值为855万元(770万元+85万元),其中乙方取得土地的代价为770万元,占房价的90%。

1986年房屋建成后不久,乙方将该楼的一半转租(仍以联营名义)给一家电脑公司(称丙方),乙方与丙方的合同规定,丙方向乙方每年交48万元的保底利润。房屋的另一半,乙方自己用来经营高科技产品买卖。

经过甲方、乙方的第一次土地交易,这500平方米土地的年租从零增加到36万元,这块地产生的年纯利润从零增加到300万元(1986—1988年经营活动获利平均数)。土地利用效益明显增加。这块地的利用潜力,又被乙方向丙方再次转让土地进一步发挥出来,年地租从36万元增加到48万元,这块地每年提供的纯利润也增加到300万元以上,经过土地的第二次转手,土地的利用效益进一步提高。

这个例子告诉我们,如果产品价格和其他要素价格合理,城市规划指定的用途合理,土地使用权自主地、充分地转让,将使土地配置不断地逼近最优配置状态。在中国这样一个土地市场没有充分发育,土地市场价格没有完全形成国家的,土地使用权自主而充分地交易,不仅有助于土地市场发育和土地价格显化,而且有助于提高土地配置的效率,因此,土地使用者主动地、充分地转让使用权,应当受到政策的鼓励。

八 问题与对策

以上分析表明,中国城市的土地市场已经有了相当程度的发展,市场机制对于提高城市土地配置效率也已发挥了较大的作用。但存在的问题还是很多的,例如,土地市场很不规范,地价的形式也过于繁杂,等等。这些问题,在很大程度上是由国家对于土地使用权的交易实际上还实行控制所致。今后中国政府的重要任务之一,仍应是采取各种政策来实际推动土地使用权的交易,这意味着,凡是有碍这一目标的各种政策规定,都应适时取消。

除了上述问题之外,目前在中国已初现端倪的一个非常严重的问题就是:地价的涨速过高、过快,已经达到了影响经济发展和经济改革的程度。

地价的上涨趋势 随着经济的发展,人们越来越感觉到城市用地的紧张,对于那些建设、开发单位来说,则还感到为取得土地使用权而不得不付出的代价越来越沉重。但是迄今中国尚未形成明确的地价概念,更没有系统的地价统计数据,因此,在观测地价变化时,我们不得不采取迂回和变通的手段捕捉一些不太完善的数字,这必然会在一定程度上影响分析的精度。因此,本文关于地价的数字分析,目的只在于了解某些趋势和大致的比例。

从1984年起,城市土地的征地拆迁费就开始加速上升,在大中城市则呈"翻番"势头。例如,1984—1988年,广州市征地由86.7元/平方米,涨至303.0元/平方米,上涨249.5%;北京由94.9元/平方米涨至225.0元/平方米,上涨137.1%;上海市的上涨幅度也在150.0%左右。

土地价格的猛烈上涨,迫使开发单位不断提高土地利用强度以降低土地成本。在城市住宅开发中,普遍由以往的低层住宅(3层以下)为主迅速变为以多层(6层左右)住宅为主,在一些特大城市则正在向高层(16层以上)为主转变,有的城市已出现许多20层以上的超高层住宅。在城市的旧区改造中,建筑容积率普遍由改造前的0.5—0.8,一次转变为改造后的1.5、1.8,甚至2.0以上,以大幅度提高容积率的方式来降低或抑制土地成本,即降低或抑制"楼层地价"的上涨。

这种大幅度提高容积率的办法,从理论上讲,对降低土地成本是能收到一定效果的。但是,在土地价格上涨过快的条件下,实际收效却并不明显。表8是经过调整后的中国城市商品住宅单位平均售价的结构变化。为便于分析,我们将商品住宅价格分为地价、建安费和利税三部分,为此,将开发费用表中某些性质不清的小额费用按比例分摊到这三部分之中。

从表8中可以看出，尽管大幅度地提高建筑容积率，但土地价格在开发产品（住宅）的售价中所占比例并没有明显下降，其占住宅单位平均售价的比例始终保持在50%。这就是说，在中国城市居民或单位购买的住宅价格中，有一半是土地价格。这种地价占开发投资或开发产品价格一半的结构，不仅存在于住宅建设中，也普遍存在于城市的基础设施和其他建设之中。上海投资8亿元（相当于地方财政年度总收入的1/8—1/6）兴建黄浦江迄今唯一的跨江大桥，但其中4亿元被用于征地拆迁。

表8　　　　商品住宅单位平均售价的结构（以住宅价格为100%）　　　　单位:%

	1985 年	1989 年
土地价格（楼层价格）	51.4	51.0
建筑安装费用	42.8	44.0
利润和税	5.8	5.0

从住宅开发角度看，中国大中城市商品住宅的单位平均售价已由1984年的约300元/平方米涨至1989年的近1000元/平方米。以楼层地价占售价50%比例推算，楼层地价由1984年的150元/平方米涨至1989年的约500元/平方米。如果以住宅开发平均容积率为1.5计算，1989年每平方米地价就达到750元。北京、上海等特大城市的商品住宅价涨幅更大，1989年已达到15000—2000元/平方米。根据同样的方法推算，这些城市的平均地价达到1125—1500元/平方米。鉴于建筑容积率的提高是有限度的（事实上目前中国城市大幅度提高建筑容积率已引起大量经济与社会问题，对此本文不加以讨论），如无其他有效出路，从趋势上看，今后地价将比前几年更快、更强有力地推动住宅和其他开发产品价格的上升。

抑制地价的方案　土地价格机制的形成以及随之而来的一定程度的价格波动，对于土地市场的形成和推动土地资源有效配置具有重要的作用。然而，土地价格过快地上涨，对于中国经济的长期增长和社会福利目标的实现，都是极为不利的，对此，应有清醒的认识和正确的对策。本文认为，中国政府在抑制地价时，固然可以沿用其一贯的做法——管制地价，更重要的，可能是应采取其他一些经济手段，而且，这些手段应与地价的特殊形成机制一致起来。

沿用多年的农村土地征地补偿费确定办法，可能应予放弃或彻底修改，改行土地估值法。目前仍在运用的农地征地补偿办法是基于传统经济体制运行特征和城郊农民收入大大低于城市居民收入状况时，为保护农民利益而制定的。现在情况早已发生根本性变化。因此这种征地补偿办法中的条款和计算方法至少绝大部分已没有道理可言。没有道理的条款导致没有道理的讨价还价，结果是地价过快上涨。政府应组织土地（或不动产）估值专家小组，对被征土地进行价值估算。由于土地价值不可能有一个社会统一尺度，专家小组应从农民（原用途）或开发单位（新用途）两种角度进行估值，并提出自己的看法，然后提交政府审议。政府根据地方经济社会发展的全局要求，最后在土地的农业价值和新利用价值之间确定某个合理水平，作为成交依据，并监督执行。这种办法至少应在城市基础设施和住宅建设征地中尽快推行。

在市内旧城建造用地中，也应推进土地估值方式，废止目前通用的拆迁安置费计算方法，因为，这种方法同样存在内在的不合理、含混不清和漏洞百出的毛病，成为地价不合理高昂的重要原因。政府应组织委托专家小组对改造用地原有地上建筑进行估值，报政府审议后由开发单位予以等价（或等价物）补偿。如果是住宅区改造，对原居民不仅要进行财产补偿，还要通过改造，提高他们的居住水平。开发公司在等价补偿原有房产价值后，可以将提供原居民的新住宅超过补偿价值的部分以市场价格或租金加以结算。这样既可降低土地成本，又有利于推进住宅商品化改革。

认真调查、分析和研究目前城市开发，特别是住宅开发中种类繁多的"市政建设配套费"和其他一些收费的经济性质、必要性和构成情况，在此基础上逐项加以清理。这些费用数目很大，是造成地价上涨的重要原因。这些收费的情况十分复杂，很难以"合理"或"不合理"简单地下结论。本文认为，在目前中国城市管理与财政体制下，这些收费只要不被贪污挪用，从本质讲并无大的不合理之处，因为这部分钱最终还是用来改善居住环境质量的。政府应该做的是认真审计收费的使用，是否被用于市政建设以外的地方（包括收费机构自身的工资奖金或楼堂管所支出）；认真研究费用的合理负担问题，即不应将某项市政建设的负担完全加于住宅开发区，而应将负担合理的分摊到一切受益的地区和单位及居民家庭身上，即推动"谁受益谁负担"原则。从实质上讲，这些收费是土地或不动产税的变种，或者也可理解为国家（城市土地所有者）向开发公司收取的地价。因此，最终来说，目前这些被加进地价的摊派大都应从地价中分离出来，转变成为对开发公司或市政设施使用者征收的房地产交易税或使用者费（也许还应有地价增值税），这样一些对收入课征的税和费，一方面可以满足政府进行市政建设投资的需要，另一方面也会产生平抑地价的作用。

鉴于中国城市住宅和基础设施严重短缺和投资来源不足状况，中央政府可考虑在那些总体规划合理、对住宅和基础建设形成完整发展设想、行政基础及市场组织较好的城市中推进由地方政府统一组织实施的住宅和基础性开发建设。即统一征用土地、统一规划设计、统一组织施工和统一组织资金与销售（如果是住宅）。这样做的好处是有利于发挥技术与设计优势，发挥规模效益，避免"市场失效"，降低交易费用和排斥敲诈勒索，从而有可能降低地价水平。这种方式完全不同于传统体制下的住宅建设行政包揽，它并不排斥单位、个人和开发公司自行建设。在这种方式下，政府可向一切需要住宅的单位和个人预收房款，在施工中采取招标投标方法，最后向预定户或非预定户以商品形式提供住宅。政府将设立专门机构从事这类房地产经营和开发组织管理，并定期提交财务和经营报告，这有利于福利目标和经营目标的兼顾。

谈谈社会主义市场经济

——为什么要变计划经济为市场经济[*]

刘国光[**]

内容提要：本文认为，要实现建立社会主义商品经济新体制的改革目标，在资源配置问题上就必须用以市场配置为基础的方式取代以行政计划配置为主的方式。作者通过考察市场经济与计划经济在世界经济发展史上的较量，证明市场经济是更为有效的经济运行机制，选择以市场为取向的改革道路是明智的，而计划经济是在一定的适用范围和历史条件下实行的。因此，作者提出应在更加重视和发挥市场在资源配置中的导向作用、建立社会主义市场经济新体制的基础上，把作为调节手段的计划和市场更好地结合起来。

党的十四大明确提出我国经济改革的目标是建立社会主义商品经济新体制。这是社会主义经济理论继80年代初提出社会主义商品经济理论后，在90年代初发生的又一次重大突破。这一突破对今后我国改革开放的实践将产生重大的影响。

提出建立社会主义市场经济体制问题，既是对我国社会主义经济理论的认识进一步深化的结果，也是我国社会主义经济改革和建设实践进一步发展的要求。我们现在提出用市场经济概念代替有计划商品经济概念，就是强调要进一步发展商品经济，在资源配置问题上就必须用以市场配置为基础的方式来取代以行政计划配置为

---

[*] 原文发表于《财贸经济》1992年第12期。

[**] 刘国光（1923— ），江苏南京人。曾任中国社会科学院副院长，中共中央十二届、十三届候补委员，全国人大第八届常委委员。现任中国社会科学院特邀顾问、全国社会保障基金理事会理事、孙冶方经济科学基金会荣誉理事长。曾获首届中国经济学奖"杰出贡献奖"。长期从事经济学研究，在兼收并蓄现代东西方经济理论科学成果的基础上，对中国经济体制改革、经济发展和宏观经济管理有深入系统的研究。主要著作：《中国宏观经济问题》《中国经济运行与发展》《中国经济走向——宏观经济运行与微观经济改革》《中国经济改革和发展的新阶段》《刘国光经济文选（1991—1992）》《社会主义再生产问题》《论经济改革与经济调整》等。

主的方式。这也正是当前我国经济改革的实质所在。但是这里有一个问题需要解释清楚：既然计划和市场都是经济调节手段，计划多一点还是市场多一点，都与社会制度无关，那么为什么我们不能在保持计划经济的体制下实行计划与市场的结合，而一定要改为在市场经济的体制下实现两者的结合呢？这就是说，为什么资源配置的方式一定要从以计划配置为主转为以市场配置为主呢？

应当指出，资源配置的计划方式和市场方式各有其长短优劣。计划配置一般是政府按照事先制订的计划，主要依靠行政指令的手段来实现。它的长处在于能够集中力量（即资源）办成几件大事，有可能从社会整体利益来协调经济的发展。但计划配置的缺陷主要在于：由于计划制订和决策人员在信息掌握和认识能力上的局限性，以及在所处地位和所代表利益上也难免有局限性，因此计划配置的方式就难免发生偏颇、僵滞的毛病，往往会限制经济活力，不利于资源的优化配置。市场配置一般是按照价值规律的要求，适应供求关系的变化，发挥竞争机制的功能来实现。它的长处在于能够通过灵敏的价格信号和经常的竞争压力，来促进优胜劣汰，协调供求关系，把有限的资源配置到最优环节组合上去。但市场配置也有其缺陷：市场调节具有自发性、盲目性和滞后性等特点，它对于保证经济总量平衡，防止经济剧烈波动，对于合理调整重大经济结构，对于防止贫富悬殊、两极分化以及对于生态环境和自然资源的保护等问题，市场调节或者是勉为其难的，或者是无能为力的。

这样看来，既然计划与市场各有其长短优劣，我们就必须扬长避短，取长补短，把两者结合起来运用。但是讲到这里，仍然没有解答为什么要用市场经济体制来取代计划经济体制的问题。我认为，这个问题已经不是一个信念问题，也不是一个感情好恶的问题，而是一个实证性的问题。就是说，要解答这个问题，就必须不再纠缠于市场经济和计划经济是姓"社"还是姓"资"的抽象概念上，而要切实考察这两种经济运行机制在世界经济竞技场上进行的历史，说明它们各自在什么条件下是资源配置的更为有效的方式，以及从整体上说何者更为有效。

纵观近代世界史，市场经济形成后促进了资本主义经济的大发展，但同时资本主义社会的内在矛盾也激化起来。市场经济发展到19世纪初叶，作为资本主义社会基本矛盾表征之一的周期性经济危机开始出现，此后愈演愈烈，造成工厂倒闭、工人失业等社会的灾难。19世纪中叶后，社会主义的思想由空想变为科学，针对市场经济的这种弊端，提出了有计划分配劳动时间和计划经济的设想。这一设想到了20世纪初叶俄国十月革命后得以实现。第二次世界大战后，包括中国在内的一些国家也实行了计划经济。所有实行计划经济的国家，既有成功的经验，也有失败的教训。例如，苏联从一个经济落后的国家一度发展成世界第二号工业强国，取得了反法西斯卫国战争的胜利，战后经济恢复也快，这些都得力于计划经济。但是，60年代以后，随着经济规模扩大，经济结构复杂化，技术进步步伐加快，人民生活要求提高，苏联计划经济本身管得过死，不能调动积极性的内在弊病逐渐暴露了出来，这导致了经济效率和增长速度的步步下降。尽管在尖端科学、国防产业的某些领域还有某种程度上的领先，但从总体效率上说，在解决市场商品匮乏、满足人民生活需要等方面，苏联传统的计划经济越来越显得一筹莫展。

反观西方资本主义国家，鉴于社会矛盾的日益激化，它们从19世纪中叶起开始寻找医治市场经济弊病的办法。随着股份制和支配垄断整个产业部门的托拉斯的出现，在一定范围内克服了生产的无计划性。1891年，恩格斯曾针对资本主义社会股份制和托拉斯的出现，指出："由股份公司经营的资本主义生产，已不再是私人生产，而是为许多相结合在一起的人谋利的生产。如果我们从股份公司进而来看那支配着和垄断着整个工业部门的托拉斯，那么，那里不仅私人生产停止了，而且无计划性也没有了。"① 两次世界大战时期，各国政府被迫实行类似计划经济的"统制经济"，对战时人力、物资、外汇等实行严格的管制，借此，得以集中资源满足战争的需要。这些局部性、临时性的措施，当然不能阻止资本主义社会矛盾的发展。从1929年到20世纪30年代，西方世界爆发了大危机大萧条，造成了资本主义和平时期的空前社会灾难，资本主义社会矛盾暴露无遗。于是出现了以罗斯福"新政"为代表的政府对经济的干预，和以凯恩斯的《通论》为代表的宏观经济管理理论。这一理论在第二次世界大战后为西方各国普遍接受，政府通过财政政策、货币政策等手段对经济实行宏观调控，一些国家如法国、日本还搞了一些指导性计划，一些国家如瑞典、德国还搞了社会福利政策。尽管这些国家以私有制为主体的市场经济基础未变，因而不能完全摆脱资本主义基本矛盾的困扰，但上述政府宏观调控和社会福利政策的实施，缓和了周期性经济危机和社会阶级对抗，加上战后几次强劲的科技革新浪潮，使得现代资本主义的发展不仅能够"垂而不死"，而且还有相当的生气和活力。

从以上简短的历史回顾可以看到，市场经济和计划经济在不同的历史条件下都有成功亦有失败，各有千秋。但从总体效率的较量来看，现代市场经济与计划经济相比，已被证明是更为有效的经济运行机制，传统的计划经济已被证明敌不过现代

---

① 《马克思恩格斯全集》第22卷，人民出版社1965年版，第270页。

的市场经济，正是这个客观事实最终成为导致东欧剧变、苏联解体的重要因素之一。中国实行计划经济在第一个五年计划阶段是成功的，但后来也出现了物资匮乏、效率上不去的问题。党的十一届三中全会后，我们针对这些问题，及时采取了市场取向改革的步骤，而且事实证明，凡是市场取向改革越深入、市场调节比重越大的地方、部门和企业，经济活力就越大，发展速度就越快。为什么我国东南沿海地区近十几年发展得比全国平均为快，而同为沿海，为什么南方沿海地区比北方为快？为什么经济实力最为雄厚的国有大中型企业发展得又不如非国有成分？市场经济改革的深入程度不同，这是一个很重要的原因。改革十多年来，国家整体上经济实力增强了，市场商品丰富了，人民生活水平提高了。工农群众衷心拥护党，支持稳定，这是前几年中国在严峻考验中能够屹然站立，避免蹈苏东覆辙的一个重要因素。这也从一个方面表明，中国选择以市场为取向的改革道路是明智的。

　　从历史的回顾中，我们还得出一个结论：计划经济是不能一笔抹杀的，它有着一定的适用范围，在一定的历史条件下，它是更有效的。那么，计划经济适用的历史条件是什么呢？第一是经济发展水平较低、建设规模较小的时候（如"一五"时期156个项目的建设）；第二是经济结构、产业结构比较简单的时候（如非公有经济成分消灭，主要发展重工业）；第三是发展目标比较单纯、集中的时候（如战时经济、战备经济，解决温饱问题）；第四是发生了除战争以外的非常重大事故的时候（如特大的灾害、特大的经济危机）；第五是闭关锁国、自给自足的时候。在这些条件下，计划经济比较好搞，也很管用。但是，一旦经济发展水平提高了，建设规模扩大了，经济结构和产业、产品结构复杂化了，发展目标正常化多元化了（把满足人民丰富多彩的生活需求和提高以科技、经济为中心的综合国力作为目标），对外开放使经济逐渐走向国际化了，在这样的情况下，以行政计划配置资源为主的计划经济就越来越不适应，必须及时转向以市场配置资源为主的市场经济。这正是我国经济目前面临的形势和任务。80年代，我国经济已经跨上了一个大台阶，90年代，我们要抓紧有利时机，在优化产业结构、提高质量效益的基础上加快发展；还要进一步扩大开放，走向国际市场，参与国际竞争。这就要求我们更加重视和发挥市场在资源配置中的导向作用，建立社会主义市场经济新体制。在这个基础上，把作为调节手段的计划和市场更好地结合起来。在配置资源的过程中，凡是市场能解决好的，就让市场去解决；市场管不了，或者管不好的就由政府用政策和计划来管。现代市场经济不仅不排斥政府干预和计划指导，而且必须借助和依靠它们来弥补市场自身的缺陷，这是我们在计划经济转向市场经济时不能须臾忘记的。

加快建立社会主义市场经济新体制[*]

高尚全[**]

内容提要: 本文分析了市场经济是更有效的资源配置方式的理论观点,提出划清关于姓"社"姓"资"问题的五个界限,大胆探索我国经济体制改革的目标模式。作者认为,提出"社会主义市场经济新体制"是在理论上的重大突破,并总结了社会主义市场经济新体制的几条原则和六个基本特点,指出在设计经济体制改革思路和具体方案时,应从这些基本特点出发,按照建立社会主义市场经济体制的目标,在五个方面加快改革开放的步伐。

以邓小平同志的南方重要讲话和党的十四大为标志,我国的改革开放事业进入了一个新的阶段。十四大确立的建立社会主义市场经济体制的目的,是社会主义经济理论的重大突破,对于加快改革和建设具有重大的意义。

一 市场经济是更有效的资源配置方式

计划经济和市场经济都是资源配置的方式,不是区别社会主义同资本主义的标志。我国社会主义经济在不同发展时期,采取何种资源配置方式,要根据具体条件而定。

我国原来的经济体制是在第一个五年计划中、后期形成的高度集中的计划经济

---

[*] 原文发表于《财贸经济》1993 年第 2 期。

[**] 高尚全(1929—),上海嘉定人。中国经济体制改革研究会会长、中国企业改革与发展研究会会长。兼任中国经济改革研究基金会理事长,中国(海南)改革发展研究院院长。第九届全国政协委员、经济委员会委员;联合国发展政策委员会委员;北京大学、上海交通大学兼职教授、博士生导师,浙江大学管理学院名誉院长。长期从事经济体制改革及宏观经济的理论、政策方针与方案的研究及部门经济政策研究工作,尤其关注经济体制改革与发展、市场经济等问题。主要著作:《市场经济与中国改革》《走我国自己农业现代化的道路》。

体制。这种体制随着经济的发展，它的弊端也越来越暴露出来了。它的主要弊端，一是权力过分集中，管得过死、过多，限制了企业的积极性，因为企业的计划由国家来制订，能源、原材料由国家来供应，设备、人员由国家给调配，产品由国家定价和包销，利润由国家收走，亏损由国家补贴，企业成了政府的附属物，没有自主权；二是忽视价值规律，排斥了市场的作用；三是在分配上搞平均主义，吃大锅饭；四是在所有制结构上单一化。经过13年的改革，我们对这种体制的弊端逐步加深了认识。

从理论上说，计划经济是由中央计划部门通过各级计划、专业管理部门，用指令性计划指标安排经济活动的资源配置方式。它的运行条件主要有三点：计划部门能够准确无误地了解哪怕是十分细小的经济信息；能够据此对从宏观与微观的多种经济活动做出正确的决策安排；能够保障各级经济活动者的利益完全一致，从而使得决策安排得到完全的贯彻实施。

但是，这些条件是很难做到的，至少在目前是做不到的。经济高度复杂化了，人民的需求日趋多样化，生产和投资也随之多样化了，国际市场对国内经济的影响日益扩大了，实行计划经济所必须集中的大量信息无法获得。社会经济发展的目标多元化，微观经济情况的快速变化要求每日每时做出决策，国家计划不可能依据有限的信息从宏观到微观做出细致周到的多目标决策。多种利益主体的存在是客观的现实，计划部门做出的决策，特别是微观决策往往受到抵制，而无法真正贯彻，因此，计划经济的运行基础实际上不存在了，必须打破国家计划无所不知、无所不懂、无所不能的幻想，彻底改变资源的配置方式。

市场经济的资源配置方式建立在利益多元的基础之上，由市场按价值规律形成的价格向各层次经济活动者提供广泛的供求信息，公平竞争的法律环境使得经济活动者能够自由地进入和退出市场，做出符合各自利益的决策，国家主要采取间接调控措施弥补市场的不足，并通过市场将各利益主体的局部利益整合为全社会的整体利益。

从我国改革与发展的具体实践来看，13年来经济建设和社会发展的巨大成就主要得益于改革开放，而改革开放的主要方法是在坚持社会主义基本原则的基础上大胆引进了市场机制。目前，我国指令性计划的比重大大减少，价格由国家定价的比重占30%，有些地区如经济特区、珠江三角洲、长江三角洲的苏锡常等地的经济运行90%以上靠市场调节。这些地区为什么经济发展那么快，就是因为重视了市场建设，发挥了市场机制的作用，为经济增添了活力。总之，理论和实践都证明，中国是应该也是有条件有可能搞社会主义市场经济的。

二　解放思想，大胆探索我国经济体制改革的目标模式

　　加快改革的根本任务，就是尽快建立社会主义的新经济体制。这里，一个关键问题，是新经济体制的目标模式问题，与此相关的则是如何正确认识计划与市场的关系问题。应该看到，计划与市场是在国际范围内争论了将近一个世纪的大问题，我们国家改革开放以来，也多次围绕这个问题展开了讨论。处理好计划与市场，是经济体制改革的核心问题。邓小平同志说："计划多一点还是市场多一点，不是社会主义与资本主义本质区别。计划经济不等于社会主义，资本主义也有计划；市场经济不等于资本主义，社会主义也有市场，计划和市场都是经济手段。"[①] 邓小平同志的这段话，是对过去长期以来争论不下的问题做的结论，创造性地发展了马克思主义政治经济学，对经济体制改革有重要的指导意义。

　　社会主义能不能搞市场经济？对这个问题小平同志1979年11月26日在与美国《不列颠百科全书》副总主编吉布尼谈话时指出：说市场经济只限于资本主义社会、资本主义的市场经济，这肯定是不正确的。社会主义为什么不可以搞市场经济？市场经济，在封建社会时期就有了萌芽。社会主义也可以搞市场经济。他认为，社会主义的市场经济方法上基本上和资本主义社会相似，但也有不同。这是全民所有制之间的关系，当然也有同集体所有制之间的关系，也有同外国资本主义的关系。但归根到底是社会主义国家。但是，为什么长期以来很多同志不能接受这个提法，甚至极力反对这个提法呢？主要是一些"左"的思想和教条一直困扰着我们，一种新事物出现，很多同志不去考虑是不是"三个有利"，而是按照某种模式、某种词句去争论或衡量姓"社"姓"资"，是不利于改革和建设事业的。我认为在这个方面，过去有几个界限不清楚。

　　1. 本来不姓"社"的，但作为姓"社"来固守。比如平均主义、"大锅饭"，不是社会主义的属性，不能固守。现在提出要改革劳动制度、人事制度、分配制度，打破平均主义，打破"大锅饭"，完全是正确的，它不是社会主义固有的东西。再比如说我们曾经实行过的指令性计划，统购统销，实物分配。但实行过的并不等于是社会主义，并不能说明是社会主义的特征。我在1987年提出，计划不是社会主义所独有，市场也不是资本主义的专利。可以用经济合同、用国家订货来代替指令性计划。后来这个建议在十三大报告中被

[①] 《邓小平文选》第3卷，人民出版社1993年版，第373页。

吸收。并不是说搞了指令性计划就是社会主义，不搞指令性计划就不是社会主义，没有这个道理。

2. 本来姓"社"不姓"资"的，但往往把它作为姓"资"来批判。比如农村家庭联产承包经营责任制是农民的创造，农民把劳动与成果相联系，交足国家的，留给集体的，剩下都是自己的，体现了社会主义按劳分配的原则，不是走资本主义道路。我们搞改革开放，兴办经济特区，是社会主义的自我完善和发展，是强国富民之路，把改革开放说成是引进和发展资本主义是错误的。

3. 本来既不姓"资"，又不姓"社"，是中性的东西，但作为资本主义所固有。股份制就是这样的。有人认为，股份制是资本主义的，是同私有化相联系的，是"私有化潜行"。现在大家认识到，股份制是企业资产的一种组织管理形式，这种形式虽然产生于资本主义，它可以为资本主义服务，社会主义也可以拿来为社会主义服务，因为它是中性的。

4. 本来是姓"资"的，但是在一定条件和范围内，可以为社会主义服务。资本主义对我们有用的东西，我们也要借鉴、利用、吸收。外国资本当然姓"资"了。有人说，"多一分外资就多一分资本主义"，"三资企业越多，资本主义就越多"。这种说法不正确。因为我们利用外资，办三资企业，是在中国的土地上，在中国的法律约束下。第一，利用外资有利于解决资金短缺问题；第二，引进外资办三资企业把先进技术和管理经验带进来了，有利于提高技术和管理水平；第三，有利于解决就业问题，我们劳动力大量富余，就业问题压力很大，办三资企业，就增加了就业机会，而且相应地得到工资报酬；第四，我们可以得到大量税收，增加国家财政收入；第五，搞三资企业我们得到了信息，有利于开辟国际市场。就是说，姓"资"的东西不能盲目排斥，对我们有用的也可以拿来为姓"社"的服务。

5. 本来姓"资"的，也可以加以取舍，改姓为"社"。我们学习西方发达国家的管理经验、经营方式和方法，有的跟资本主义没有必然联系，是人类文明的成果，劳动的结晶，这个我们应当大胆地利用。只有这样，社会主义才可以搞得更快一点。有的管理方法虽跟剥削制度相联系，但也要作分析，比如说"泰勒制"，这个制度应当说是和剥削相联系的管理方法。列宁对这个管理方法作了一分为二的分析，他说："一方面是资产阶级剥削的最巧妙的残酷手段，另一方面是一系列的最丰富的科学成就，即按科学来分析人在劳动中的机械动作，省去多余的笨拙的动作，制定最精确的工作方法，实行最完善的计算和监督制等等。苏维埃共和国在这方面无论如何都要采用科学和技术上一切宝贵的成就。社会主义实现得如何，取决于我们苏维埃政权和苏维埃管理机构同资本主义最新的进步的东西结合的好坏。"①

我们过去不够大胆,思想不够解放,主要在这五个界限上没有划清。这几条界限弄清楚了以后,我们就可以大胆地学习、吸收、借鉴资本主义国家中反映社会化大生产的先进的经营方式和管理方法。我们只有进一步解放思想,大胆探索我国经济体制改革的目标模式,才能在较高的基础上建设社会主义,社会主义就可以赢得比资本主义更大的优势。

三 提出"社会主义市场经济新体制"是在理论上的重大突破

经过十几年的改革实践,现在,人们对社会主义经济的本质和实现形式、认识都越来越深化了。已经到了对以往的经验做出新的总结,以进一步指导发展与改革实践的时候。因此,我们应旗帜鲜明地提出,中国改革的目标模式:应是社会主义市场经济的新体制。

现在提社会主义市场经济,跟原来的有计划的商品经济到底是什么关系?我认为,提出社会主义市场经济,是对有计划商品经济的继承和发展。商品经济和市场经济是很难分开的,没有本质区别,现代商品经济也可以说就是市场经济。不管是商品经济也好,市场经济也好,第一,它们都要遵循等价交换的原则,按契约的形式来固定双方的关系,即国家与企业、企业与企业之间的关系。第二,它们都要体现竞争的原则,没有竞争,没有优胜劣汰,要想提高企业的效益、优化经济结构就很难做到。为什么前几年结构调整进展缓慢?一个重要原因就是优胜劣汰、破产这方面的步子不快。实行优胜劣汰,企业势必要在竞争中求生存、求发展,适者生存,不适者关闭,这样才能调整结构,提高效益。第三,它们都要遵循价值规律,都要进行价格改革,发挥价格杠杆的作用。除少数商品仍由国家定价外,其余大多数商品价格应该放开,由市场来决定。

提出社会主义市场经济理论又是对有计划商品经济理论的重大发展。可以说,社会主义市场经济的提法更科学,在理论上更彻底,比有计划的商品经济这个提法大大前进了一步。

1. 市场是客观的行为,是第一性的,计划是主观的行为,是第二性的。如果没有市场经济这一客观现象存在,就不可能出现能够反映客观经济规律的计划,更谈不上准确反映了。因此,提出"社会主义市场经济"表明我们把尊重客观经济

---

① 《列宁选集》第3卷,人民出版社1960年版,第511页。

规律放在第一位,这是符合彻底的辩证唯物。

2. "商品经济"更多地注重扩大为交换进行的生产,正如我们经常提到的要"大力发展商品经济"。而"市场经济"更多地注重资源的配置方式,强调用市场机制来配置资源。可见后者的提法更贴近经济体制方面的问题,较前一种提法更能准确地、科学地反映我国经济体制改革的目标。

3. "有计划的商品经济"和"计划经济与市场调节相结合"的提法,较之改革以前有重大突破,但这种突破还不够彻底。因为它们既没有突出市场机制应在资源配置中占支配地位,也容易使人误解原来的计划经济可以与市场经济结合,或者去搞"板块式"的结合,甚至使人误解我国的改革只是对原有体制进行修修补补。"市场经济"的提法,表明我国的经济体制改革,将不再满足于对原有体制的修补,而是邓小平同志所说的那样,要真正进行"一场彻底的革命"。

4. "市场经济"的提法,不仅是我们对人类社会、对当今世界发达国家经济迅速增长原因的经验总结,而且更重要的是对我国13年来经济体制改革经验的科学概括和总结,同时,也是学习邓小平同志南方重要谈话后,进一步解放思想,使思想认识和理论探索不断深化的结果。我国经济之所以出现新的繁荣,关键在于我们通过改革发挥了市场机制的作用。而我国的经济发展要每隔几年跃上一个新台阶,尤其是要实现第二步、第三步的发展战略,还必须借助于完善的市场机制,实现资源的优化组合。

5. "市场经济"的提法,将有利于更大规模地扩大我国的对外开放,使我们能够按照国际惯例参与国际竞争和国际合作。目前我们正在积极争取恢复中国在关贸总协定中的缔约国地位,但在以往的谈判中,一些外国人总是以中国实行高度集中的计划体制为由加以阻拦,如果我们明确提出"市场经济",不仅有利于恢复我们在关贸总协定中的缔约国的地位,而且将推进其他方面的开放大踏步前进。

6. 我们所说的"市场经济",是现代的、完整的、有宏观管理的市场,并不排斥计划的作用。但这里所说的计划,绝不是指原来的直接行政指令的那种计划,而是指以间接的经济手段来实现的指导性计划,前一种计划是从根本上排斥市场的,更谈不上与市场结合,后一种计划才能实现与市场的有机结合。

四 社会主义市场经济新体制的基本特点

研究这个问题必须把握住这样几条原则:

一是我们讲的市场经济是现代的有宏观管理的市场经济,而不是早期自由资本主义时期自发的市场经济，也不是某些西方国家的私人垄断的市场经济。

二是要从现代市场经济的内在规定出发，来研究社会主义市场经济。一般认为，市场经济的内在规定性包括：市场调节是社会配置资源的基本方式；社会各种财产关系明确；一切生产要素商品化、市场化；激烈的市场竞争与严格的市场规则并存；经济开放；等等。

三是社会主义市场经济要保证社会主义制度的自我完善和发展。

根据这几条原则，社会主义市场经济新体制的基本特点应有以下几点：

1. 以公有制经济为主体多种经济成分并存。公有经济应占多大比重，不应人为地用数量概念来确定，而是由生产力发展水平来决定；公有经济在整个经济中要起主导的作用；现代经济中，通过控股等形式，同量的国有资产可以控制比自身大几倍的资产。

2. 国有资产产权明晰化，即国有资产的所有者代表必须明确。国家掌握国有资产的最终所有权，而资产经营主要委托给中介机构（如一些大的投资公司），真正实现两权分离，这是实现公有经济与现代市场经济对接的基本条件。

3. 一切生产要素商品化。这是市场经济正常运行的基本条件。即不仅一般的产品要商品化，各种生产要素，包括资本、劳动力、房地产等也要商品化，也要进入市场，否则我们的市场就不完整。

4. 以市场机制作为社会资源配置的基本形式。社会主义市场经济的运行既要符合中国的实际情况，又要符合国际惯例；既要统一规范，又要保证充分的公平竞争。为此，要通过吸收、引进，建立起一套符合国际惯例的、与市场经济运行相适应的市场规则和法律体系。

5. 社会所有成员按公平与效率相结合的原则进行分配。在初次分配中应坚持效率的原则，多劳多得，鼓励一部分人先富起来；社会再分配过程中要坚持公平的原则，解决收入悬殊的问题，实现共同富裕。

6. 在市场充分发育的基础上，实现市场调节与计划调节相结合。应看到市场不是万能的，经济计划的作用仍十分重要：一是现实经济发展的大致方向，主要是预测、产业政策和地方布局；二是补充市场调节的不足，发展基础工业和公益事业；三是纠正市场的失误。

在考虑和设计下一步经济体制改革的思路和具体方案时，我们应从这些基本特点出发。

五 按照建立社会主义市场经济体制的目标，加快改革开放的步伐

1. 要加快企业改革的步伐，重点是转换国有企业经营机制，把企业推向市场。

社会主义市场经济体制的经济运行要靠市场这个基础，而企业是市场的主体。因此必须转换企业经营机制，使企业在市场竞争的汪洋大海中求生存、求发展。必须根据优胜劣汰原则开展竞争。企业能不能走向市场，这是我们能不能搞社会主义市场经济的前提和关键所在，如果企业在市场之外，社会主义市场经济就是一句空话。

国务院《全民所有制工业企业转换经营机制条例》已经出台了。这个条例的重点就是要落实企业法，使企业真正成为社会主义市场经济的商品生产者和经营者。把企业推向市场，第一是要落实企业经营自主权，包括生产经营计划权、产品销售权、产品和劳务定价权、劳动人事和奖金分配权、投资权和进出口权等，企业法规定的权利都要落实。第二是企业要自负盈亏，如果企业不能自负盈亏，就不能走上市场，负盈不负亏还叫什么商品生产者和经营者。企业的资产必须要保值增值。现在自负盈亏碰到了难点，有的企业明明已资不抵债，应当破产，但过去考虑到社会的稳定真正破产的很少。企业债务问题和破产后失业问题怎么解决？要从以下几方面加快改革步伐：一是加快待业保险步伐，使破产企业职工的基本生活能有保证；二是发展第三产业，通过再就业培训转向第三产业；三是建立呆账准备金，建立拍卖市场，抵偿所欠债务。《企业转换经营机制条例》还规定了企业的关停并转问题、企业和政府的关系问题以及法律责任。通过立法，促进企业经营机制的转换，促进企业走向市场。

2. 要加快流通体制改革步伐，加快社会主义市场经济体系的建设。

在产品经济体制下，靠指令性计划和实物分配，不重视流通，排斥市场作用。搞社会主义市场经济体制，必须充分重视流通的作用，加快流通体制改革的步伐。商业体制、物资体制、外贸体制的改革正在进行，如粮食的购销同价，现在已有13个省228个县放开了粮价。许多城市推广重庆的"四放开"的经验。外贸体制改革开始实行自负盈亏。建立社会主义统一市场体系，不光是商品市场，同时还有技术市场、资金市场、劳务市场、房地产市场、产权市场、证券股票市场等，这些市场要规范化，立法要跟上。

3. 加快社会保障制度改革的步伐。

养老保险、待业保险、医疗保险等社会保险制度的改革都要跟上。现在待业保

险已有 20 多亿元资金，要使待业保险制度改革与破产法的实施配套结合起来，加快企业组织结构和产业结构调整的步伐，住房改革在全国形成气候，各地都在起步。

4. 要加快政府职能转换的步伐。

高度集中的计划经济条件下的政府职能与社会主义市场经济条件下政府职能是不一样的。原来职能是直接管理，靠指令性计划、靠实物分配，主要管微观活动，管批项目、分钱分物，有人叫"审批经济"。现在要转到社会主义市场经济体制上来，如果还是靠直接管理，企业要搞活、要走向市场是不可能的，也不可能建立起市场体系，政府经济管理职能往哪里转变？一是从直接管理转向间接管理；二是从管微观经济活动转向管宏观经济活动；三是从分钱分物批项目，转向利用经济杠杆，搞规划、搞协调、搞监督、搞服务。

5. 加快对外开放的步伐。

加快对外开放的步伐，先要继续搞好原来确定的五个经济特区、14 个沿海开放城市、珠江三角洲、长江三角洲、闽江三角洲地区，同时还要扩大沿边地区，东北的黑河、绥芬河、满洲里、珲春等，长江流域以上海为龙头，武汉、岳阳、重庆等五个城市，沿边 9 个城市，另外一些省会城市的开放度也增加了，权力扩大了。同时还要扩大开放领域，过去一些领域、一些禁区要适当放宽，如商业、贸易、金融等领域也逐步开放。上海引进日本八佰伴流通集团，引进一些外资银行，进一步扩大用市场来换技术的领域等。

为了加快这五个方面的步伐，其他方面的改革如计划体制、金融体制、价格体制、财政体制、税收体制、外贸体制、物资体制、劳动工资体制等方面也必须配套进行，围绕建设社会主义市场经济体制的目标，加快经济体制改革的步伐，使我国的国民经济发展得更快一些，经过几年上一个新台阶。

投资体制改革需解决的突出问题及相关对策[*]

刘溶沧[**]

内容提要：本文指出并分析了当时我国在投资体制方面存在和亟待解决的突出问题：投资主体缺乏风险责任和自我约束机制，国家缺乏有效的投资调控和引导机制，公共投资缺乏必要的资金利用和保障机制，社会筹资与运用缺乏统筹和规范机制。对此，作者提出应切实强化投资主体的风险责任和约束机制、加快改革政府的投资管理机制与国家的投资调控机制、逐步建立健全适合我国国情的公共投资保障体制等政策建议。

按照社会主义市场经济的客观要求，当前我国在投资体制方面存在和亟待解决的突出问题是什么呢？主要有四：

一是投资主体缺乏风险责任和自我约束机制。就是说，投资者，特别是国有的投资者，可以高枕无忧地进行投资决策，可以事前不认真考虑、事后也不必切实保证投资的使用效益，不承担投资的责任和风险。政府投资如此，国有企业的投资如此，甚至银行的信贷投资也是如此。这是我国过去和现行投资体制所存在的一个关键性或核心性弊端，也是造成投资"饥渴"症久治不愈，投资和项目争夺愈演愈烈，盲目建设、重复建设等现象屡纠无效，重外延扩大再生产而轻内涵扩大再生产的问题长期得不到解决的一个带根本性的体制原因。在高度集中的计划经济体制，以及投资来源渠道较为单一的情况下，如果说这种情况可以基本上归结为政府筹资

---

[*] 原文发表于《财贸经济》1994年第4期。
[**] 刘溶沧（1942—2002），四川营山人。曾任中国社会科学院财贸经济研究所副所长、所长、研究员、博士生导师，兼任中国市场学会秘书长、中国财政学会副秘书长、中国金融学会常务理事、中国投资学会常务理事。主要研究领域：财政金融、宏观经济管理。主要著作：《社会主义资金使用效益研究》《财政体制改革与财政政策》《投资体制改革探索》等。

和投资行为的偏误，那么，自改革开放以来，随着投资主体、投资来源多元化格局的形成，随着地方政府和企业投资权限的不断扩大，上述弊端的继续存在也就必然会产生加倍的负面影响，对经济发展与经济体制改革的顺利进行，都是一个严重障碍。

二是国家（政府）缺乏有效的投资调控、引导机制。与改革之前的情况相比较，我国当前的投资来源结构已经发生了极大的变化：国家预算内的投资比重急剧缩小，银行的信贷投资份额逐步扩大，企业和地方的自筹投资部分已占一半以上。在这种条件下，如果国家对投资总量缺乏强有力的调控机制，对投资方向缺乏有效的引导手段，那么社会投资规模的失控，投资结构的失调，市场资源配置功能的扭曲，也就在所难免。我国目前的情况却正是如此。在投资的管理与调控方面，基本上仍然没有跳出以行政性手段为主的传统计划经济模式的窠臼，政策调节的力度甚弱，法制规范与管理的作用甚微，经济手段、经济杠杆的灵活有效运用，更是一个亟待解决的大问题。正是有鉴于此，尽管我们近年来一直强调要加强对投资的总量调控和结构调整，但终究由于缺乏相应的调控机制与引导手段而收效不大。

三是公共投资缺乏必要的资金利用、资金保障机制。多年以来，中国投资体制的弊端，从其所产生的后果来看，集中表现为投资总量（总规模）失控与结构失调两个方面，其中又尤以后者对经济发展的影响最烈、制约最大。而投资结构、产业结构的失衡，又多表现在社会基础设施、基础产业的发展严重滞后，以及公共投资不足、资金来源保障程度较低这个问题上。1979年以后，随着国家财政特别是中央财政预算内投资比重的大幅度降低，情况则变得比过去更显突出。据世界银行统计，工业化过程中经济发达国家对交通运输、邮电业的投资，一般占总投资的10%—14%，发展中国家这方面的投资占总投资的20%—28%。而我国除国民经济恢复时期（1950—1952年）上述两方面的投资比重曾达到22.4%以外，其他时期的投资比重从未超过18%。1981—1990年的投资比重更只有13.1%。因此，如果不从体制、制度等方面妥善解决公共投资匮乏、筹资渠道单一等问题，以基础产业、基础设施发展严重滞后为重要特征的经济结构、产业结构长期失调的局面就不可能得以扭转，国民经济的持续快速健康发展也将无从谈起。

四是社会筹资与运用缺乏统筹、规范机制。改革开放以来，我国的社会资金来源结构发生了根本性的变化。在1992年的全社会固定资产投资总额中，国家预算内投资的比重已由1981年的28.1%，急剧下降到7.4%；银行贷款的比重从1981

年的12.7%上升为20.9%；国外投资的比重由1981年的3.8%上升为6.2%；地方、企业、个人等自筹投资的比重则从1981年的55.5%上升到65.5%。但与此同时，在当前双重体制并存或经济体制转型期内，在资本市场、货币市场、企业和地方集资、银行信贷管理、外资的引进和使用，乃至全社会的投资调控等方面，都存在着缺乏统筹、规范机制、筹资和投资秩序较为混乱的问题，致使投资总规模畸形膨胀，国家重点建设资金难以确保，理应抑制的投资反而来源充裕，泡沫经济的苗头开始出现，财政预算外、金融体制外循环的资金数量与日俱增。理论与实践说明，在社会主义市场经济条件下，如果不在社会投资与运用方面建立起有效的统筹、规范机制，逐步理顺各方面的投资关系，那就不仅国民经济的持续快速健康发展，必定会因社会资金的无序运动而受到严重的干扰和破坏，而且宏观投资环境的改善、社会经济效益的提高也将缺乏必要的基础。

党的十四届三中全会通过的《中共中央关于建立社会主义市场经济体制若干问题的决定》，已经为深化我国的投资体制改革指明了方向，确立了改革的基本原则，在此似不必赘述。除此之外，鉴于以上所述的突出问题，根据我国当前和今后一段时间内进行配套改革的实际可能，以及建立社会主义市场经济体制的基本要求，近期在推进投资体制改革方面，我认为还应着重研究和采取如下的相关对策：

1. 逐步从根本上消除投资的软预算、软信贷约束弊端，切实强化投资主体的风险责任和约束机制。其中，对政府投资主体来说，关键是建立起投资的决策责任制，彻底改变长期以来国家投资方面所存在的无人负责现象。对政府投资的管理和使用，对国家和地方重点建设项目的确定，以及投资的实际效果等，都必须建立和实行政府的投资决策责任制。对银行或信贷投资主体而言，则必须建立起对投资贷款自担风险责任的机制。为此，除了实行商业性贷款与政策性贷款的分离以外，关键是必须彻底改变银行信贷投资由政府包办决策，从而使银行不能也不应对其贷款承担风险的不正常局面。特别是对商业性贷款来说，只有在银行有权对其贷款进行自主决策、相机抉择，企业与银行在申请贷款和提供贷款上实行双向选择的条件下，银行投资性贷款风险自担、责任自负的机制才有可能得以建立。因此，从我国的现实情况看，真正赋予银行必要的信贷投资决策权，同时推行贷款的资产抵押和风险担保制度，逐步减少乃至最后消除对银行信贷决策的"行外"性干扰，是根除当前信贷软约束弊端，建立信贷投资风险责任机制的症结之所在。

建立企业投资主体的风险约束机制，关键则在于逐步建立和健全国有企业以产权明晰、权责清楚为核心的现代企业制度。企业法人必须对筹划、筹资、建设直至生产经营、归还贷款本息以及资产保值增值的全过程负责，与企业和职工的切身利益紧密相连，以此来规范和约束企业的投资行为与投资偏好，从根本上消除导致"投资饥渴症"的体制基础。同时，应当按照现代企业制度的特点和要求，使负责新建项目的企业组建为有限责任公司或股份有限公司，投资者以其出资额对企业的建设、经营风险承担责任，以此来遏制对上新项目、铺新摊子、片面追求外延扩大再生产的盲目投资冲动。除此之外，还可通过破产的途径来推动企业风险约束机制的逐步建立。即当新、旧企业由于决策失误或经营管理不善而出现偿债困难或资不抵债时，应允许并促其依法申请破产。这样做，一则有利于贯彻优胜劣汰的市场竞争原则，二则可切实体现和强化投资主体的风险责任。

2. 加快改革政府的投资管理体制与国家的投资调控机制。与计划经济体制下的情况相比较，改革开放以来，虽然国家的投资比重大为下降，但其投资的领域和性质，决定了它对整个社会的投资依然具有重要的基础和引导作用。从我国的现实情况和迫切需要来看，这里所说的改革政府的投资管理和投资调控体制，主要包括两方面的含义：一是适应社会主义市场经济的客观要求，改革政府自身的投资管理体制；二是国家作为宏观经济调控的主体，必须进一步改革现行的宏观投资调控机制。

首先，在改革政府自身的投资管理体制方面，从我国的历史经验看，为了规范政府的投资行为，避免造成重大的投资决策失误，似应在我国逐步建立和完善以下的三个体系：一是建立和完善政府投资的法律规范体系。即通过立法形式，对政府投资的范围、重点、程序，以及有关的权利和责任等加以明确的法律界定，既可借以规范和监督政府的投资行为，力避"长官意志"和主观随意性的影响，同时又可排除来自其他方面的干扰，保证政府投资决策的严肃性和连续性。二是建立和完善政府投资的计划管理体系。在市场经济条件下，政府投资与民间投资的最大区别，就在于前者直接体现了政府的经济发展方向，是以政府的中长期经济发展规划为基础、为核心的。这就决定了政府的公共投资计划必须与政府的经济发展规划相协调、相吻合，而不能自由放任、随心所欲。三是建立和完善政府投资的咨询论证体系。就是说，为了做到政府投资规模的适度，投资结构的大体合理，投资重点项目的选择得当，尽可能减少和杜绝投资决策上的重大失误，必须建立一套规范化、程序化的政府投资（项目）的咨询论证体系，广泛听取和吸收包括专家学者、政府有关部门、工商各界及社会团体在内的意见和建议，并在此基础上提出投资的可行性报告和多方案的比较分析，然后再提交有关立法机构或政府部门批准。

其次，改革和完善我国的投资调控机制，无疑是一个牵涉面很广的大问题，不可能在此详加探讨。其中的关节之点，似可简述如下：（1）改革与完善计划导向机制。重点通过国民经济发展计划、公共投资计划、产业结构调整计划等，以及体现国家奖惩意图的产业政策变化，引导企业根据政府计划和产业政策倾斜度来选择、调整其投资结构。前些年的计划导向之所以力量甚微，指导性计划之所以严重缺乏指导作用，除了市场机制、企业制度方面存在的问题之外，关键就在于没有经济政策、经济手段、经济杠杆的强有力配合，对企业缺乏明显的、实实在在的利益"牵引"力，因而导与不导区别不大。实际上，计划导向对社会投资方向、投资结构的调节功效，早已在日本和亚洲"四小龙"那里得到了证明。只要我们解决了上述问题，其调控功能也就自然发挥出来了。（2）改革与完善财政金融政策的调控机制。其中的一个症结之点，就是要充分注重财政金融政策与投资政策、产业政策的协调配合。比如，政府对需要保护、扶持和鼓励发展的产业，在财政上通过提供定向财政补贴，实行加速折旧，鼓励设备投资和进行技术改造等政策；在金融政策上，通过提供低息的政府长期贷款（政策性贷款），或提供由财政贴息的优惠性商业银行贷款等措施，就能在引导投资方向、调整投资结构方面，起到积极的宏观调控作用。（3）发挥政府投资自身对社会资本流动的调节功能。这方面的形式和办法也很多。诸如，可采取所谓"筑巢引凤"的方式。即政府在某一个地方或某一产业领域进行大规模的直接开发投资，并通过此举，吸引中外民间资本的流入，从而达到引导社会资本流向的目的；还可采取政府与民间联合投资的办法，从而既能解决政府投资来源不足之窘，又能发挥政府投资对民间资本的导向作用。

3. 逐步建立健全适合我国国情的公共投资保障体制。为了尽快缓解直至消除我国经济发展中的"瓶颈"制约矛盾，解决长期存在的公共投资不足问题，应加快建立起适合中国国情的公共投资保障体制（系），以增强经济发展的后劲，为国民经济的持续快速健康发展奠定坚实的基础。对此，根据我国的实际情况，借鉴国外（境外）的经验，可供选择的基本途径至少有二：一是为了增强国家财政的公共投资能力，应逐步建立我国的财政投融资或"第二财政预算"制度。二是有条件地实行高利率政策，以保持雄厚而强劲的金融投资特别是政策性投资能力。

中国改革开放以来的通货膨胀问题[*]

黄 达[**]

内容提要：本文首先分析了改革开放中物价总水平上涨的三个原因，即货币供给过大的压力、不合理比价的调整、工资成本的推动。作者认为，在发展与改革时期，价格水平上涨是不可避免的；但是过快的发展与改革如果造成社会心理难以承受的物价上涨，则必须重新调整。作者预测并分析了扭转当前物价上涨走势存在的三个客观条件，认为完全有可能控制物价上涨，但需要执行"适度从紧"的宏观政策。最后，作者提醒有关部门应关注人民币汇率问题，并采取必要对策，避免因人民币过度贬值对国内物价上涨的过大推动作用和恶性循环。

对通货膨胀这个词的使用相当混乱，内涵界定极不统一。不仅在不同人之间差别极大，就是在一篇文章、一篇文件中，也往往并非始终如一。甚至一句话中有两个"通货膨胀"，仔细玩味，有时发现所赋予的含义也有所不同。我现在是把通货膨胀和价格上涨（精确一点说——价格水平上涨）当作同义语使用。

当把通货膨胀作为价格水平上涨的同义语看待时，对于通货膨胀是好还是坏、是有益还是有害这样的问题是回答不了的。价格水平上涨的原因和后果极为复杂，需要通过具体分析，才好作出判断。比如这样提出问题："物价上涨是好是坏，请作选择回答"，恐怕是过于简单以致不太像是个问题。当然，广大的消费者对物价上涨从无好感，否定的回答似乎天经地义。经济学对于这样的群众心理自应十分重

---

[*] 原文发表于《财贸经济》1995年第5期。
[**] 黄达（1925— ），天津市人。曾任中国人民大学经济学院首任院长、中国人民大学副校长、校长。中国人民大学荣誉一级教授、博士生导师。现任中国人民大学校务委员会名誉主任、教育部人文社会科学研究专家咨询委员会主任委员、中国金融学会名誉会长、中国企业联合会副会长。主要研究领域：货币银行理论、物价、财政及综合平衡等。主要著作：《我国社会主义经济中的货币和货币流通》、《财政信贷综合平衡导论》（获1986年度孙冶方经济科学著作奖、1995年全国高等学校人文社会科学研究优秀成果奖）、《工农产品比价剪刀差》、《宏观调控与货币供给》等。

视。但是答案却不能简单从事。

从1978年确定改革开放方针以来的16年，较大的物价波动有四次。1980年一次，上涨6%；1985年上涨8.8%。随后两年无大回落。第三次是1988年、1989年，分别涨18.5%、17.8%；前年是第四次的开始，涨13.2%，去年则突破20%，达到了21.7%。经过这四次上涨，价格水平已是1978年的310.2%，年平均上涨7.33%。这里用的是零售物价总指数。80年代中开始公布居民消费价格总指数，这个指数的上涨幅度要稍大一些。更高一点的是35个大中城市的指数。

问题是：（1）这种上涨的趋势是否是不可避免的；（2）对于价格水平上涨，有没有能否承受的限度；（3）这次上涨的高峰是否已经意味将陷入不可摆脱的通货膨胀加剧的螺旋惯性之中？

应该说，目前坚持在改革开放中可以完全避免物价上涨的观点已很难为经济学界所接受。现在通行的提法是：物价总水平在一定时期和一定程度的上升，是难以避免的。然而在改革开放之初，谈论这种必然性很容易被视为"主张"通货膨胀。

造成物价总水平必然趋于上涨的原因并非一个：

其一，货币供给过大的压力。它在改革开放前已经存在，改革开放后存在，今后一段期间仍会存在。

货币供给过大的原因，人们往往注意到计划经济的积累冲动和投资饥饿症。这当然不错。但市场经济中也存在着资本的积累冲动，这正是周期过热的根源。区别只是在于，前者是个一往直前的过程，后者是一个热热冷冷的交替过程；前者缺乏微观约束机制，后者有微观约束机制的缓冲。区别并不否定积累冲动的共性。而且只要把视野扩及中国的民族心态——摆脱积贫积弱，摆脱屈辱落后，增强国力，振兴中华，争取在世界上取得应有发言权的这种不可遏制的全民追求，百折不挠前仆后继为实现这样追求的全民意志，那就会看到追求经济发展较快速度和一再强调把握机遇的更深层次的背景。现代的中国不是敬业守成的中国。谈谨慎、谈脚踏实地，必须以发展经济和把握时机的强烈进取方针为前提。所以不论是高度集中的计划经济，还是社会主义的市场经济，货币供给过大的压力一时是解消不了的。

不过，这并不意味过大的货币供给一时不停地拉动物价上涨：有时，它现实地起拉动作用；有时它只是一种"势能"。

其二，不合理比价的调整。改革开放前计划价格体制所造成的不合理比价主要有二：一是农产品价格偏低；二是资源产品和原材料价格偏低。不合理比价不调整，经济难以顺利发展；调整，价格总水平必将上升，虽然上升幅度视经济环境而有所不同。在改革开放之初，人们期望经过两三年的调整，这个引发物价上涨的因素就会消除。然而直到现在,不合理比价的调整仍然是物价上涨的重要原因之一。本来商品价格和各种付费之间的对比总是处在合理不合理的变动之中。只要行政干预价格形成,使不合理比价凝固化,就必然有价格调整"出不出台"的行政干预决策,从而调整比价这个造成物价上涨的因素就仍然是现实的压力。问题是在今天物价上涨的严峻形势下,价格形成的行政干预想放也放不下,而且还有重新加强的趋势。

其三,工资成本的推动。在计划经济模型中,职工住房的支出不包含在工资之中,退休养老的积累不包括在工资之中,医疗保健的费用不包括在工资之中,子女的教育费用不包括在工资之中,本人的劳动就业技能的再培训费用也不包括在工资之中,如此等等。因而比照市场经济,这种工资是不完整的。随之,成本也是不完整的,价格也非足值的价格。如要进入市场经济,这些开支的相当部分必须进入工资;而且企业在这些方面还要有更大的金额交入社会保障基金。这样,成本的明显提高是必然的;相应地,价格也不能不上涨。我把这一过程叫作从不完全的工资成本价格向比较接近完全的工资成本价格的转化。很显然,就这个角度看,构建市场经济的改革成为价格水平上涨的直接动因。同样很显然,恐怕也不能因为怕物价上涨而使改革停步不前。

在1993年物价已经上涨百分之十几的情况下,该年年底物价的进一步攀升,其原因又有特点——农产品价格起了带动全面的作用。农产品价格偏低必须解决的呼声近年来一直不断。但几年来农产品价格基本平稳,农业生产的形势也不坏。问题虽有,但人们并无强烈的紧迫感。不料前年年底矛盾突然爆发,去年年中又再次强烈显示力量。表面看来,似乎还是我们前面所说的不合理比价问题。稍作思考,就会感到,还有深层次的矛盾。当前,中国的农产品价格与国际市场的价格在不少方向已逐步接轨,再大幅度地提价,那就要像日本保护大米一样,不得不采取保护农产品价格的措施。显然这是行不通的。当然,价格小幅度地调整还不是不可以,但解决不了农业经济本身的困难。所以这不简单是价格问题。同时还有一个现象令人迷惑,即在农产品价格突出上涨的过程中,供应市场的农产品并非急骤短缺,食品市场熙熙攘攘,并无排队抢购的紧张气氛。从全局看,农产品的供求的确存在矛盾,但与前两年比,也非大大加剧。所以这次涨价也不能简单以供求的道理来解释。深层次的原因恐怕在于,在整个经济迅速发展和急剧转轨之际,农业部门却明显滞后。由此产生的一系列矛盾迫切寻求解决之路。实际上对于这样的重大矛盾并无解决的捷径。但总得有一个宣泄口。价格这个成为很多经济矛盾宣泄的轻车熟路成为突破点是很自然的事情。

上面的说明可以给我们一个概念，发展和改革时时伴随着甩也甩不掉的价格水平上涨。至于没有物价上涨的发展和改革则只能是愿望。也许到了发达的社会主义市场经济境地，可以实现逼近于零的通货膨胀率。但这是现在所难以论证的。

如果说价格水平的上涨不可避免，那么允许的上限，或者说，中国的经济、中国的社会所能承受的上限在哪里？改革开放之初，虽然在人们的议论中，似乎一点点物价波动也不能忍受，但实际上百分之一、百分之二、百分之三还引不起大的风波。1980年上涨的6%，年底紧张了一阵子，提出了实际上的强紧缩方针。但社会经济效果不好，政策很快调整。而且无须强力紧缩，似也会有物价回落的可能。1985年，物价在年初即呈上涨势头。鉴于1980年年底的经验，提出了"软着陆"的方针。当年物价上涨，前面已指出，是8.8%，随后两年分别是6%和7.3%，上了一个新的平台。这两三年，物价是人们议论的中心，批评的基调是：软着陆不着陆。1988年陡然上涨了18.5%，当年秋季爆发了抢购潮。说明对于这样的涨价水平已经超过了当时人们所能承受的上限，于是强力紧缩；由于1989年物价无迅速回落势头，于是继续紧缩。随后两年物价大回落，但经济疲软又是一种紧张。因而逐渐有掌握力度过强的议论。1992年、1993年又快速上涨，1994年底调控力度应该如何掌握？似乎不宜重复紧缩过强的方针。可是不料竟然突破了20%。这个20%是否已逼近上限？从没有出现1988年的抢购风来看，似乎不那么严重；要是从社会舆论来看，像是比1988年更强烈。如果考虑到有的重要产业和部分中小企业发不了工资或不能足额发工资，矛盾恐怕更为突出。所以总的来看，已处于极限的边沿。这也就是今年把抑制通货膨胀问题定为首位经济问题的根据。

有人认为，只要人们的实际收入提高了，物价上涨的幅度再大，也不可怕。实际情况并非如此。从统计数字，从实地考察，都证明全国实际收入水平的确是提高了。不仅16年来总的趋势是这样，在1988年，在去年，也是这样。然而平均水平的提高，包括提高的有快有慢，也会有并未提高甚或降低的。在价格相对平稳时，由这种收入对比格局急速调整所引起的矛盾，比较易于处理；当价格突发上涨时，矛盾则非常易于激化并常常以反对物价上涨的形式表现出来。而且就是收入的的确确提高的，在物价波幅变化异常的情况下，也会情绪躁动，成为增强社会不安定气氛的一分力量。

问题的关键在于社会心理的承受能力。对于物价波动的心理承受能力，中国人是不高的。老年人受三四十年代恶性通货膨胀的影响，对物价波动谈虎变色；改革开放前生活过来的中年人，当时虽然极其清苦，但在下意识中物价不变似乎天经地义。于是一旦物价有了波动，或不知伊于胡底；或觉得很不适应。所以百分之一、百分之二、百分之三的物价波幅才是可以接受的、理想的经济环境。经过 1985—1989 年，在市场经济改革的实际锻炼中，人们事实上已经接受了不超过两位数的通货膨胀率，超过了两位数也还有耐心看一看。这也就是一年多来没有发生 1988 年秋季现象的原因。耐心是有限的，如果物价上涨的波峰继续呈上扬之势，恐怕对形势的把握就难以预料了。

谈社会心理承受能力，往往是着眼于剖析、观察广大人民群众的心理承受能力，事实上还有决策圈心理承受能力这个不可忽视的方面。当物价上涨水平高到一定限度和各阶层、多利益集团由于物价上涨过快而施加于决策圈的压力高到一定限度时，决策圈中则会失去相对从容的气氛并有可能仓促地作出考虑不同的决断。即使方向对头，也会因力度、步调的安排不够妥善而产生过大的副作用。因而，使决策圈对这种心理承受极限保持必要的距离或许更具有关键的意义。

这样，对物价波幅的社会心理承受能力成了发展与改革突破不了的制约条件，也就是说，过快的发展与改革的安排如果造成社会心理难以承受的物价上涨，安排则必须重新调整。"处理好改革、发展与稳定的关系"是一个正确的提法，它反映了对客观可能性的尊重和实事求是的态度。发展与改革快一些好，但只能是不超越稳定限度的快；稳定当然也是越稳越好，但只有在积极发展与改革进程中的稳才是可以肯定的稳。

现在人们更为关心的是今明年物价的走势——是否有可能回落；可以回落到什么程度；会有什么后果。

可能回落还是继续攀升？经常听到议论：只要下决心就可回落。决心当然要下，但根据在于是否存在可以回落的客观条件。应该说是存在的。其一，农业的矛盾虽然深刻复杂，但并非暴发性的。农产品的供求矛盾，采取措施，可以缓解。粮食如果出了大问题，世界上谁也救不了中国。不过目前国家还有通过各种相应措施进行调节的力量。其他如肉、油等，大力抓了之后，也说不定又会出现前几年出现过的供过于求。

其二，总需求过大的矛盾，从 1993 年中采取宏观调控措施之后，已有所控制。就货币供给增长速度来看，根据中国人民银行公布的统计，1993 年，M_0、M_1 和 M_2 三个口径均明显下降；1994 年的统计采取了新口径，M_2 增幅突出，但 M_1 增幅不大，M_0 则下降很多（见表1）。就货币供给占 GDP 的比重来看，按原有的统计口径，1993 年对 1992 年，只有 M_0 有所上升，M_1 和 M_2 则有所下降；按新的统计口径，1994 年较 1993 年，三个口径均明显下降（见表2）。数字说明，1991 年和 1992 年并一直延续到 1993 年上半年的货币供给过快增长势头，从 1993 年 7 月加强宏观调控之后，经过 1994 年，已经处于受到控制或受到抑制的状态。1995 年使之继续处于这种状态是可以做到的。

其三，1995 年的重头改革项目，如建立社会保障制度等，当年并不增加工资、成本。

在这样的条件下，再加上今年一般不出台调价措施和加强物价管理等，扭转物价上涨的走向是完全有可能的。上涨趋势可以扭转，也就是说，并非必将陷入不可遏制的螺旋。

可以回落到何种程度？考虑到 1994 年，年终到年初，当年物价上涨约 25%，按照现行的年价格水平上涨率的计算规则，即使从今年 1 月 1 日起到年底止物价一点不上涨，1995 年对 1994 年的价格水平也要高 10%—11%。1995 年本年还多少得安排点调价的余地，所以不超过 15% 是可行的。如果实现了这样的目标，也就是说，1995 年本年的物价上涨因素不到 5%，那么明年则有可能降到两位数字之下。

比 15% 再低一点是否更好？也不是没有这种可能。这涉及紧缩后果的问题。60 年代初曾施行过一次非常严峻的紧缩，十分有成效。80 年代初，想照葫芦画瓢，再行严厉紧缩。没考虑社会、经济条件的变化，没有行通。1988 年、1989 年连续两年紧缩后不久，就两度强力扩张货币供给，以启动疲软的经济，但成效甚不显著。膨胀了应紧缩，紧缩过强，过犹不及。16 年来。已付过两次学费。

实际上，要实现 15% 的目标也非轻而易举，并且也要付出代价。

比如，为此需要执行"适度从紧"的宏观政策。从前年年中加强宏观调控以来，实施的已经一直是适度从紧的政策。在这种政策下。部分大中型国有企业由于资金短缺，经营相当困难。如果说由于种种原因有的企业确应淘汰，资金自然不应供给。然而大多不是这种状况：它们从产品需求、技术装备、经营管理各方面均有存在和发展的理由；资金短缺的责任主要也不在它们。虽然不时指出，要注意到它们的困难，但在一个紧缩的宏观环境中，不能不受到严重的影响。它们处于困境，既影响经济的发展，又由于停产半停产而使职工收入下降、生活窘困，造成社会问题。

比如，为了应对通货膨胀，宣布今年一般不出台调价措施。这对于那些等待调价多时的产业无疑是一个打击。它们等待调价不是为了获取暴利；而是为了实现最低限的资金循环，为了摆脱由于价格和收费过低所造成的亏损。像电力这类部门要求保证资金循环的价格不能不认为是合理的；而且这类部门亏损，对经济发展也是极其不利的因素。

表1　　　　　　　　　　　　货币供给增长环比　　　　　　　　　　　　单位:%

	1992 年	1993 年	1994 年
M_0	37.4	34.3	24.3
M_1	38.2	24.5	26.8
M_2	31.3	24.0	34.4

表2　　　　　　　　　　　货币供给占 GDP 的百分比　　　　　　　　　单位:%

	原有统计口径		1995 年 1 月公布的新口径	
	1992 年	1993 年	1993 年	1994 年
M_0	17.9	18.7	18.7	16.6
M_1	61.6	59.6	51.7	46.9
M_2	104.3	100.4	111.1	107.2

再如，加强价格管理这类措施也要有所分析。计划价格体制不好，于是放开价格；市场经济不等于对价格全然放手，特别是在价格大幅度上涨时得出这样的结论，于是强调加强价格管理。道理是对的。问题是管什么领域，如什么产品、什么付费项目；管到什么程度；怎么个管法？在这个反复过程中，不是不可能重新出现过分加强行政干预的倾向。如果这样，那又要花费精力去总结经验教训。

如此等等，说明紧缩的副作用是难以避免的。在这里，两害相权取其轻，别无出路。就如同只想发展和改革快点却要求物价一点也不上涨，是主观的一厢情愿，只想把价格上涨率降下来，却要求一点也不损及当前的发展和改革，同样是不能成立的愿望。只要尊重客观，实事求是，坚决而审慎，是有可能积累起扩张不过分发热、紧缩不过分张皇的经验来的。

中国经济转型期的财政政策模式及"九五"的政策重点选择[*]

"经济转型期的财政政策选择"课题组[**]

内容提要：本文认为，经济转型对我国财政体制和财政政策在四个方面提出了基本要求，即促进政府职能根本转换，加强和改善财政宏观调控功能，实现体制转型期的经济社会持续稳定，奠定国有企业改革基础。进而，文章从各级政府在新形势下事权范围、国家财政收入占GDP的比重、财政的公共支出份额以及"预算软约束"难题四个方面分析了我国经济转型期财政政策选择面临的严峻形势。最后，作者提出了经济转型期我国财政政策的基本模式选择、"九五"时期财政政策的重点思路性对策以及四个方面的政策建议。

一 经济转型对财政体制和财政政策提出的基本要求

什么是经济体制转型或转轨？就中国的改革模式或改革目标而言，就是要逐步完成从传统的计划经济体制向社会主义市场经济体制的过渡。这不仅是一场深刻的社会革命，更是经济体制、经济机制转换和经济政策大调整的一个动态过程。其中，几乎与转轨任务的完成，与各方面经济利益关系变动、体制变革、资

---

[*] 原文发表于《财贸经济》1996年第2期。
[**] "经济转型期的财政政策选择"课题组（执笔人：刘溶沧、米建国）
刘溶沧（见本书1994年文章作者简介）；米建国（1951— ），曾任国务院发展研究中心宏观调节研究部副部长、部长、宏观经济研究部部长。现任国务院发展研究中心信息中心主任、党委书记、研究员、中国人民大学博士生导师。兼任中国农村金融学会、中国国际税收研究会常务理事，中国税务学会理事、中国发展研究基金会监事等。主要研究领域：货币政策、财税政策。主要成果：《中国宏观经济政策报告》，其中《转变经济增长方式与宏观金融调节》获中国发展研究奖——宏观调控奖一等奖；《振兴财政是重要的国家安全战略》获中国发展研究奖——宏观调控奖一等奖；《从政治高度看财政》获《人民日报》内参佳作一等奖。

源配置方式转变等都紧密相关的财政体制和财政政策取向,更是一个带有关键性意义的核心问题。迄今为止,几乎所有经济转轨国家的改革实践都业已证明,经济转型期的国家财政分配和财政状况,往往是改革中各种矛盾的一个聚焦点,也是推进改革的一个重要支点;而财政政策的有效选择及其调控作用如何,则是关乎社会稳定、经济增长、公平与效率等社会经济目标能否实现的一个关键性因素。正因为如此,研究中国经济转型期的财政政策选择问题,对于逐步建立和完善社会主义市场经济体制,保持国民经济的持续快速健康发展,就具有极为重要的理论和现实意义。

经济转轨对财政体制改革和财政政策调整提出了哪些基本要求呢?一些经济转轨国家的大量实践,特别是从我国的具体国情、改革的重点与目标来看,这些要求至少包括以下几个重要方面:

1. 通过财政体制和财政政策的有效选择,促进政府职能的根本转换

国家财政体制是经济体制与政治体制的结合点,与国家的行政管理体制和政府职能密不可分。计划经济和现代市场经济条件下的政府职能有着根本区别,其源盖出于资源配置方式的大相径庭。前者的政府职能,是建立在无所不包的指令性计划管理,以及漠视、排斥市场作用的基础之上的。与此相适应,形成了以"统收统支"政企不分为主要特点的财政体制和财政政策;而现代市场经济条件下的政府职能,则是以允分发挥市场的资源配置功能为前提、为基础。在这里,财政体制的基本构架、财政政策的基本取向,可以说都是建立在解决"市场失效"(market-failure)或矫治、弥补市场缺陷的基础之上的。由此可见,二者之间存在着紧密的内在关联:政府(国家)职能在很大程度上影响和决定着政府(国家)财政,而国家(政府)财政又无疑是政府职能借以存在、得以发挥的重要基础。因此,按照市场经济的客观要求进行财政体制改革和财政政策调整,对于促进政府职能的根本转变,实现政企分开,建立现代企业制度,从而对于经济转轨,的确具有举足轻重的意义。

2. 加强和改善财政宏观调控功能,为保证社会主义市场经济的健康有效运行及宏观管理转轨创造必要条件

理论和实践都充分表明,从传统计划经济向社会主义市场经济过渡,在经济运行机制方面,必须逐步完成两个相互关联的历史性变革:一是发挥市场在资源配置中的基础性作用;二是建立与市场经济相适应的宏观经济调控体系。二者相互为用,缺一不可。只有如此,才能保证经济社会的健康发展和正常运行,做到既不因市场的固有缺陷,又不因国家宏观管理、宏观调节缺位而导致运行混乱。

众所周知，财政的宏观调控是整个国家宏观经济调控体系的重要组成部分，而财政政策与货币政策，更是市场经济条件下国家赖以进行宏观经济调控的两大政策支柱。

3. 为实现体制转型期的经济社会持续稳定，提供必要的财力保障

经济转轨国家的长期实践证明，保持经济社会的持续稳定，是顺利进行改革的前提条件。其中，努力保持财政收支增长与经济社会发展之间的相互协调、相互适应关系；通过诸多财政手段的运用，促进公平与效率的实现；通过改善财政支出结构，逐步建立规范化的转移支付制度，促进区域经济的协调发展；通过税制改革等途径，为各类企业和市场主体创造公平竞争的市场环境等，对于保持经济的持续稳定增长，社会的持续稳定与进步，无疑都具有重要的意义和作用。

4. 既克服"软预算约束"的弊端，又切实增强财政的公共保障能力，为国有企业改革奠定基础

国有企业改革是我国经济体制改革的关键环节，也是最大最难的改革课题之一。而从现实情况来看，国企改革中的诸多难点，又与财政体制和财政政策有紧密的内在关联。其中的要害问题似集中体现在两个方面：一是在政企难分的条件下，长期以来存在的软预算约束弊端，极大地削弱了国有企业面向市场进行自主经营、自负盈亏、自我发展、自我约束的主动性和积极性，至今依然是企业实现经营机制转换的一大障碍；二是长期以来，特别是改革开放以来，国家财政的公共保障能力一直较低，除了社会公共基础设施发展严重滞后，"瓶颈"制约的矛盾恶化了企业生产经营的外部环境以外，理应由国家财政提供的社会公共服务水平的低下，以及由此而造成的企业办社会的现象，亦在很大程度上加重了企业负担，捆住了企业手脚。可见，这两个问题的同时解决，显然是改革国有企业的题中应有之义，也是关系到改革成功与否的两个重要因素。

二　我国经济转型期财政政策选择面临的严峻形势

经济转型期的财政政策选择，既面临着难得的改革、调整机遇，又面临着严峻的挑战。从我国和其他经济转轨国家的多年实践来看，这些挑战或曰困难，主要来自以下几个方面。

1. 各级政府特别是各级财政在新形势下的事权范围划分不具体、不明晰和非法制化

1979年以来，我国的各项改革与经济发展都取得了举世瞩目的巨大成就。然

而，同建立和发展社会主义市场经济体制的客观要求相比，政治体制改革尤其是政府职能转变的步伐相形迟缓，致使新形势下的政府事权范围和财政责任的明确界定，以及相关的财权范围、支出责任的划分，至今仍处于似清非清的模糊状态之中。比如，在各级政府公共建设投资及交叉性投资的划分，社会保障性支出的财政责任，价格和企业（亏损）补贴的规范等问题上，不但范围不清，更缺乏较为明晰的法规依据。

这种状况造成的结果至少有二：其一，使经济转型期财政政策的制定和调整缺乏基本的规则，极易造成政策多变的后果，同时又将因财政政策缺乏连续性和前瞻性，而使其导向效应受到严重损害。其二，由于各级政府及财政的事权范围不具体、不明晰和非法制化，致使财政体制改革，特别是在处理中央与地方的财政分配关系，以及在各自财权范围的明确界定方面，遇到了基础性的障碍，也是造成各级财政事权与财权不统一、不对称的一个根本性原因。

2. 国家财政收入占GDP的比重非正常地持续下降

战后以来，随着现代市场经济的发展，国家对经济的干预也得到了西方发达国家的普遍认同和加强。在宏观经济运行中，国家调控已成为经济、社会有序运行及可持续发展的保证与促动机制。而作为这种情况的一个重要标志，或者说，作为强化国家调控的一个重要条件，就是国家财政收支占GNP或GDP比重的不断提高。

仅从最近几十年的情况来看，经济发达国家财政收入占GDP的平均比重，就从战前的10%左右，提高到1979年的42.84%，1985年的46.69%，1989年的48.70%[①]。据世界银行统计，1986年低收入国家财政收入占GDP的比重亦达到23%，中等收入国家达到27%。至于财政支出占GDP的比重，也出现了类似的情况。据经合组织的资料，该组织24个成员国的这一平均比重，亦从战前的10%上下，提高到60年代约30%和80年代约40%的水平。1988年美国财政支出占GDP的比重为36.2%，日本为32.8%，欧共体则高达49%[②]。

然而，与上述带规律性的要求和现象相反，自改革开放以来，中国的财政收支占GDP的比重，却出现了大幅度持续下降的不正常局面。表1的情况显示，从1979年到1994年的16年间，与国际通用口径相同的、不包括内外债收入在内的财政收入占GDP的比重，直线下降了14.8个百分点。特别是自1987年以后，不

---

① 根据财政部的有关资料。
② 参见《世界市场经济模式综合与比较》，兰州大学出版社1994年版，第125—126页。

降趋势明显加剧。与发展中国家 1989 年的同一平均比重（35.31%）[①] 相比较，竟低了二十几个百分点之多！我国最近 5 年的情况表明，财政收入占 GDP 的比重大约每年下降一个百分点，若照这个趋势发展下去，到"九五"末期，即到 2000 年，这一比重将进一步降至 5%—6% 的地步。

表1　中国 1979 年以来扣除债务收入后的财政收入占 GDP 比重的变化情况　单位：亿元

年份	财政收入	GDP	财政收入占 GDP 的比重（%）
1979	1067.96	3998.1	26.71
1980	1042.22	4470.0	23.32
1981	1016.38	4775.1	21.28
1982	1040.11	5182.3	20.07
1983	1169.58	5787.0	20.21
1984	1424.52	6928.2	20.56
1985	1776.55	8527.4	20.83
1986	2122.01	9687.6	21.90
1987	2199.35	11307.1	19.45
1988	2357.24	14074.2	16.81
1989	2664.90	15997.6	16.66
1990	2937.10	17681.3	16.61
1991	3149.48	20188.3	15.60
1992	3483.37	24020.2	14.50
1993	4397.98	31380.0	14.02
1994	5218.10	43800.0	11.91

资料来源：财政部有关报告、《中国统计年鉴》（1994）。1994 年数字根据 1995 年 3 月 1 日国家统计局公报及 8 月 19 日《经济日报》所载的有关资料计算。

与此同时，从中央财政收入占 GDP 的比重来看，中国也是世界上最低的国家之一。1990 年我国扣除债务收入后的中央财政收入占 GDP 的比重为 7.2%，1992 年这一比重降为 4.0%，1993 年又进一步降至 3.1%。1994 年虽稍有回升，但仍然只达到 3.9%。而据世界银行的报告，1989 年印度中央财政收入占 GDP 的比重为

[①] 根据财政部的有关报告。

15.4%，巴基斯坦为17.8%，印度尼西亚为18.4%，美国为20.1%，日本为14.1%，英国为35.6%，法国为40.9%，德国为29%，加拿大为20.2%。

扣除债务收入后的中央财政收入占全部财政收入的比重，我国也由1979年的46.8%，降至1992年的38.6%①。如与1988年美国、德国、瑞士等6个国家同一比重的60%—70%，瑞典、奥地利等5个国家的70%—80%，英国、法国、澳大利亚等12个国家的80%—90%②的情况相比，其差距之大，则是显而易见的。尽管因各国的国情、经济发展阶段、经济结构等方面的差异，而不能将这一比重进行简单的类比，但从现代市场经济的发展历程及其客观要求来看，在全部财政收入中，中央财政收入比重的相对提高和适度保持，则也是一个带规律性的历史趋势。

上述两个财政收入比重的不正常持续下降，给我国经济转型期的财政政策选择带来了两方面的不利影响：一是其宏观调控功能的发挥，因缺乏必要的国家财力，特别是缺乏必要的中央政府财力后盾而趋于弱化。在市场的调节作用日渐增强的同时，这种弱化态势显然与建立和完善社会主义市场经济体制的客观要求背道而驰。二是由于国家财政经济状况的极度紧张，致使诸多财政政策手段的运用，缺乏应有的回旋余地和弹性选择空间，从而大大削弱了财政政策的整体效应和调节力度。

3. 财政的公共支出份额相形萎缩，结构失调，相关的各种矛盾日渐加剧

与财政收入比重的持续下降相联系，改革开放以来，政府公共支出占GDP的比例，也从1978年的约31.0%。逐步下降到1994年的12.9%③，16年中降低了18.1个百分点。当然，对改革中这种财政支出份额急速下降的评析，牵涉诸多方面的因素，不是简单的比重对照所能说明问题的。然而，由于这种下降所导致的以下几个突出矛盾及其不良后果，却是必须重视的：

首先，政府公共支出份额的相形萎缩，使国家正常财政职能的履行，必要的社会公共产品、公共服务的提供，因拨款不足、支出不到位而受到严重妨碍。如近些年来，在国防、武警、公安、司法、教育、科研、国家机关以及大量事业单位中，因最低限度财政拨款不足而对其正常履行职能所造成的诸多障碍，特别是由此而形成的所谓"创收"现象和"创收"压力，就是这种状况的反映和产物。其结果，不仅严重扭曲和搅乱了分配渠道，分散了各部门、各单位的精力，而且在一定程度上还是造成新的条件下政企合一与滋生腐败的一个重要诱因。

其次，财政支出份额的比例过低，使政府资本项目支出或公共性建设支出的比

---

① 根据财政部的有关报告。
② 同上。
③ 参见陶文达等著《发展经济学》，四川人民出版社1992年版，第405页。

重急剧下降,直接导致政府对公共产品、公共服务的供给能力,乃至宏观调控能力的严重削弱。

国际货币基金组织提供的分析(见表2)表明,在我国政府总支出占GDP的比重持续下降的大趋势中,政府资本项目支出的下降幅度之大,又远远超过总支出和经常项目支出,从1978年占GDP的近15%,急剧下降到1990—1991年的5%以下,以后年份的水平更是每况愈下。与此同时,全社会固定资产投资中来自国家预算内的投资比重,亦从"七五"时期的9.7%,下降到"八五"前四年的4%[1]。理论和国外的实践表明,发展中国家的政府作为一个投资者的作用,远比工业化国家显得重要得多。以12个发展中国家抽样调查同13个工业化国家的抽样调查作比较,1980—1985年,政府投资总额(包括对国有企业的投资)在社会总投资中所占的比例,12个发展中国家平均为43%,13个工业化国家平均为30%[2]。世界银行提供的《1994年世界发展报告》也指出:"有关发展中国家的一项抽样调查表明,基础设施投资占公共投资的比重,一般为40%—60%,占总投资的比重一般为20%。"[3]

表2　　　　　　　　　　中国政府支出占GDP的百分比　　　　　　　　　　单位:%

	1978年	1979—1981年	1982—1984年	1985—1987年	1988—1989年	1990—1991年
总支出	34.1	33.2	28.5	26.4	22.8	21.5
经常项目支出	19.3	22.0	21.1	19.0	17.8	17.0
资本项目支出	14.9	11.2	7.4	7.4	5.1	4.5

资料来源:[美]维多·坦齐编:《向市场经济过渡财政改革论文集》,中国金融出版社1994年版,第279页。

这是因为发展中国家在基础设施上需要比工业化国家更多的投资,而在发展"外溢性"效应很强的基础设施方面,政府投资注定要起更大的作用。然而,从我国1994年的情况看,国家预算内投资在社会固定资产投资总额中所占的比重仅为3.2%[4],即比一般发展中国家的基础设施投资在总投资中所占的比重,竟低了约16个百分点之多,这显然是极不正常的。

---

[1] 见世界银行《1994年世界发展报告》,中国财政经济出版社1994年版,第14页。
[2] 根据《中国统计年鉴》(1994)、《中国统计摘要》(1994)以及《1994年国民经济和社会发展统计公报》提供的数字计算。
[3] 参见1995年8月21日《经济日报》龚佼文《在调整中求发展》。
[4] 根据《中国统计年鉴》(1995)提供的数字计算。

可见，在我国的经济转型初期，即在资本市场的发育水平较低、市场化筹资能力还极为有限的情况下，政府资本项目支出份额的急速下降，必然导致社会基础设施投资严重不足，能源、交通、邮电通信、基础原材料和其他公共服务设施发展严重滞后，经济发展中"瓶颈"制约加剧和结构失调的后果。这种状况，无疑将使国家财政对经济发展的支撑，对社会和经济结构的调节能力大为削弱，从而使相关财政政策的选择与运用陷入困境。

再次，财政支出的份额极低和增长受限，使我国经济转型期财政政策对改革的支持和配合，常常处于一种"需要合理但缺乏财力""方向明确但无钱支持"的无可奈何、软弱无能的状态之中。

这方面的例子可以说不胜枚举。诸如在社会保障制度的建立及增加相关的财政投入上，在解决日益沉重的国有企业债务负担以及"企业办社会"的问题上，在改革公务员和国家事业单位不合理的工资制度，以及在增加对农业、教育和科技等方面的财政支援等方面，都存在着类似的现象和大量的亟待解决的问题。

4. 至今依然严重存在的"预算软约束"难题

道理似乎是至为明白的：在软预算约束的问题尚未得到有效解决之前，在国有企业的经营性亏损仍然可望从国家财政得到补偿，一句话，在国有企业特别是竞争性、营利性国有企业，尚未实现经营机制的根本转变，尚未真正成为自主经营、自负盈亏、自我发展、自我约束的市场主体和法人实体之前，只要还存在着所谓"一只眼睛看市场，一只眼睛看政府"的现象，那么，有关对企业的间接调节手段，包括税收、补贴、折旧、财政贴息等财政手段，以及信贷、利率等金融手段的有效选择，就必将受到很大的局限，财政、货币政策的调控效果也将大打折扣。我国改革开放17年来，这已是一个被大量实践所证明、为绝大多数人所公认的简单结论。显然，这也是我国经济转型期财政政策选择所面临的一个基础性障碍。

类似的问题当然还可以罗列很多，但我们认为，在中国经济转型期财政政策选择所面临的错综复杂的形势中，上述四个方面则是更为重要的：在现代市场经济条件下，各级财权事权或职责范围的明确界定，是制定、调整财政政策的客观依据和体制基础，也是保持明确的政策方向，以及其连续性和相对稳定性的必要前提；一定的财政收入份额或国家可支配财力，既是社会经济秩序和国家机器运行得以正常维系，又是宏观经济调控、财政政策功能赖以发挥的客观基础；一定的支出水平、较为合理的支出结构，显然是使财政政策能够切实到位、能够运用自如的具体途径或重要杠杆；而逐步解决长期存在的、计划经济所特有的软预算约束痼疾，进行企业制度和经营机制创新，则是制定和实施新时期财政政策不可或缺的微观基础。

三 经济转型期财政政策的基本模式及"九五"的政策重点选择

（一）中国经济转型期财政政策的基本模式选择

财政政策必须服从和服务于经济政策总目标的实现，有利于我国经济体制改革的整体推进。从中近期尤其是"九五"时期面临的严峻形势的客观需要，从20世纪末初步建立社会主义市场经济体制的要求，以及大力促进我国经济增长方式转变的紧迫性来看，中近期我国财政政策的基本模式或基本思路，似应根据中央关于"抓住机遇，深化改革，扩大开放，促进发展，保持稳定"的方针，正确处理好改革、发展与稳定的关系。以改革、振兴社会主义市场经济条件下的国家财政为着眼点，逐步建立起适应社会主义市场经济体制和经济发展客观要求，目标明确、手段灵活、调控有力的财政政策体系，并在整个经济转轨时期实行稳健的财政政策，即实行一种以积极稳妥、健康有序和协调配合为要义、为特征的财政政策。

其中，所谓"积极稳妥"，就是从国家财政的实际情况，特别是从一定时期国家集中或掌握的可支配财力的现实状况出发，在需要与可能、近期与长远、改革与发展综合权衡、相互兼顾的前提下，实行一种既积极又稳妥的财政政策。从我国的历史与现状看，所谓既积极又稳妥的财政政策，至少有如下三重含义：一是力求保持财政收支的大体均衡，不搞持续性的财政"超分配"和人为的赤字财政政策，避免造成累积性的财政危机；二是这种政策应具有反"通胀"、反周期的性质与要求，不致因财政的盲目扩张或不适当紧缩而造成经济与社会的剧烈波动；三是新时期的财政政策，应具有开拓创新的积极进取精神，在观念更新、制度创新、促进经济增长方式转变等方面，有新的姿态和新的作为，而不是墨守成规，简单地固守消极平衡的财政原则。

所谓健康有序的财政政策，一是指财政政策的制定和变动，要有规则、有根据、有约束，不能随心所欲、朝令夕改，实现从人治到法制的转变，变混沌为明晰，变无序为有序。二是要有较好的政策效果保证，就是既要有序又要健康、有效，既不因片面求稳而丧失机遇，造成不应有的效率损失，又不因盲目从事而造成巨额的财力浪费。

所谓协调配合的财政政策，其基本含义和要求至少有三：一是注意从财政政策方面协调处理好改革、发展与稳定的相互关系，避免因顾此失彼或相互冲撞而产生不利的关联性矛盾和影响；二是注重财政政策与货币政策之间的协调配合，使宏观调控的两大支柱性政策形成"合力"，而不能彼此隔离、相互冲突；三是协调处理好各级财政之间的关系,在全国一盘棋的思想指导下,增强财政政策的纵向与横向平衡功能。

很明显,如果以上述的政策模式、政策指导、政策要求来衡量,我国改革开放以来的财政政策实践,无疑是有严重缺陷的。十几年来,至少是在大多数年份中,我们实行了一种名为平衡财政而实为赤字财政,名为紧缩性财政而实为扩张性财政的财政政策。从一定程度上讲,正是由于这种非积极稳妥、非健康有序、非协调配合的财政政策,造成了今日的严重财政困难,以及财政关系、财政运行方面的诸多混乱。

当然,在经济转轨时期,即在社会主义市场经济体制包括财政体制尚不健全,宏观经济环境与运行秩序还不规范的情况下,稳健财政政策的贯彻实施,必然会遇到内部及外部条件上的诸多障碍和困难。但作为一种贯穿整个经济转型期的基本政策模式和政策取向,无疑对当前和今后都具有重要的指导意义。

(二)"九五"时期的财政政策重点及思路性对策

配合"九五"期间初步建立社会主义市场经济体制的改革任务,近期的当务之急是结合财政体制改革,为上述财政政策模式的贯彻落实创造必要的环境与条件。就财政本身而言,从现实的紧迫需要看,其中最为重要的环境和条件似乎有二:

首先是要结合分税制的进一步改革与完善,明确界定各级政府和财政的事权范围,搞清社会主义市场经济条件下国家财政的基本职能,并通过立法形式加以确认,然后在此基础上研究解决事权与财权的协调统一问题。只有如此,才能做到财政政策不仅职责分明,而且有法可依,有章可循,有"约"可"束",从而有利于尽快消除"缺位"与"越位"同时并存的弊端,使财政政策调节逐步走上法制化、程序化的轨道,根除"人治"带来的种种弊害。

其次是适应社会主义市场经济要求的规范化财政分配体制,或者说国家财力资源配置方式的尽快确立。因为只有在这样的环境和条件下,财政政策所特有的纵向平衡与横向平衡的方式、机制才能得以真正建立,调控功能才能有效发挥,不致因财政分配体制的扭曲,或国家财力资源配置渠道的不稳定、不健全,而使财政调控政策的制定无所适从,纵向和横向平衡功能的发挥陷入盲目性很大、目标性(针对性)不强、稳定性很差的混乱状态。

此外,从我国"九五"时期亟待解决的突出矛盾与紧迫需要来看,这期间的财政政策,似应以反"通胀"、反周期、促进经济增长方式转变为主要的政策目

标。而围绕这一目标的政策重点,则应集中在以下几个方面:

1. 以增强国家财政实力为重点的财政收入政策

"有财才有政"。改革开放以来的实践证明,没有与中国改革和发展要求相适应的国家财政实力,财政应有职能的发挥,必要的公共保障能力的维持与提高,以及财政政策的宏观调控作用,无从谈起。因此,必须把克服当前所面临的严重财政困难,切实增强国家财政实力,实现稳定、发展的财政政策目标,置于优先考虑的地位。

从当前的现实情况看,我国的财政体制、财政分配格局,近期内不可能再发生大的变动,因此近期财政政策选择的重点,应在贯彻执行稳健财政政策的前提下,继续改革、完善1994年以后的中央、地方财政分配格局,实行一种以调整财力资源配置、防止财政资源泄露、适当控制国债规模为重点的财政收入政策。

其中,所谓调整财力资源配置,从长远看,固然有赖于两个"比重"的提高,但从近期的现实可能性出发,推动、促进预算内、外资金的适时、适度并轨,则不失为一条可行之路。比如,逐步将各种体现政府职能的基金、收费统一纳入国家的预算管理,就有很大的潜力。据初步统计,国务院和各部委批准的各种基金及行政事业性收费,1994年就达到1094亿元,如加上地方的基金和收费,总额则达2000亿元左右,相当于当年我国财政收入的40%多。另外,在扩大与落实税基,逐步建立健全适应市场经济要求的财政投融资制度等方面,都具有在大体保持现有财政分配格局,不造成大的改革震动的情况下,通过对财力资源配置方式的改进与完善,就能达到增强国家财政实力的目的。

鉴于近些年来存在的巨额偷漏税现象,以及国有资产的巨量流失,故对"防止财政资源泄露"的必要性,以及其在增强国家财政实力方面所具有的潜力和重要性,就是一个不言自明的问题。因此当前要继续加强反偷漏税的斗争,"九五"初期还特别应在调整、清理减免税等税收优惠政策、提高社会经济活动的财政贡献率等方面做好文章。有关部门提供的资料表明,1994年我国各项税收减免额(包括关税和进口代征增值税)就相当于GDP的4.1%,其数额之大令人瞠目。相反,其增收潜力之巨,也是应刮目相看的。

所谓适当控制国债规模,就是要在尽快改变多年来财政支出增长持续高于财政收入增长的前提下,逐年压缩国债数量,逐步降低财政收入的债务依存度,力争在"九五"末以后,把我国年度债务规模占GDP的百分比控制在3%以内,以免为今后留下累积性的财政拖累,陷入难以自拔的债务陷阱。

总之,我们认为,1994年的财税大改革已初步奠定了社会主义市场经济条件下的财税体制基础,"九五"时期似应以消化、巩固、配套完善 1994 年的改革成果为重点。与此相适应,"九五"的财政收入或财政实力振兴政策,除了仍应以促进经济发展,提高经济整体素质和效益为己任,并在此基础上开拓新的财源以外,上述三个方面的政策重点则是更为现实、更具潜力的。事实上,只要我们实行有效的收入管理政策,合理调整现有财力资源配置,采取有力措施堵塞财政收入及国有资产流失的巨大"黑洞",即使是在基本维持现有财政分配格局的条件下,财政实力的增强也是大有希望的。

当然,从根本上说,国家财政的振兴,财政经济状况的根本好转,必须建立在国民经济有效增长的基础之上,特别是有赖于经济活动中财政贡献率的持续提高,即有赖于国民经济整体素质的增进,以及经济增长方式实现从粗放型向集约型的转变。另外,财政职能的履行、财政体制的状况、财政政策的选择与实施等,又对经济增长的数量和质量有着极为重要有时甚至是决定性的影响。正是有鉴于此,根据我国长期的历史经验,在处理转变经济增长方式与振兴国家财政的关系问题上,似应特别注意防止以下两种有害倾向或思想认识:

一种倾向是,在当前经济增长的财政贡献率总体水平依然较低,且不可能在很短的时间里迅速提高的情况下,为应对眼下面临的财政困难,继续热衷于粗放型的经济扩张,试图以高速度来抵消低效益的缺陷。理论和实践已充分表明,这实际上是一种饮鸩止渴的认识和做法。其结果,非但不利于财政困难的克服,而且还必将因持续的高投入、低效益,使国家财政的振兴因缺乏必要的经济、财源基础而成为泡影。

另一种倾向是,认为经济增长方式的转变,需要国家增加财政投入,在当前财政紧张、回旋余地很小的情况下,经济增长方式的转变也不可能有多少进展。实际上,这又是一种消极等待、无所作为的思想。不可否认,经济增长方式的转变,需要国家调整财政资源的配置方式,适当增加对教育、科技等方面的财政投入,然而,第一,转变经济增长方式与振兴国家财政二者之间,是一种相辅相成、相互为用的关系,既无先后之分,也不完全是互为前提的。第二,经济增长方式的转变有多种途径,并不总是以财政投入的多少为转移。从一定意义上说,财政政策的有效选择、诸多财政手段的灵活运用、企业制度的创新、资产优化重组机制的形成等,显然比财政投入的数量更加有效,也更为重要。因此,无论是在经济增长方式转变,还是在振兴国家财政的问题上,消极等待的观点,特别是把二者对立起来的认识,都是不符合实际的、有害的。

2. 以控制支出规模、优化支出结构为重点的财政支出政策从我国亟待解决的突出问题看，对财政支出规模的控制政策，至少包括两个方面：一是在具体明确地划分社会主义市场经济条件下的财政支出范围的基础上，通过清理、取消某些"越位"性、浪费性支出的途径，缩减财政的支出规模；二是在总量上，力求把财政支出规模控制在与收入规模大体相适应、相匹配的范围之内，逐步从支出增长持续数年远高于收入增长的被动状态中走出来。

在有效控制财政支出总规模的同时，认真改善我国的财政支出结构。现实情况表明，"九五"时期优化财政支出结构的政策重点，似应集中在以下几个方面：

——逐步增加国家财政的资本性支出比重，同时尽快建立国家投资项目的注册资本金制度。"九五"期间，财政预算内投资在全社会固定资产投资中所占的比重，争取每年提高一个百分点，即使这个比重从"八五"前四年的4%，提高到"九五"末期的10%左右。如前所述，即使这样，与发展中国家20%左右的平均水平相比，依然是差距很大。"九五"以后肯定还要有进一步的提高，否则将对"瓶颈"制约的缓解产生不利影响。与此同时，为了确保国家资本金的保值和增值，今后凡是国家预算内资金进行的投资，都要纳入国家资本金的管理渠道。

——逐步增加对农业、教育、科技和社会保障方面的财政支出。当前社会保障方面可供选择的主要财政政策措施，是将现有的各种社会保障（保险）基金，由分散管理，变为由财政一家统管，做到集中辖制，统一运营，既有利于其滚存余额的保值增值，又能部分缓解这方面的财政支出困难。待条件成熟时，再相机改行社会保障税制度。基础教育和科研经费的增加，除了根据国家财政状况适当提高其直接拨款比重以外，资金来源的多元化则是一个不可避免的发展趋势。特别是科研经费的增长，世界各国的经验表明，企业的积极筹措、主动投入，是一个不可或缺的重要来源。为此，财政政策的任务，就是通过对某些高科技企业、高科技产品，采取诸如税收优惠、投资抵免、财政贴息等政策措施，加以鼓励和刺激。

随着我国农业现代化步伐的日渐加快，农业发展与资金投入的相关性也越来越高。在这种情况下，为了真正强化农业在我国国民经济中的基础地位，适当增加对农业的财政投入，特别是迅速扭转农业投资比例下降的不正常局面，近期可供选择的财政政策重点，一是在预算内资金不可能有较大增加的条件下，应把对预算外资金的吸引与导向，作为政策重点。通过增强乡镇企业的支农力度，刺激集体和农民的投资、投劳积极性，通过吸引外资和横向引进资金，以及实行从预算外基本建设投资和国有土地出让金中提取一定比例用于农业的政策等，建立起多渠道、多形式、多层次的农业资金投入机制。二是以增加农民收入、增加农产品有效供给为中心，逐步建立起适合中国国情的重要农产品储备制度，以及政府（财政）对农产品的价格支持制度,提高我国农业抗御市场风险和自然风险的能力,保护农业这个社会效益高而自身效益低的产业,促进农业的稳步发展和农产品供给的适应性增长。

——从实际情况看,对不合理财政支出结构的调整和压缩,突出表现在两个方面:一是必须大力压缩财政用于国有企业亏损补贴和价格补贴的数额。当前,这两个补贴,已分别从1979年的90亿元和79亿元,增加到1994年的363.5亿元和312.8亿元,成了国家财政特别是中央财政的沉重负担。二是必须尽快改变机构和人员不断膨胀、行政事业经费增长居高不下的非正常局面。据统计,"八五"前四年,全国行政经费以年均24.4%的速度持续增长,高于同期财政支出增长7.2个百分点。此外,社会集团消费、公款消费中严重存在的铺张浪费现象,也是造成财政支出过快增长的一个重要成因。

3. 以增强预算平衡能力、硬化预算约束为重点的财政预算政策

这方面涉及的问题固然很多,但从近期的突出矛盾和现实的可行性来看,关键性的问题似主要有三:

第一,从速推行复式预算政策,强化预算的分类管理。即根据十四届三中全会《决定》的总体要求,从1996年开始试编政府公共预算、国有资产经营预算和社会保障预算,争取在"九五"中期定案推广。以后根据情况,还可编制其他的专项预算。

第二,在上述财政收入、财政支出政策的有力配合下,严格控制财政赤字,从严掌握国债总规模,力争在2000年以后的一个短时期内,实现国家预算的动态平衡。

第三,积极克服软预算约束的积弊,在政策观念和政策方法上,树立新的社会成本—效益观念。

在财政事务中,所谓社会成本—效益观念,简单地说,就是用一定的财政支出(成本或所费)取得预期的社会经济效益,并将二者在事前加以测定,作为编制和确定预算支出的重要依据;在事后加以合理分析和比较,作为检查、考核预算执行情况与效果的基本指标。在西方市场经济国家里,这种观念或方法,往往被视为硬化预算约束的一种主要手段。其目的,一是发现和比较那些需要加以考虑的多种因素,然后在供选择的多种公共政策及支出项目之间进行筛选,并择优而定;二是在比较成本—效益的基础上,通过这种优化抉择过程,确保国家财政资源的有效配置。在我国长期的财政工作实践中,类似于社会成本—效益分析法的运用,应该说也不是一件新鲜事,但是其一,由于民主决策上存在的一些缺陷,使得预算编制往

往缺乏多方案的比较基础;其二,由于长期存在着软预算约束的弊病,财政资金使用上的浪费现象亦较为严重,致使社会成本—效益观念的树立及其方法的运用,缺乏必要的环境与条件。然而,随着政府职能的转变,财政职能的明确界定,特别是随着各级财政事权和财权的逐步统一,就将为这种观念转变和相关方法的采用,提供有利的前提条件和内在动力。

4. 以支持、强化国家重点建设,解决长期建设资金来源为重点的国家信用政策

我们认为,无论是从亚洲一些新兴工业化国家或地区的历史经验,还是从中国的迫切需要来看,这可以说都是积极开拓财政建设性投资来源,保证和加大国家财政的基础性建设投入,缓解"瓶颈"产业制约,促进国民经济结构、产业结构平衡,从而增强财政经济稳定功能的一条有效途径。在这方面,日本已实行了40多年的"财政投融资"(The fiscal investment and loan programme)制度与政策,为我们提供了许多有益的借鉴和经验。在长期的经济发展实践中,日本的"财政投融资"计划,以日本大藏省的资金运用部为中心,以邮政储蓄、各种保险和年金等形式广泛吸收社会资金,然后根据政府制订的经济发展计划,通过与政府有关的公共金融机构,以投资、贷款和认购债券等方式所进行的资金活动,对于日本的经济起飞,对于加强和改善市场经济条件下的财政宏观调控功能,都起了十分重要的作用。特别是在日本的经济起飞之前,即从战后到50年代中期的经济复兴阶段,通过"财政投融资"计划注入钢铁、煤、电力、海运等骨干企业和基础产业的投资,就占了这一阶段民间产业固定资本筹资额的30%之多。通过"财政投融资"计划筹集的资金数量是极为可观的。以1991年为例,"财政投融资"所筹集的资金,竟占了当年国家财政总资金(财政预算资金+"财政投融资"资金)的56.5%,从而不仅成了不可或缺的、名副其实的国家"第二财政预算",而且其对国民经济发展所产生的影响,在国家宏观经济调控中所处的地位,也变得越来越重要。

与日本的情况相比,在我国,只要我们统一认识,积极策划,采取一些必要的改革举措,比如进一步改革和完善我国现行的邮政储蓄制度;配合社会保障体系的建立,以及国家信用制度的发展,统筹安排并区别对待各类保险资(基)金的筹集与运用;逐步建立和完善适应社会主义市场经济要求的政府保证债与政府担保的借款制度,以及建立、健全主要为政府的筹资、投资服务的若干配套性金融机构等,我国"第二财政预算"制度的逐步建立,也是完全有条件的。

关于深化城镇住房制度
改革的总体设想[*]

"中国住房制度改革研究"课题组[**]

内容提要：在我国社会主义市场经济体制的框架已基本确立的背景下，本文指出深化城镇住房制度改革的重要性和紧迫性。作者提出了我国完整的住房制度改革目标模式，即住房产权的私有化、住房分配的货币化、住房租金形成的市场化、住房交易的规范化、住房管理的社会化和住房保障的多样化。文章在向前看原则，政府、单位、个人三者分担改革成本原则，上下结合、以大城市为重点和领导干部带头原则以及属地化原则等基本原则基础上，明确了住房制度改革的方式，提出深化住房制度改革的总体设想和五项具体政策建议。

我国城镇住房制度改革虽然一波三折，但仍取得了一定的实质性进展和成效。城镇住房制度，也已出现一些根本性变化。我国的社会主义市场经济体制的框架已基本确立，经济发展进入了一个新的历史阶段。现存的住房制度不仅拖了其他方面改革的后腿，而且严重阻碍住宅业成为新的经济增长点。正因如此，深化城镇住房制度改革从来没有像今天这样重要和紧迫。本文将就城镇住房制度改革的目标、原则、方式等最基本的问题，提出深化改革的总体设想。

---

[*] 原文分上、下两部分，分别发表于《财贸经济》1997年第12期和1998年第1期。
[**] "中国住房制度改革研究"课题组（主持人：杨圣明、温桂芳；执笔人：边勇壮）。
　　杨圣明（见本书2001年文章作者简介）；温桂芳（1945— ），广东花县人。曾任中国社会科学院财政与贸易经济研究所价格研究室主任、研究员、博士生导师，兼任中国成本价格学会常务理事。现为中国社科院财经战略研究院研究员。主要从事价格理论与价格改革研究。主要著作：《市场价格学新论》《价格管理的现状和进一步发挥价格杠杆作用研究》《我国水资源及其价格管理制度改革研究》《我国粮食价格改革研究》《中国住房制度改革研究》等。

一 住房制度改革的目标

我国改革的实践表明,改革目标的正确选择是避免改革走弯路、加快改革进程、提高改革效率的关键。我国住房制度改革出现了推进不力、徘徊不前的局面与改革目标不明确或认识不同有着直接关系。在社会主义市场经济条件下,对我国的城镇居民应该实行什么样的住房制度?这是目前住房制度改革迫切需要明确的重要问题。1994年《国务院关于深化城镇住房制度改革的决定》将住房改革的目标确定为"建立与社会主义市场经济体制相适应的城镇住房制度,实现住房商品化、社会化;加快住房建设,改善居住条件,满足城镇居民不断增长的住房需求"。我们认为,这个表述缺少模式概念,不够完整,也缺乏系统性。我国完整的住房制度改革目标模式,大体应包括以下几方面的内容:

1. 住房产权的私有化。住房制度改革的首要目标是建立以私有产权为主,其他产权形式并存的多元产权制度。基本内涵是:(1)居民个人拥有住房的所有权,即住房的占有权、使用权、处置权、收益权。住房私有受法律的保护。(2)企业、事业单位、社会团体、慈善机构等具有法人资格的组织同样可以拥有住房的产权。(3)中央以及各级地方政府及其他国家权力机构提供给公务员使用的住房,其产权为政府所有。其中,第一类是私有产权,第二、三类是公有产权。在新的住房制度中,私房将是主要的形式。私人所拥有的住房既可以自行居住,又可以通过出租获利,还可以通过出售获得货币收入。法人拥有的住房是法人资产的一种形式,既可以通过出租给居民而获得收益,也可以作为解决法人内部成员居住问题的手段。政府所有的住房既可以用作解决贫困人口的福利,也可以提供给少数高级公务员居住。为此,政府所有的住房的使用对象将被严格地限制在特定的范围内。选择私有产权作为住房产权的主要形式,是社会主义市场经济的本质特征决定的。首先,住房作为一种生活必需品与粮食的性质一样,前者解决"温",后者解决"饱"。住房作为一种最耐用的消费品与汽车、彩电没有本质区别,只是消费期持续得更长罢了。在市场经济中,所有的消费品应首先归个人所有,然后才能进行消费。住房也不例外。更重要的是,住房所具有的能够长期使用和保值、增值的特点,使其还可以成为一种有价值的投资品和私人财产的重要形式。在市场经济高速发展的今天,私人财产迅速增长。私人投资已经成为极为普遍的现象。只是由于制度障碍,居民住房还难以吸引大量的私人投资,致使银行储蓄、股票、债券等金融资产成为大多数人选择的私人财产形式。在发达市场经济国家,实物资产占居民家庭资产的

70%，金融资产只占30%，不动产尤其是住房是私人财产的重要形式。住房的私有产权制度是住房成为私人财产的制度基础。住房产权私有制和社会主义的基本性质并不冲突。社会主义的基本特征之一是以生产资料公有制为主，同时存在多种所有制形式。而住房属生活资料，而非生产资料，无论生活资料所有制性质如何变，都难以改变生产资料所有制的性质。所以住房作为生活资料和财产形式，一般不会演变为私人雇佣资本，从而不会动摇生产资料公有制在生产关系中的主体地位。马克思在《资本论》中否定生产资料私有制的同时，提出了"建立个人所有制"的历史任务。生产资料公有制与生活资料的私有制是社会主义经济制度相辅相成的两个方面。从分配制度方面看，对大多数人来说，拥有私人住房并不改变劳动所得作为主要收入来源，也无损于按劳分配制度。根据我国的情况，把住房作为投资品的居民毕竟是极少数。而我国农民住房制度的历史和现实都有力说明，住房私有与生产资料公有并不矛盾，即使在实行集体所有制（生产资料公有制的一种）的人民公社的鼎盛时代，农民住房也是私有的。今天，农村居民住房的迅速发展，丝毫没有改变农村生产关系的性质，也充分证明了住房从总体上看是一种非资本性私人财产的本质。

2. 住房分配的货币化。城镇公房制度是旧的住房分配制度的结果。旧的住房分配与其说是福利性不如说是实物性更准确。无论是政府机关还是企事业单位的住房分配，几乎不考虑家庭人口，而是以职务、职称、工龄以及在本单位的工作年限等为主要标准。这些标准和制定工资标准的原则近乎一样。因此，这种住房分配制度是一种特殊形式的实物性收入分配制度，职工所分得的住房虽然不具有所有权，但具有使用权和继承性。产权制度决定分配制度，普遍的公房制度决定居民住房采取实物性供给制。当确定住房私有产权制度后，必须同时确立与之相适应的货币化分配制度。其要点为：（1）住房的私有产权必须通过货币支出来购买或通过货币支出来建造；（2）将住房的一次性实物分配转为多次性货币收入分配并体现在劳动收入分配中。具体来说，工资中应该包括住房消费支出。即相当于买房或租房的那部分国民收入（即原来集中在政府、企事业单位等机构组织中的住房基金）回归到国民收入的初次分配，纳入职工的工资，然后再通过居民的个人支出变为住房的消费资金，其中有公积金、住房储蓄、租金等。

3. 住房租金形成的市场化。在社会主义市场经济条件下，实行按劳分配的原则形成职工在货币收入上的差距，其结果将是有一部分有能力购买住房，一部分无力购买住房，只能继续租用住房。加上有的住房特别是那些资产不能细分、权益分散的房屋，只能租，不能卖。因而租房将在居民住房中占有一定的比例。由于旧的住房制度中租金存在纯福利性，且由政府统一规定，难以补偿政府或单位为维护房屋所支付的费用，使住房的再生产难以进行，严重阻碍了住房产业的发展。加上无法展开竞争，更难以使住房租金合理化。市场化的住房租金形成制度，是实现住房租金合理化的必要途径。它与住房私有化同样是住房商品化的重要内容。虽然提高住房租金、实现住房租金形成市场化有助于推动住房私有化的进程，但是绝不应仅仅把它当作促使个人购房、实行住房私有化的一项措施，而应把它作为城镇住房制度改革的一项重要内容。如果没有市场化的租金形成制度，住房私有化也就难以实行。实行新的住房制度，就要与货币化的分配制度相适应，与多种形式的住房产权制度相适应，改变福利性的租金办法，让住房租金在住房租赁市场中形成，并使居民所租赁的住房与其收入水平相适应。

4. 住房交易的规范化。住房私有产权制度和货币化分配制度的运作，要求与之相适应的市场化交易制度。完善的市场化交易制度应包括：（1）住房的一级市场和二级市场。一级市场是指新建住房的买卖市场，市场主体是住房开发商、营造商和居民。居民通过一级市场购得住房的产权，使住房的产权首先从法律上得到确认。二级市场是住房私有产权出售、出租和交易市场，市场的主体是住房产权的所有者和住房消费者。（2）在两级市场上均通行等价交换的市场原则。即交换自愿进行，对象自由选择，价格和租金由市场供求关系决定。（3）政府是市场的管理者，包括建立市场和依法管理市场。政府对住房市场的管理和政府对其他消费品和投资品的市场管理，在原则上应该一致。没有交换与转让的产权制度是不完整的制度。缺乏健全的市场体系、产权关系也无法实现。

5. 住房管理的社会化。城市住房和农村住房的明显区别之一是需要社会化的住房管理体制。农村住房一家一处，日常维护、环境保护均由住户自行完成。城市住房以楼宇为主，一幢楼宇的产权为众多的住户所分割。居民的产权不仅局限在一个单元之内，而且和其他居民分享公共用地和设施。这就需要有专门的物业管理机构来负责日常维护和环境保护。拥有产权的业主将物业管理委托给这种专业化的物业管理公司。与现行住房管理制度不同的是，这些专业化的物业管理公司和独立经营企业，不再局限于或隶属于行政部门，而是和房地产开发商和营造商更紧密地相关；业主可以对物业公司进行选择。为此，应该将现行的住房企业或单位所有变为公司所有，即由房产公司对住房进行经营和管理。现有的房管部门将从行政隶属关系中脱离出来，逐步演变成独立经营的物业公司。实行这种专业化、社会化的住房管理制度，是与私有产权、货币化分配和市场化交易等住房的根本性制度相适应的。独立的物业管理公司、独立的房地产开发机构、独立的中介机构，共同组成社会化住房管理制度的主体。

6. 住房保障的多样化。住房的基本属性决定了即使在发达的市场经济国家也有其福利性的一面。社会主义经济的本质更决定了各级政府把解决居民住房问题作为社会发展的重要目标，作为社会保障的重要组成部分。社会主义市场经济下实行以私有产权为主体的住房制度，不仅不排斥住房保障制度，而且为建立行之有效的多样化的住房保障制度创造了必要的制度基础。多样化的住房保障制度主要由三部分构成：（1）对低收入和贫困人口的住房保障。政府所拥有的社会保障用房以低于市场价格的租金出租给低收入或无收入的居民。用于建造和维护社会保障住房的支出和用以社会保障住房的租金补贴均由社会保障基金支付，而且应作为一种政府的经常性开支。（2）对政府高级公务员的住房保障。迄今为止，世界上各国政府对在任的政府领导人和高级公务员的住房都有各种形式的保障制度。原因在于，这部分人的货币收入无法满足与之地位相适应的住房需要。国家领导人的住房保障是为了维护一个国家和政府的尊严；高级公务员的住房保障是为了维护政权的稳定性。但是，这种住房保障仅局限于任职期间，并且有较严格的范围控制。（3）其他住房保障。诸如企事业以及各类法人，为本单位的特殊目的，在特定条件下，对特殊人才提供住房保障。多样化的住房保障制度的作用就是最大限度避免出现社会性的问题，弥补私人产权制度所固有的缺陷，又不破坏这一制度的正常运行。

综上所述，住房产权的私有化、住房分配的货币化、住房租金形成的市场化、住房交易的规范化、住房管理的社会化、住房保障的多样化，共同构成城镇住房改革目标模式的基本框架。

二　住房制度改革应遵循的基本原则

从现有体制到目标模式的转变就是改革过程。改革的对象主要有两个方面，即对存量的制度变革和建立新的增量形成机制。前者是对现有利益格局的重新调整，后者是建立增量的利益形成机制。改革的难度在于，旧的利益格局难于调整，因为改革涉及政府与单位、单位与单位、单位与个人、个人与个人之间多种利益关系的调整；而新的机制的形成又受到旧的体制及其他重重障碍的制约。住房改革很难像价格改革那样通过"调""放"结合、双轨并存的过程，渐进地由计划分配走向市场分配。也难以像所有制改革那样，在国有经济的旁边，依靠增量改革，生长出日益成为经济支柱之一的非国有经济。"摸着石头过河"这一行之有效的改革方式，在住房改革上需要进一步明确。正是由于住房改革是重大的利益关系调整，因此在确定改革的道路、方式、步骤之前，有必要明确改革所应遵循的以下一些基本原则。

1. 向前看的原则。旧的半实物性、半供给制并带有福利色彩的住房制度，制造出一个利益格局极不平衡的住房存量。而过去的改革又形成了极不相同的增量形成机制。尽管在中国大多数事业单位和国有企业，均被赋予一个与国家机关工作人员相类似的级别且每一级别所应享有的住房面积亦有相当明确的规定。但是在改革之前，同一级别的干部职工即使在同一个城市也会由于所在工作单位不同而拥有不同面积的住房。这种情况在经过近20年的改革之后不仅没有改变反而加剧了。自1978年改革以来，中国最大的变化是资金使用权限，资金来源和资金分配制度的变化。国有企业职工住房的状况很大程度上取决于这个企业的经营状况。党、政部门干部的住房很大程度上取决于所在单位支配资源的权力和能力。更重要的是，现有的住房分配制很难严格执行统一的住房标准，其结果一方面是超标准的现象随处可见，另一方面则是达不到标准的情况普遍存在。于是在不同行业、部门、级别的企业事业单位中，职工的居住水平在客观上存在很大的差异，即使是在同一单位，由于年龄、工龄、职务的不同，职工的住房也存在很大差异。这种住房分配制度所造成的住房占有、使用上的不公平，是几十年来历史的产物，也是推进房改所遇到的最大障碍。解决这一问题，必须贯彻"向前看"的原则，不能企图在原有制度框架内，按照某一原则调整好利益格局后再进行改革。贯彻"向前看"的原则：（1）要承认旧的住房制度所造成的有人占便宜、有人吃亏的既定事实，不要纠缠历史旧账。但又不等于承认现有的和传统的住房制度所造成的事实是合理的，而是要在建立新体制的改革中逐步解决。必须充分认识到，只有在新的住房制度下才能实现住房公平原则。（2）要在处理利益冲突时宜粗不宜细，为此需要采取"一刀切"的做法。即在某一明确的时点，在某一方面对某一些人实行新的规则。（3）要使改革的重心牢牢地放在建立新体制、形成新机制的基本上。改革与调整的出发点是向目标模式前进。改革不能"向后看"。如果"向后看"，几乎每一个人都会找出在传统体制和现存制度中受到不公平待遇的理由，从而产生对改革的抵触。

2. 政府、单位、个人三者分担改革成本的原则。中国近20年的改革有力地促进了经济的发展和社会的进步，但也为此付出一定的代价。如价格改革曾付出物价上涨的成本，国有企业改革也正在付出诸如工人下岗待业等成本。广大群众获得了实惠，增加了收入，提高了生活水平。但同时也负担了一定的改革成本。住房制度改革也将同其他改革一样，建立新机制必须通过新的投入来启动，依靠新的投入打破原来的和现有的格局。这些新的投入便是改革的成本，而这些改革成本同样需要政府、单位、个人三方面共同分担。政府分担改革成本,就是要在一定时间内增加财政支出,用于提高公务员和经费来源于财政的事业单位的职工工资,用于增加离退休和社会贫困人口的补贴,用于支持建造廉价商品住房。单位分担改革成本,就是要承担单位必须缴纳的住房公积金的一部分,必须承担提高职工工资所形成的产品成本上升的压力。个人分担改革成本,意味着居民必须用个人收入(无论是以往的储蓄还是新增加的收入)来购买公房,支付上涨的房租,必须接受压缩其他消费和个人支出的现实,重新安排家庭财务计划。住房改革所必须支付的成本,如果仅仅由政府或单位或个人单方来承担都是难以接受的。尽管在理论上增加工资的支出和提高租金的收入可以对冲,但是实际上,原有住房分配并未严格按照统一规则进行,提高工资的支出和提高租金的收入肯定在量上相差很大。而不增加收入,不进行适当的补贴,完全由个人来承担购买公房和提高房租的成本也会遭到大多数人的抵制。因此,坚持政府、单位、个人三者分担改革成本的原则,就会最大限度地调动三者的积极因素,弱化三者的消极因素,从而使改革能够迅速顺利推动。只有付出成本才有权获得收益。政府、单位、个人三者在共同分担住房改革成本的同时,也获得了共同分享改革收益的权力。政府通过出售公房、提高租金一定会增加收入;通过减少或取消对公房维护保养的补贴,减少对住房的直接投资一定会减少支出。待新的住房制度建立之后,政府不但会卸掉沉重的包袱,而且会通过住宅业的发展带动相关产业的发展和各种房地产契税形成新的财源。企业在住房改革中不仅将解决职工住房这种社会职能通过收入分配渠道分离出去,而且会非常有助于国有企业走上现代企业制度的轨道。居民个人则会在房改中得到最为明显的收益。一旦住房成为个人财产之后,不仅个人消费、储蓄、投资行为会大大改变,而且在个人财产取得不动产的形式后,居民在通货膨胀中所遭受的损失将明显降低,居民个人的社会行为和动机会更稳定更长远。

3. 上下结合,以大城市为重点和领导干部带头的原则。住房改革涉及面广,上至高级公务员下至普通职工都要参加。所谓上下结合的原则,就是在住房制度改革中要将自上而下和自下而上的方式相结合。我国有些改革是自下而上进行的,如农业,即先有了改革实践再有改革的政策和方案。有些改革则是自上而下进行的,如价格改革。实践证明,凡是涉及全局性的改革,涉及多方位的利益调整,自上而下的改革应该是主要方式。住房改革是涉及各个阶层切身利益的改革,其攀比性较强,改革的难点多集中在首都和特大城市,改革的阻力又主要集中在领导干部层。住房制度改革实行上下结合,包含两层意思:(1)指在大中小城市中,改革应先从大城市开始;(2)指领导干部和一般居民都要参加住房制度的改革,但领导干部必须带头。这样，改革先以大城市为突破口，取得成功，中小城市的住房改革问题将迎刃而解。同时，通过各级领导干部的层层带头、积极参与，就可以带动广大居民群众，变成干部群众的自觉行动，住房制度改革就一定能顺利推进，取得成功。公务员的住房宜先福利房后商品房，即在职期间，住政府供给的低租金的福利房，离退休后购置商品房。为解决购房资金，可采取两种方式：(1) 离退休时，一次性补助购房款；(2) 提高公积金中由单位支付的比例。1949 年以前参加革命的老同志，一律免费居住公房，或者象征性地交低租金。其子女不能继承住房，必须向其他居民一样参加住房改革。现职军人和职业军官的住房应在房改的范围之外。国外的经验表明，职业军人的住房和一般居民的住房有本质的区别。为维护军队的稳定性，为职业军人、高级军官提供住房是天经地义的。这部分开支应列入国防预算。需要解决的是，在国防预算中追加退役军官住房的一次性补贴的开支，从而增强退役军官到地方后自行购置住房的能力。士兵作为义务服役，军队没有义务承担其退役后的住房问题。

4. 属地化的原则。住房总是土地的附属物，而土地是不能移动的，因此住房表现出极强的地域性。中国地域广阔，生产力水平和收入水平在不同地区、不同城市差别很大，其住房价格也相差很大，致使住房改革的难度也存在很大差别，因而改革的步骤、方式可有不同的选择。中央提出坚持统一政策下各地方可因地制宜、分散决策的原则是非常正确的。但是在贯彻分散决策原则的同时，还必须贯彻属地化的原则。这个问题在北京表现得尤为突出。属地化原则涉及的对象主要有：中央国家机关；中央直属机关及其在各省市的分支机构，可派出机构；中央在各省、市、自治区的直属企业；省、市在各地、市的直属企业；等等。其住房改革是单独行事呢，还是遵照所在地方的政府规定统一进行？对此，需要运用属地化的原则来解决这个问题。所谓属地化原则，就是在同一城市内，改革不因职工所在单位不同而有所差别，而要按照同一标准和要求，统一改革，统一进度，统一安排。

三 住房制度改革的方式

1. 要实现既定的改革目标，不但必须遵循改革的基本原则，更重要的是选择改革的方式、明确改革的道路、制订改革方案和措施。不很好地解决这三个问题，就难以实现改革的目标。住房改革的对象主要包括两方面，即公房的存量和增量。住房改革也就有存量改革方式和增量改革方式之分，即通过"出售"的方式推动存量公房的私有化，逐步取消无偿分配公房制度；通过建立住房公积金制度、住储蓄制度、住房抵押贷款制度以及安居工程推动增量住房的货币化；逐步提高公房租金，改变公房租金低和不合理的状况，最终实现住房租金形成市场化。概言之，就是要通过渐进式、分步走、小配套的改革道路，完成建立新住房制度的历史任务。

2. 建立以私有产权为主体的住房产权制度的重要途径是全面地推动存量公房私有化，将大多数公房出售给居民个人。出售公房是政府已经明确并已实施的改革方式，在理论上确定为私有化有利于推动出售公房的进程。为了避免理论上争论，有些专家建议只提"自有化"而不要提"私有化"。无论是内涵还是外延，"私有化"都远远超出"自有化"。私有化不仅更符合产权制度的要求，更重要的是使住房不仅成为居民个人使用的消费品，而且成为居民可选择的投资品。这在居民金融资产规模庞大而实物资产比重过低的今天是非常有现实意义的。住房私有化意味着现有公房不仅可以出售给居住在内的使用者，而且可以出售给手持货币住房困难的其他居民，从而解决旧制度所造成的分配不公的问题。

3. 迄今为止的住房存量改革主要采用了两种方式：出售公房和提高租金。无论当初采用这两种方式的目的是否与住房私有化有关，今天已成为推动住房存量私有化的两种基本方式。需要明确，出售公房和提高公房租金对住房私有化的意义完全不同。出售公房是房改的一种重要方式，是实现住房私有化的必要途径；而提高公房租金既是住房制度改革的一项重要内容和方式，又能起到促进公房出售的作用，其最终是要实现租金形成的市场化。但是，如果以为仅仅通过提高租金就可以改变住房制度，形成新的机制，这种看法是不正确的，至少是片面的。在出售公房过程中首先遇到并多次受挫的问题和难点是公房的出售价格。公房出售价格应主要考虑下列因素：（1）住房本身的状况。根据房屋的使用面积、新旧程度、建筑年限长短、距离市中心的远近、造价的高低以及居室的设施、层次、朝向等的不同，在出售价格上要有差别。（2）当地住房市场出售的旧房市场价格。这涉及公房购买者得到的潜在利益和以后新房购买者的实际支出的差距。（3）成本价的计算要以重置成本为底价，减去折旧。（4）成本价必须包括土地成本，使住房产权包括土地使用权。（5）公房出售价格应由政府指定的专业的房地产评估机构进行，并报房地产交易管理部门核定批准。居民在购买公房时，已经确定的公房出售价格仍不是职工的购买价，而是在出售价的基础上作一个很大比例的扣除。决定扣除的主要因素是职工的工龄。扣除在理论上是成立的。因为职工在过去所获得的工资中，并不包括或不完全包括住房消费支出，现有住房相当一部分是职工应该所得的实物性收入，出售公房应该扣除这一部分。近10年来，职工收入尤其是非公务员的职工收入增长很快，增长的收入中已经包括部分住房消费支出。因此，工龄扣除应该逐步降低。

4. 提高公房租金最终实现租金形成的市场化，是住房改革的一项重要内容。各城市均制订了提高租金的计划。目前的公房租金虽然较以前已有大幅的提高，但仍远远落后于通货膨胀率和市场房价的增长速度。结果租金仍然低于成本租金。实践证明，仅仅提高租金并不能改革旧的住房分配制度，不能从根本上改变住房形成机制。必须租售并举，以产权私有作为改革的首要目标。租售之间的关系取决于经济学所早已定义的一些基本关系：租金＝房价×平均利率。据此，租金只是投资回报的一种形式。租金和房价的关系又可表达为：房价＝租金÷平均利率；平均利率＝租金÷房价。按照上述房价、租金与平均利润的关系，即使不考虑成本租金即维护保修的费用，只有当租金高于住房投资的平均利润水平时，居民才有动力去购房。出售公房在某些大中城市推进缓慢，或出现低价出售公房的问题，都是由于公房租金过低。公房租金过低和大量公房的存在，导致市场租金也偏低，因而非国有经济成分投资居民普通住房并且把住房作为一种物业出租而获利的可能性大大降低。反过来又影响公房的出售。因此，只在大幅度提高租金，公房出售才会顺利进行。

现在，多数城市制定了提高房租的进程表，并把租金支出占到工资收入的 15% 作为租金调整的近期目标。且不说租金占工资收入的 15% 这个比例是否合理，即使如此，现在的租金距离这个目标尚存在相当大的距离。而房租迟迟不能提高的原因，主要是由于观念上的障碍。居民认为房改是政府的事，政府要提高租金就必须提高工资或给予相应补贴；政府认为提高房租会引起不安定因素，不利于社会稳定。尤其当提高租金不能有效减轻政府财政支出时，政府也缺乏提租的动力。当然，政府对大幅度提高租金的这种顾虑，并非没有根据。目前，全国城市居民尚有 2000 万人处于贫困状态，加上当前的下岗职工，贫困人口远远超过这个数字。这部分职工已无承受提租的余力。而一些中等收入以上的城市职工，对提租的承受能力尚有很大余地。就北京而言，中等水平的三口之家的年收入超过一万元，支出 2000 元的房租不会改变居民的正常生活水平，只会降低居民的储蓄增长率而已。据统计，截至 1996 年底，全国城镇大约 35% 的住房为私人所有，浙江、广东、广西、江苏等售房进展较快的地区 60%—70% 的可出售公房已经售给个人；上海、安徽、陕西、宁夏、甘肃、新疆、云南等省、直辖市、自治区 40% 以上的可出售公房已向个人出售。这都说明公房出售具有很大的潜力。问题是现行的低房租阻碍了居民住房消费观念的转变。1996 年度在 35 个大中城市，居民住房租金支出占双职工家庭收入的比重仅为 3.64%。因此，相当一部分职工对是否购买公房犹豫不决。而房租比一般物业管理费还低的现象使大多数职工对买房之后还要交物业管理费很难理解，更觉得买自己有使用权的住房不合适。提高租金就是让实践来转变租金比买房合适的观念。从理论上分析，从改革的最终目标上看，公房租金不仅要提高到成本租金，而且要向市场租金靠拢。大幅提高租金是推进住房改革十分重要的一步。不提高租金，出售公房和建立新的住房分配制度的改革都会难以推进。但是，由于目前城镇职工收入差距拉大，承受提租能力的不同，国家补贴能力有限，因此提高公房租金只能逐步实行，即所谓小步走、不停步、积少成多。实现租金形成的市场化，还需解决租赁产权的界定问题，加快相应法规的建设和加强执法的力度。现在在住房租赁中存在租赁者权益大、租房者权益小，租房者的权益难以得到保障的问题。由此带来一系列的矛盾和问题，影响了租金形成市场化的进程和住房租赁市场的形成及健康发展。为此，需要尽快制定相应的法规，用法律形式明确房屋所有者应该有的权益，才有利于租金形成市场化改革的顺利进行。

5. 住房改革真正的更大的难点还不在于公房存量的私有化，而是如何实现增量住房的商品化，如何建立新建住房商品化的形成机制。现有公房出售了，若不建立新建住房商品化的形成机制，那么新建成的住房就会不断地涌入旧的体制，形成新的低租金的公房，住房改革的目标就根本无法实现。过去 10 年，低租金公房的数量不是少了，而是增加了，也说明了这一事实。如果说过去 10 年的改革在提租和出售公房上都或多或少地迈出了几步的话，那么在建立住房新制度上却可以说作为不多。"新房新制度"是一个提出多年的改革思路，但在实践中进展不大。住房新制度难以推进是因为存量公房改革进展不快。在同一单位同时存在两种住房制度的情况下，两种租金同时并存必然会引起难以调和的矛盾。因此，建立新制度不仅要和旧体制的改革同步进行，而且在速度上必须相吻合。为了建立新的住房制度，关键是终止职工从所在单位分配住房。只要行政、事业、企业单位仍然承担分配一般职工住房的职责，旧体制就无法根除。终止单位分房，让职工到住房市场去购房或租房，必须提高职工的货币收入水平和储蓄水平，并在体制上增加职工的住房储蓄动机，从而使职工的货币收入成为住房消费的基本来源和住房增量的原始动力。然而，提高职工收入水平，不是短期内所能实现的。我们绝不能等到职工的收入水平可以买房的时候才搞房改，才去实行住房增量的商品化、市场化。应该逐步到位，限时到位。在一个城市甚至一个省、直辖市、自治区的范围内，统一确定一个时间表，即在统一的时限内所有行政和企事业单位都要终止住房低租福利实物分配办法，实行新房新制度。

6. 住房公积金制度是建立新住房商品化形成机制的重要措施，也是具有中国特色的住房制度改革道路。公积金是一种强制性的长期储蓄金。住房公积金制度作为住房商品化形成机制的重要组成部分，适合我国的具体情况，实行住房公积金制度，至少有如下作用：（1）形成专门用于建造居民住房的资金来源；（2）强制性地改变居民消费结构和储蓄目的；（3）强制性地积累居民实现住房私有货币能力；（4）在停止单位买房分给职工的办法后，各单位就可以拿出较多的钱来提高住房公积金的比例，从而又会更有力地推动居民购买住房；（5）有利于建立新建住房商品化的形成机制。此外，这也有利于提高公房租金的改革。可以说，住房公积金制度是中国特色的住房制度改革的必由之路。只要我们坚定不移地实行这一制度，并在实践中不断加以完善，我国的住房制度改革就能够顺利推进。鉴于当前公积金实施的情况，需要提高公积金在收入中所占的比重，争取在近几年内达到收入的15%—20%，以使其更好地发挥作用。各地应该从本地的实际出发，在坚持属地化原则的前提下，有条件的地方应加快住房公积金制度改革的步伐，即提高公积金在收入中的比重。同时，在实践中逐步加以完善。在大力推行住房公积金制度的同时，还应努力实施合作建房的办法。住宅合作社是城市居民在国家扶持下，以互相合作的方式解决自己住房的自发性组织，它不以营利为目的，其资金来源以自筹为主，以国家低息贷款为辅，并承担集资、设计、建造、养护、维修、管理等各项工作。合作建房在世界一些国家已有百余年的历史。目前，住宅合作社已遍布五大洲60多个国家，达9万多个，拥有3000多万个社员。现在，其发展呈三大趋势：一是入社的人越来越多；二是规模越来越大；三是合作社的住宅在住宅总存量中的比重越来越大。在发达国家，合作建设住宅已经成为一条推行住宅自有化、别墅化的得力工具；在发展中国家，它成了缓解住宅紧张状况的有效措施。在我国据统计，1994年就已有105个城市组建了240多个住宅合作社，集资11.2亿元，竣工986万平方米建筑面积的住宅，约20万户社员迁入合作社建设的住宅。但从各地实行的情况看，需要解决好几个问题：（1）通过国家立法，在法律上维护住宅合作社的权益；（2）在经济上给予优惠，如减免税费、提供低息贷款等；（3）加强对住宅合作社的管理，防止违法事件的发生。

7. 安居工程最初定义为一种解决困难住房，是一项福利工程。但在实际运作中有些安居工程在住房增量方面已经开始发挥作用。在安居工程的试点城市中，这类住房开发成本较低，大都处于城乡接合部，土地成本也低，政府又承担了部分市政配套的费用。安居住房的售价也受到政府的控制，一般是开发成本加上10%的利润。开发商将安居住房出售给政府规定的购房对象或直接由政府收购，政府再以优惠的价格卖给购房对象。问题在于,真正由居民或职工全资直接购房的并不多。有些是住房贫困户的单位购买,然后再分配给职工,或者单位出一部分钱,职工出一部分钱。这种做法,尚未冲破传统分配制度的框架。加之安居住房数量有限,购买对象多属低收入家庭,购房支付能力有限,致使安居工程销售状况不佳,很难在改变住房增量性质上发挥明显的作用。应将安居住房明确定义为类似于新加坡"政府组屋"的低价商品房,将对象扩大到中等收入以下的工薪阶层,或许能充分发挥安居工程作用。从有地的方实施的情况看,这种办法是可行的。由政府负责组织开发"安居工程",资金来源于银行贷款、住房公积金及其他住房基金,也可由房地产开发企业直接投资。但政府必须承担市政配套的费用,并免除政府的有关税费。保证有效降低开发成本,再限制利润率或固定价格。一般工薪阶层均有权申请。当旧公房的价格提高并和安居住房的售价有了正常的比价关系后,安居住房就会逐渐畅销起来,原有的住房分配制度便会逐渐退出这一领域。

8. 改革旧体制,建立新制度,并实现新旧制度顺利转换,必须坚持走具有中国特色的住房改革道路。中国过去18年的经济改革走的是渐进式、小配套的改革道路,取得了举世瞩目的成功。住房制度改革也应沿着这样一条道路前进。(1) 渐进式的住房私有化就是要逐步地提高公房出售的价格,使其逐步向市场价格靠拢。政府每年根据居民收入增长幅度和宏观经济环境的变化,公布一个当年有效的售房价格并同时公布公房租金的提高幅度。(2) 渐进式的住房商品化、市场化,就是逐步增加职工得到新住房时的一次性支出。如一开始仅支付新房价的20%,以后逐步提高这一比例,直至100%,那时就完全实现住房产权的转换。(3) 渐进式的改革道路就是要先易后难。实现住房商品化在企业或企业性的事业单位推进的速度要快一些,公务员或行政开支的事业单位相对要慢一些,其住房商品化的速度取决于政府财政支出能力的增长。前者完全有可能很快取消实物性分配制度,取消或禁止住房性投资,将这部分投资顺理成章地改为住房补贴。应该改变企业的财务制度,允许在税前利润提取一定比例住房基金,用于住房补贴的发放。而放在税前开支是为了减少和资产所有者的矛盾。为此,应该把住房制度改革纳入企业改革和收入分配制度改革的总体框架内统筹安排。

要实行区域推进,即住房制度改革可率先在条件具备的地区或城市先行。就全国来说,可先在东部沿海地区先行,由东向西,逐步梯次推进。而在一个省(市、区)内,则可选择几个城市进行试点,然后再全面铺开。像中国以往已经进行过的成功改革一样,住房制度改革也必须与其他方面的改革相配套才能顺利进行。但改革的历史也表明,企图全面配套、同时推进的方案往往是难以实施的。因此,因势利导的小配套应该是行之有效的选择。房改配套不仅包括有关方面的改革配套，而且包括政策性的配套，后者在改革的某些方面可能更重要。政策性配套更侧重于短期效用，以保证改革的平稳和新制度发挥作用。一旦新体制正常运转，配套政策将不再发挥作用。住房制度改革实质上也是一种收入分配的改革，因而首先要与收入分配制度相配套，相应发放职工工资补贴（即职工工资中应包含住房租金）也是一种配套。但是，补贴办法尤其是工资制度配套至今未出台，甚至未有明确的方案。因此，需要加快这方面的配套改革。与住房制度改革相配套的工资制度改革就是要将以往的福利性、实物性的住房分配转化为货币收入分配并体现在工资收入中。将实物性收入转为工资收入有两个可选择的方案。一是一步到位，在取消单位分房的同时，按工资总额的一定比例，增加职工的工资。这种做法将会大幅度增加财政支出和企业成本，甚至增加通货膨胀的压力。但如果不加快实物分配向住房商品化的转变，低租金实物分配还会刺激住宅消费需求，住房建设超标准、超国力，同样会导致成本推动的通货膨胀。另一种是分步提高工资标准，分几次到位。这种方式的问题是旧体制难以一下退出历史舞台。无论采用哪一种方式，都会遇一个关键性的障碍：从理论到现实，能够包含住房支出的工资标准应该有多高？确定这一标准的依据是什么？确定的标准不应该是各级财政支出或企业支出中的住房投资，而是市场参照系和模拟市场的参照系。（1）劳动力市场所确定的工资水平。这个水平在国有经济之外已经出现了，虽然受政府工资标准的制约，尚不能准确反映劳动力市场的供求关系。目前，相当多的非国有企业的工资水平高于国有企业和政府机构，原因是这些企业不承担解决职工住房的责任。因此，国有企业和不依靠财政支出的事业单位的工资水平允许按照市场工资水平来确定工资。（2）政府的公务员以及依靠财政支出的事业单位应参考市场标准制定工资。在这种情况下，政府制定工资标准就能够和国力相适应。住房制度改革必须与建立新的住房融资机构和融资渠道相结合。政府和经济界都普遍认识到这一问题的重要性和紧迫性。为消费者提供住房抵押贷款是实现住房私有化和推动更多的消费者自行购房的重要手段。目前需要解决的问题，一是广泛性，让更多的消费者能够接受贷款条件；二是法制性，让更多的人认识到，当贷款不能偿还时，住房将依法收回。我国现在完全具备广泛实行住房抵押贷款制度的条件。住房制度改革必须和土地制度改革配套。住房制度改革应该有相应的财税政策相配合。住房制度改革必须和社会保障制度相结合。住房制度改革应该和国有企业改革、国家公务员制度的建设同步进行。

四 当前住房制度改革的政策建议

1. 建议进行一次全国城镇住房情况普查。摸清我国城镇住房情况，有利于住房制度改革的顺利进行，促进住宅建筑产业的健康发展，也是反腐倡廉、加强干部队伍建设的一项重要措施。因此，应该进行一次全国性的城镇住房情况普查。由于开展住房情况的全面普查，是新中国成立以来第一次，因而需要认真规划，明确方向和内容。具体来说，大体需要普查以下几个方面：（1）不同所有制（公有、私有、合资、外商独资）拥有的住房情况；（2）按党政部门、事业单位、企业分类的公房分配使用情况；（3）公房改革情况（包括党政部门、事业单位、企业公有住房出售情况、出售价格，公有住房出租情况）；（4）与房改相关的金融问题：住房公积金实行情况（包括参加职工人数、公积金数量）、职工参加住房储蓄情况（参加人数、金额）、住房抵押贷款情况；（5）房改中出现的新情况、新问题；（6）其他情况：居民对房改的态度、意见；干部（大、中城市处级以上，小城市科级以上）对房改的态度、意见；外来人员在本地购房、租房情况；外籍人员在我国购房情况。为保证普查工作顺利进行，建议由国家统计局、全国总工会、城建部和国务院住房改革领导小组共同组成城镇住房普查领导小组，负责普查的组织领导。各省、市、区的领导小组由相应部门组成。普查的具体工作由国家统计局的城调队负责实施。各单位应指定一名负责人专门负责住房普查工作，具体工作由行政办公室负责。

2. 实行多元化的住房融资方式。住房公积金、住房储蓄、住房抵押贷款、出售公有住房、提高租金等融资方式同时并举。我国国情复杂，住房融资方式和渠道不能单打一，要多元化，并且要充分借鉴国外的成功经验。要通过改革创造一种机制，改变原来只顾住房建设和住房开发商而忽视住房消费的办法，把住房供应和住房消费结合起来，即住房融资既要支持住房的生产又要支持住房的消费；要终止单位作为居民住房主要来源的传统体制，促使居民直接进入市场购买或租赁住房，并以此作为建立新的住房融资体制的出发点。同时，要开办住房抵押贷款的二级市场，使住房抵押贷款能够顺畅流动。要把融资渠道的多元化和适当集中结合起来，建立一个由政府出资的政策性金融机构，如住房银行，负责管理各种方式的融资体系的运行。

3. 加快发展住房的二级市场。目前，由于各级政府采取了有力措施，房改取得了一定的进展。但是，住房市场尤其是二级市场的发展滞后，加上租赁市场规则不明确，行为不规范，管理不到位，法制不健全，使租赁市场出现不少问题，影响了房改顺利进行。目前，无论是房改，还是整个房地产市场的发育，都需要加快发展住房的二级市场尤其是租赁市场。根据当前的情况，发展住房二级市场，首先，必须同整顿、规范一级市场结合起来。如果不认真清理、整顿，就无法发展二级市场，或者使国有资产大量流失。其次，要规范市场交易的主体，建立健全二级市场的监管办法和制度。应该明确，对于住房商品来说，无论其所有权还是其使用权都可以在市场上出售或转让。因而，不仅租赁私房的使用权可以转让，也应允许公房租赁的使用权（在租赁期内）进入市场交易或转让。但是，对于公房变私房的产权问题必须澄清。鉴于我国的具体情况，进入市场交易或转让租赁公房使用权的交易主体，对于其所拥有的公房的租赁使用权应该是合理和合法的。那些利用职权多占的公房租赁使用权就不能进入市场进行交易或转让。为此，对进入市场进行交易或转让的住房租赁使用权的，对于其住房的来源、住房的所有者（即产权）以及是否租赁期内等都要登记清楚，有关的手续要完备。如果是转让公房租赁使用权的应持有公房所有权单位的证明即征得公房出租者的同意。同时加强监督检查，把清退干部多占住房作为反腐败的重点，为二级市场健康发展扫清障碍。再次，要创造相应的条件，推动二级市场的发育。（1）提高公房租金，逐步缩小福利性租金与市租金的差距。在提租的同时，还应简化税种，改革税制。目前房屋租赁中涉及的税费主要包括房产税、营业税、城市维护建设税、印花税、教育费附加及房屋租赁管理费等，不仅税种多而乱，而且税费偏高。因此，可参照国际惯例，如借鉴香港的做法，只保留所得税或物业税、印花税，同时把税费占租金的比重控制在25%以内为宜。（2）加快公房出售的速度。（3）启动住房金融，开办居民住房存款。（4）发展住房市场的中介服务组织机构，为居民进入市场购房或租房提供服务。

4. 积压商品房的处理问题。似应采取如下对策：（1）从源头上控制新开工项目，即控制土地的供应量。当前应首先改变房地产审批中见项目给土地的习惯做法，实行以规划好的土地来审批项目的新模式，避免出现新的无效供应。（2）清理在建项目，对那些因配套不全注定在推出后形成空置的必须限期配套。（3）把安居房、适用房建设同房地产存量消化相结合，在安排实施安居工程和经济适用房项目和拆迁改造时，通盘考虑市场供应现状，把符合条件的空置商品房转为安居工程房屋和经济适用房项目以及拆迁安置房。（4）金融配套政策应与国际惯例靠拢，通过发展按揭业务，开展二级抵押贷款和发行再抵押债券、扩大公积金上缴比例等办法，增强居民购买能力，消化部分空置商品房。（5）清理房地产流通环节和各种不合理收费，实行商品房价格定位、评议、审批机制，通过中央让税、地方让费、银行让息、房产企业让利的办法降低房价，促进销售。（6）发展房地产租赁市场，通过加强房屋租赁的法制建设，规范房屋租赁行为，调整税收政策，建立合理的价格体系等培育和推动租赁市场的发育。同时充分发展房地产交易中的中介服务作用，搞活流通。（7）完善新建住宅小区的公共设施，改善公共交通。

5. 加快住房法以及其他有关法规的制定。为使我国住房制度改革健康有序地进行，需要加快住房保障、房地产市场交易、房地产成本与价格形成、房地产业税费征收及其管理、物业管理等方面的相关法规的建设。

中国资本市场:理论与实践

李 扬

内容提要: 本文在辨析资本市场概念的基础上,分析了证券市场在资本市场上发挥的重要作用,其首要作用是决定资本的占有条件,并且还具备为风险定价以及能够依据效率原则较为灵活地在全社会配置有限的经济资源的功能。作者以主要发达国家企业资金来源结构为例,讨论了资本市场中企业究竟是以直接融资还是间接融资为主的问题。作者还分析了债券市场的作用、股票市场的发展以及机构投资者问题,提出企业家应根据市场经济规律规划筹资结构,债券融资虽具有成为企业融资主要来源之一的远景,但股票市场显然是我国证券市场配合企业股份制改革需进一步发展的重要内容之一。

一 概念辨析

在经济学文献中,对于资本市场这一概念,在不同的场合常常有不同的界说。在研究经济学原理的著作中,资本市场与货币市场通常是不加区分的,它是一个与产品市场和劳动市场相对应的概念,指的是与经济的"真实面"(the real world 或 the real side)相对立的"货币面"(themonetary world 或 the monetary side)在专业的金融论著中,资本市场通常指的是期限在一年以上的资金融通活

---

* 原文发表于《财贸经济》1998年第1期。

** 李扬(1951—),安徽怀远人。曾任中国社会科学院财贸经济研究所研究员、研究室主任、副所长,金融研究所所长,现任中国社会科学院副院长、学部委员、博士生导师。主要研究领域:货币、银行、金融市场、财税。主要著作:《货币、银行、金融市场学》、《证券市场与企业》、《财政补贴经济分析》(获1990年度孙冶方经济科学奖著作奖)、《财政分配与价格分配》、《证券市场理论与实务》等。论文《中国城市土地使用与管理》、《国际资本流动与我国宏观经济稳定》和《劳动力转移过程中的高储蓄、高投资和中国经济增长》(合著)分别获1994年度、1996年度和2006年度孙冶方经济科学奖论文奖。

动的总称,包括期限在一年以上的证券市场以及一年期以上的银行信贷市场。但是也有例外。在有些著作中,它可能指的是证券市场,与其对应的是货币市场和信贷市场;它可能用来指称整个的金融市场,货币市场以及银行信贷市场也被包括在其中。

笔者倾向于循多数人的用法,将资本市场定义为期限在一年以上的各种资金融通活动的总和。这样做的主要原因在于,依据期限来界定融资活动,使得我们可以将金融与经济学理论中关于期限的学说密切联系在一起,而期限学说显然是我们理解整个经济活动的核心环节。

经济学将人类经济活动的时间量纲界定为即期、短期和长期三类;与此对应,关于经济均衡的概念便有即期均衡、短期均衡和长期均衡之别。

即期刻画的是一种没有时间量纲的静态的经济世界。经济学理论抽象出这种非现实的状态,为的是不受干扰地研究各种经济变量之间的关系,为更接近现实的研究打下基础。与此对应,即期均衡假定了一种总供给保持不变的状态。在这种状态下,经济社会只能通过价格的调整来达到市场均衡。短期作为研究动态经济的时间量纲,通常被定义为一年以内。所以如此界定,是因为,总体来说,在一年的时间之内,经济社会不可能改变现存的固定资本的总量和结构,一般也不可能改变所使用的生产技术。因此,短期均衡分析假定,经济社会只能通过更充分地利用现有生产能力来改变供给,但没有可能通过改变经济社会中现存的固定资本产品的总量和结构来实现这一目的。在短期分析中,由于资本的总量和结构不可能改变,有些产业便可能获得超额利润。长期指的是一年以上。在长期均衡中,经济社会有充分的时间根据社会的需求结构来调整资本总量以及有关产业的固定资本的结构,而且有可能改变所使用的生产技术。总之,在长期之内,一切都可能改变,从而供给总量及其结构可以充分得到调整。因此,经济社会中不再存在超额利润,整个经济中的各类资本只能获得平均收益率。

资本市场便是依据经济分析中的"长期"概念来界定的。如此对应的主要原因在于:唯其长到一年以上,筹资者方能运用所筹资金进行诸如建造厂房、购置机器调设备等形成固定资产、扩大生产能力的活动,并形成企业的资本金。货币市场则显然只与即期均衡和短期均衡相对应。所以如此,是因为:期限在一年以内的融资活动,通常只能形成企业的流动资金,用于维持现有生产能力;它们对资本的形成基本上没有贡献。

二 资本市场中证券市场的作用

根据上文的界说,资本市场不仅包括股票市场、中长期债券市场,还包括各种以金融机构为中介的长期信贷市场。在下文中我们将指出,从规模上来看,通常金融中介的中长期信贷,亦即人们常说的间接融资,在世界各国均是形成资本的主要力量。鉴于此,当我们将发展资本市场确定为今后金融改革的重要任务时,切不能忘记发展金融机构的中长期贷款这一重点。

但是,在资本市场中,证券市场发挥着银行信贷不可替代的而且是极为重要的作用。

说起证券市场,人们首先想到的是可以利用它来为企业筹集资金;现在人们谈论股份制与证券市场的关系,着眼点也主要在这里。毋庸置疑,证券市场是企业筹集资金的场所,特别对于有限责任公司来说,其股本金必须在证券市场上募集。然而,我们应当注意:筹集资金绝非证券市场的唯一功能,在某种意义上,它可能并不是证券市场的最重要的功能。

证券市场的首要作用是决定资本的占有条件。在这个市场上,由于投资者和筹资者之间不存在任何的超经济联系,资金的供求,包括它的规模和价格,都将通过竞争而形成。由于通过证券所进行的资金融通活动在技术上可以将企业的不可分割的物质财产进行细分,而且可以将附着在那物质财产之上的各种权利分离出来单独进行交易,由于投资成果的享受者以及投资成果的分配比例也是明确的,证券市场便有界定产权的功能。进一步说,根据产权经济理论,资源配置的有效条件,不仅在于产权的最初界定,更在于这种权利可以行使,可以进行连续的交易。显然,在这方面,证券市场较之银行信贷市场有着明显的优势。

证券市场的又一功能是为风险定价。风险是市场经济的一个属性,为了便于经济活动特别是投资活动的开展,就必须对风险进行定价。证券市场具有很强的风险定价功能。在现代金融理论中,证券市场又称公开市场,它指的是在比较广泛且已制度化的交易场所对标准化的交易媒介物进行买卖的活动。与之对应的是贷款市场,又称议商市场,它之得名,是因为在这个市场上,贷款者与借入者的融资活动是通过直接议商完成的。根据交易费用理论和信息经济学理论,在金融交易中,人们更重视的是信息的公开性与可得性,以及资产的流动性。由于证券是标准化的,且有发达的二级市场,在信息的公开化和资产的流动性等方面,证券市场都比贷款市场有着明显的优势。同时,由于在证券市场上,资金的价格可以通过较公开的竞价来形成，这种融资活动，在迅速平衡资金的供给和需求的同时，能够为资金形成统一的市场价格。总之，在现代经济中，通过证券市场完成的资金融通规模可能在全社会的融资活动中不占主导地位。但是，其风险定价功能以及引导资金配置的功能是不可替代的。

由于证券市场的基本属性之一是具有高度的流动性，因而，它的又一功能，就是能够依据效率原则较为灵活地在全社会配置有限的经济资源。举凡投资的进入和撤出，企业的兼并和重组，在这个市场上都能较容易地完成。因而，通过证券市场来配置资源，其效率是更高的。简言之，在发展资本市场的过程中，我们固然应当确立全面的观点，十分重视发展金融机构的中长期信贷。但是，对于当前的中国来说，更紧迫的任务，是要发展证券市场。同时，在规划我国证券市场发展的战略时，切忌将它仅仅当成企业筹资的场所，而忘记了它的其他可能是更为重要的功能。

三 资本市场中的直接融资和间接融资

通过证券市场所进行的资金融通属直接融资。在规划我国资本市场发展战略时，必然要提出的一个问题是：在今后的企业融资中，究竟是直接融资为主，还是间接融资为主？

为了更有根据地回答这个问题，不妨首先看一看发达市场经济国家的情况。表1列出了主要发达国家的企业资金来源结构。

表1　　　　主要发达国家企业资金来源结构（占总额的百分比）　　　　单位:%

	美国	加拿大	法国	德国	意大利	日本	英国
内源资金	75	54	46	62	44	34	75
外源资金	25	40	59	26	52	66	32
得自金融市场	13	19	13	3	13	7	8
得自金融机构	12	21	46	23	39	59	24
其他	0	6	-5	12	4	0	-7
外部资金合计	25	46	54	38	56	66	25

注：美国为1944—1990年平均数，其他国家为1970—1985年平均数。

资料来源：R. Glenn Hubbard, Money, the Financial System and the Economy, Addison Wesley, 1994, Addison-Wesley Publishing Company INC.

表1清楚地显示：在发达的市场经济国家中，除了美国之外，企业的外源资金主要得自金融机构，即间接融资。发达市场经济国家经过了多年的发展形成了如此的结构，我们将能形成怎样的结构，应当是能够推想的。

但是，这里有三个问题需要深一步讨论。（1）在表1所列的国家中，企业内源资金比例都是较高的。最高者为美国和英国，占75%；最低者为日本，占34%在统计上，企业的内源资金，或来自企业的自身积累（对上市公司来说），或来自投资者的对非股份企业的新的非股份投资。较高的比重除了说明上市公司须有较高的经济效益，须主要靠利润的积累来扩大自身规模之外，还说明，在所有的企业中，上市公司所占的比重是不大的（在日本，上市公司仅占全部企业的0.5‰）。对于那些将企业股份制改造的着眼点过多放在股票上市"圈钱"的主管部门、地方当局和企业来说，应当认真考虑这一现实。（2）即便在发达的市场经济国家中，企业的负债率也可能是较高的。事实上，通过扩大的负债来取得"杠杆效益"已经成为现代企业运营的通则。负债对企业经营的主要影响是利息支出，而这利息支出并非像很多人简单推断的那样，以与利息率相同的比率来影响的利润率（我们常常听到这种似是而非的说法：现在银行一年期贷款利率为8%左右，而企业的利润率平均只有4%左右；企业的盈利还不够还银行的利息）；换言之，利息支出仅仅占企业成本很小的比率。指出这一事实，一是想说明，证券市场的发展，并不可能改变我国企业主要依赖银行贷款来取得资金的融资格局；二是想揭示这样的事实：企业负债率过高，可能不是导致企业亏损，特别是大面积亏损的主要原因。（3）对于表1的统计资料，不应作机械的理解。这是因为，在理论上，区分直接融资和间接融资似乎并不困难，但在现实中，这两种融资活动很难分别开来。例如，企业发行商业票据是一种直接融资活动，但是，一旦银行对企业的票据给予贴现，这种融资活动究竟属于直接融资还是间接融资，就很难说得清楚。类此，银行在资产业务中的购买证券的活动，在负债业务中的发行债券，或者以其贷款为基础发行证券（贷款证券化或资产证券化），要给它们归类同样是不容易的。进一步类推，各种基金的融资活动，在统计上应归入金融机构贷款，但它又是以发达的证券市场为基础的，等等。事实上，金融活动发展到今天，直接融资和间接融资的区别已经逐渐模糊，特别是自60年代以来，在金融创新的浪潮中，关于直接融资和间接融资的区别，已经逐渐被金融界所忘记。

四 债券市场的作用

上文已经指出,在发达市场经济国家中,企业的外源资金中直接得自证券市场的份额一般都不很高。深入考察企业的外源融资结构,我们会进一步发现另一个值得注意的事实,那就是:在企业得自证券市场的资金中,债券融资所占重较之股票融资要高得多。据研究,1970—1985 年,股票市场筹资在美国公司的外部融资中只占有 2.1% 的很小的份额,而企业从债券市场取得的新资金平均约为来自股票市场的 10 倍[①]。更有甚者,从 1984 年起,美国公司已经普遍停止了通过发行股票来融资,而是大量回购自己的股份;自 1994 年开始,对于美国金融部门和非金融公司来说,股票市场已经成为其负的融资来源(见表 2)。

表 2　　　　　　　　美国股票的净发行(1992—1996 年)　　　　单位:十亿美元

年份	1992	1993	1994	1995	1996
股票净发行	103.4	129.9	23.3	-19	-21.6
非金融公司	27	21.3	-44.9	-74.2	-82.6
金融部门	44	45.2	20.1	4.5	3.3
国外	32.4	63.4	48.1	50.7	57.8

资料来源:Federal Reserve Bulletin, 1997, June.

这种状况与我们多年形成的观念确有较大的出入。对于债券融资在企业融资结构中占据主导地位的原因,经济学是从借款者(企业)和投资者(股票和债券的购买者)两个角度来阐释的。从投资者角度来看,由于经济活动日益复杂,在投资决策中获得信息便显得越来越重要,但同时,取得信息却也越来越困难。因此,在投资者(业主)和企业管理者(代理人)之间客观存在着的信息不对称问题就越来越严重。为了规避由信息不对称所带的逆向选择和道德风险问题,需要在融资活动中有一种适当的合约安排。

任何一种融资活动均可视为一种合约安排。在股权合约的条件下,由于存在着委托(业主)—代理(经理)关系,道德风险是随时可能产生的。如果有一种合约安排,可以使得道德风险只在某些特定条件下才会产生,并使得对管理者进行监

[①] 科林·迈耶:《金融体系、公司融资与经济发展》,载 R. 格林·哈伯德主编《信息不对称、公司融资与投资》,芝加哥:芝加哥大学出版社 1990 年版,第 312 页。

管的需要大大减少，成本大大降低，这种合约就会比股权合约更有吸引力。债务合约恰好具有这些特性，因为它是一种规定借款人必须定期向贷款者（债券投资者）支付固定金额的契约性合约。当公司有较高利润时，贷款者（债券投资者）收到契约性偿付款而不需要确切知道公司的利润。如果企业管理人员隐瞒利润，或者从事个人得益但并不增加企业利润的活动，只要这些活动并不影响公司按时偿付债务的能力，贷款者就无须介意。只有当公司不能偿付债务，处于违约状态时，才需要贷款者（债券投资者）来鉴审公司的盈利状况。只是在这种情况下，作为债务合约贷款方的贷款者（债券投资者）才要更像公司的股东一样行事：为了得到公平的份额，他们需要知道公司有多少收入。这种不需要经常监督公司，从而鉴审成本很低的优点，使得投资者更偏爱使用债务合约而不是使用股权合约。

从筹资者角度分析。通过发行债券来进行融资较之发行股票来进行融资，其综合成本是更低的。首先，在债务融资中，债务的利息计入成本，因而它有冲减税基的作用；而在股权融资中，向来就存在着对公司法人和股份持有人"双重纳税"的问题。其次，债务融资可以使公司得以更多地利用外部资金来扩大公司规模，增加公司股东的利润，即产生"杠杆效应"；而在股权融资条件下，新增股东固然使得公司增加了可运用的资金，但同时也增加了分配公司利润的基数。最后，在债务融资中，公司原有的管理结构基本不受影响；而在股权融资条件下，公司的管理结构将因新股东的加入而受到很大影响。

从我国目前的情况看，无论是管理当局、各级政府，还是上市公司，都把上市作为一种筹集低成本资金的来源来使用，这是很不正常的。这种不正常的观点，是由传统体制塑造出来的。众所周知，传统体制以短缺为基本特征。资金作为一种资源，尤其显得短缺。所以，无论是自何方，也无论成本多高，只要得到就行。再加上存在着"赖账机制"，企业很少考虑资金的成本以及资金来源结构对企业运行的影响。然而，经过近20年的改革，中国的经济已经从总体上摆脱了供给的约束，在经济生活的很多方面，已经开始显示出需求的强硬约束。就是说，我们的一切行为方式、管理思想，以及整个社会的管理框架，都要从传统的一味追求扩大生产规模和生产导向，转向特别关注市场和需求导向。这背后的深刻机制就是，我们的社会已经从扩张规模为第一要务转向提高效益为第一要务了。这种转变反映在筹资方式上的意义是什么呢？这就是，企业应当从什么钱都要，转变为十分关注筹资方式，关注筹资成本，从而选择最有利于企业发展的筹资结构和资产负债结构。简言之，西方国家发展多年的企业筹资理论，在今天的中国已经有了用武之地，我们应当好好研究它们了。有远见的企业家应当根据市场经济的规律来规划自己的筹资结构，应当认识到债券融资将会成为企业融资主要来源之一的远景。

五　关于股票市场的发展

尽管在全社会的融资体系中，证券融资所占的比例不可能迅速增大，而在证券市场中，股票融资所占比重也不可能迅速提高，但无论如何，股票市场显然还是我国证券市场配合企业股份制改造需进一步发展的重要内容之一。

在股票市场发展的战略中，扩大上海、深圳两个交易所的企业上市规模，显然是题中应有之义。但是，我们要清醒地认识到，一方面，经过1993—1994年和1996—1997年两次剧烈的动荡，我国的股票市场正处于从初创向规范化转变的整合过程中，其扩容规模受到很大的限制；另一方面，我国股票市场目前存在着各种问题，这些问题若不很好地解决，将使得这个市场、重蹈银行的覆辙。

关于股票市场存在的问题，理论界和管理层已经多有探讨。我们以为，最主要的问题有二：

（1）我国股票市场的需求面已经高度市场化了，但股票的上市机制却保留着强烈的统制性。其具体体现就是，"配额"切块机制和政府审批机制仍然主导着我国股票的上市活动。我们现在仍然对股票上市实行"配额"控制。我国传统计划经济几十年的经验已经深刻地教育我们：当政府对一种产品实行"配额"管理时，"配额"自身就会成为一种有价的交易产品，进而追求"配额"就会成为目的本身。当"配额"因素混入交易过程时，整个市场活动就会扭曲，资源配置就不可能有效率。"配额"机制一定是同行政审批机制密切结合在一起的，更准确地说，行政审批本就是配额管理的另一侧面。我国的股票上市规模是被层层分解到政府部门和行政区域手中的。这里的问题是，作为"父母官"的这些行政管理当局在进一步分配这上市配额时，首先想到的并不是效率原则，而是社会安定和地方公平等非经济原则（更毋论这里可能有"公关"、贿赂等腐败因素参与其间）。注意到改变以来，正是在各级政府以"安定团结"为基本出发点的行政干预下，我国的银行逐渐沦为"二财政"，并积累起积重难返的不良资产的事实，我们有理由对在行政强烈干预下运行的股票市场的前景感到担忧。（2）上市企业的股权被人为分割为国家股、法人股、社会公众股以及内部职工股等一系列权益并不相等的部分，而且占上市公司股份的近70%以上不能上市流通[1]，这使得股票市场的基本功能——

---

[1]《上市公司》1997年第19期。

促进产权流动,优化资源配置——基本不能发挥,而且给股票投资者造成强大的潜在压力。简言之,要想使我们的正规股票市场为下一步企业股份制改革提供有效支持,并为我国经济在下一世纪的腾飞创造有利的金融环境,首先要做的事情是对股票市场实行改革和规范;如果在现有机制下一味地强调"扩容",将会给这个市场带来灾难性的影响。

我们认为,在规划我国股票市场发展战略时,我们应当十分慎重地对待业已存在的产权交易中心、证券交易中心、NFT系统、STAQ系统等初级形态的场外证券交易市场。固然,现有的这些场外交易市场存在大量不规范的方面,很多地方政府设立这些市场的主要目的只是在于"圈钱",而且,由于缺乏规范,这些市场已经成为引致金融动荡的根源。但是,我们同时也要看到这样一种情况:由于股份制企业千差万别,存在着从发达到不发达的结构,我们在客观上也需要有一个多样化的股票市场结构与之对应。简言之,无论目前场外交易市场存在着多少问题,发展场外交易市场都将是我国股票市场今后发展的重要方面之一。发展场外交易市场的必要性存在于这样的矛盾之中:一方面,当股份制企业随着企业改革的深化大量出现时,将有越来越多的企业股份要进入市场;另一方面,由于各种原因,绝大多数企业的股份很难达到在正规的交易所上市流通的程度。发展多层次的股票交易市场,将有助于解决这种矛盾。

六 关于机构投资者

为了促进我国证券市场的发展,我们需要机构投资者。这一点已成共识。现在人们谈论的机构投资者主要指的是投资基金。关于这个问题,似乎有进一步辨析的需要。基金作为发达金融市场的产物,是在各种金融原生商品的市场有较大发展的基础上产生的[①]。如果我们把金融衍生产品定义为依据金融产品的价格、外汇汇率、股票价格或股票指数、商品期货价格等金融资产的价格走势的预期而定价,并从这些金融商品的价值中派生出自身价值的金融商品,那么,基金凭证作为一种交易品种,显然具有衍生性质。既然是衍生商品,它的发展自然要以金融原生商品的充分发展为基础。但是,中国基金市场的发展又一次显示了明显的"中国特色":当我们的市场上还只有5只股票时,基金便已经登堂入室了。分析中国基金发展的

---

① 所谓原生金融商品,指的是货币、外汇、债务性金融商品和所有权性金融商品等金融资产,以及这些金融资产的价格的总称。包括货币、外汇、存单、债券、股票;以及利率或债务工具的价格、外汇汇率、股票价格或股票指数等。

历史就不难看出，我国基金市场的发展并不是金融原生商品充分发展的必然产物，毋宁是为了绕过当局对股票发行的严格限制而变相发行股票而已。当股票、债券等金融原生商品的市场尚在发展的初期，其购买者尚在犹疑时，向社会公募基金凭证，究竟能有多大的市场，究竟能否产生支持市场发展的作用，是尚可存疑的。

在我们看来，证券市场上真正的机构投资者，是那些拥有长期稳定的资金来源的金融机构（既包括非银行金融机构，也包括商业银行）、各种社会保障基金以及非金融企业，至于投资基金等，在上述机构投资者尚不能入市的条件下，是很难发挥重大作用的。看一看世界各国证券市场中投资者的结构及其发展历史，我们就会理解这一点。发展资本市场是一个大题目，需要理论界和管理层做深入的研究。本文的初浅分析意在指出这样的事实：并不因为发展资本市场的任务已经被写进了党中央的文件，我们就能够高枕无忧了。事实上，在发展资本市场方面，我们要做的工作仍然很多，而且可能是更困难、更艰巨的。

生态旅游的理论与实践*

张广瑞**

内容提要：生态旅游是目前国际上颇为流行的一种特种旅游，生态旅游的产生与发展有着其重要的背景，生态旅游有其特定的含义。目前世界上，无论是发达国家还是发展中国家都有一些发展生态旅游的成功范例。但实践证明，生态旅游的发展需要做好充分的准备，需要积极地培育旅游市场，培育生态旅游管理、经营的队伍，必须建立和完善管理机制。中国对生态旅游的发展更应当持谨慎的态度，做好宣传，科学规划，搞好试点，循序渐进，避免因开展生态旅游不当而加速对生态环境的破坏。

一 生态旅游定义

"生态旅游"是个外来语，英文为ecotourism。由于"生态旅游"是个新词语，不同的使用者对它有其不同的说法。美国世界自然基金会（WWF）是研究生态旅游比较早的国际机构，其研究人员伊丽莎白·布（Elizabeth Boo）1990年对生态旅游所作的定义的是：生态旅游必须以"自然为基础"，就是说，它必须涉及"为学习、研究、欣赏、享受风景和那里的野生动植物等特定目的而到受干扰比较少或没有受到污染的自然区域所进行的旅游活动"[③]。两年以后，她对其定义进行了一些修订，提出"以欣赏和研究自然景观、野生生物及相关文化特征为目标，为保护

---

* 原文发表于《财贸经济》1999年第8期。

** 张广瑞（1944— ），河北献县人。曾任中国社会科学院财贸经济研究所旅游与休闲研究室主任，研究员，所学术、学位委员，中国社会科学院研究生院教授、博士生导师。现任中国社会科学院旅游研究中心主任、中国旅游协会理事、中国国内旅游协会常务理事、中国未来旅游研究会常务理事。主要研究领域：国际旅游发展比较、旅游经济。主要著作：《世界旅馆 旅馆世界》、《中国边境旅游发展的政策选择》、《全球旅游新论》（合译）、《中国旅游发展的现状分析与预测 2000—2002》（主编）等。

③ Elizabeth Boo, *Ecotourism, the Potentials and Pitfalls*, WWF, Washington, 1990.

区筹集资金,为当地居民创造就业机会,为社会公众提供环境教育、有助于自然保护和可持续发展的自然旅游"[1]。比较这两个定义可以看出,前者只从旅游者的角度强调了旅游活动的性质与目的,而后者另外突出了这项旅游活动应当对旅游目的地所产生的积极作用。也许1992年生态旅游学会(ECOTOURISM SOCIETY)[2]所做的定义更有代表性,它将生态旅游限定为"为了解当地环境的文化与自然历史知识有目的地到自然区域所做的旅游,这种旅游活动的开展在尽量不改变生态系统完整的同时,创造经济发展机会,让自然资源的保护在财政上使当地居民受益"。

从以上几个典型的定义来看,生态旅游是一种特殊的旅游形式,是一种"有目的旅游活动",一般来说,生态旅游者的旅游目的地是"自然区域"或"某些特定的文化区域";而从事这种旅游活动的目的是"了解当地环境的文化与自然历史知识""欣赏和研究自然景观、野生生物及相关文化特征"等;从事该项旅游活动的原则是"不改变生态系统的完整""保护自然资源使当地居民经济上受益"。总而言之,开展生态旅游必须保证保持、促进生态的协调发展,至少不破坏生态平衡,但与此同时,必须获得经济收益,而且特别要强调必须使当地居民在开展这样的活动中在经济上获得益处。

二 生态旅游产生的背景

从世界的范围来看,旅游业经过了一个多世纪的发展已经相当成熟。特别是进入80年代以来,世界旅游业又出现了明显的变化,生态旅游得以迅速发展,有其三个大的背景:

1. 旅游业对人类社会的影响引起了广泛重视。近些年来,特别是进入90年代以来,世界上许多机构——政府机构与非政府机构、国家机构与国际机构、商业企业界与学术界——都以各种形式向世人宣传"旅游业已经成为世界最大的产业",世界旅游理事会(WTTC)提出旅游业对世界国民生产总值的贡献超过1/10,并成为世界最大的吸收就业的产业部门,旅游活动成为人类最重要的消费之一。旅游业的发展对人类社会的影响引起了国际社会的普遍关注,世界上许多国家,特别是发

---

[1] Elizabeth Boo, *The Ecotourism Boom: Planning for Development and Management*, Washington, WWF, 1992.
[2] 生态旅游学会是由旅游批发商、导游、政府代表、保护区管理人员、地方社区代表、环境保护者和开发商等组成的非官方机构,其主要职能是在全球范围内推动生态旅游区域的可持续发展。其工作的重点是从发达的社会寻求技术与财政方面的支持,制定环境原则与纲领,保证当地人民的参与,提供交流生态旅游方面信息的渠道。

展中国家将旅游业放在非常重要的地位。实践证明,旅游业对目的地所产生的影响不仅是经济的影响,而且还包括社会、文化、环境甚至观念的影响。这些影响有积极的影响,但也有消极的影响。因此,在许多国家,尤其是发展中国家在大力推崇旅游业发展的时候,也时常有人站出来公开反对旅游业的发展,甚至把旅游业与吸烟、吸毒等社会罪恶等同,并呼吁社会抵制各种形式旅游活动。总之,人们对最初为了促进旅游业的发展所提出的"旅游业是无烟工业"——旅游业是无污染工业的潜台词——的说法提出了质疑。

2. 人类社会对环境质量普遍重视。面对社会经济的发展,人们越来越关注自己所赖以生存的环境质量,提出了可持续发展的重要观念。这自然也反映在旅游业的发展方面。一方面,人们非常重视出游的环境质量,追求洁净、清净与安全,关心是否能够得到最佳的满意程度;另一方面,人们提高了自己对人类发展环境的责任感,开始注意在充分利用现有资源满足当代需求的同时,考虑如何使其后代满足他们需求的资源不受到影响,不遭破坏。1992年联合国世界环境与发展大会是个里程碑,《里约宣言》的影响非常深远,各国政府与产业对保护环境做出了承诺,可持续发展成为世界处理发展与环境关系的准则。世界观光理事会、世界旅游组织和地球理事会等机构制定的《关于世界旅游业的21世纪议程》,确定了可持续旅游发展的原则和优先发展的领域,这正是代表世界旅游业向人类所做的承诺。

3. 颇为成熟的旅游市场对特种兴趣旅游更感兴趣。经济发达国家的旅游者,一些来自收入殷实、受教育水平高阶层的旅游者,不愿循规蹈矩,重复别人的做法,而追求新奇、追求知识、追求新的体验,崇尚自然,寻求刺激。再加上新闻媒介的鼓噪,不少人将视角移向诸如生态旅游这样的特种旅活动,参加生态旅游和开展生态旅游成为一种时尚。回归自然、返璞归真和用自己的行动为保护环境做贡献是旅游者产生参加生态旅游的重要动机之一。实际上,最初推出生态旅游的并非生态工作者,而是旅游经营商,他们为了迎合旅游者的新需求,推出了生态旅游这种独特的产品,而这种做法受到了社会的积极响应,同时引起了环境工作者和生态工作者的重视,逐步强化了生态意识,不断加以完善与提高。

三 生态旅游的发展与几个相关概念的区别

在过去的一段时间,旅游目的地推出了多种新的旅游形式,虽然名称不一样,所要表述的内容也有所区别,但都致力于满足现代人的一些新需求,即热爱大自然,愿返璞归真,享受一种新的环境。人们经常把以自然资源为基础的旅游形式称作自然旅游。而生态旅游就是在这些自然旅游的基础上发展而来的。

一般认为,生态旅游最初是从欠发达的国家开始的,因为这些国家拥有开展生态旅游的丰富而独特的资源。非洲的肯尼亚被称作是"自然旅游的前辈",也是当代生态旅游搞得好的国家之一。其实,肯尼亚最初搞生态旅游也是被逼出来的。肯尼亚以野生动物数量大、品种多而著称。从 20 世纪之初,在殖民主义的统治下,掀起了野蛮的大型动物的狩猎活动,狩猎人员和受益者主要是白人。1977 年在肯尼亚人的强烈要求下,政府宣布完全禁猎,1978 年宣布野生动物的猎获物和产品交易为非法。于是一些由此而失业的人开始开辟新的旅游形式,提出了"请用照相机来拍摄肯尼亚"[①] 的口号。他们以其国家丰富的自然资源招揽游人,生态旅游由此而生。从 1988 年开始,旅游业的收入成为这个国家外汇的第一大来源,首次超过了咖啡和茶叶的出口收入,1989 年吸引的生态旅游者达 65 万人次,90 年代可望有更大的发展,计划超过 100 万人次。现在每年生态旅游的收入高达 3.5 亿美元,据分析,一头大象每年可挣 14375 美元。[②]

哥斯达黎加是拉丁美洲开展生态旅游颇有成效的国家。他们开展生态旅游是从保护森林资源的目的出发的。为了发展农业而砍伐森林使这个美丽的国家水土流失、土壤贫瘠。为改变这一状况,1970 年成立了国家公园局,先后建立了 34 个国家公园和保护区,开展对森林非破坏性的生态旅游活动。国家对开展这一活动制定了严格的法规,成立了专门的机构监督这些法规的执行。到 80 年代中期,旅游业的外汇收入成为这个国家外汇的最大来源,取代了传统的咖啡和香蕉的地位。据调查,大约 36% 的人到这个国家来旅游的主要是看中其生态旅游。[③]

亚洲的不丹虽然没有大力宣传自己是在搞生态旅游,但她的一些做法却体现了生态旅游的特征。不丹是个小国,无论其自然生态和社会生态都非常具有特色,同时也非常脆弱。因此,不丹王国采取了一种限制规模的旅游发展模式,从来不在国

[①] "拍摄"与"射击"在英文中使用同一个词语,即"shoot",这里用这个口号来改变以往用"枪"杀戮肯尼亚野生动物的现象。是经济,主要目标不是追逐经济收益。

[②] Perez Olindo, *The Old Man of Nature Tourism*: Kenya, *Nature Tourism*, Island Press, Washington D. C., 1991.

[③] Yanina Rovinski, *Private Reserves*, *Parks*, *and Ecotourism in Costa Rica*, *Nature Tourism*, Island Press, Washington D. C., 1991.

际上搞大型的促销宣传。不丹国王有一句名言，GNH 比 GNP 重要得多。[①] 为了实现这一目标，这个国家发展旅游业一直是限制入境旅游者的总人数，一般每天在全国的外国旅游者不超过 100 人，全年控制在 2000—2500 人，但实行"高质量、高价格、全包价"的做法，这个国家不接待散客，入境旅游团不得少于 6 人，逗留时间不得少于 6 天，每天的费用按季节规定（110—220 美元），而且要预先交付。政府为了保护自然与人文生态，对旅游经营者制定有《工作手册》，对专职的导游和向导开展培训，对旅游者有《行为规范》，其中包括对无机垃圾必须背回统一处理。对当地人有严格要求，对旅游者的旅游路线、从事的活动、垃圾的排放等有严格的规定。坚持这些做法，能够使不丹的旅游业保持稳定发展，对社会自然影响颇少，始终保持吸引力，这应当算是相当成功的。

在经济发达的国家中，美国是开展生态旅游比较成功的国家之一。美国黄石国家公园是世界第一个国家公园，开辟了世界国家公园运动的先河。每年有上千万的旅游者到国家公园中专门开辟的公共地域旅游，"自然旅游者"的数量与日俱增。欧美以及日本、澳大利亚、新西兰等国家的生态旅游也搞得有声有色，都取得了良好的效果，它们分别制定了保证生态旅游发展的法规、条例和规范，培养出一批从事生态旅游产品开发、经营的专业机构和企业。值得说明的是，虽然"生态旅游"这个词语越来越受青睐，越来越多地见诸报端或各种各样的旅游宣传品中，但这种旅游产品远未到成熟期，从其根本意义上讲，在全球旅游市场上它只占据一个很小的份额，其比重在 3%—7%。[②] 或者换句话说，生态旅游难以实现目前许多国家对旅游业发展在促进国民经济中的期望值，在严格的意义上说，生态旅游的主要职能不是经济，主要目的不是追逐经济收益。

生态旅游是一种特殊旅游形式，是在自然旅游的基础上发展起来的。生态旅游和其他形式的旅游有着重要的区别，认识这些区别是非常重要的。（1）生态旅游与大众旅游：生态旅游从其本质上说是针对大众旅游而提出来的。在旅游吸引物的资源基础、旅游者的需求和旅游方式等方面，生态旅游与大众旅游都有巨大的差别。大众旅游的主要特点是旅游者人数众多，旅游线路为大家所熟悉，产品标准化程度高，旅游经营者往往采取薄利多销的方针。而生态旅游则完全相反，其突出的特点是特殊设计的产品以满足对生态环境有特殊兴趣的旅游者的需求，几乎是全新

---

① 所谓 GNP 是指通过发展旅游促进国民生产总值的增长，而 GNH 是这位国王杜撰的，即 GENERAL NATIONALHEALTH（国民幸福总值），也就是说，旅游业的发展要符合民族的利益，社会文化自然环境不遭到破坏。

② 参见世界旅游组织（WTO）等《关于旅游业的 21 世纪议程》，《旅游信息与研究》1997 年第 4/5 期。

的产品，经营者以"质量"而不是人数的扩大来增加旅游收入。（2）生态旅游与自然旅游：生态旅游是在自然旅游的基础上发展而来的，其共同点在于大自然属于这两种旅游形式的资源基础，但是，后者主要强调的是利用自然资源来吸引旅游者，而前者更强调在享受自然的同时要对自然保护做出贡献。例如，狩猎旅游可以是一种自然旅游，但它不符合生态旅游的标准，而观鸟旅游则是一种生态旅游，其前提是鸟类的生存环境不被破坏或干扰，当前最大的误会是把生态旅游和自然旅游混为一谈，把"到自然中去"的旅游说成是"生态旅游"。（3）生态旅游与可持续旅游：生态旅游是一种旅游形式，所以也称为特种兴趣旅游，但是，可持续旅游是从可持续发展的概念而引申出来的旅游业发展的原则，适用于所有能够在长期发展过程中与自然、社会与文化环境保持和谐发展的旅游形式，生态旅游可以作为实现可持续旅游的一种工具，但可持续旅游决不仅局限于生态旅游，当然做不到可持续发展的旅游不能称作生态旅游。可持续旅游发展内涵是很广泛的，绝不是一种简单的旅游方式，更不能看作是"持续旅游发展"，实施可持续旅游发展的原则要贯彻到旅游业的各个方面，各个环节。目前世界各地推崇的"绿色旅馆"的概念就是贯彻可持续旅游发展的一个典型。

四　理论界所关注的问题

正像生态旅游这种特殊的旅游形式仍处于初始阶段一样，学术界对生态旅游的研究也刚刚开始，所要探讨的问题很多，至少包括下列几个方面：

生态旅游的界定。这一点非常重要。这是因为，如果这个概念还在提出的初期，只限于一个很小的范围，或只限于学术界的探讨，其影响似乎并不严重。但是，现在这个概念被广泛地使用，一些地方甚至把它作为制定政策和发展规划的理论依据，如果其概念仍然含混不清，那将会对实践产生误导，或在执行中出现偏差。令人担忧的是，有人提出"狭义生态旅游"和"广义生态旅游"的说法，将"广义生态旅游"定义为"大众化的生态旅游或带有生态旅游色彩的旅游"，实际上抽掉了"生态旅游"的核心，否定了生态旅游的实质，其结果很可能发展成仅仅是带有"生态旅游"包装的假"生态旅游"，后果是不言而喻的。

生态旅游是一种旅游形式还是一种经营管理旅游的方法。生态旅游是特种形式的旅游，这似乎是没有疑义的了。但由于一些专家在制定规划中强调了可持续旅游发展的概念，强调了生态协调发展，将生态旅游又看作是一种规划方法，甚至作为旅游业管理经营的方法，出现了生态旅游规划法、生态旅游的规划程序。按这个逻辑去推断，世界上的所有旅游形式都将变成"生态旅游"。实际上是混淆了生态旅游与可持续旅游发展的概念。把生态旅游置于一个不适当的位置和或扩展到一个不适当的范围，很可能会对生态旅游的概念造成新的混乱。

　　生态旅游的资源基础是仅限于自然环境，还是也包括文化社会环境。如上面所述，生态旅游是在自然旅游的基础上发展而来的，因此，生态旅游最初只限定为到自然区域的旅游。由于人们对生态学的概念向社会生态学的概念扩展，生态旅游的概念也逐渐向包括自然和社会两种生态环境的方向扩展。现在在谈论生态旅游时，不再仅局限在一些自然区域，也往往包括那些社会文化环境独特区域。虽然，这两类资源在形态上有很大区别，但它们有其共同之处：它们都属于人类的宝贵遗产，它们都非常有吸引力，但是，它们又都比较脆弱，需要人们努力去保护。因此，原来只针对自然区域发展生态旅游的原则同样也适应于特殊文化社会区域。

　　保护与利用矛盾的解决。这个问题说起来简单，但却是实践中最难解决的问题。从严格意义上说，任何旅游活动都会对人类生态环境产生影响，发展和保护始终是一对难以兼顾的矛盾。由于不同的旅游资源所有权不同，管理权限的归属不同，开展生态旅游的受益部门和受益程度不同，各自为政，各执其词，保护和利用的问题就出现矛盾。例如自然保护区、森林公园、风景名胜区都可能对生态旅游者产生吸引力，但同时，特殊资源和环境的保护与开发利用有时难以兼得。特别是一些欠发达地区，由于经济落后，人们思变求富的心情强烈，发展旅游获得经济效益，特别是获得最快、最大的经济收益的要求迫切。与此同时，能够投入作为基础建设、基础保护措施的资金不足，人才与技术都比较缺乏，政策不当，开发不当，其危害程度更大。特殊的民族文化区域更是如此。旅游者希望更多地接触当地居民，品尝"原汁原味"，而当地居民要"告别原始"，实现现代化，旅游业的发展无疑是一种"催化剂"，为满足外来旅游者的需求而保护和为自身的发展而破坏也将是难以调和的矛盾，"表演文化"以假乱真者在所难免。

五　生态旅游的发展需要做充分的准备

　　生态旅游作为一种涉及人类生存环境的特种旅游形式，开发这样的旅游项目是有条件的，而且这种条件不仅仅指旅游供给方（旅游目的地），也包括需求方（旅游者）；既包括旅游开发商和经营商，也包括旅游管理部门；既包括旅游业的相关行业，还包括旅游目的地的当地居民；既包括实体条件（即硬件设施和技术条件），也包括人员和管理条件（即软件环境）。因此，并不是说在任何国家或任何地方都应当开展生态旅游,也不是说,生态旅游和其他方式的旅游一样,只要通过促销把人招揽来就可以了。许多国家或地区的教训都说明,开展生态旅游一定要小心谨慎,应当先进行试点,从试点取得经验,在各种条件准备比较充分的时候再逐渐开展,走循序渐进的路,绝不可以像发展一般大众旅游那样到处开花,更不能走"先破坏,后治理"的发展工业的老路。如果说有些由于工业污染和破坏所造成的后果还可以治理或补偿的话,以"生态旅游"的名义开展的破坏生态的旅游活动所造成的后果,在治理中补偿起来代价可能更大,有的甚至根本没有办法治理或补救。具体地说,开展生态旅游应当做好下列条件的准备:

其一,需要有一支素质高、责任感强的旅游者群。这些旅游者不仅仅是其本身热爱大自然,愿意返璞归真,而且应当具有很高的环境保护意识,有保护自然、保护环境、保护文化的知识和素养,还必须是愿意用自己的行动实施保护与改善环境的人,在西方的文献上经常称为"负责任的旅游者"。实际上,热爱大自然的人多,懂得保护环境、自觉地真心真意地保护生态环境的人还相当有限,从实际出发,不要过高地估计目前这个市场的规模。

其二,需要有懂旅游而且更懂环境保护的开发商。生态旅游的发展借助于生态资源,同时,只有对这些资源进行必要的开发才能成为可以向市场销售的产品。但是,和其他旅游资源不同的是,生态旅游资源更加脆弱,对它的开发须讲究科学,必须采取一切措施使生态平衡不遭破坏,无论何时都得遵循"在保护的前提下开发,在利用中保护"的原则。只追求经济利益,只追求眼前利益,急功近利的开发商是难以承担此任的。有些开发商不懂环境保护,缺乏知识和意识,有的是好心办坏事,建设性破坏的例子非常之多。

其三,需要有对环境保护抱有诚意的经营商。一般来说,旅游经营商是在向旅游者提供服务的过程中获得经济利益的,而且,也会尽量通过各种途径提高经济效益,这是理所当然的。然而,从事生态旅游的经营商,不仅应当是个懂经济的经营者,更重要的应当是个"虔诚"的环境保护者,保护环境应当是他们始终坚持的经营原则,甚至能够做到当其获取经济收益的手段、方式与环境保护发生冲突时,可以毫不犹豫地舍弃自身的经济利益而保全环境和生态。应当说,在竞争激烈的市场经济大潮中做到这一点也是非常不容易的。目前一些专门经营生态旅游线路的旅行社,在组团出游时要对旅游者进行专门的培训,讲解注意事项,并印制有非常详细的"行为规范"和"行动指南",还有的专门为当地人编写了生态旅游的宣传提纲和行动指南。

其四,建立健全生态旅游的管理机制。生态旅游有其特殊性,为保护生态旅游的正常进行，不仅要有开发商、经营商和旅游者的共同努力，更为重要的是，需要有健全的生态旅游的管理机制，这包括有完善的管理机构与人员进行各个环节的监督和检查，同时，还需要有比较完善的条例、法规来规范企业行为和个人行为。这一切虽然在世界范围内难以做到，但在一些特定的区域，特别是自然和文化保护区内，应当对开展生态旅游作出明确的规定，并将有关信息及时通告给公众。一些行业组织制定了本系统内的行为规范，一些国际组织在拟订开展生态旅游的标准以及进入这个行业的条件。

其五，需要得到当地居民的支持。生态旅游除了要保护环境之外，还有一条重要的原则，就是通过生态旅游的开展使当地居民确实在经济上受益，绝不可把当地人排斥在外，才能得到他们的支持。在服务设施的建造、服务的提供等方面应当考虑当地的人力和物力资源的利用。

六 中国生态旅游的发展应持慎重态度

中国和世界其他国家一样，人们都在关注环境的质量，同样也在关注旅游业的发展。一些科学工作者也开始探讨生态旅游的问题。90年代初，一些介绍生态旅游的文章不断见诸报端，1995年，召开了一次以生态旅游为主题的研讨会，国家旅游管理部门曾在几年前就确定1999年中国旅游业的主题是"生态旅游环境游"[①]，这一主题的提出受到了旅游业界的普遍重视。《光明日报》1998年5月23日发表了题为《生态旅游岂能破坏生态》的署名文章，提出，"真正意义的生态旅游应当把生态保护作为既定的前提，把环境教育和自然知识普及作为核心内容，是一种求知的高层次的旅游活动。而不应当把生态消费放在首位，不惜以生态资源的消耗为代价来满足旅游者的需要和获得经济收益"。文中引用的调查资料表明，"目前有22%的自然保护区因开展生态旅游而造成破坏，11%的出现旅游资源退化"，其形势令人担忧。

中国拥有丰富的自然资源与文化资源，具备许多开展生态旅游的优势，但同时中国目前开展生态旅游受到很大制约。（1）国家现在对旅游业的要求主要还是扩大经济收益，而且主要手段是扩大外延，增加人数。为增加外汇收入，大部分地区仍然是以吸引大众旅游为主要目标。对国内旅游来说，大众旅游刚刚开始，现在又

---

① 国家旅游局最初公布的1999年旅游宣传促销的主题为"生态旅游年"，后来正式命名为"生态环境旅游"，强调"走向自然、认识自然、保护环境"。

提倡扩大内需，促进相关产业，不是控制数量的时期。因此，真正意义上的生态旅游难以实现这一重任。（2）中国公民尚未有真正的生态意识，农村自不必说，就是在城市里，还在提倡"不吐痰""不乱扔垃圾""不乱刻画"的阶段，因此中国远没有形成一个有一定规模的生态旅游市场。就是从国际市场上看，到中国来的旅游者主要是为了了解中国的文化和历史遗产，寻求生态旅游者颇少。无论是生态旅游市场还是生态旅游产品都还需要下功夫培育。（3）中国缺乏开发生态旅游产品的理论与经验，更缺乏管理与经营生态旅游的人才，中国旅游业的经营中，"非专业化"的问题还非常严重，农民办旅游仍然是目前许多景区的特色，不少地方还是采取"占山为王，拉杆收钱"的做法，与生态旅游相去太远。

  从全国的情况来看，环境污染、生态遭破坏的问题相当严重，仅存的尚未被破坏的地方实在是珍稀资源，必须加倍的呵护；追求外延扩大还是大多数地方旅游发展的主导思想，虽然在大众旅游业发展初期这并不为错，但绝不能用这样的思路发展生态旅游；社会公众，无论是旅游经营商还是普通公民，缺乏发展生态旅游的意识，即使是发展生态旅游条件非常好的地方，由于对自然资源尚无认识，缺乏管理与经营的人才，缺乏科学知识与技能，真正的生态旅游难以开展。鉴于此，中国生态旅游的发展应当持慎重态度，要循序渐进，不可一哄而起。应当看到，生态旅游产品的开发要比一般大众旅游产品的开发复杂得多、困难得多，需要更多的知识。开展生态旅游，有关政府部门应当根据资源的特点选好试点，在专家的帮助下做好规划，重点培育，在实践中取得经验，加以推广。目前最为重要的是做好宣传，提高认识，打好基础，做好准备，在继续发展大众旅游的同时，逐渐开展生态旅游。而决不应是相反。应当相信，尽管特种旅游非常走俏，但大众旅游仍然是世界旅游大军的骨干，在相当长的历史时期内将继续如此。

虚拟经济、泡沫经济与实体经济[*]

李晓西　杨　琳[**]

内容提要：虚拟经济是市场经济高度发达的产物，是现代市场经济不可或缺的重要组成部分。实体经济的发展、经济机制运行效率的提高，均与虚拟经济的扩张发展密切相关，但虚拟经济过度膨胀又会引致泡沫经济，损害实体经济的发展。如何防止虚拟经济过度膨胀引致泡沫经济，已成为国际经济学界的热点。目前，我国正处于金融体制改革的关键时期，加入WTO后，金融服务业将被迫对外开放，金融自由化和金融深化进程将日益加快，研究虚拟经济、泡沫经济与实体经济的关联机制，以便在充分发挥金融深化对我国经济增长的促进作用的同时，防止金融深化过程中发生虚拟经济过度膨胀进而引发泡沫经济问题，已成为当前迫切需要解决的重要课题。

一　虚拟经济、泡沫经济与实体经济的含义

实体经济是指物质产品、精神产品的生产、销售及提供相关服务的经济活动，不仅包括农业、能源、交通运输、邮电、建筑等物质生产活动，也包括商业、教育、文化、艺术、体育等精神产品的生产和服务。

---

[*] 原文发表于《财贸经济》2000年第6期。

[**] 李晓西（1949—　），重庆江津人。曾任国务院研究室宏观经济研究司司长、北京师范大学经济与资源管理研究院院长。现为教育部社会科学委员会经济学部召集人，首都科技发展战略研究院院长，北京师范大学学术委员副主任、经济与资源管理研究院名誉院长，中国社会科学院研究生院教授、博士生导师。主要研究领域：中国经济体制市场化、宏观经济。主要学术著作：《中国市场化进程》《宏观经济学〈中国版〉》等。著作《中国市场经济报告2003》曾获第十一届孙冶方经济科学奖，《中国市场化进程》一书2012年获第六届吴玉章人文社会科学奖一等奖，《中国绿色发展指数报告2010》获第二届中国软科学一等奖，论文分别获第一届薛暮桥价格研究奖、安子介奖、中国图书奖等。

虚拟经济是指相对独立于实体经济之外的虚拟资本的持有和交易活动。虚拟资本是市场经济中信用制度和货币资本化的产物，包括银行信贷信用如期票和汇票、有价证券如股票和债券、产权、物权及各种金融衍生品等。随着市场经济的不断发展，社会分工和专业化程度不断提高，经济的货币化程度不断加深，金融活动占总经济活动的比例也越来越大，金融深化的程度日益提高，其结果是资本证券化和金融衍生工具大量创新。由于证券市场和金融衍生工具交易中存在大量的投机活动，金融市场的交易额和金融活动本身的产值迅速增长，形成规模不断扩张的虚拟经济。泡沫经济是指虚拟经济过度膨胀引致的股票和房地产等长期资产价格迅速的膨胀，是虚拟经济增长速度超过实体经济增长速度所形成的整个经济虚假繁荣的现象。其形成过程为一种或一系列资产在一个连续过程中陡然涨价，价格上涨的预期吸引了大量新的买主，这些新买主一般只是想通过投机获取价差、牟取利润，而对所买卖的资产的实际使用价值或盈利能力不感兴趣；由于新买主的不断介入，价格节节攀升，形成泡沫经济现象；一旦价格上涨的预期发生逆转，价格暴跌，泡沫破裂，便会引发金融危机并导致整个经济衰退。历史上著名的泡沫经济案例有1636年发生的荷兰郁金香泡沫、1791—1920年发生的密西西比泡沫、在伦敦发生的南海泡沫等，近年来发生的典型的泡沫经济案例有拉美地区的金融危机、东南亚金融危机、日本金融危机等。

在讨论泡沫经济时应严格区分泡沫经济和经济泡沫，泡沫经济并不等于经济泡沫。经济泡沫是指在经济发展过程中经常出现的不均衡现象，具体表现为上下起伏的经济周期。二者的主要区别在于，市场机制会对经济泡沫起制衡作用，无论速度快慢，最终在市场机制作用下总会出现一个均衡点，突出表现为价格上升，需求将下降。但市场机制对泡沫经济则无能为力，因为泡沫经济中根本不存在这样的均衡点，突出表现为价格上升，需求随之上升，市场充溢着买涨不买落的投机气氛，泡沫经济运行不遵循市场的基本运行原则，是市场失灵的特殊典型。1846—1847年英国铁路狂热，1919—1920年伦敦和纽约股票和商品价格暴涨暴跌，1920—1923年德国物价剧烈波动，1982年黄金价格从每盎司850美元跌至350美元等，均是比较典型的经济泡沫的案例。

二 虚拟经济的特征

虚拟经济是市场经济高度发达的产物，以服务于实体经济为最终目的。随着虚拟经济迅速发展，其规模已超过实体经济，成为与实体经济相对独立的经济范畴。

与实体经济相比，虚拟经济具有明显不同的特征，概括起来，主要表现为高度流动性、不稳定性、高风险性和高投机性四个方面。

1. 高度流动性。实体经济活动的实现需要一定的时间和空间，即使在信息技术高度发达的今天，其从生产到实现需求均需要耗费一定的时间。但虚拟经济是虚拟资本的持有与交易活动，只是价值符号的转移，相对于实体经济而言，其流动性很高；随着信息技术的快速发展，有价证券等虚拟资本无纸化、电子化，其交易过程正在瞬间即刻完成。正是虚拟经济的高度流动性，提高了社会资源配置和再配置的效率，使其成为现代市场经济不可或缺的组成部分。

2. 不稳定性。虚拟经济相对实体经济而言，具有较强的不稳定性。这是由于虚拟经济自身所决定的，虚拟经济自身具有的虚拟性，使得各种虚拟资本在市场买卖过程中，价格的决定并非像实体经济价格决定过程一样遵循价值规律，而是更多地取决于虚拟资本持有者和参与交易者对未来虚拟资本所代表的权益的主观预期，而这种主观预期又取决于宏观经济环境、行业前景、政治及周边环境等许多非经济因素，增加了虚拟经济的不稳定性。

3. 高风险性。由于影响虚拟资本价格的因素众多，这些因素自身变化频繁、无常，不遵循一定之规，且随着虚拟经济的快速发展，其交易规模和交易品种不断扩大，使虚拟经济的存在和发展变得更为复杂和难以驾驭，非专业人士受专业知识、信息采集、信息分析能力、资金、时间精力等多方面限制，虚拟资本投资成为一项风险较高的投资领域，尤其是随着各种风险投资基金，对冲基金等大量投机性资金的介入，加剧了虚拟经济的高风险性。

4. 高投机性。有价证券、期货、期权等虚拟资本的交易虽然可以作为投资目的，但也离不开投机行为，这是市场流动性的需要所决定的。随着电子技术和网络高科技的迅猛发展，巨额资金划转、清算和虚拟资本交易均可在瞬间完成，这为虚拟资本的高度投机创造了技术条件，提供了技术支持。

三　虚拟经济与实体经济的内在联系

虚拟经济和实体经济是相对独立的两个经济范畴，二者之间是相互依存、相互制约的关系。虚拟经济的产生源于实体经济发展的内在需求，无论虚拟经济发展多快、规模多大，其根本是为实体经济服务，实体经济是虚拟经济存在和发展的基础，没有实体经济，则虚拟经济将无从谈起，即实体经济是第一性的，虚拟经济是第二性的。同时，实体经济的发展又离不开虚拟经济。虚拟经济中的货币、资金、电子货币、股票、债券、ABS 等金融工具,已经渗透到实体经济的各个环节,实体经济的正常运转和快速发展,离不开虚拟经济的支持,落后的虚拟经济会成为快速发展的实体经济的障碍。

但是,我们应看到,虚拟经济的发展必须与实体经济发展相适应,虚拟经济的超前发展,并不能带动实体经济的超速发展,反而会引起泡沫经济,而泡沫经济破裂又会引致金融危机,对实体经济发展造成巨大破坏。以 Edward S. Shaw 为代表的众多经济学家认为,金融活动对经济增长的贡献随着金融深化而不断增加,因此主张通过金融自由化和金融深化促进经济增长。但经济发展的事实表明,这一主张是片面的。西方发达国家自 80 年代以来已相继实现金融自由经,金融深化程度不断提高,金融资产总量迅速膨胀,目前均已大幅度超过本国的 GDP,但在金融资产规模迅速扩张的同时,GDP 并没有随之快速增长,其增长速度反而有所下降,而且,在欧洲还引发了 90 年代的货币危机,在日本则产生了严重的泡沫经济现象。

四 虚拟经济的功能及其对实体经济运行的影响

虚拟经济对实体经济的发展具有巨大的促进作用。一方面,金融自由化和金融深化不仅可以提高社会资源的配置效率、提高实体经济的运行效率;而且资本证券化和金融衍生工具提供的套期保值等服务,还为实体经济提供了稳定的经营环境,降低实体经济的经营成本和因价格或汇率波动引致的不确定性经营风险,使实体经济能够稳定增长。另一方面,虚拟经济自身产值的增加本身即促进了 GDP 的增长,虚拟经济的发展提供了大量就业机会,直接促进了第三产业的迅速发展。具体而言,虚拟经济对实体经济的促进作用主要体现在以下四个方面:

1. 有助于提高社会资本的配置效率。金融市场的基本功能是实现资本在不同实体经济部门之间的优化配置。金融市场的价格发现功能——发现的虚拟资本所代表的权益价格,是实现增量资本在实体经济各部门之间优化配置的主要诱导工具。通过发行并交易虚拟资本,使发行主体如企业等能及时并充足地获得发展所需资金,促进优良企业的快速发展,同时获得社会资金的企业有义务提高其经营透明度,由广大虚拟资本投资者予以监督和审查,通过市场的力量,自动调节资金流向,使社会资本流向前景好、发展潜力大、经营效益好、管理规范的行业和企业,使没有前途的企业由于资金匮乏而自生自灭,提高社会资本配置效率,促进社会经济发展,同时,金融市场还为存量资本优化配置提供了有效途径,通过资产重组等产权交易,可以实现存量资本在不同实体经济部门之间的再次优化配置,盘活因投资决策失误或市场需求结构转变而闲置的存量资本,提高社会资本的利用效率。

2. 有助于提高整个经济的运行效率。其一,虚拟经济在促进社会资本优化配置的同时,也带动了劳动力、技术以及自然资源在实体经济部门之间的优化配置,使有限的经济资源流向最具有发展潜力的实体经济部门,提高整个经济资源的利用效率。其二,证券市场的发展,拓宽了企业的融资渠道,为企业的规模扩张提供了重要的资金支持;股权置换、控股收购等产权交易方式的创新,为企业低成本规模扩张提供了便利渠道,有助于社会规模经济的发展。其三,制度创新是现代经济增长的重要推动力,虚拟经济的发展是企业制度创新的重要源泉。世界经济发展历史表明,对社会经济发展最具影响也最具推动力的企业组织形式就是股份制,而股份制的建立和完善离不开股权的分割、设置和股权交易,这些均是虚拟经济的重要范畴。

3. 有助于分散企业经营风险。其一,资本市场的发展和企业制度的创新,使企业的投资主体多元化、社会化,同时也使企业产权的所有权、经营权和受益权相对分离,企业所有权的转让与处置对企业的经营活动影响弱化,企业经营的稳定性增强。其二,资产证券化、ABS(资产担保证券)、期权交易等金融创新层出不穷,对企业资金安排、投资选择、规模经营风险等具有重要影响,如通过期货市场套期保值和外汇掉期业务,可使企业有效规避市场价格波动和汇率变动带来的经营风险,降低企业生产成本等。其三,期货市场的价格发现反映了现货市场供求关系的未来转变,有助于企业及时调整经营战略,选择正确的经营方向;股票市场的价格发现反映了经济发展的总体趋势,也有助于企业及时调整发展战略,规避投资风险。

4. 虚拟经济规模的扩张,在加强 GDP 规模的同时,也提供了大量的就业机会。在虚拟经济日益发挥出对实体经济巨大的促进作用的同时,虚拟经济自身亦取得了突飞猛进的发展。与 1980 年相比,1996 年西方主要工业国家和新兴工业化国家金融资产总额均成倍增长,特别是亚洲新兴工业化国家金融资产的增长迅猛,并带动了相关服务业的发展,成功各国经济发展的重要推动力之一。

表 1　　　　　1980—1996 年主要工业国家和新兴工业化国家的金融资产

	美国 (十亿美元)	日本 (兆亿日元)	泰国 (十亿泰铢)	马来西亚 (百万元)	印尼 (十亿盾)	韩国 (十亿韩元)
1980 年	6013.3	497.27	795.8	54106	16793	34649
1996 年	24406.4	1376.65	11083.6	474180	577489	337136
增长	4.06	2.77	13.93	8.76	34.39	9.73

表2　　　　1988—1997年新兴工业化国家股票证券投资流入（亿现价美元）

	韩国	墨西哥	泰国	马来西亚	印尼
1988年	—	—	4.87		
1989年	—	—	14.26	1.95	1.99
1990年	5.18	5.63	4.49	2.93	3.12
1991年	3.45	44.04	0.41	—	—
1992年	30.45	53.65	0.04	3.85	1.19
1993年	60.29	142.97	31.17	37	24.52
1994年	25.25	45.21	-5.38	13.2	36.72
1995年	35.59	5.2	21.54	22.99	48.73
1996年	37	39.22	15.51	43.53	30.99
1997年	12.57	20.52	-3.08	-4.89	2.98

资料来源：世界银行《1999年世行发展指标》。

表3　　　　1980—1966年主要工业国家和新兴工业化国家服务业

增加值占GDP的比重变化（%）

	美国	日本	泰国	马来西亚	印尼	韩国
1980年	64.13	54.4	48.08	40.26	34.31	45.49
1996年	71.42	60.22	49.48	41.04	39.87	50.78
增加	7.29	5.82	1.4	0.78	5.56	5.29

资料来源：世界银行·中国网数据处理中心整理。

五　虚拟经济与泡沫经济的关系

虚拟经济对实体经济的促进作用是通过将储蓄有效地转化为实体经济发展所需要的资本实现的。但虚拟经济的发展与投机活动始终是共存的，虚拟经济所提供的资本配置的高效率，取决于虚拟资本的高度流动性，而虚拟资本的高度流动性是依靠投机活动实现的；虚拟经济所提供的风险规避功能如套期保值和外汇掉期业务等，风险也是通过投机者分摊的。虚拟经济相对于实体经济所具有的高风险、高收益特点，很容易吸引大批资金滞留于虚拟经济领域进行投机活动，而投机过度会引致虚拟经济过度膨胀，并形成泡沫经济。从日本、东南亚各国以及墨西哥等拉美国家的经济看，泡沫经济的产生是虚拟经济过度膨胀的直接结果，但与实体经济也有密切关系。引发泡沫经济的因素可以概括为以下几点：

1. 货币政策失误与金融监管不是产生泡沫经济的体制性因素。在金融监管不利的情况下，低利率和超量的货币供给会使大量资金流入股票、房地产等容易产生泡沫经济的领域，导致投机活动猖獗，引发泡沫经济。如日本货币供应量在1982—1985年十分稳定，经济也稳步增长，出现大量外贸顺差，导致本币升值；且由于日本居民储蓄率始终很高，银行拥有大量过剩资金。为了继续保持其强劲的经济发展势头，日本央行在坚持零利率政策的同时，多次放松银根，增加货币供应量，1987—1990年日本货币供应量（M2 + CD）超过了10%；日本银行积极向房地产经营者提供贷款，1985—1987年对房地产的贷款增加了20%以上。由于大量新增资金并未投入实体经济部门，而是流入了股市和房地产市场，导致投机活动日益猖獗，并使日本经济迅速泡沫化；日经指数1985年为12000点，1986年开始急剧上升，到1989年底已突破39000点，四年之内翻了两倍多；日本土地价格以1980年为100，1985年上升为154，1990年上升为626，日本土地面积只有37万平方公里，按当时市值计算，1990年日本的土地总值已在15万亿美元，比美国土地资产总值多四倍（美国土地面积为937万平方千米），相当于日本国内生产总值的五倍多。日本的泡沫经济与其货币政策的失误是密切相关的。

2. 银行等金融机构信贷扩张过度，金融资产质量低下，大量呆账、坏账的存在是引发泡沫经济的重要原因。银行等金融机构在追逐高利率的利益驱动下，放松金融监管和金融审查，银行信贷过度扩张，大量信贷缺乏必要的可行性论证，贷款抵押品手续非常简单，许多贷款以被高估的股票和房地产作抵押，当泡沫经济进裂，股票和房地产价值回归其合理价格时，被抵押在银行等金融机构的股票和房地产等抵押品出现大量缩水，不仅高息无法收回，而且贷款本金亦难以到期收回，致使银行等金融机构账面出现大量呆账、坏账，金融资产质量低下，当广大民众对银行等金融机构失去信心，便会发生挤提，致使银行等金融机构出现流动性危机，进而引发金融危机。

表4　　　　　　　1980—1996年主要工业国家和新兴工业化国家
服务业增加值的变化（1995年不变美元）

	美国	日本	泰国	马来西亚	印尼	韩国
1980年	42318	19004	273.84	153.67	274.91	681.69
1996年	51323	32096	877.62	423.7	885.11	2452
增长	1.21	1.69	3.20	2.76	3.22	3.60

3. 发展中国家在实体经济实力不强、结构性问题突出的情况下，金融市场过度开放，会导致虚拟经济过度膨胀，引发泡沫经济。70年代以后，拉美和东南亚

等地区国家经济快速增长,成为新兴工业化国家。受金融深化理论的误导,上述各国相继开放金融市场,企图通过金融完全自由化,依靠虚拟经济的快速发展刺激实体经济的持续高速增长;但由于实体经济的发展水平偏低,且存在诸多结构性问题,虚拟经济过快发展超过了实体经济发展的内在需求,最终引发了泡沫经济并导致了一系列金融危机。以泰国为例,在实体经济存在比较严重的结构性问题和金融监管水平不高的情况下,泰国政府却在财政政策、货币政策和外汇管理上推行了一系列激进的改革措施,加速了金融自由化和对外开放步伐,使虚拟经济发展速度大大超过了该国实体经济发展速度,特别是短期外资大量流入,且被投入房地产和股市炒作而非实体经济领域,使泰国经济的泡沫化现象日趋严重,并成为东南亚金融危机的导火索。

4. 国际游资的大量存在也是产生泡沫经济的重要因素。国际游资属于短期投机资本。从新兴工业化国家泡沫经济的形成及其破裂过程看,国际游资在其中起到了推波助澜的作用。由于新兴工业化国家经济增长较快,金融市场开放度较高,且在金融监管方面经验不足,使国际游资有了大肆进行投机牟取暴利的机会。虚拟经济的过度膨胀必然引发泡沫经济,但并非说虚拟经济快速发展中形成的经济泡沫即为泡沫经济。由于美国经济对世界经济发展举足轻重,且美国股市最近持续高涨,引致全球经济学界对美国经济是否泡沫化的担忧。事实上,美国目前仅仅是存在一些金融泡沫,但经济并未泡沫化,原因主要在于:其一,美国实体经济保持强劲增长。美国高科技、信息产业的迅速发展,信息技术革命提高了每小时的产出,意味着经济可比过去发展更快,同时不会引起通货膨胀,80年代之后一直维持较低的通货膨胀率,80年代后为5%,90年代为1%—2%,目前为1.5%,失业率不断降低,1998年跌至4.3%,消费持续旺盛,消费对GDP的贡献率达60%以上,风险资本市场为新经济提供了有力支持,这些因素促使美国实体经济持续、稳步增长,足以支撑美国虚拟经济中的金融泡沫。其二,美国虚拟经济中存在一些金融泡沫是合理的。首先,美国股市虽然频频创出新高,但主要是由NASTAQ科技股的强劲上扬所带动,工业、运输业、银行业等行业的股票走势较为平衡。NASTAQ的平均市盈率虽已经高达90倍,但以美国工业类股票的平均PE(市盈率)仅为25倍,运输业股份的PE平均为12倍,银行业平均为13倍,公用事业股平均为20倍,均处于合理区间,不能仅仅因为一个科技股板块市盈率偏高而认为泡沫成分过大。其次,科技股板块整体市盈率偏高具有一定的合理性。根据现代的现金流量模型,股票价格更多地反映了投资者对该企业的长性的预期,股票的内在价值由拥有这种资产的投资者在未来时期所预期并接受的现金流所决定,等于预期现金流的贴现值。若按此方法计算，除个别市盈率过高的股票，如有的科技股市盈率达2900倍，存在过度投机现象，大多数科技股若长期保持现在的增长势头，则美国科技股的定价尚不太高。其三，美国拥有全球最为健全、规范、高效的金融体系，具有较高的金融监管水平，金融机构资产质量较好，抗风险能力普遍较强。因此，美国经济虽然存在一定的经济泡沫，但并未泡沫化。

六 泡沫经济对实体经济的危害

在看到虚拟经济对实体经济产生积极促进作用的同时，我们还应看到虚拟经济过度膨胀引致的泡沫经济，对实体经济发展造成的巨大危害。泡沫经济产生后，无论其持续时间有多长，最后均会发生破裂并引致严重的金融危机，对实体经济的发展构成多方面的损害，主要表现在以下几个方面：

1. 扭曲资源配置方式、降低资源配置效率，阻碍农业、工业等实体经济的发展。在泡沫经济兴起阶段，投资于股市、汇市和房地产等可以得到远非实体经济能够企及的很高的回报率，高回报率使大量资本从实体经济部门流入股市、汇市或房地产，使股市、汇市和房地产异常繁荣，资金供求失衡又会引致利率大幅上升，使实体经济部门的发展因融资成本过高而萎缩甚至停滞；同时，股市、汇市和房地产业的高收益使大批人才流入泡沫经济领域，使劳动成本因人力资本短缺而迅速提高；生产成本的过度膨胀会降低实体经济部门的国际竞争力，阻碍出口贸易的增长。泡沫经济所扭曲的资源配置方式，会严重损害一国的综合经济实力，阻碍一国的经济增长。

2. 扭曲消费行为，恶化国际收支状况。泡沫经济引致的虚假繁荣景象扭曲了消费者的消费行为，是产生过度消费现象的重要根源，而过度消费又容易引致进口大量增加，同时，企业由于借贷成本过高；劳动力成本加大，会降低出口竞争力。进口的大量增加与出口的急剧下降，破坏经常项目的贸易平衡，经常项目出现巨额逆差，外汇储备剧减，使国际收支状况恶化。

3. 破坏金融系统运作，降低银行抗风险能力，引发金融危机。泡沫经济中投机活动盛行，资金需求剧增，诱使银行不断提高利率以获得更高的收益。高利率促使银行扩大信贷，放松对信贷质量的审查和可行性研究，使银行等金融机构的大量资金涌入股市、汇市和房地产等过度投机市场，实体经济由于无法承受过高的银行利率而使其正常资金需求受到极大的抑制，银行等金融机构作为既得利益集团，对股市、汇市和房地产投机起到了推波助澜的不良作用。

4. 泡沫经济可重新分配国民收入，加剧社会贫富两极分化，严重的会引致一系列的社会问题，对社会安定构成威胁。

七　结论与建议

当前，IMF 等国际金融组织在处理墨西哥金融危机和亚洲金融危机过程中，已取得了应对泡沫经济的一些经验，如加强国际协调、督促有关国家优化调整实际经济结构等，但对如何从体制上扼制虚拟经济过度膨胀和防止发生泡沫经济问题，还远未形成一致的观点，对应对泡沫经济的许多措施的有效性，也存在很大的争议。我国目前即将加入 WTO，必然面临金融、服务等被迫对外开放等问题，更应积极致力于该项课题的研究，汲取他国发展经验，在充分发挥出虚拟经济对实体经济的促进作用的同时，科学把握虚拟经济发展的"度"，对泡沫经济防患于未然。

1. 大力培养金融人才，迅速提高金融监管水平，建立稳定、健全、高效的金融监管体系。金融监管体系是一国宏观经济的重要组成部分，一个稳定、健全、高效的金融监管体系已成为现代经济发展的先决条件，而培养一批高水平、高素质、具有丰富经验的专业金融人才又是建立这样一个体系的先决条件。

2. 大力发展高新技术产业，加快我国经济结构调整和升级，促进实体经济的稳步发展。实体经济的坚实发展，能有效化解虚拟经济中的泡沫，防止产生泡沫经济。近年来，我国实体经济虽然保持了较高的增长速度，但结构性矛盾仍然十分突出，并成为制约我国经济增长的最主要因素。因此，应通过政策性扶持、鼓励民间风险投资等多种方式，大力发展高新技术产业，加快结构调整，扎实解决经济发展中的结构性问题，以此促进实体经济的增长，为防范泡沫经济的发生奠定坚实的基础。

3. 发展虚拟经济应坚持以实体经济发展为基础的渐进式发展原则。虚拟经济的适度发展会极大促进实体经济的发展，但若虚拟经济发展规模过大、速度过快，就会阻碍实体经济的发展，严重的会引发泡沫经济，造成经济衰退。我国金融发展历史较短，金融监管手段、方法落后，高水平的金融监管人才匮乏，金融机构抗风险能力较差，因此，发展虚拟经济坚持渐进式原则，金融深化和金融开放以能否与实体经济发展相适应、能否有效促进实体经济发展、金融监管水平能否达到等为尺度，严格控制虚拟经济的膨胀规模和膨胀速度，防范金融风险和泡沫经济的产生。

4. 积极支持并鼓励适合我国经济环境的金融创新业务的发展。金融创新可以提高金融体系的运作效率，增强虚拟经济对实体经济的促进作用。我国作为资本项目未对外开放、金融深化自由化程度较低的发展中国家，相对近年来以年均约10%速度增长的实体经济，金融品种显得匮乏，没有充分发挥出虚拟经济对实体经济的促进作用。尤其是我国即将加入WTO，许多行业都将面临异常严峻的激烈竞争，增加股票指数期货、金融期权等金融交易和服务品种，为企业提供多种防范和转移风险的工具，无疑会提高企业乃至整个经济的运行效率。

"入世"对我国经济的影响及其对策[*]

杨圣明[**]

内容提要:"入世"是振兴中华和走向世界的新的良好机遇,也是适应经济全球化的趋势、分享经济全球化利益的重大举措。无论在国内,还是在国际上,都会产生深远的影响。它对我国第一产业(农业)和第二产业(工业)的影响是可以承受的,不会产生灾难性的后果;对我国第三产业(服务业)的影响远远超过前者,后果可能严重一些。我们必须认真对待,加快改革,转换机制,提高科技水平,增强国际竞争力。

自从1986年7月我国政府正式提出"复关"申请以来,已经走过近15年的艰难曲折、坎坷不平的谈判历程。目前,已结束双边谈判阶段,近入集体谈判的"议定书"阶段,可望在年底前正式加入世界贸易组织(WTO)。中国"入世"无论在国际上,还是在国内,都是重大事情,其影响深远,因而引起了国内外的强烈反应。仅国内而论,有两种截然不同的观点。一种观点认为中国"入世"就是"门户开放""资本主义化""自由化",必然亡党亡国;另一种观点认为,中国"入世"可以借助于发达国家先进的科技、管理甚至"制度安排",使中国的体制改革与现代化建设毕其功于一役,一步登天,进入发达国家行列。我们不同意这些"亡国论""速胜论"的意见。现在看来,"入世"既是机遇,又是挑战,有利有弊,且利大于弊。

---

[*] 原文分上、下两篇,分别发表于《财贸经济》2000年第12期和2001年第1期。
[**] 杨圣明(1939—),山东金乡人。曾任中国社会科学院研究生院副院长、中国社会科学院财贸经济研究所所长、学术委员会主任、党委书记,《财贸经济》主编,中国社会科学院学术委员会委员,兼副秘书长。现任中国社会科学院学部委员、博士生导师,对外经贸与国际金融研究中心副主任。主要研究领域:国际经济、消费理论、宏观经济。主要著作:《服务贸易:中国与世界》《中国对外经贸理论前沿》《全球化与我国外贸体制建设》《中国经济开放理论创新》《中国宏观经济透析》等。曾先后获五次孙冶方经济科学奖、四次中国社会科学院优秀科研成果奖,一次安子介国际贸易研究奖。

一 "入世"是振兴中华和走向世界的新的良好机遇

（一）适应经济全球化的趋势，分享经济全球化的利益

经济全球化或一体化是指世界各国经济之间你中有我、我中有你、互相依存、相互制约、互相促进的发展过程和融合状态。它始自何时？有的说，经济全球化始于二战结束以后的五六十年代。其实，早在1849年，马克思和恩格斯在《共产党宣言》中就明确指出："资产阶级，由于开拓了世界市场，使一切国家的生产和消费都成为世界性的了。不管反动派怎样惋惜，资产阶级还是挖掉了工业脚下的民族基础。古老的民族工业被消灭了，并且每天都还在被消灭。它们被新的工业排挤掉了，新的工业的建立已经成为一切文明民族的生命攸关的问题；这些工业所加工的，已经不是本地的原料，而是来自极其遥远的地区的原料；它们的产品不仅供本国消费，而且同时供世界各地消费。旧的、靠国产品来满足的需要，被新的、要靠极其遥远的国家和地带的产品来满足的需要所代替了。过去那种地方的和民族的自给自足和闭关自守状态，被各民族的各方面的互相往来和各方面的互相依赖所代替了。物质的生产如此，精神的生产也是如此。各民族的精神产品成了公共的财产。民族的片面性和局限性日益成为不可能，于是由许多种民族的和地方的文学形成了一种世界的文学。"[①] 这段话对经济的一体化或全球化其中包括对精神生产的一体化或全球化的描述是多么的逼真与精彩，至今仍闪烁着真理的光辉，对照一下今天的现实，怎么不令人信服呢！

1945年至今，是经济全球化或一体化迅速发展的阶段。主要原因有三个。其一，众多国际组织推动。二战结束后，美国代替英国成为世界霸主，力求将其过剩的大量资本和商品推向全世界。为此，在美国的极力倡导下，1945年底成立了世界银行和国际货币基金组织，1947年签订了关税与贸易总协定。号称世界经济秩序"三大支柱"的这些经济组织极力推行金融自化、投资自由化和贸易自由化，冲垮各国的关税壁垒和非关税壁垒，提高经济全球化或一体化的水平。尤其值得强调指出的是，在关贸总协定基础上1995年1月1日成立的世界贸易组织正在发动"千年谈判"，制定新的贸易、投资和知识产权方面的规则，以推动经济全球化的

[①] 《马克思恩格斯选集》第1卷，人民出版社1972年版，第254—255页。最后一句话中的"文学"（Literatur）一词泛指科学、艺术、哲学等方面的著作。

发展。其二，跨国公司已经成为经济全球化的主体和主力军。跨国公司在二战前还是相当弱小的，而战后则迅速崛起，目前已主宰了世界贸易和国际投资的 70% 以上。大型的一个跨国公司的经济实力就超过一个中等国家。据统计，1997 年全球有跨国公司 4.4 万家，其境外分支机构超过 28 万家。这些"无国籍"的跨国公司都实行全球化战略，从全球出发配置资源和技术，抢占世界市场，将营销网络布满全球。因此，跨国公司的发展必然加速经济全球化的进程。其三，以信息技术革命为代表的高新技术革命大大地改善了运输和通信条件，便于各国往来和互通有无，使各国经济之间的融合程度不断提高。

面对汹涌澎湃的全球浪潮，各国的态度不同，社会各界的反响迥异。但有一点是共同的，即全球化是世界经济发展的一种新趋势。全球化的利弊如何分析？有的将全球化与世界上贫富差距扩大联系在一起，认为全球化是富国剥削、掠夺甚至强占穷国的一种手段；有的则视全球化为世界的福音，将给世界各国人民都带来幸福的生活；也有的认为全球化是一把双刃剑，有利也有弊，至于对各国的利弊大小，则取决于各国的政策。我们赞成后一种意见。判断全球化的利弊，首先必须坚持生产力标准。从全球化是否有利于各国的标准来看，在世界市场上，生产率高的发达国家获利程度往往大于生产率低的发展中国家，这是毋庸置疑的。但是，这并不是说，暂时落后的发展中国家就不可能从世界市场上获得利益。即使生产率低的发展中国家，在国际交换中"所付出的实物形式的物化劳动多于它所得到的，但是它由此得到的商品比它自己所能生产的更便宜"[①]。有的经济学家提出消灭国际贸易中的剥削问题，尤其是发达国家对发展中国家的剥削问题。这能否办到？在当前不可能实现。因为这个问题根源于市场经济。市场经济的基本规律和价值规律决定了世界各国的一切法权都是表面的平等而事实上的不平等，表面上的等价交换而事实上的剥削。既获利又受剥削，这是对当前发展中国家所处国际环境的准确描绘。要摆脱这种矛盾环境，消灭剥削，只有离开市场经济，进入另一个无市场经济的世界。

改革开放 20 年来，我国已经逐步地融入全球化之中，1999 年我国进出口总额按人民币计算达 29856 亿元，相当于国内生产总值的 36.4%；1979—1999 年累计利用外资 4596 亿美元，按 8.3:1 计算，折合人民币 38146 亿元，相当于我国国有资产的 1/3 以上。这两个重要数据说明，我国经济融入全球化的程度已经相当高

---

① 《马克思恩格斯全集》第 25 卷，人民出版社 1974 年版，第 265 页。

了。我国既深深地融入了全球化之中,又分享了全球化的许多利益,不仅引进了巨额资金和先进的技术,提高了管理水平,加速了体制改革,而且培育了一大批开放型的人才,增强了市场意识和素质,为中华民族复兴闯出了一条新路。改革固然是开放的基础,但开放又是改革的前提。若没有开放,我国的改革将寸步难行,根本不可能获得如此辉煌的成就。全球化给中国带来的福利将永垂青史,谁也抹杀不掉!

(二)适应"经济联合国"壮大的趋势,分享"经济联合国"的利益

所谓"经济联合国"就是指世界贸易组织。为什么把世贸组织称为经济联合国?理由主要有三个:(1)世贸组织的活动及其制定和实施的市场经济规则涵盖了整个国际经济生活。由于乌拉圭回合签署的《服务贸易总协定》《与贸易有关的投资措施协议》《与贸易有关的知识产权协定》,以及1997年世贸组织成员达成的《金融服务协议》《基础电讯协议》和《信息技术产品协议》等,使世界贸易组织的活动及其规则涵盖了整个国际经济生活。(2)世贸组织的成员具有广泛的代表性,代表着全世界的80%以上国家和地区。目前,世贸组织有正式成员137个,还有30个国家和地区正在申请加入,等待审议通过。世贸组织中的发达国家有28个,占20.4%,虽然它们有较大的发言权,影响也较强,但不能主宰世贸组织。世贸组织的80%的成员都是发展中国家和地区,与我国有共同的利益和要求,我们没有理由不同它们站在一起。我国是"政治联合国"的常任理事国。大国地位决定了必须尽早"入世",加入"经济联合国",以便发挥应有的作用,分享应有的利益。(3)世贸组织成员之间的贸易额约占全球贸易总额的95%。这就是说,全球95%的国际贸易都是按世贸组织的规则运行的。我国要面向世界,走向国际市场,就必须按世贸组织的规则办事。

世贸组织是以市场经济中的多边贸易规则为基础的义务与权力相平衡的国际法人组织。

加入这个组织的成员,既尽义务,又享受权利;既发挥作用,又分享利益。这种利益大致有五个方面:(1)无条件享受130多个成员永久性的无歧视的最惠国待遇,避免像目前美国国会每年歧视性地审查一次中国的最惠国待遇资格问题,也可减少某些国家毫无理由地对中国的所谓反倾销、反补贴,有助于改善我国的对外贸易环境。(2)运用世贸组织的争端解决机制解决我国在国际贸易、国际投资以及知识产权等领域同有关国家和地区的纠纷。过去,我国如果与有关国家发生贸易

摩擦，仅靠双方协商，没有第三者介入，成功了继续做贸易，失败了只好中断贸易往来，双方都遭受损失。"入世"后，若发生贸易、投资和知识产权等方面的摩擦，当然首先是双方协商解决，如果不成功，那就可以提交世贸组织的专家小组和上诉仲裁机构，由它们帮助解决。这样，将有利于我国对外贸易、对外投资以及知识产权等事业的发展。（3）通过世贸组织的政策审议机制充分了解世界各国的涉外法规、政策和市场信息，便于我国企业走向世界，开拓国际市场。世贸组织的成员有义务通过定期和经常两种方式向世贸组织及其政策审议机构通报其涉外法规、政策的变动情况，接受审议。当举行审议大会时，WTO的所有成员都有资格参加，听取情况，获得资料，发表意见。这是了解各国的最佳时机。政策审议的内容主要包括贸易政策的经济环境、贸易投资政策的体制因素、贸易政策的主要措施以及产业（部门）的贸易政策。审议的内容还包括与贸易有关的竞争政策、技术政策和技术标准问题。政策审议的范围不限于货物贸易，还包括服务贸易与知识产权等领域。审议的重点随着情况的变化而改变。当服务贸易问题突出时，就把重点放在服务贸易政策上；当知识产权问题突出时，就把重点移至这个问题上。按规定，最大的四个贸易实体（美国、欧盟、日本和加拿大），每2年接受一次审议；按贸易额排名第5—20名的成员每4年接受一次审议；其余成员每6年接受一次审议。WTO秘书处公布审议结果。（4）积极参加世贸组织发动的各种类型的谈判，制定和实施新的多边贸易规则，分享谈判成果，维护我国和大多数发展中国家的利益。国际经济生活中的矛盾和摩擦不断产生，新情况新问题接连不断。为推进国际经济向前发展，世贸组织要经常不断地组织各种谈判，解决矛盾，制定和实施新规则。自1995年世贸组织成立以来，主要组织了金融服务、基础电信、信息技术产品、民用航空以及农产品等方面的谈判。我国坚决支持多数发展中国家的立场，制定和实施公正、公平和合理的各种贸易规则，并从中分享应有的利益。（5）充分利用例外和保障条款以及对发展中国家优惠待遇原则，保护我国的幼稚产业，逐步提高其国际竞争力。例外和保障条款就是指在特殊情况下，世贸组织的成员可以不履行已承诺的义务，对进口采取一些紧急的保障措施，如提高关税、实施数量限制等。世贸组织为促进发展中国家尤其是最穷国家的贸易和经济的发展，几乎在每个多边贸易规则上都明确规定了给予发展中国家以优惠待遇。这些优惠待遇主要体现在三个方面：允许发展中国家用较长的时间履行义务或者有较长的过渡期；允许发展中国家在履行义务时有较大的灵活性；发展中国家在履行某种义务时发达国家成员应当提供技术援助。我国是发展中国家，应当充分研究并利用这些优惠条款，保护我国的幼稚产业,逐步提高其国际竞争力。应当指出,对发展中国家实行的普遍优惠制(简称普惠制,GSP)是最惠国待遇的一个重大例外。它与最惠国待遇原则既统一,又对立,相辅相成。所谓普惠制是发达国家给予发展中国家出口制成品和半成品(包括某些初级产品)一种普遍的、非歧视的、非互惠的关税优惠制度。对这种制度我国企业知之甚少,利用不多。

(三)适应我国走向世界的趋势,不断推进现代化建设,深化经济体制改革

中国"入世"等于向全世界庄严宣告,中国将按照国际通行的市场经济规则办事。在外商眼里,这是最大的投资环境和贸易条件的改善,要比税收优惠几个百分点或土地价格便宜一些更受欢迎。因此,必然吸收更多的外资,增加国际贸易额,加速我国的现代化建设。据经合组织分析,中国入世后,从2002年起,中国国内生产总值(GDP)每年多增加370亿美元。据WTO前任总干事鲁杰罗估计,中国入世后,每年可拉动GDP增长近3个百分点,并将创造1000万个就业岗位,同时也将使万计企业受到竞争压力,甚至破产。据亚洲开发银行估计,中国入世后GDP增长速度每年可提高2—3个百分点。中美学者合作的一份研究报告指出,中国入世后,2005年比1998年,中国纺织品在世界市场上的份额将提高10个百分点,使中国成为下世纪最大的纺织品出口国。反之,中国不入世,纺织品份额将逐年下降,到2005年将超过1个百分点,其中在美国的市场份额将从目前的10%下降到2010年的5.6%。据设在北京的戈德曼—萨克斯投资银行的一份报告分析,中国入世后,在2005年以前,将使它的经济每年潜在地增长0.5个百分点;到2005年,中国的外贸额将从1998年的3240亿美元增长到6000亿美元;削减关税将使中国每年进口额增加650亿美元;而取消非关税壁垒将使中国每年的进口额增加200亿—300亿美元;外商在中国的投资也将从1998年的456亿美元增加到2005年的1000亿美元。

在经济体制改革方面,我国传统垄断的许多行业(如金融、保险、电信、外贸等)改革滞后,再不加速改革,将拖整个改革的后腿。如何加快?光靠领导上制定文件是不够的,主要应采取市场竞争的办法。在传统垄断行业中,为了使它们真正进入市场经济,除加快国内开放,让不同经济主体进入这些垄断行业外,还必须对外开放,引进国外的竞争者,使传统垄断行业变成竞争行业。中国"入世"将是一次更大的、更高层的、更宽领域的对外开放,必然吸引更多的外资进入传统垄断行业,增强竞争能力。这样,将根本改变传统垄断行业的万马齐喑的局面,使之焕发青春活力。当然，扩大开放还将在传统的竞争行业，引进竞争者，提高竞争的激烈程度和强度，从而推动社会前进、提高经济效率。

（四）适应祖国统一大业发展的历史趋势，争取早日解决台湾问题

中国是关贸总协定原始缔约国。早在1948年当时的国民党政府就代表中国在协定上签了字。但是，1950年台湾当局正式退出了该协定。进入80年代，我国政府正式提出了恢复我国在关贸总协定中的地位问题，并开始了"复关"谈判。与此同时，台湾当局又提出了加入关贸总协定的要求。面对这种情况，我国政府曾与有关方面达成了两项谅解：其一，台湾只能以中国台北（台澎金马）关税区的名义加入，不能冠以其他任何称谓；其二，只能晚于而不能早于中国政府加入世界贸易组织。对于这两项谅解，在美国的大选以及台湾的所谓选举中都有反对的噪音。看来，台湾问题必须尽快解决。我国尽早"入世"，可以防止"台独"分子利用入世问题制造两个中国或一中一台的活动。不仅如此，我国早日加入世贸组织，而台湾随后以关税区名义也加入，都成为WTO的成员，将有利于两岸"三通"，加速祖国统一大业的步伐。

总之，"入世"既是良好机遇，又是严峻挑战，将对我国的经济产生全面的影响。下面我们对入世的挑战详细加以分析，并提出适当的对策。

二 "入世"对我国第一产业（农业）的影响及对策

（一）《中美农业合作协议》及美国单方面公布的"市场准入协议"的主要内容

《中美农业合作协议》的主要内容有三项：农业科技交流；具体的合作项目，共有10多项；中国解除对进口美国小麦、柑橘类水果和肉类在卫生和检疫方面的一些限制。对于小麦，过去中国把美国靠近太平洋的西北部的7个州划为小麦矮腥黑穗病（TCK）的疫区，禁止从这些地区进口小麦；按照新达成的协议，中国将取消禁令，但是，一旦发现超过检疫标准的TCK小麦，中国将采取特殊方法处理（如消毒或运到海南岛加工）或退回。对于柑橘，中国过去以美国南部4个州有地中海果蝇为由禁止进口，协议则要求取消该禁令并确定新的检疫标准。对于肉类，中国过去不承认美国农业部食物检验所对美国出口肉类安全性的认证，协议则要求中国认可该认证。

美国单方面公布的"市场准入协议"中的有关农产品的主要内容有两项：降低关税和增加关税配额数量。在关税方面，美方要求中国将农产品平均关税率由22%降至17%，其中美国关注的农产品降至14.5%，关税减让要在2004年前完成。至于各种农产品具体情况如下：

表1　　　　　　　　　美方提出的中国农产品关税减让幅度　　　　　　　　　单位：%

品种	目前关税水平	2004年关税水平	品种	目前关税水平	2004年关税水平
牛肉	45	12	苹果	30	10
猪肉	20	12	杏仁	30	10
禽肉	20	10	葡萄酒	65	20
柑橘	40	12	奶酪	50	12
葡萄	40	13	冰激凌	45	19

表2　　　　　　　　　　美方提出的中国农产品关税配额

品种	初始配额（万吨）	最终配额（万吨）	私营部门（%）	最终年份
小麦	730	930	10	—
玉米	450	720	25—40	2004
大米	260	530	50	—
豆油	170	330	50—90	2006
棉花	74.3	89.4	67	2004

此外，大麦和大豆不实行关税配额，大麦关税减至9%，大豆关税降至3%；对羊毛、糖料、棕榈油和菜籽油等农产品实行关税配额。[①]

（二）对中国农业影响的分析

按中美协议，中国入世第一年谷物（小麦、玉米和大米）关税配额总数量是1440万吨，第五年是2180万吨。这样规模的进口对中国粮食市场不会造成很大的影响。理由主要在于：（1）90年代我国粮食的进口有4个年份（1991年、1992年、1995年、1996年）都超过1000万吨，其中1995年曾达到2081万吨。上述粮食关税配额总数与实际进口大体接近，市场可以承受。（2）乌拉圭回合签署的关于农产品协议曾规定，发展中国家进口粮食的数量限于其国内总产量的

---

① 本文所引用的中美关于WTO协议的内容，均是笔者从互联网和报刊上搜集的，仅供参考。我国政府尚未公布这方面的任何情况。将来，以政府公布的为准。

3%—5%。我国1999年谷物产量为45304万吨,按上述规定计算,进口的上下界限为1359万—2265万吨。可见,我国的进口配额并未超过发展中国家的承受能力。(3)我国政府1996年发表的"粮食问题白皮书",把5%进口率确定为政策目标之一。现在把进口2180万吨粮食作为关税配额的最高界限,只相当于我国粮食生产总额的4%左右,没有超出政策目标。(4)关税配额仅仅是个指标,就像某一个计划指标那样,能否完成取决于多种因素。主要取决于国内的需求,如果粮食生产上去,供应充足,并不一定进口那么多粮食。(5)我国的农民多,粮食自给率达60%—70%,商品率不高,进口粮食的辐射力和影响面较小,很难让中国农民吃外国的粮食。

我国棉花(原棉)的进口量1995—1998年分别为74万吨、65万吨、20万吨。而关税配额是74.3万—89.4万吨。前者的高限是后者的低限,总体水平稍高一些,不算太高,不致造成严重影响。我棉花产量1995—1999年分别为476.5万吨、420.3万吨、460.3万吨、450.1万吨和382.9万吨。关税配额相当于总产量的15%—20%。国外棉花占领中国市场的份额最多不超过1/5。

我国食用植物油(含棕榈油)1995—1998年的进口量分别为353万吨、264万吨、275万吨、206万吨,而豆油的关税配额为170万—330万吨,与过去的实际进口量大体相平。我国的油料产量1999年达到2602万吨,其中花生达1264万吨。关税配额相当于国内生产总量的比重并不高,它虽然会占领一部分市场,但绝不会冲垮中国的油品市场。

(三)主要的对策

1. 找准优势,扬长避短,充分发挥我国农业的优势。我国农业与美国、加拿大、澳大利亚等国农业的竞争实际上是小农业与大农业、传统农业与现代农业的竞争。在这种竞争中,各自都有自己的独特优势。大农业的优势主要在小麦、玉米、大豆和棉花等大宗农产品方面。它通过农业的机械化、石油化、化肥化、基因化等措施,使产量大增,成本降低,价格低廉。以1998年国际期货价格为100,我国主要农产品收购价格为:小麦143、玉米180、大米101、大豆179、豆油156、花生油153、棉花107、生猪68、原糖183。在上述9种大宗农产品中,只有生猪还有价格优势,棉花和大米基本持平,其他6种均丧失价格优势。在这种情况下,再降低关税,扩大进口配额,肯定会对我国粮食市场造成一定的影响。但如上分析,决不会造成灾难性的恶果。大农业虽然有优势,小农业也有自身的优势。凡是劳动密集的农业产品,我国均有优势。在水果、蔬菜、园艺作物、水产品、畜产品以及各种各样的名目繁多的杂粮、土特产、中草药等方面，我国农业都有明显的优势。从价格上看，目前中国水果价格大都低于国际市场价格，苹果、鸭梨、柑橘的国内市场价格比国际价格低4—7成；肉类价格（除禽肉价格外）均低于国际市场价格，其中猪肉的价格低60%左右，牛肉价格低80%左右，羊肉价格低50%左右。贸易自由化提高了畜产品的国内价格，同时降低了饲料的国内市场价格，必然促进畜牧业发展。到2005年，猪肉年出口量将由24.1万吨上升到458.8万吨，禽肉将由净进口变为净出口，出口量将达100万吨以上。到2020年，中国猪肉的出口量更高达600多万吨，猪肉和禽肉的出口量占国内总产量的15%左右。[①] 以上分析表明，在农产品国际市场上，要你打你的，我打我的，尽力避开大农业的优势，充分营造我国农业的独特优势，开辟国际市场，抢占更大的市场份额。

2. 充分利用"绿箱政策"，大力支持我国的小麦、玉米、大豆、棉花等大宗农产品生产。我国大宗农产品所以失去价格优势，主要原因在于农业的基础设施差，资金投入少、科技含量少。针对存在的问题，充分利用世贸组织允许甚至鼓励采用的"绿箱政策"，加大农业科技投入，培养农业科技人才，培育新品种，改良传统品种；加大基础设施投入，改善水利、供电、交通等状况；改革农产品流通体制，使小农业与大流通有机地结合起来。

3. 大力发展绿色有机食品，构筑绿色壁垒。今后，农产品关税、配额、许可证等传统保护手段的作用越来越小，代之而起的将是绿色壁垒和技术壁垒。我们应当充分利用这些手段切实保护我国的农业。在构筑绿色屏障时，对于转基因农产品应给予特殊的重视。自1983年转基因的烟草和马铃薯问世以来，转基因农产品在美国如雨后春笋般地迅猛发展，势不可当。对于这个新东西如何看待？有人认为是福音，将彻底解决人类食品之源，使人类有取之不尽、用之不竭的食品；有人认为是大祸临头，将给人类造成灾难，甚至威胁人类生命的存在。美国与欧盟之间的"激素牛肉"战以及其他农产品贸易摩擦反映了上述的分歧。有实验证明，长期食用转基因食品，妇女的更年期紊乱，孩子的性成熟加快，男人的生育能力降低，甚至人的寿命缩短。转基因农作物如果与其他农作物间种或套种，将杀死其他农作物，或使之变形变态。目前，欧洲人一般不接受转基因食品。当然，这些实验还是少量的，要作出准确的科学的结论，还有待于人类的实践。不管转基因农产品的命运如何，但有一点可以肯定，绿色有机食品对人类的生命和健康有百益而无一害，

---

① 参见《WTO与中国农业》，《国际商报》2000年9月7日。

因而倍受欢迎，其价格高出10%—30%均可为消费者接受。我国有生产绿色有机食品的优越条件，劳动力丰富，有机肥料多、气候多样性，再加上传统的栽培技术，可以在绿色有机食品方面大显身手。而这一点，恰恰是美国、加拿大等大国的弱项。对于这种状况，像我国的云南、海南、山东等地方已有所认识，并采取行动，发挥我国的绿色有机食品的优势，去占领国际市场。

三 "入世"对我国第二产业(工业)的影响与对策

(一) 中美协议中关于工业的主要内容

工业平均关税降至9.44%，优先项目降至7.1%，关税一经降低，不得再提高。除少数项目外，所有关税要在2005前完成调整。中国开放工业品的贸易权及配销权。汽车进口关税在2006年前降至25%，汽车零件进口关税降至10%，汽车进口配额同年取消，美国公司可向中国消费者提供购车贷款。在医药业，将药品关税降至与其他贸易成员相等的水平，5.5%—6.5%。将木材的进口关税由目前的12%—18%以及纸张的进口关税15%—25%降至5%—7%。把目前平均13%的科技产品的关税降为零，在2005年前，取消半导体、电脑、电脑设备、电信设备和其他技术产品的关税限制。

(二) 对中国工业影响的分析

据调查资料，在纺织、化工、能源、冶金、建材、医药和轻工等行业的48种主要工业品中，国内价格低于国际价格的只有13种，占27%，而国内价格高于国际价格的有35种，占73%。其中高于20%的有13种，占27%；高于21%—40%的有7种，占15%；高于40%以上的有15种，占31%。在这种情况下，如果全面开放市场，将有近一半的产品面临激烈的价格竞争。当然，各个行业的竞争程度又有所不同。比较突出的行业主要有：

汽车行业。货运汽车与客运汽车面临的形势不同。据有关专家评估，我国3—8吨的货汽车质量与国外同类车型的质量相比不相上下，但价格便宜，因此尚有价格优势。当然，矿山、桥梁等方面的特殊专用汽车无论质量还是价格都缺乏竞争力。不过，这类专用货运汽车不多，对市场影响不大。客运汽车面临的形势则是另一番景况，无论质量，还是价格，都处于明显的劣势。就价格而论，我国客运汽车平均价格高于国际市场价格约1倍。这种差价目前是靠80%—100%的平均关税抵挡的或对冲的。而"入世"后汽车关税降至25%，汽车零件关税降至10%，汽车配额又取消。这样，客运汽车行业内必然形成激烈的竞争。

化工行业。化工行业过去使用的原材料（如原油、天然气、煤、盐等）价格很低，而产出的成品价格又畸高，因而形成高额垄断利润，掩盖了技术水平低和管理落后的严重问题。现在揭开面纱，真相大白。化工产品价格普遍高于国际价格。以国际期货价格为 100，我国的橡胶 141、高压聚乙烯 146、聚丙烯 116、硫酸 176、盐酸 116、纯碱 106、尿素 193、磷酸二铵 150、氯化钾 140。如此巨大的价格差距，在关税很低的条件下，国内产品将处于十分不利的地位。要承认困难，急起直追。

石油行业。原油的产量有限，进口原油将呈现上升趋势，而原油价格又持续上升，这将对国内市场造成较大影响。加工的成品油国内价格明显高于国际价格。以国际期货价格为 100，我国的汽油为 164、柴油为 197。这样大的价差，必然吸引外国同类油品进入中国市场，引起激烈竞争。在零售环节，目前国内的加油站大约有 10 万个，由各行各业分散经营，甚至公安局、工商局、组织部等都经营加油站。全民办的加油站大多仍吃大锅饭，缺乏竞争力。如果外资进入加油站这个零售市场，国内加油站可能溃不成军。

医药行业。据一份资料证实，我国现在常用的西药有 4000 多种，其中 97% 属于仿制外国产品或进口药，自行创制的新药品有 3% 左右。[①] 在这种情况下，面对世贸组织的知识产权协议，最大的问题是产权争议。另外，不少西药的国内价格也明显高于国际价格。以印度、韩国的价格为 100，我国的维生素为 112，青霉素钠（原料药）为 168，明显偏高。如果关税降至 5.5%—6.5% 的水平，西药的价格竞争也将是十分激烈的。

高科技产业。根据世贸组织的《信息技术产品协议》和中美协议，在 2005 前取消半导体、电脑、电脑设备、电信设备和其他技术产品的关税限制，把目前的平均 13.3% 的科技产品的关税降为零。现在看来，仅有五六年的过渡期是不够的，中国与发达国家的技术差距绝不是五六年时间。为迎头赶上，迎接挑战，科技部门和企业必须尽最大的努力。

（三）工业方面的主要对策

1. 尽快落实现代企业制度。同印度、巴西、墨西哥等较大的国际竞争对手相比，我国的主要差距不在技术上，而在企业制度上。它们那里实行的是现代企业制

---

① 参见《入世机遇与挑战》，人民出版社 1999 年版，第 146 页。

度，而我国也承认并肯定了这种企业制度，但是说得多，做得少，许多环节不落实，因而企业的手脚仍被一定程度地捆绑着，难以在国际市场的惊涛骇浪中奋力拼搏。要取消各种限制，多方鼓励和支持国有企业、民营企业、乡镇企业开拓国际市场，注重市场调查、市场分析和市场预测，争取更大的市场份额。同时，又要重视国内市场，不能重外轻内，抢占了国外市场，而丢掉了国内市场，必须两条腿走路，二者兼顾，同时并举。

2. 加大科技投入，创造新产品，改造旧产品，使产品结构不断优化，加速更新换代。同美、日、欧等发达国家相比，我国的差距不仅在体制上，还在科技水平上。对我国来说，"科教兴国""科技兴贸"比以往任何时候都更加迫切。不论国际市场，还是国内市场，传统产品都呈现供过于求的剩余态势。在这种局面下，市场份额的任何显著变化都蕴含着残酷的竞争。为争取更大的市场份额除以高科技改造传统产品外，还必须大力创造新产品，创造人类的新需求、新欲望。日本的一位著名企业家说过，凡世界上有的产品，我就不研制、不生产，而我研制和生产的产品都是世界上没有的。我国的企业家也应有这样的雄心壮志。

3. 创立和完善政策性金融支持体系。企业经营好坏在很大程度上取决于国内外的金融环境和金融条件。亚洲金融危机充分证明了这一点。为创造较好的金融环境和条件，政府负有不可推卸的责任。企业走出国门，迈向世界市场，会遇到各种各样的风险，其中金融风险占据首位。化解各种风险尤其是金融风险是政府支持企业的重要责任。为此，要创立和完善政策性的金融支持体系。其中包括保持国际收支平衡，维护合理的汇率，完善结售汇制度，减免税收或退还税款，设立海外市场开拓基金，出口保险和再保险的担保以及买方信贷、卖方信贷的担保等等。有了较完善的政策性金融支持体系作后盾，企业将更大胆地去闯世界，参与国际市场竞争。

4. 创立和完善政策性生产支持体系。企业的产品从出厂到消费者手中之前还要经过许多环节。能否顺利地通过这些环节也关系着企业的成败。创造条件，使企业的产品顺利地走进市场，走进消费者之家，也是政府的一种责任。在这方面，应当优先建设与进出口贸易有关的港口、码头、机场、道路、电网、供水以及保税区和保税仓库等基础设施。政府更为重要的责任是制定和实施科学的产业政策，大力调整产业结构和产品结构，限制一些过时过剩的产业，鼓励一些新兴产业尤其是高科技产业。90年代美日两国的不同产业结构使两国的国际竞争力迥然不同，一个蒸蒸日上，另一个畏缩不前。东亚金融危机的重要原因之一是有关国家的产业结构陈旧、产品缺乏国际竞争力。由于缺乏高科技产品出口，传统产品又无竞争力，因而出口困难，而进口又难以限制，必然出现大量逆差，形成外汇短缺，迫使企业抢购外汇，造成外汇市场和资本市场动荡，最终导致金融危机。东亚各国的深刻的教训再一次证明，良好的产业结构和产品结构是国家高速发展和走向世界的前提条件之一。

5. 转换工业的保护手段。目前我国保护工业的主要手段是关税，以及以配额、许可证为代表的数量限制手段。"入世"后，关税将显著下降，配额、许可证等手段也将大量取消。一句话，旧的传统的保护手段基本过时与失灵。但是，保护国内幼稚产业的任务并没有完成，反而更加重要。不过，保护手段要变换，今后主要采用环境标准和技术标准去构筑环境壁垒和技术壁垒。[①] 纵观国际贸易史，的确是一部自由贸易与保护贸易不断斗争的历史。随着国际环境的变化和科学技术的发展，保护的手段不断翻新。在二战以前，主要手段是关税；二战结束至今主要是以配额、许可证为代表的数量限制；今后主要将是环境手段与技术手段。为适应这种新情况新趋势，我国要加快制定和完善各行各业的环境标准，以防止严重污染的、低质量的产品进入我国，冲击有关产业。

6. 大力发展和完善行业中介组织。所谓行业中介组织是指介于政府与企业之间的上为政府服务、下为企业服务的各种组织的总称。改革前，政企合一，在政府与企业间无须任何中介组织。改革后，政企分开，在政府与企业之间出现了中介组织活动的空间。于是，一些行业中介组织应运而生。从实践上看，这些中介组织服务不够，抢权甚多，抢钱也不少，成了"准政府"组织。这种状况不适应"入世"后的形势，需要加以改革和完善，更需要创立更多的水平更高的新的中介组织。政企分开后，一直存在一种误解，似乎企业可以单枪匹马闯世界、闯市场，不需要任何形式的联合行动。情况恰恰相反，在激烈的竞争中，尤其在国际市场竞争中，更需要企业有一定的组织，采取联合行动。国际石油行业的"欧佩克"组织近几年曾发挥了巨大作用，使石油产量减少，而价格大升，或使产量增加，价格下跌，有力地控制着国际石油市场。"入世"后，各种贸易摩擦不仅不会减少，反而还会继续增加，反倾销、反补贴的案例会层出不穷。要"丢掉幻想，准备斗争"。而这种斗争不是单个企业的行动，至少是某个行业的事情。因此，行业中介组织要负起这种责任。在协调市场、协调价格、组织反倾销、反补贴以及应诉等行动中，中介组织可以发挥重要的作用。

---

① 美国还热衷于"劳工标准"，但屡遭发展中国家反对。

四 "入世"对我国第三产业(服务业)的影响与对策

(一) 中美协议的主要内容

1. 银行业:(1) 正式加入时,取消外资银行办理外汇业务的地域和客户限制,外资银行可以对中资企业和中国居民开办外汇业务。(2) 逐步取消外资银行经营人民币业务的地域限制。加入2年内,允许外资银行向中国企业办理人民币业务,但仅限于届时开放的12个城市中。(3) 逐步取消外资银行经营人民业务的客户对象限制。加入后2年内,允许外资银行向中国企业办理人民币业务;加入后5年内,允许外资银行向所有中国客户提供服务。(4) 加入时,允许已获准经营人民币业务的外资银行,经过审批可向其他已开放人民币业务的地区的客户办理人民币业务。(5) 发放经营许可证应坚持审慎原则。加入5年后,取消所有现存的对外资银行所有权、经营和设立形式,包括对分支机构和许可证发放进行限制的非审慎性措施。(6) 关于汽车消费信贷问题,协议规定,设立外资非银行金融机构提供消费信贷业务,可享受中资同类金融机构的同等待遇;外资银行可在加入后5年内向中国居民个人提供汽车信贷业务。

2. 证券业:(1) 外国证券机构可以不通过中方中介,直接从事B股交易。(2) 外国证券机构驻华设立代表处,可以成为中国所有证券交易所的特别会员。(3) 允许设立中外合资的基金管理公司,从事国内证券投资基金管理业务,外资比例在加入时不超过33%,加入后3年内不超过49%。(4) 加入后3年内,允许设立中外合资证券公司,从事A股承销、B股和H股以及政府和公司债券的承销和交易,外资比例不超过1/3。

3. 保险业:(1) 企业形式。加入时,允许外国非寿险公司在华设立分公司或合资公司,合资公司外资比例可以达到51%。加入后2年内,允许外国非寿险公司设立独资子公司,即取消企业设立形式的限制。加入时,允许外国寿险公司在华设立合资公司,外资比例不超过50%,外方可以自由选择合作伙伴,允许所有保险公司按地域限制放开的时间表设立国内分支机构。(2) 开放地域。加入时,允许外国寿险公司和非寿险公司在上海、广州提供服务(中日WTO双边协议中还承诺加入时开放大连)。加入后2年内,再扩大12个城市允许外国寿险和非寿险公司提供服务。加入后3年内,取消地域限制。(3) 业务范围。加入时,允许外国非寿险公司提供在华外商投资企业的财产险、与之相关的责任险和信用险服务。加入后4年内,允许外国非寿险公司向外国和中国客户提供所有商业和个人非寿险服务。此外，加入时，允许外国保险公司向外国公民和中国公民提供个人（非团体）寿险服务。加入后 4 年内，允许外国保险公司向中国公民提供健康险服务。加入后 5 年内，允许外国保险公司向外国人和中国人提供团体险和养老金/年金险服务。

4. 电信业：加入后 4 年内，允许外资在电信领域持股 49%，在增值服务及寻呼服务领域可持股 51%；加入后 6 年内，取消传呼机、移动电话进口，以及国内固定电话的地域限制。

5. 其他方面：在商贸领域，加入后 3 年内，取消对外资的分销比例限制，美国在中央和地方已设立的分销企业将受到保护；在旅游方面，加入后 3 年内，允许设立外资独资酒店；在影视业，每年至少进口 20 部电影，入世后 3 年内，允许外资持有中国电影院一半以上的股权。

（二）对我国服务业影响的分析

中美关于中国加入世贸组织（WTO）的谈判中，双方争执最大、谈判最艰难的地方不在第一产业（农业）和第二产业（工业）方面，而在第三产业即所谓的服务领域。主要原因有三：(1) 服务领域中的金融、保险、电信、运输以及文化、教育、法律、新闻等关系着国家的主权、安全和经济命脉，对任何国家都是头等重大的问题。因此，在这方面的开放都十分慎重。(2) 美、日、欧等发达国家在服务领域占据绝对优势，而我国以及所有发展中国家都处于劣势。以产业结构说，在国内生产总值（GDP）中，美国的第三产业（服务业）所占的比重已高达 75% 以上，这就是说，美国的国民财富的 3/4 是第三产业提供的，而我国第三产业的比例重 1998 年仅为 32.8%，不足 1/3，相差悬殊。美国以及欧、日等发达国家都进入了服务经济时代，大量的服务产品除满足国内需要外，还输出国外。美国是当今世界最大的服务贸易出口国，每年都有巨额顺差。美国从自身利益出发，为扩大服务出口，千方百计地要打开各国尤其是发展中国家的服务产品市场。中国是世界上最大的潜在市场。正是这一点，使美国垂涎三尺。因此，服务市场的准入问题，自然成为中美谈判中的焦点和难点。(3) 服务贸易将成为新世纪国际贸易的主要内容。近 30 年来，服务贸易发展速度远远高于货物贸易发展速度，它在国际贸易中的比重呈现明显的上升趋势。今后，如果服务贸易的比重平均每年上升 1 个百分点，那么 20—30 年后，服务贸易与货物贸易的比重将大体相当。在国际贸易中，长期以来以货物贸易为主，服务贸易为辅。不久，将迈入服务贸易与货物贸易并重的阶段。21 世纪下半叶，将进入服务贸易为主、物贸易为辅的新阶段。这个历史的总趋势谁也改变不了。各国都正在按这个方向调整和规划产业结构，在国际上抢占战略制高点。

从以上分析不难看出，服务领域的对外开放，尤其全方位、多层次、宽领域的开放，不能不对一个国家的社会经济生活的各个方面产生深远的影响，或者说，我国作为发展中国家不能不面临严重的挑战。主要有：(1) 管理体制和经营机制的挑战。金融、保险、电信、外贸等领域曾经长期垄断，缺乏市场体制和市场机制。20年的改革虽然取得不少成绩，但改革仍滞后，离市场体制还有相当的距离。而外资在体制和经营机制上与我国企业相比，则有明显的优势。(2) 国家宏观监控体系和能力的挑战。由于市场经济体制框架刚刚确立，还有许多不完善甚至漏洞之处，市场秩序比较混乱，治理起来相当困难。入世后，外资大量进入服务领域，必然引发更多的矛盾与问题，大大增加宏观监控的难度。这就要求尽快创立和完善国家的宏观监控体系，提高监控能力。(3) 优秀高级管理人才的挑战。由于国内的收入低、差距小，尚未形成对高级人才的激励机制。而外资企业一般都实行人才的本地化战略，以较高报酬吸引高级专门人才。这类人才我国本来就不多，外资企业再加入竞争，必然使人才市场的竞争更加激烈。(4) 争夺市场和争夺优质客户的挑战。入世后，随着人民币业务开放，金融方面可能有部分优质客户流向外资金融机构。电信、保险、旅游等也存在这类问题。

(三) 主要对策

1. 对服务业的三类不同部门采取有差别的政策。按照 GNS（一般国家标准）服务部门分类法，根据世贸组织统计和信息局的规定，国际服务贸易包括 11 大类和 142 个具体部门。这些部门的作用与地位各不相同。其中有的部门（如金融、电信、新闻），的确关系着国家经济安全和信息安全；有的部门（如法律）关系着国家主权；当然也有的部门没有那么重要。因此，各国对服务业的众多部门的开放程度是不一样的。即使西方发达国家也有一些部门不开放或对开放施加许多限制。适应国际环境，根据我国的具体情况，应将我国服务业的众多部门划分为完全开放、完全不开放和半开放三大类，或者称自由、不自由和半自由三大类。所谓完全开放或自由的部门是指在遵守我国法律和政策的条件下不作特殊限制，如汽车修理、生活照相、美容美发等服务。所谓完全不开放或不自由的部门是指在任何条件下都拒绝开放，如法律、新闻等服务。所谓半开放或半自由的部门是指有特殊限制的开放。这方面的限制有地域限制、客户限制、时间限制、企业形式限制以及股份比例限制等。对服务业的众多部门作出上述区分，并采取不同的政策，可以从总体上保证开放有序进行。这是一项紧迫的工作，要抓紧进行。否则，不该开放者已开放，半开放者全开放，生米做成了熟饭，再回头收拾那就损失太大了。

2. 制定和修改服务业与服务贸易的法规和政策。第一产业（农业）和第二产业（工业）的保护手段是关税、配额、许可证、技术标准、环境标准等。与此不同，第三产业（服务业）的保护手段则是国家的法律、政策和条例等。适应服务业和服务贸易扩大开放的要求，必须尽快修改已经过时的法律、政策和条例，并制定出新的法律、政策和条例。在依法治国的前提下，尽快把服务业和服务贸易纳入法治的轨道。将来一旦发生争执，便有法可依，有评判是非的标准。我国服务业与服务的法规，既要与国际接轨，遵循世界贸易组织的有关规则，又要适度保护国内的幼稚产业。日本曾用《大店法》保护了国内的流通产业。它规定的条款对于国内外企业都适用，遵循了国民待遇原则，但国内企业执行起来容易得多，而国外企业则执行困难，因此至今外资进入日本国内流通业者甚少。

3. 服务业对外开放与对内开放要同时并举。金融、保险、电信，以及文化、教育等服务部门过去不仅对外不开放，对内也不开放，实行严格的封闭式垄断运行，独家经营，别无分号。改革开放以来，这些垄断行业逐渐对外开放了，出现了一批中外合资企业甚至外商独资企业。但是，对内仍然不开放，或开放甚少，或开放甚迟，至今形不成气候，无法开展竞争。这是什么原因？还是思想解放不够，仍然以不同形式歧视非国有企业。以外贸领域来说，改革开放伊始，在80年代初就赋予"三资"企业外贸经营权，在1996年就允许试办中外合资的外贸公司，然而直至1999年才允许民营企业经营外贸，而且设置的门槛又比较高，能够进入外贸领域者寥寥无几，显然对内开放远远落后于对外开放。这种情况在金融、保险、电信等领域也屡见不鲜。对于民营企业，中央的政策已经很明确，但落实不够。因此，在服务业和服务贸易领域至今尚未形成有竞争力者。入世后，外国竞争者进来增多，竞争空前激烈。迎接挑战，既要靠国有企业，又要靠非国有企业。只有全民都上阵，才能战而胜之。

建立稳固、平衡、强大的国家财政
与构建公共财政的基本框架[*]

邓子基[**]

内容提要：本文首先明确了"国家财政"与"公共财政"的概念，论述了"国家分配论"与"公共财政论"的内涵、同异表现及其之间的关系，从理论上研究了如何借鉴"公共财政论"以发展"国家分配论"。在此基础上，作者从明确建立"双重（元）结构财政"模式下的国家财政、公共财政是国家财政在市场经济条件下的一种财政模式、重视作为社会主义物质基础的国有资本财政以及当前应处理好的几个认识问题等方面分析，提出要建立新的"国家分配论"体系和稳固、平衡、强大的国家财政，同时构建公共财政的基本框架。

一 明确"国家财政"与"公共财政"的概念

我认为，从理论上和历史上，任何社会经济形态的国家都存在着财政，财政等同于"国家财政"，也叫"政府财政"，这是"财政一般"。财政因其天然具有公共性，也叫"公共财政"。从这个意义上说，"国家财政""政府财政""公共财政"是一致的。不过，现在我们所指的"公共财政"是引进西方的。因此，"国家财政"与"公共财政"是两个不同层次的基础理论概念，围绕着这两个概念可以

---

[*] 原文发表于《财贸经济》2002年第1期。
[**] 邓子基（1923— ），福建沙县人。曾任厦门大学经济学院副院长、顾问，福建省政协常委兼经济科技委员会副主任，国务院经济学科初审组成员，国家教委经济学科评审组成员，福建省高等学校职称评委会委员、文科委员会主任等职务。现任厦门大学财政系教授、博士生导师，财政科学研究所名誉所长，全国重点财政学科带头人。我国财政学界主流学派"国家分配论"主要代表人物之一。主要著作：《国有资本财政研究》《财政政策与提高产业竞争力》《财政理论与实践》《财政与金融》等。

衍生出不同的次生概念。例如,"国家分配论""国家财政论""国家需要论""国家财政模式(类型)""国家财政职能""国家财政政策"等都与"国家财政"有着千丝万缕的关系。而"公共财政论""公共产品论""公共需要论""公共选择论""公共财政模式(类型)""公共财政职能""公共财政政策"等又与"公共财政"密不可分。财政本质的界定、财政具体论点的争鸣、财政模式(类型)的划分、财政职能的整合以及财政政策的取向等问题,都可以分别涵盖在"国家财政"与"公共财政"的大概念或大关系内。这样看来,正确认识"国家财政"与"公共财政"就变得十分必要和突出。

在西方,"公共财政"(Public Finance)的提法已有近300年历史。在新中国成立前和新中国成立初,我国学者翻译西方财政论著时,有的译为"公共财政",有的译为"财政"。近几年来"公共财政"被广泛引用。随着社会主义市场经济的深入发展,财政理论研究的空前活跃,"公共财政"研究进入了一个新时期、形成了一个阵地、发表出版了一批论文、论著,正确指出了"国家财政"与"财政模式(类型)"的联系与区别。这无疑促进了我国财政理论与财政改革的深化,是可喜的进步。但同时必须指出,有的同志在研究"公共财政"理论时,存在认识上的误区,有的回避、混淆甚至否定"国家财政"。这种对待"国家财政"的观点引起了正常的批评与反批评。于是,质疑答疑的论战层出不穷。"国家财政"与"公共财政"的关系被演变成了严重的对立关系:不是以"公共财政"排斥、否定、最后替代"国家财政";就是以"国家财政"排斥、否定、最后替代"公共财政"。这两种认识倾向都是片面的,不可取的。长此以往,必将进一步导致理论不明、实践不顺的局面,不利于改革与建设事业的发展。

另外,国家与主管部门领导人也有不同的提法。1998年12月,财政部部长项怀诚明确宣布:我国将在近几年内初步建立公共财政的基本框架;1999年8月,江泽民总书记在《领导干部财政知识读本》的重要指示中和2000年1月19日在省部级主要领导干部财税专题研讨班上一再指出:在我国,要"建立稳固、平衡、强大的国家财政";2000年7月,李岚清副总理和项怀诚部长在全国财政工作会议上又先后指出:要建立稳固、平衡、强大的国家财政,同时,要重点推进支出管理改革,加快建立公共财政体系。这里,我们看出,江泽民总书记提到"国家财政"没有提到"公共"二字,李岚清副总理和项怀诚部长既提到"国家财政"又提到"公共财政"。我们应当如何领会、把握国家领导层关于"国家财政"与"公共财政"的理解以及对二者之间关系的理解?这涉及对"国家财政"与"公共财政"的理论认识。因此,必须深入研究。

二 怎样认识"国家分配论"与"公共财政论"及其之间的关系

(一)"国家分配论"与"公共财政论"的基本内涵

财政是以国家(政府)为主体的经济行为,既是一个经济范畴,又是一个政治范畴。归纳起来,"国家分配论"由以下分论构筑而成:(1)财政本质论。从财政活动背后体现的生产关系的角度看财政,我的研究结论是:财政是以国家(或政府)为主体的分配关系,这就是财政的本质。本质论不会过时,是普遍真理;关于本质论的独特论述,是中国财政理论的一大特色,也是对世界财政理论的一大贡献。(2)财政起源与存在论。财政以国家的产生和存在为政治前提,以剩余产品为经济基础。(3)财政要素论。财政分配活动由财政主体、财政客体、财政形式和财政目的这四个要素组成。(4)财政职能论。财政职能是财政本质的客观要求,是财政活动本身所具有的固有的功能。(5)财政模式(类型)论。因社会经济形态、生产力水平、所有制结构和经济体制的不同,财政运行所采取的模式(类型)是不同的。(6)财政属性论。财政具有公共性和阶级性(或社会性、利益集团性)。

"公共财政论"是市场经济条件下西方财政理论的总称,它是现象论、模式论。其中包含着作为起因论的"市场失灵论"、作为客体论的"公共产品论"、作为目的论的"公共需要论"和作为选择论的"公共选择论"等。它们分别从起因、客体、目的和决策四个方面对以西方国家为主体的分配行为进行不同描述,从而揭示了市场经济中财政活动的基本特点及其运行机制。市场失灵是西方财政存在的理论前提。"公共财政论"认为,市场不是万能的,由于市场经济中公共产品供给的不足、外部效应与垄断的存在、市场信息的不对称分布、经济的周期性波动、收入分配不公导致的两极分化等原因,市场失灵是客观的存在。财政正是克服市场失灵的一种手段和力量,从而决定了财政活动的职责范围限于市场失灵的领域。"公共财政"的首要特征是弥补市场失灵,并且在此基础上衍生出另外三个基本特征——提供一视同仁的服务、非市场营利性和法治化。

(二)"国家分配论"与"公共财政论"的同异表现

"国家财政"与"公共财政"的同一性主要表现在以下几个方面:(1)二者都是"四要素"的统一体,即财政以国家(政府)为主体,以分配社会产品或提供公共产品为客体,以价值形式为运动过程和以满足国家或公共需要为目的。(2)

职能内涵基本一致。"国家分配论"认为,"国家财政"具有资源配置、收入分配、调控经济与监督管理四大职能,而"公共财政论"认为,"公共财政"具有资源配置、收入分配与稳定经济三大职能。从这个角度看,"国家分配论"与"公共财政论"的职能内涵大体相同。(3)二者在内涵上是全部与局部或涵盖与充实的关系。(4)两者的运行轨迹大体相同,都认为财政运行包含"收、支、平、管"(或"支、收、平、管")过程。(5)财政运行模式反映、体现着财政的一般本质或特殊本质,都是以国家(政府)为主体的分配关系。

当然,"国家分配论"与"公共财政论"也有其差异性,主要表现在财政本质、立论基础、所有制基础、财政四要素、财政职能及财政收支等几个方面:(1)"国家分配论"认为,自古以来没有任何财政不是以国家为主体的分配行为,也没有任何以国家为主体的分配行为不是财政。国家与财政之间存在的这种必然的、稳定的内在联系才是财政的本质联系,这是"国家分配论"关于财政一般的基本观点。西方的"公共财政论"根植于资本与市场的环境,是关于财政特殊的基本观点,讳言、抹杀财政本质。(2)"国家分配论"以马克思主义的国家观为立论前提,以马克思主义政治经济学为依据,是建立于劳动价值论基础之上的;而"公共财政论"关于财政活动或政府行为的分析则以"社会契约论"为自己的立论前提,以经济人假设和资源稀缺性为依据,是建立于边际效用价值论基础之上的。(3)"国家分配论"已经历了5000年历史,而"公共财政论"还不到300年的历史;它不探讨"国家财政"的发展历史,不可能明确财政一般问题。(4)"国家分配论"强调财政的分配关系与公共性,也分析财政的阶级性(或社会性、利益集团性),见物又见人。而"公共财政论"只讲公共性,不谈阶级性(或社会性、利益集团性),见物不见人。(5)"国家分配论"形成于以公有制为主体、多种经济成分并存的所有制环境;而西方的"公共财政论"形成于资本主义的上升时期,研究的参照物是市场条件下的私有制。(6)"国家分配论"强调"以收定支";而"公共财政论"强调"以支定收"。在支出分类上,前者划分为生产性与非生产性支出,后者划分为补偿性和转移性支出,等等。

三 借鉴"公共财政论",发展"国家分配论"

(一)"国家分配论"是发展的财政理论,要坚持"国家分配论"的发展

我作为一名财政理论工作者,几十年来自始至终积极论证、诠释、倡导财政本质观,围绕着"国家分配论"而演绎的许多概念,渐为学术界与领导层所共识。

可以说,"国家分配论"确立在长期的理论争论中,并在反复的争鸣中巩固、发展了自身,经受了实践的各种考验,一直居主流地位。经过我和一批同志三四十年的共同努力,反映"国家分配论"的主要内容和体系已基本定型。尽管不时在各种报刊上仍可见到零星的关于财政本质的文章,但是,再也没有了理论高度上的突破,证明了"国家分配论"的财政本质理论的高度纯熟性和概括性。

党的"十四大"提出建立社会主义市场经济体制的改革思路后,"国家分配论"面临着来自"公共财政论"的理论争鸣。在答复、回应各种质疑与诘难的过程中,"国家分配论"与时俱进地吸收、借鉴"公共财政论",获得了进一步的发展与完善,从而进一步奠定了"国家分配论"的核心理论地位。早在我国市场化改革的初期,本着"八方借鉴、择适用之"的原则,在20世纪80年代我和邓力平编译、出版了《美国财政理论与实践》,[①] 随后我主编了《现代西方财政学》。[②] 在借鉴、吸收西方理论的基础上,我还牵头建立了比较财政学、比较税收学、国际税收等新的学科体系。通过这些努力,使我国财政理论的研究领域和人们的视野逐步得以拓宽。近几年,我在不断的思考中,连续发表了在"国家财政"的大前提下,着重研究如何认识"公共财政"和"公共财政论"的一组文章,[③] 并出版了两本专著——《财政学原理》《国家财政理论思考——借鉴"公共财政论",发展"国家分配论"》,[④] 同时主编了两本面向21世纪的《财政学》教材。[⑤] 这些都反映了我对"国家分配论"与"公共财政论"深化认识和吸收"公共财政论",发展"国家分配论"的过程。

(二)"国家分配论"与"公共财政论"在理论层面上的整合

"坚持+借鉴=整合+发展"。中国的财政学是开放的,经济学的一切先进的或前沿的理论永远值得我们学习。只有这样,才能解决改革开放过程中出现的财政经济新问题、新矛盾。我提出的"双重(元)结构财政""保三争四""一体两

[①] 邓子基、邓力平合译:《美国财政理论与实践》,中国财政经济出版社1987年版。

[②] 邓子基主编:《现代西方财政学》,中国财政经济出版社1994年版。

[③] 邓子基:《坚持、发展"国家分配论"》,《财政研究》1997年第1期;《"国家分配论"与构建公共财政框架》,《当代财经》1999年第4期,该文被《新华文摘》1999年第9期全文转载;《借鉴"公共财政论",发展"国家分配论"》,《财政研究》2000年第1期;《正确认识"国家财政"与"公共财政"》,《福建论坛》2000年第10期;《国家财政就是国家财政论》,《福建论坛》2001年第5期;等等。

[④] 邓子基:《财政学原理》(修订本),经济科学出版社1997年版;《国家财政理论思考——借鉴"公共财政论",发展"国家分配论"》,中国财政经济出版社2000年版。

[⑤] 邓子基、邱华炳主编:《财政学》,高等教育出版社2000年版;邓子基主编:《财政学》,中国人民大学出版社2001年版。

翼""一体五重"等概念都是坚持、借鉴和理论整合的结果。这些概念及其所代表的财政理论，是"国家分配论"的新发展，它能有效地解释中国由计划经济向市场经济过渡而引发的实践问题，并且还能够为改革的进一步深化提供支持和指明方向。

"双重（元）结构财政"，是我国财政理论界在建立社会主义市场经济体制过程中所形成的市场型财政模式论之一，它与我提出的"一体五重"和"一体两翼"是相一致的。我一向认为，我国财政内含的"一体五重"的关系，即"一个主体（国家或政府）——两种身份（政权行使者、国有经济代表者）——两种权力（政权、财权）——两种职能（社会管理、经济管理）——两种形式（税收、国有资产（本）收益）——两种分配关系（税收分配关系、利润分配关系）"。这种"一体五重"的关系形成了社会主义财政特有的"一体两翼"的格局，即国家税务部门和国有资产（本）管理部门成为财政这一机体的两个翅膀，缺一不可，这是由社会主义国家的双重身份决定的。在改革进一步深化的过程中，"公共财政"局部地出现了"要饭财政"的问题，而"国有资本财政"则出现了"亏损财政"的问题。在这样的条件下，要想保证在"吃饭"的前提下搞"建设"，即贯彻"一要吃饭，二要建设"的财政原则，就必须对现行的财政运行模式进行调整。为此，我又提出了"保三争四"原则。它的基本内容是：（1）要保证国家政权的运作，如国防、行政以及公、检、法等执行社会管理职能的需要；（2）保证科学、文教、卫生、体育、社会保障等事业发展中必须由财政提供部分的需要；（3）满足大型公共设施、基础设施、重点建设投资的需要；（4）对国有垄断性、关键性企业的必要投入。前三个需要是公共需要，属于"公共财政"，是"确保"的，后一个是国有资产保值增值的需要，属于"国有资本财政"，是"争取"的内容。当时，"保三争四"考虑的重点是我国财政的公共性，其次才是我国财政的赢利性。"保三争四"体现了我国"双重（元）结构财政"运行的指导思想，初步明示了"公共财政"和"国有资本财政"的主次关系，其中也蕴含了"国有资本财政"中国有企业的进退理念，其意义不言自明。

（三）"国家分配论"还应当向"公共财政论"学习什么

通过比较"国家分配论"与"公共财政论"，我们可以看到，二者既有不同和对立的一面，也有相同和统一的一面，所以不能简单地把它们对立起来。相反，对于"公共财政论"的合理养分，我们应当采取"拿来主义"的态度，对其中的一些思路、观点或方法，大胆借鉴、吸收。具体而言，有如下的内容：（1）一般地说，我国应以"市场失灵准则"来正确处理政府与市场的关系，即在市场经济条件下，政府及其财政活动应以弥补市场失灵为自己的行为准则，首先应转变政府财政职能，在市场失灵的领域内发挥资源配置的作用。(2)"公共财政论"的可贵之处在于支出范围的定位。解决财政的"缺位"与"越位"问题。由于公共财政是由政府提供公共产品和服务以纠正市场失灵的需要而产生的，因而提供公共产品和服务是其首要任务。我国财政应主要坚持"以收定支""量入为出"的原则，但公共财政的"以支定收""量出为入"的原则也可以作为我国财政支出改革的参考。(3)加强政府及财政的法治化建设。财政行为法治化是政府行为法治化的关键，而政府预算法治化又是财政行为法治化的基本途径。市场经济是"法治化"的经济，公共财政的法治化是市场经济的客观要求。社会公众以法治方式对政府及财政的制约，也就是市场和资本对于政府及财政的制约。(4)"公共财政论"的运行机制与方法。诸如：强调财政预算的统一性与公开性；编制复式预算、部门预算与零基预算；划分消耗性支出与转移性支出；建立国库集中制；实行分税制；推行政府采购制；注重成本—收益分析，讲究财政绩效；等等，都应借鉴运用。(5)研究与分析的方法。在研究分析方法方面，"公共财政论"沿袭了西方经济理论的研究方法，即透过经济现象提出经济思想，再把经济思想具体化为系统的经济理论，之后通过建立适当的经济模型把经济理论做进一步深化，然后将经济理论指导经济政策和实践。其中的数理方法、计量分析，都是值得肯定和学习的，等等。

四 建立稳固、平衡、强大的国家财政，构建公共财政的基本框架

(一) 应明确建立"双重（元）结构财政"模式下的国家财政

改革开放进行了20多年，我国的经济和财政已经发生了巨大的变化，现在还处在计划经济体制向社会主义市场经济体制的转轨过程中。这一背景决定了我国的财政模式正在摆脱"大一统财政"模式的约束。在计划经济时期，"政企不分""政资不分""两权不分"，从而在国家（政府）这一主体之下的"五个两重"是合二为一的；与之相适应的是，财政是单一结构的，体现政权和公共性的所谓"吃饭财政"与体现财权和经营性的"建设财政"，没有分别预算、分列运行、分开管理，这是当时时代的需要。如今，我国实行社会主义市场经济，经济运行机制要求政府实行"政企分开""政资分开""两权分离"，与之相适应，就要求实行税利分流、复式预算，打破"大一统"（"大包揽"）的财政模式，构建公共财政模式和国有资本财政模式。在这一深刻的变化过程中，随着政府作为政权组织和生

产资料所有者双重身份的分开和政府职能的转变，原有的财政内涵将产生新的变化。它使得作为统一的"国家财政"内部，逐步区分为两个既是相互独立又有内在联系的财政行为，即为满足国家行使政权组织职能需要的"公共财政"分配行为和行使生产资料所有者职能的"国有资本财政"分配行为。这种内含两种财政分配行为的财政模式，称为"双重（元）结构财政"，它是与我国社会主义公有制为主体、多种经济并存的经济结构相适应的，同社会主义市场经济体制相适应的客观财政模式，是会在长时间内存在的。国家财政的稳固、平衡和强大必然表现为公共财政的稳固、平衡和强大和国有资本的稳固、平衡和强大，以及二者关系的稳固、平衡和强大。所以，在"双重（元）结构财政"理论的指导下，公共财政与国有资本财政都是模式、手段，都是为稳固、平衡、强大的国家财政服务的，正因为如此，国家财政也会变得更加丰富和具体。

（二）公共财政是国家财政在市场经济条件下的一种财政模式

西方"公共财政"是资本主义市场经济条件下"国家财政"所采取的一种模式，有其特征和特殊内容。我国为了适应社会主义市场经济和社会发展的需要，明确提出构建公共财政的基本框架。作为公共财政改革的目标，这是具有重大意义的。应当看到，公共财政这一财政模式，在弥补市场缺陷和不断完善市场经济方面，要经历一个相当缓慢的过程。因此，尽管我国国情与西方有异、制度有别，但是借鉴西方国家的经验，注意吸收市场经济条件下公共财政的一些共同的特征，对于我国公共财政框架的构建有着积极的推进作用。改革开放以来，我国财政的公共性就伴随着市场因素一直在不断地发展、变化和增强过程之中，"公共财政"模式的新机制、新思想、新思路进入我国的财政领域，使财政运行理论出现了生动的局面。由于我国的市场经济尚未完全建立起来，我国的公共财政框架也只能是初步建立。应当指出，作为一种理论，"公共财政"必然有着自己的理论基石和作为其理论的独立性。要正确看待这种理论的特征及其同"国家财政"上的同异，就必须明确"国家分配论"与"公共财政论"在深层次上的关系，求同存异，建立中国特色的公共财政的基本框架。

（三）为"公共财政"叫好的同时，不能忽视作为社会主义物质基础的国有资本财政

国有资本是社会主义制度的物质基础，国有企业代表着社会主义方向。"国有资本财政"中的国有资本集中存在于国有企业中，迄今已累计达 6 万亿多元，是

近两代人的血汗积累，而这一部分资本如果不能保值、增值，党和政府就必然愧对于人民，无法向人民交代。我们不能以国有企业在市场经济改革中要"进行战略性调整"，要"退出竞争性领域"为借口，更不能以政府下一步的主要目标是构建"公共财政"框架为借口，轻视、忽视乃至放弃"国有资本财政"。国有企业已实现三年脱困的目标，正向建立现代企业制度的方向迈进，出现了活力。如果像有些同志主张的那样，把"公共财政"作为改革的最终目标和唯一方向，而轻视、忽视甚至否定"国有资本财政"，那是有问题的。难道我们不坚持社会主义方向了么？难道忍心让劳动人民的血汗积累就这样不了了之？当然是不容许的！"国有资本财政"是原有财政存量中的主要部分，"公共财政"是原有财政增量中的主要部分。在"有所为、有所不为"的指导下，存量中"国有资本财政"的比重相对降低，增量中"公共财政"的比重相对提高，这是国有企业主动采取战略性调整，逐步退出竞争性领域的必然结果。可以认为，"公共财政"模式在我国未来的市场经济领域内，将占有更为重要的席位，这正是"公共财政"完成了对"大一统财政"模式的反思与分解。但是，"国有资本财政"和"公共财政"都是"国家财政"的重要组成部分。我们对"公共财政"模式寄予厚望，但不能过分抬高"公共财政"的地位、夸大"公共财政"的作用。忽视、轻视、否定"国有资本财政"的做法与提法是不符合中国国情的，也会偏离中国财政理论的发展方向。

（四）当前应当处理好的几个认识问题

在建立稳固、平衡、强大的国家财政的前提下，构建公共财政的基本框架是社会主义市场经济的客观要求。为此，我认为，要解决好六个认识问题：（1）正确处理政府与市场关系的原则，应该是："市场能干的，政府一般不要干"；"市场能干的，但一时又干不好，或者可能干坏的，政府还要干"；"市场不能干的，政府一定要干"。（2）正确处理公共财政与国有资本财政的关系。当前以公共财政为主，国有资本财政为辅。（3）认识公共财政一般与公共财政特殊的关系，实行中国特色的社会主义市场经济条件下公共财政，反对全盘照搬西方公共财政理论。（4）处理好"以收定支"（量入为出）与"以支定收"（量出为人）的关系，坚持"以收定支"（量入为出）为主。（5）处理好财政的公共性和阶级性（或社会性、利益集团性）之间的关系。当前，可以强调公共性，淡化阶级性（或社会性、利益集团性），但不等于否定、回避财政的阶级性（或社会性、利益集团性）。（6）转变政府财政职能，明确财政支出"定位"，解决好财政支出的"缺位"与"越位"问题。根据公共财政理论与WTO要求，深化分税制与税收制度的改革。以部门预算为切入点，推进国库支付制度、政府采购制度、零基预算制度，逐步取消预算外和制度外资金。

总之，"国家分配论"有两个层面上的含义：一是本质层面上的。在这个层面上，马克思主义的国家学说和劳动价值论是它的基础。二是运行机制层面上的。在这个层面上，西方的"公共财政论"可以视为又一个理论来源。"国家分配论"是一个不断发展的理论体系。这就要求我们既要坚持马克思主义理论，又要随着市场经济的发展，结合我国国情，借鉴西方"公共财政论"，充分发挥市场机制配置资源的基础作用，运用西方财政运行模式，改革财政制度，发展财政理论，做到借鉴"公共财政论"，发展"国家分配论"，从而建立新的"国家分配论"体系，建立一个稳固、平衡、强大的国家财政，同时构建公共财政的基本框架。

向潜在增长率趋近

——中国经济进入新一轮快速增长时期[*]

江小涓[**]

内容提要：2003年一季度，中国经济增长延续2002年以来的上升趋势，开局良好，主要经济指标增长普遍加快。本文从中国经济的潜在增长率为基点，提出此轮上升趋势的推动因素，可持续性、合理性和合意性，并就几个普遍存在争议的问题作一点探讨。

一 持续五个季度的增长加速，表明新一轮快速增长时期的形成

2003年一季度，我国经济增长速度继续加快，许多重要的指标达到近几年的新高。（1）国内生产总值增速加快。国内生产总值达23562亿元，同比增长9.9%，比上年同期加快2.3个百分点，是1997年以来同期增长最快的。（2）工业生产明显加速。规模以上工业企业完成工业增加值8343亿元，增长17.2%，同比加快6.3个百分点；全国工业产品销售率为96.73%，同比提高0.09个百分点。（3）固定资产投资高速增长。全社会固定资产投资6155亿元，增长27.8%，同比加快8.2个百分点。（4）国内市场销售有所上升。社会消费品零售总额11109亿元，增长9.2%，同比加快0.8个百分点。（5）进出口增长迅速。进出口总额1737亿美元，增长42.4%，比上年同期加快34.8个百分点；其中出口863亿美

---

[*] 原文发表于《财贸经济》2003年第5期。
[**] 江小涓（1957— ），陕西西安人。曾任中国社会科学院工业经济研究所研究室主任、研究员、博士生导师，财贸经济研究所副所长、所长，国务院研究室副主任。现任国务院副秘书长。主要研究领域：跨国投资、产业经济、服务经济等。主要著作：《中国工业发展与对外经济贸易关系的研究》《经济转轨时期的产业政策》《结构调整中的产业升级与发展》《服务经济——理论演进与产业分析》（合著）。《中国推行产业政策中的公共选择问题》《市场化进程中的低效率竞争实践——以棉纺织行业为例》分别获1994年度、1998年度孙冶方经济科学奖论文奖。

元,增长 33.5%,加快 23.6 个百分点;进口 873 亿美元,增长 52.4%,加快 47.3 个百分点。进出口相抵,逆差 10 亿美元。(6)外商直接投资快速增长。外商直接投资合同金额 229.8 亿美元,增长 59.6%;实际使用金额 130.9 亿美元,增长 56.7%,分别比上年同期加快 48.2 个和 29.2 个百分点。(7)市场价格止跌回升。居民消费价格总水平同比上涨 0.5%,是自 2001 年 11 月以来首次出现上涨;商品零售价格同比下降 0.2%,但降幅比去年同期明显缩小,其中 3 月同比上涨 0.2%;工业品出厂价格上涨 3.6%,原材料、燃料、动力购进价格上涨 4.6%,均扭转了近两年来持续下降的局面。(8)企业经济效益有所提高。1—2 月,工业企业盈亏相抵后实现利润总额 980 亿元,增长 1.2 倍。石油和天然气开采业新增利润占整个工业新增利润的近 1/3,是利润增加最多的行业。(9)财政收入大幅增加。全国财政收入 5205 亿元,增长 36.7%,比上年同期加快 33.3 个百分点。(10)城乡居民收入继续增加。城镇居民人均可支配收入 2355 元,比上年同期实际增长 8.4%;农村居民人均现金收入 737 元,实际增长 7.5%。3 月末,城乡居民储蓄存款余额 94568 亿元,比年初增加 7582 亿元,同比多增 2531 亿元[①]。

一季度的较高增长速度,是 2002 年以来增长逐步提速的延续。从经济增长加速已经超过五个季度、投资和消费双活跃、价格止跌回升、国内国际资源和市场融合度加大等重要指标判断,中国经济已经进入新的一轮快速增长时期。

二 增长加速是否合理的分析框架:现实增长率与潜在增长率

(一) 潜在增长率的内涵

自 1998 年以来,潜在增长率成为经济理论界较多讨论的一个问题。提出这个问题的学者,多数有如下明示或隐含的判断:自 1998 年以来我国经济在 7%—8% 的增长速度区间运行,这个速度低于潜在的经济增长率。

在讨论潜在增长率时,现实增长率的绝对数据并不能说明经济增长率是高了还是低了。7%—8% 的增长率只能表明"我国的经济增长速度与其他国家相比较高",或者"与我国此前的增长速度相比较低",而不能表明"中国现阶段只能达到这个速度"或"这个速度是合适的"。如果潜在增长率明显高于 8%,或潜在增长率明显低于 7%,7%—8% 的增长速度就会引起通货紧缩或通货膨胀。因此,判

[①] 本文引用 2003 年一季度数据主要根据国家统计局 2003 年 4 月发布的《2003 年一季度国民经济运行情况报告》。

断经济是否过热或过冷,不取决于经济增长的绝对水平,而是取决于现实增长率与潜在增长率的相对关系。

学术界对潜在增长率的表述不完全相同,有将其表述为通货膨胀为零时的增长率(宏观课题组,2000),有将其表述为人力、财力和物力资源都得到充分利用时的增长率(刘国光,2002),有将其表述为充分就业条件下的增长率(谷书堂等,1993)。还有学者提出,潜在增长率不仅仅指各种生产要素得到充分利用时的增长率(此时的增长率可以定义为"自然增长率"),而且是各种生产要素得到最有效率利用时的增长率,是自然增长率、结构效率和体制效率共同处于最佳状况的增长率。例如农业社会也可以使各种生产要素都投入使用,达到自然增长率,但当生产要素向工业转移时,会大大提高结构效率,从而提升了潜在增长率。再如计划经济时期,资金和各种物质生产要素看上去都已经充分得到利用,但向市场经济转轨后,增长的潜在能力持续得到提升(江小涓,2001)。用经济增长理论的概念表述,将更多的生产要素投入使用,是加大了要素投入从而提高了产出;结构效率和体制效率则可以表达为要素投入/产出比率的上升。

(二) 潜在增长率的估算

一些学者对中国目前阶段的潜在增长率进行过粗略的估算,给出的可能区间在8%—10%。[①] 有较多的学者认为,中国的潜在增长率应该在9%左右,而这也恰好是改革以来中国经济的实际增长率(宏观课题组,1999)。也有学者尝试用计量模型计算潜在增长率,例如,当定义潜在经济增长率是通货膨胀为零时的经济增长率时,这时的总供给及其增长率就与总需求及其增长率相等,就可以通过一个回归方程来求解经济潜在增长率。研究者用1979—1999年的数据进行回归,并求得对应于零通货膨胀时的潜在增长率为9.1%(宏观课题组,2000)。还有学者依据各种资源的可获得性和全要素生产率的提高,预测我国"十五"期间的潜在增长率为9%(解三明,2001)。

从中国近几年经济运行的现实状况看,物价持续走低,表明总需求小于总供给;生产能力较多闲置,产品库存增加,资金得不到充分利用,表明许多资源未能得到充分利用,增长提速所需的要素供应充分;结构效率和体制效率远未得到充分发挥,特别是农业中滞留着大量的剩余劳动力,每年还有数百万的新增劳动力得不

---

① 摩根斯坦利亚洲区董事谢国忠在世界经济论坛第十届东亚经济峰会上称,中国有充足的劳动力、资本和外汇储备,如果资本分配效率进一步改善,中国经济的潜在增长率应该在10%以上。这是我们所见到的最高的估计值。

到就业机会,就业压力很大,通过结构转换提升增长率的空间很大。总之,从经济增长理论和我国的现实判断,我们具备了达到更高的增长速度的可能性。

(三) 短边消失:现实增长率向潜在增长率趋近的必要条件

20 世纪 80 年代和 90 年代初期,我们有许多产品供不应求,一些重要的生产资料短缺,通过国际贸易和利用外资获得短缺资源的能力不强。在这种条件下,虽然有些生产要素如劳动力供应充裕,但经济增长速度只能由最短缺的要素来限定,即所谓的"短边"定律。① 90 年代后期以来,我们已经由普遍供不应求的短缺经济,转变为供应充裕、相当一部分产品的要素有剩余的经济。同时,我们处在全球化进程加快的国际环境中,对外开放程度不断扩大,国内短缺的要素可以从外部获得。因此,从供给层面看,经济增长加速已经不存在明显的制约因素。

三 什么因素促使增长开始加速,较高速度能否持续

2002 年以来,我国经济出现的增长加速趋势,表明过去几年存在的导致现实增长率明显低于潜在增长率的一些制约因素被打破,经济在更高增长率基础上的良性循环开始形成。

(一) 经济发展的基础条件改善

过去几年,基础设施领域投资规模大,建设项目多,特别是持续几年国债建设项目,明显改善了经济发展的基础条件。基础条件改善对经济发展的促进作用普遍、具体而且持久。2003 年初我们对江苏和安徽两省的调研表明,几乎所有的跨区域新投资项目特别是非国有经济主体的投资项目,都与基础设施条件的改善相关:生产要素和产品能够更快速和方便地流动,产生了大量新的投资机会。基本设施建设还产生了较强的拉动作用,不仅带动了建筑材料、建筑机械等直接相关产业的发展,而且对更多的产业产生了需求,例如高速公路和高等级公路的建成拉动了公路客货运输产业的发展和已有车辆的更新换代,农村电网改造拉动了农民对小型农机具的投资和购买更多的家用电器,城市公共设施和道路建设拉动了卫星城镇的建设和房地产投资的增长,等等。

---

① 所谓的短边定律,指用一个周边木板长短不一的木桶装水时,水量只能由最短的一个边所决定。

(二) 消费结构升级启动

最近两年，居民消费结构升级加速，特别是消费类电子及通信设备、轿车、住宅三个需求热点稳定形成，过去两年持续保持在较高水平，今年第一季度仍然保持着旺盛的势头。一季度，全国汽车总产量和销售量都突破 100 万辆，同比增幅都超过 50%，其中轿车生产 39.9 万辆，同比增长 1.2 倍，这些指标都达到国内汽车业从未有过的新高。今年头 2 个月，全国商品住宅销售面积 1396 万平方米，同比增长 67.9%。其中个人购买为 1282 万平方米，占商品住宅销售比重的 91%，同比增长 66.5%。高档消费类电子产品制造业增长持续处于高位，手机、数码相机、摄像机和其他高档家电产品等，正在快速进入家庭。

消费类电子通信设备、轿车和住宅三方面消费热点的形成，符合发展中国家消费升级的一般规律，也符合中国城镇居民消费结构升级的趋势。这些"万元级"、"十万元级"的消费，单项消费金额大，从消费高增长趋势出现到市场进入相对饱和状况持续的时间较长。有学者做了这样的预测：1910—1970 年，美国对汽车的收入弹性为 2.6，如果今后中国的人均收入以每年 6% 的速度增长，同时中国收入增长对汽车需求的弹性也和美国上述时期相同的话，到 2015 年，中国每年将购置 1000 万辆汽车，而目前中国汽车的生产能力只有每年 150 万辆。这也就意味着，在 15 年的时间中，中国汽车的生产能力将增加 6 倍。如果中国年均 6% 的经济增长能够持续到 2024 年，汽车收入弹性不变的话，到时中国对汽车的需求将达到 4500 万辆，相当于目前全球汽车保有量和购买量（罗伯特等，2001）。消费增长的潜力由此可见。

与改革以来前几轮高速增长时期相比，此次经济加速中的高增长行业，具有更广泛和持久的产业带动力。还以汽车产业为例，与其直接相关的产业有合成材料工业、轮胎制造业、钢铁工业（以薄钢板和钢带等汽车用钢为主）、机械工业中的机床工业（特别是数控机床）、石油开采及加工业、仪器仪表产业等；此外还有围绕汽车发展起来的服务业群体，如高速公路、加油站、快餐、汽车修理等。1910—1970 年，美国汽车产业发展对其他相关产业发展的带动系数在 2.2—2.5，根据国务院发展研究中心的研究，在我国，与汽车相关的产业群的规模，相当于汽车工业本身的 2.5—3 倍。[①] 总之，从消费和生产两个方面判断，这一轮消费升级带动的

[①] 参见国务院发展研究中心产业经济研究课题组《新形势下中国汽车工业发展战略与政策选择》（2001 年），研究报告。

增长潜力将保持较长时期,成为带动经济快速成长的较为稳定和持久的因素。

(三) 约束供给能力改善的因素减少

最近两年,一些消费热点的形成,既受收入水平提高、消费结构升级的影响,同时也受供给能力改善的影响。以汽车为例,2002年汽车产业的快速增长,消费政策的调整、加入WTO后汽车进口关税下调等只是起到了次要作用,主要原因在于政府在最近几年放松了产业进入管制,生产厂家增多,竞争得以展开和加强,新产品不断推进,价格持续下降,促使消费者预期调整,购买力大量释放,使汽车的消费和生产进入互动的良性循环。这是政府放松进入管制促进产业和经济增长的一个典型案例。以往我们较多地强调改善消费政策和环境对刺激消费的作用,而汽车产业的经验表明,通过放松管制和鼓励竞争,对扩大消费需求同样起着关键性的作用。目前和今后一段时间,对垄断性和准垄断性行业放松管制,准许多元投资主体进入,是我国经济体制改革的一项重要内容,将推动更多的行业强化竞争,提升技术和降低价格,引导更多购买力的形成。

(四) 能够更有效率配置资源的经济主体的地位加强

在经济总量中,能够更有效率配置资源的投资主体份额不断上升,开始在经济中居于重要地位。2002年,宽口径的民营部门,其产出占GDP的份额达到46.2%,对GDP增长的贡献达到65.6%;占出口的份额为61%,对出口增长的贡献达到74%。[①] 今年一季度,各种经济成分的企业都继续保持较高的增长速度,但民营经济的表现更出色:国有及国有控股企业完成增加值4451亿元,同比增长16.4%;集体企业增加值558亿元,增长11.9%;股份制企业增加值3429亿元,增长18.8%;外商及港澳台商投资企业增加值2209亿元,增长20%。同时,外商直接投资也快速增长。上述非国有经济主体地位的加强,表明这些投资主体的成长性、竞争力和寻求新投资机会的能力更强。在一些没有进行有效机制转换的国有企业看来,中国经济中的诸多产业中都有大量过剩的生产能力,竞争十分激烈,找不到新的投资机会。然而,在同样的市场条件下,大量新的经济主体由于能够更有效率地组合生产要素,所以能寻求到新的投资机会和市场空间。

---

① 这里的民营部门,包括除国有、国有控股和集体经济之外的其他经济成分。

(五) 加快融入全球经济，结构升级的技术约束条件改善

最近几年，我国持续大量吸引外资，外资带来资金，更重要的是引进了大量的先进技术和管理经验，提升了我国的产业结构和竞争力。据我们的调研，2002年，大型跨国公司在我国的投资项目中，使用其母公司最先进技术的比重已达4/5左右。大量外资进入，对我国经济增长和出口增长都有明显的推动作用。最近一两年我国增长最快的产业，如电子和通信设备产业、轿车制造业等，外商投资企业都有重要贡献。近几年我国在保持较大规模劳动密集型产品出口的同时，出口商品结构迅速升级，机电产品、高新技术产品的出口增长很快，外资是这两类产品出口高速增长的主力军。一季度，机电产品和高新技术产品出口分别增长40.7%和48.5%，外商投资企业的贡献率分别超过2/3和4/5。总之，外资的较大规模进入，对我国此次在产业结构升级和扩大对外开放基础上的增长加速起了重要的推动作用。

四 观察速度正常与否的主要指标和优先发挥市场机制作用的重要性

(一) 通货膨胀是最主要的观察指标，还没有出现失控的迹象

在促进经济增长、增加就业、稳定物价和保持国际收支平衡这四项宏观调控的主要目标中，增长速度加快与促进经济增长和增加就业两项指标是一致的；保持国际收支平衡的目标目前看也不存在问题，今年一季度国家外汇储备累计增加296亿美元，到3月末，国家外汇储备余额为3160亿美元；因此，观察经济增长速度是否正常，主要指标是物价变动状况和趋势。

今年一季度，市场价格止跌回升，而制止物价继续下跌是我们过去几年宏观调控求之而不得的目标，到目前为止的涨幅还仅是恢复性的上升，幅度也完全可以接受。但是，目前有少数基础性产品供应短缺、价格上涨过快，这种状况是否会持续下去，并对其他产品的价格产生大面积的影响，从而导致新一轮恶性通货膨胀的产生？

这一次增长的环境与通胀的潜在压力与以往很不相同，增长速度加快到目前水平，引发中高水平通胀的可能性不大。(1) 通过多年的发展和体制改革，供给对需求变化的反应速度和反应能力明显加强。目前我国大部分产品仍然处于供过于求的市场结构中，即时扩大供给的空间很大。即使有一些现有生产能力不足、需求却高速膨胀的行业，生产能力的增加也可以在较短时期内做到。还有一些行业，虽然生产能力的扩张节奏慢于消费增长的节奏，但由于存在市场竞争的压力，担心短期

涨价会减少消费者从而影响中长期市场份额，因此宁愿接受排队预订，也不愿涨价。这些因素的存在，使需求增长很快的产业，表现出迅速增加供给而不涨价的特点，有些产品还在继续较大幅度降价。消费类电子产品、家用电器产品和汽车等，都表现出这种特点。这种状况和前几轮高速增长时期产品价格迅速上扬的情况完全不同。(2) 通过扩大对外开放调节国内需求变化的能力明显加强。对于可贸易产品及服务来说，国内需求上升而国内供给增加的反应不足时，可以通过扩大进口进行有效调节。今年一季度，我国建筑用品、棉花、能源类产品等进口增长较快，对即时增加供给和抑制国内价格继续走高起到了积极的作用。其中能源类产品特别是石油，由于国际市场价格受一些短期因素的影响处于高位，从而产生了输入型通胀的效果，但这些因素都不大可能持久。总体上看，对外贸易能够起到调节国内外需求和抑制价格由于国内因素而持续大幅度波动的积极作用。

还有少数产品和服务，属于非贸易类产品和服务，增加供给的周期又比较长，需求在较短时期内增长较快，会导致供给趋紧和价格上升。这类行业的典型代表的是电力供应（对于大国来说基本上是非贸易产品）和国内运输能力（在各国都是非贸易型服务）。国内运输能力由于有较大的富余，较大范围出现紧张的可能性目前不大。电力供应紧张的局面已在有些局部地区出现，电价也有所上升，但是目前还远未达到需要通过较紧的宏观经济政策来压低经济增长率、以适应电力供应能力的程度，通过电网建设、加强电力供应调剂的余地还较大。

(二) 允许市场机制首先发挥调节作用

少数产品供应紧张和价格有所上扬，并不是需要政府采取宏观调控政策的充足理由。在大多数领域中，政府不作为，市场机制就能够发挥积极调节作用：电力供应紧张和价格上涨，会激励投资者进入电力行业，较快地形成新的供给能力和抑制价格继续上扬；会抑制高耗能的投资项目，据我们的调研，在一些电力紧张、不能保证稳定持续电力供应的地方，已经有一些投资项目特别是外资和民营投资项目放慢了建设速度，或暂时取消了项目。反之，如果政府在目前的状况下压低电价，就会抑制电力行业的投资，无益于尽快地增加供给能力，不能够从根本上消除电价上涨的压力，也不利于抑制高耗能产业的膨胀。

(三) 充分发挥监管机构的作用，降低高增长中的风险

今年一季度，金融机构的信贷投放明显加快。3月末，全部金融机构本外币各项贷款余额为14.8万亿元，同比增长19.5%。一季度贷款累计增加8513亿元，

同比多增加5022亿元。与以往历次信贷投放加速的状况相比，此次信贷投放加速，除了与经济增长加速相辅相成这个"常规"的因素外，还受到几个方面新因素的影响：（1）各商业银行的竞争意识增强，抓项目储备，进行项目跟踪，加大营销力度，一旦时机成熟，马上就放贷，可以说是几年项目积累的集中实现。（2）信贷投放的领域扩大，以往高增长时期，主要对生产领域增发贷款，此次信贷投放中，个人中长期消费贷款增加了965亿元，同比多增加510亿元。（3）贷款增加是在有大量存差的环境下出现的，作为商业银行，有内在加速放贷的要求，目前银行的资金供给仍然较充足，银行间拆借利率保持稳定且趋于下浮。总体上看，这几个方面的因素都是积极的，贷款增加的行为是市场导向而非政府主导。商业银行行为的上述变化，是我国金融领域改革的重要内容和目标。

贷款急剧增加，是否蕴含着风险？对此需要进行具体的分析。如果新贷款项目本身质量高，还贷能力比较有把握，新增贷款就是风险较低的贷款，高质量的新增贷款还能降低银行不良贷款的比例。从产品销售情况看，在工业增长明显提速的情况下，工业产品销售率保持基本稳定并且略有上升。房地产的情况也与此相似，销售的增长明显快于投资的增长，一季度，房地产开发投资1285亿元，同比增长34.9%；全国实现商品房销售额785亿元，增长52.7%。但是，由于多方面的原因，不能排除新增贷款发放的过程中，存在着一部分忽视风险的行为。对这类行为需要加强约束，首先应该考虑采用市场经济中的办法，通过加强监管而不是收紧银根来实现。银监会成立后，负有监督商业银行稳健经营，防范金融风险的职责，如果能切实行使这一职责，就能有效约束高风险的贷款投放行为，而不是普遍收紧银根。

总之，从基本供求关系、国际国内两种资源的利用能力、市场机制本身的调节作用和监管能力等几个方面考虑，物价上涨和经济增长失控的可能性目前还不大，保持目前政策稳定，暂时不采取大的调控措施、继续观察的余地较大。

五　几个需要进一步深入研究的问题

（一）如何看待"现有能力过剩又开始大量新的投资"这种现象

这一次增长加速中，再次出现了以往多次出现的一种现象：许多行业中，现有生产能力已经大量过剩，但许多新的项目又开始建设。这些现象中有不合理的方面，特别是那些在政府行政干预下的投资项目和机制转换没有到位的国有企业的投资行为，仍然存在预算软约束的问题。但是，对于多数投资项目来说，这种投资行为不能一概被指责为"盲目"或不合理的。

其一，这种现象可能是技术迅速进步或消费需求迅速变化引起的。最近一些年，产品与技术升级很快，原有的生产能力虽然在物质形态上还很新，远未折旧完毕，但由于新技术的应用和新产品上市，原有的生产能力已经失去了市场，变成从需求角度定义的"过剩能力"，即被市场淘汰的生产能力。过去十多年中，这种现象多次出现：大量黑白电视机生产线还未充分得到利用，但消费者的需求已转向彩色电视机，接下来，对大屏幕彩电的需求，对平面彩电的需求，不断地使先前的生产能力"过剩"；个人用计算机行业中，产品升级换代迅速，我国有些芯片制造企业由于跟不上技术变化的节奏，建成伊始就成为"过剩能力"。甚至在传统经济理论中被认为是不受中短期变化因素影响的房地产业，近几年也出现了这种现象：建筑材料、设计理念和流行户型迅速变化，新的消费群体不断形成，城市基础设施和道路建设日新月异，导致对房地产需求热点的不断变化，几年前建成的住宅中没有售出的部分，已经不符合当前购房者的需求，在这类住宅大量积压的同时，新的房地产项目却很受欢迎，销售良好。据我们今年初对几个地区的调研，新的住宅项目普遍"热销"。如果要求在原有的住宅销售完后才能建设新项目，就会压抑需求，限制竞争，减少内需，损害消费者的利益，抑制了产业的整体发展。

其二，这种现象可能是产业竞争力升级的表现。一些新的投资者特别是非国有投资者并不"盲目"，他们清楚地知道在其准备投资的行业中，现有生产能力已经过剩，也清楚地知道有大量的新项目正在建设，并预计到几年后将会出现更加激烈竞争的局面。但是他们相信，虽然全行业生产能力过剩，但由于体制、技术和管理等方面的原因，自己的企业有明显的优势，能够在竞争中取胜。我国有许多产业就是在这种格局下成长起来的，新的进入者淘汰了没有竞争力的"过剩能力"，产业整体竞争力不断增强，纺织行业、家电行业、机床行业、汽车行业、计算机行业等都是典型的案例。[①] 这种状况在各国都存在，中国是体制效率很不均匀的国家，企业之间的效率差别很大，问题会更突出、更普遍。因此，现存低效率企业中的过剩能力，不应成为限制新的高效率投资的理由。市场经济的要义，就是通过竞争，使高效率的企业不断淘汰低效率的企业。

其三，这种现象可能是企业淘汰机制不到位的表现。在有竞争力的新企业大量进入的同时，没有竞争力的企业却可以不退出，在长期亏损的状况下存在。即使其长期停产半停产，其生产能力仍被计入能力总量之中，而且必然是"过剩"的能

---

① 对上述产业案例的分析，参见江小涓《体制转轨中的增长、绩效与产业组织变化：对中国若干行业的实证研究》，上海人民出版社、上海三联书店1999年版。

力。我国的纺织工业是这种类型的典型:从改革初期开始,持续有大量新的有竞争力的企业进入,同时,大量实际上已经失去市场竞争力的企业滞留在这个产业中,优胜劣不汰,使生产能力总量不断膨胀。

(二) 如何看待"投资高速增长而消费增长相对缓慢"这种现象

一季度的加速增长只发生在投资和生产领域,消费增长并未明显加速,这种状况是否正常?没有消费增长的拉动,投资增长是否合理?这种现象并不是中国所特有,这是 20 世纪后 20 年许多国家经济中出现的新现象,对传统经济理论提出了挑战,争论也很大。本文中我们仅提供一点国际对数据来自美联储圣路易斯银行的网站。宏观数据都是经过价格指数调整后的 1996 年美元比的数据,表明投资增长有可能在一定时期内不依赖于消费增长。图 1 是美国从 20 世纪 80 年代初期到 2002年的数据,图中显示,消费增长率很稳定,几乎是一条直线;GDP 增长也相当稳定;波动最大的是投资,年度间有大的起伏。其中有几个年份,投资高速增长并出现大幅波动,而消费保持稳定。例如在 1993—1996 年,投资的年增长率分别为8.7%、13.0%、3.0% 和 9.0%;但消费的年增长率却比较稳定,分别为 3.4%、3.8%、3.0% 和 3.2%。OECD 国家的总体数据也显示出同样的特点。中国在过去几年的数据也显示投资与消费增长相关性不明显的特点,见图 2。

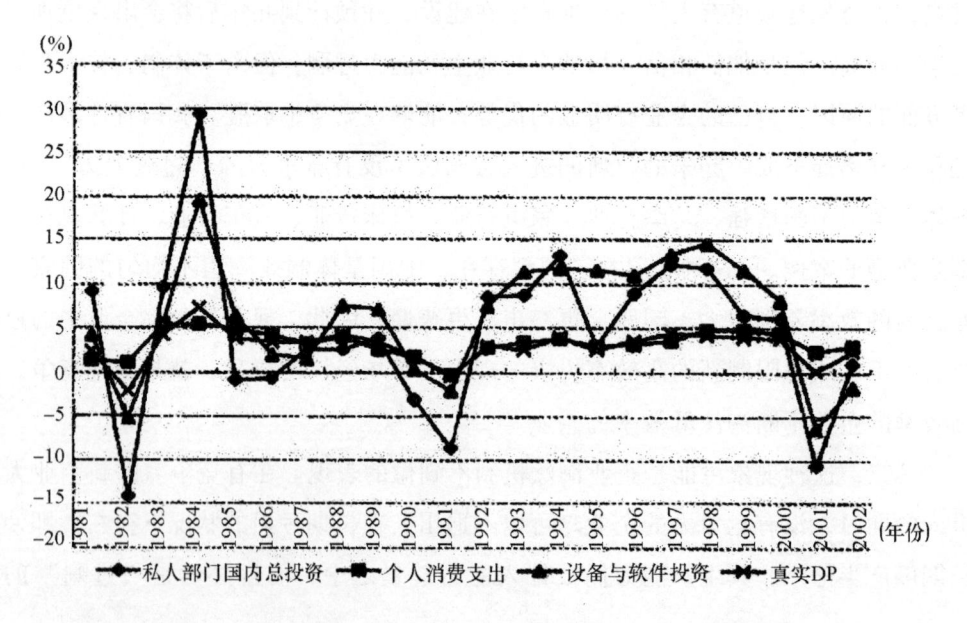

图 1 美国的消费、投资和 GDP 的增长率 (1981—2002 年)
资料来源:美联储圣路易斯银行的网站,宏观数据都是经过价格指数调整后的 1996 年美元。

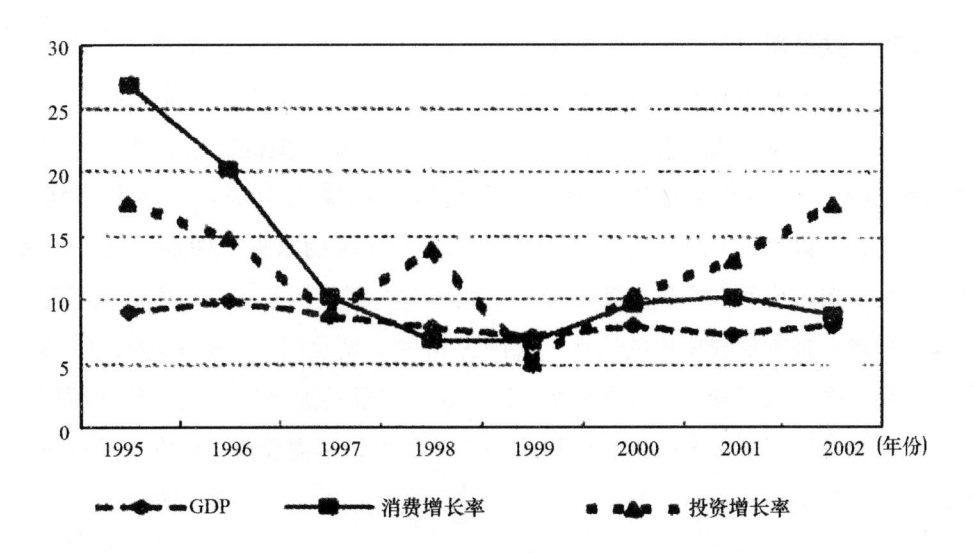

图 2　中国 GDP、社会消费品零售总额和固定资产投资增长率

对这种状况的一种解释是：在信息很充分的今天，投资决策不一定需要现实消费能力的出现，不一定需要通过消费需求上涨—消费品价格上升—投资增加这样的价格机制传导，投资可以立足于新技术的出现，立足于对新机会的预测，并引导消费增长的出现。另一种解释是：消费总量的增长保持稳定，但消费结构在升级，新的消费品替代原有的消费品，因此在投资领域中，就有大量在结构升级基础上的新投资项目。

表1　　　　　　　　　按各种分类的家庭消费占 GDP 比重（2001 年）　　　　　　　单位:%

	家庭最终消费占 GDP 比例	不同分类的组别	家庭最终消费占 GDP 比例
意大利	60	全部大国平均	64
法国	55	发达大国平均	60
英国	65	发展中大国平均	67
德国	58	高收入国家平均	61
美国	68	中等收入国家平均	59
日本	56	低收入国家平均	70
孟加拉国	79	全球平均	61
巴基斯坦	78		
俄国	51		
巴西	60		
印度尼西亚	67		
印度	68		
尼日利亚	67		
中国	48		

资料来源：世界银行《世界发展报告（2003）》（英文版），从世界银行网站下载。

不过，这种现象只适用于部分解释中短期的相似性。从长期趋势看，我国总需求构成中，消费所占比重明显偏低。按照国际口径，总需求分为家庭最终消费支出、政府最终消费支出、资本形成和净出口，2001年中国的家庭最终消费支出仅占GDP的48%，同年全球平均为61%，低收入国家为70%，中等收入国家为59%，高收入国家为61%；与各主要大国比较，我国的数据也明显偏低，见表1。政府最终支出的份额和净出口所占份额，我国与全球平均水平及中等收入国家的水平基本相当；资本形成所占的比重，我国为37%，明显高于全球平均水平（23%）和中等收入国家的平均水平（24%）。除了统计口径的原因外，还有什么原因造成我国居民消费比重低以及如何提高居民的消费比重，是需要进一步深入研究的重要课题。

（三）如何看待"城市增长快而农村增长缓慢"的现象

一季度的高速增长，重现着多年来一种不能令人满意的现象：第二、三产业增长速度快，城市居民收入增长快，而农村经济和农民收入增长相对较慢。农村居民人均现金收入还不足城镇居民人均可支配收入的1/3。这种差距源于重大的经济结构失衡：农业产值占GDP的比重仅为15%，而农业劳动力占全社会就业总数的比重高达50%，如果不考虑收入在产业之间的转移，即农村劳动力的收入主要来自农业，则农村劳动力人均收入只可能为全社会人均收入水平的1/3左右。从长期看，要提高农村居民的收入，就必须调整农业产值比重和农业就业比重严重失衡的关系。但是，农业产值占GDP的比重持续下降，是实现工业化的题中应有之义。因此，努力降低农业就业的比重，是提高农民收入的根本保障，减少农民才能富裕农民。这也被国际经验所证实，那些城乡收入差距较小的国家，在农业产值比重持续下降的同时，农业人口的比重也随之持续下降，即使人口较多和人口密度较大的国家也不例外。见表2。

降低农业就业比重的前提，是非农产业能够提供新的就业机会，即工业和服务业能够有较高的增长速度。从这个角度看，发生在国民经济任何部分中的高速增长，都具有积极意义。经济增长将扩大生产总量，相应地增加就业总量，为农村居民进入非农产业就业提供机会，增加其收入；收入增加后的农村居民将扩大对工业产品和服务业的需求，并成为加快城市化进程的重要力量，从而拉动制造业、住宅建设、城市基础设施、各种服务业等的发展，进而提供新就业机会。实事表明，在扩大需求—扩大生产—增加就业—增加农民收入—加速城市化进程，这样一个互为因果关系的循环中，打破原有低水平均衡的推动力有可能在许多点上发生，通过减轻农民负担、增加对农村转移支付的力度、增加对农业的投入，从而增加农民收入这个点上切入并推动上述循环过程的启动，是一种积极可行的方式；从工业和服务发展加速开始切入上述过程，同样是一种积极可行的方式。总之，不应该将农村经济的发展与城市经济的发展对立起来。

表2　　　　　　　几个国家农业产值比重和农业就业比重的变化（%）

	韩国	马来西亚	日本
1960年：农业增加值占GDP比重	37	37	13
农业人口占就业总数比重	66	63	33
1970年：农业增加值占GDP比重	25	26	7
农业人口占就业总数比重	49	54	20
1980年：农业增加值占GDP比重	16	24	4
农业人口占就业总数比重	34	50	12
1990年：农业增加值占GDP比重	9	19	3
农业人口占就业总数比重	18	27	7

资料来源：《世界发展报告（1982，1992，2000/2001）》。

上述分析得出的基本判断是：我国已经进入了新一轮较快增长的时期，现实增长率在向潜在增长率提升。增长加速建立在新的发展条件和改革开放成效的基础上，总体上是健康合理的。

这个过程中，仍然存在着一些值得关注的问题，特别是一些结构性、体制性的问题。在这里我们重点强调风险控制问题。一是体制问题产生的风险。国有企业和商业银行的风险控制意识仍然没有完全到位，实体经济的增长和贷款投放中必然有高风险的项目。二是技术与竞争风险。由于技术进步加快和消费需求变化迅速，即使是市场导向的投资项目，风险也在加大，如果不能尽快建成并在较短时期内收回投资，就有可能被建立在新的技术基础和需求基础上的新项目所替代，形成不良资产。三是对外开放的风险。对国际市场依赖性较强的增长，当外部环境发生大的变化时，有可能受到较强冲击。我们不能因为担心风险而抑制经济增长，也不能对风险掉以轻心。在尽快使监管机构及其监管职能到位的同时，政府也要对风险调控留有较大的政策余地。例如，在经济自主增长能力明显加强的条件下，政府使用债务政策手段的重点，具备了从促进增长为主转向解决深层次结构和体制问题、化解风险为主的可能性。

中国第三产业的战略地位与发展方向[*]

李江帆[**]

内容提要：本文分析了第三产业战略地位的演变历史、趋势和成因；通过回归分析揭示了决定第三产业战略地位的第三产业比重的演变规律；从服务型生产资料、服务消费品、GDP 贡献份额、就业贡献份额、第三产业比重增大趋势和资源限制的程度等方面，阐述了第三产业在中国国民经济中的重要战略地位。

一 第三产业战略地位的演变

第三产业的战略地位（strategicstation）指第三产业在国民经济中发挥的关键性的、对全局有重大意义的作用。它集中表现为第三产业在国民生产总值和全社会就业中所占的比重及其发展前景。

20 世纪中叶以来，随着生产力的发展，第三产业在世界经济和社会发展进程中呈现迅速崛起、后来居上的态势。从横向看，经济越发达、居民越富裕的国家和地区，第三产业的比重就越高；从纵向看，随着经济的发展和社会的进步，各类型国家的第三产业比重都在增大。第三产业的兴旺已成为一个全球性的经济发展趋势。根据世界银行统计，1960—1982 年，第三产业在 GDP 中的比重，市场经济工业国由 54% 增到 61%；中等收入国家由 46% 增到 47%；低收入国家由 25% 增到 31%。第三产业在就业结构中的比重，市场经济工业国由 44% 增到 56%；东欧非市场经济国家由 28% 增到 39%；高收入石油出口国由 25% 增到

---

[*] 原文发表于《财贸经济》2004 年第 1 期。

[**] 李江帆（1951— ），广东台山人。曾任华南师范大学副教授、教授、博士生导师，经济研究所副所长、所长。现任中山大学管理学院教授、博士生导师。兼任中山大学中国第三产业研究中心主任，广东经济学会副会长。主要研究领域：第三产业理论。主要专著：《第三产业经济学》（获 1990 年度孙冶方经济科学奖著作奖）、《第三产业与服务消费品研究》、《中国第三产业经济分析》、《中国第三产业发展研究》。

35%；中等收入国家由 23% 增到 34%；低收入国家由 14% 增到 15%[①]。到 20 世纪 90 年代初期，发达国家的第三产业占国民生产总值的比重已由 100 多年前的 20%—30% 增长到 60%—70%，在中等发达国家中达 50% 左右，在低收入国家中也达 30%—40%。经济合作与发展组织 16 个成员国第三产业的平均就业比重在 1870 年仅为 23.7%，到 1976 年已提高到 55.6%[②]。1996 年，世界第三产业占国内生产总值的平均比重已达 60.7%[③]。它还有进一步增长的趋势。第三产业迅速崛起，在国民经济中的比重日趋增大，成为现代社会中具有越来越重要战略地位的主要产业部门。

当代第三产业的迅速增长从而其战略地位的提高是由生产率、消费结构和生产结构诸因素的发展引起的。工农业生产率的提高为劳动力由第一、二产业转移到第三产业提供了发展基础；收入和闲暇时间的增长使消费结构中服务消费比重上升，引起生活服务业的发展；生产的社会化、信息化、市场化和国际化使生产结构中的生产性服务增长，带动生产服务业的发展；收入水平提高使人们用货币交换时间和便利的需求增长，推动提供相关服务的新行业出现。

第三产业在国民经济中的比重逐趋增大，是服务需求上升律和服务供给上升律共同作用的结果。人类对服务产品的总需求的增长速度随社会经济的发展会呈现相对上升的趋势。在相当多服务产品的需求收入弹性高于实物产品，社会收入水平达到基本温饱的高度并持续提高，闲暇时间存在并不断增长的条件下，生活服务需求就会以快于货物需求的速度增长。在信息化、社会化和国际化的条件下，信息对提高国民经济效率的作用越来越明显，生产经营的纵向和横向联系广泛，相互依赖程度加深，使信息、商业、金融、保险、运输、通信、广告、咨询、情报、检验、维修等生产服务需求以快于货物需求的速度增长。

服务需求上升律通常通过价格机制发生作用。服务需求的上升使服务均衡价格上升，引起服务总供给的增大；服务需求收入弹性差异使收入弹性高的服务价格坚挺，收入弹性低的服务价格疲软，使不同服务增长速度不一，形成服务产品的种类结构。服务需求上升律的作用必然使第三产业比重日趋扩大，决定了服务经济在国民经济中的比重也趋于增大。

服务需求上升律是通过服务供给上升律对生产者的作用实现的。人类对服务

[①] 世界银行：《1984 年世界发展报告》，中国财政经济出版社 1984 年版。
[②] Irving Leveson & J. W. Wheeler, *Western Economics in Transition: Structural Change and Adjustment Policies in Industrial Countries*, 1980, p. 46, Hudson Institute, U. S.
[③] 《中国第三产业统计资料汇编》，中国统计出版社 2000 年版，第 246 页。

产品的总供给的增长速度随着社会的发展而呈现相对上升趋势,是在服务需求上升律形成并发生作用、利益机制对服务供求的反应良好、实物生产领域的生产率迅速提高等经济条件下形成和发生作用的。服务需求上升,为服务供给上升提供了必要性;第三产业的相对利益大,为服务供给上升提供了动力;第一、二产业的生产高效率,为服务供给上升提供了可能性。这三个经济条件同时具备,就使服务供给上升律的存在具有充分必要条件。服务供给上升律的作用,使第三产业的规模随服务需求上升而现实地扩大,使第三产业在国民经济中的比重趋于上升,第三产业比重增大律发生作用,服务经济在国民经济中的比重随之提高。

二 中外第三产业比重增大的规律

如上分析,第三产业比重日趋增大是在服务高需求收入弹性、收入水平提高、闲暇时间增多、生产信息化、社会化和专业化的条件下形成的服务需求上升律,与在第一、二产业的高生产率等条件下形成的服务供给上升律的共同作用下实现的。由于这些条件主要与国民经济发展水平、社会生产率水平和人均收入水平相关,而人均国内生产总值(或国民生产总值)综合反映社会生产率、生产总量、消费者与生产者的比例、人口、收入水平以至整个国民经济发展水平等状况,因此可用作样本数据对第三产业发展规律进行定量分析。

为探索第三产业发展的规律,笔者在1989年曾选取低收入国家、中等收入国家、高收入石油国和市场经济工业国4种类型92个国家1982年92组统计资料为样本数据[1],拟合三次产业产值(指增加值,下同)结构模型;选用经济合作与发展组织16个成员国1870—1976年76组统计资料为样本数据[2],拟合三次产业就业结构模型。通过利用一元线性和非线性回归分析程序、多项式回归分析程序,在电子计算机上对9种类型的待选回归方程进行回归分析,并经比较、检验,可以确认,三次产业在国民经济中的比重与国民经济发展水平存在着非线性的相关关系[3]。其中,第一、二、三产业在国内生产总值中的比重与人均国民生产总值分别构成幂函数、三次曲线函数和对数函数型相关关系。我把这些数学模型分别称为第

---

[1] 世界银行:《1984年经济发展报告》,第218—223页。
[2] Irving Leveson & J. W. Wheeler, *Western Economics in Transition: Structural Change and Adjustment Policies in Industrial Countries*, 1980, p. 46, Hudson Institute, U.S.
[3] 第三产业就业方程和产值方程的详细定性分析和定量分析,见李江帆《第三产业的发展》,载洪银兴、魏杰主编《社会主义政治经济学》,中国青年出版社1989年版,第281—306页。这些数学模型在学术界被多次引用或辗转引用。遗憾的是,因学术道德和学术规范问题,很多抄录者都没标明其出处。

一、二、三产业产值方程。

第一产业产值方程为：$Y_1 = 1646.82X^{-0.6638}$

$$r = -0.896269 \quad S = 8.4643 \tag{1}$$

第二产业产值方程为：$Y_2 = 19.55 + 0.0104X - 1.3E(-6)X^2$
$$+ 4.5985E(-11)X^3 \tag{2}$$

$$R^2 = 0.479909$$

$$27.0671 = F > F_{0.01}(3, 88) = 4.07$$

第三产业产值方程为：$Y_3 = 19.5952 + 3.9077\ln X \tag{3}$

$$r = 0.503474 \quad S = 9.59454$$

式（1）、（2）、（3）中，Y_1、Y_2、Y_3 分别是第一、二、三产业在国内生产总值中的比重（%）；X 为人均国民生产总值（1982 年美元）；r 为相关系数；R^2 是相关指数；S 为剩余标准差，F 代表 F 检验值。

按照产值方程求出的三次产业的产值比重理论值（校正值）如下。

表 1　　　　　　　三次产业增加值比重理论值（%，校正值）

人均 GNP（1982 年美元）	200	500	1000	2000	4000	6000	10000	15000
第一产业	44.1	28.0	18.2	11.1	6.6	4.9	3.6	2.9
第二产业	19.5	25.7	31.2	37.2	42.5	43.4	40.0	38.9
第三产业	36.4	46.2	50.1	51.7	51.0	51.6	56.3	58.2

注：三次产业产值比重理论值依据其产值方程算出，其总和不可能恰好等于 100，为此按权重对理论值作调整校正，得出总和为 100 的校正值。

资料来源：笔者根据 92 国 1982 年三次产业产值方程求出。

在直角坐标系描出三次产业产值方程的运动轨迹，可得三次产业产值曲线（见图 1）。

此外，第一、二、三产业的就业比重与人均国内生产总值则分别构成对数函数、二次曲线函数和幂函数型相关关系[1]。我把这些数学模型分别称为第一、二、三产业就业方程。

---

[1] 李江帆：《第三产业的发展》，载洪银兴、魏杰主编《社会主义政治经济学》，中国青年出版社 1989 年版，第 281—306 页。

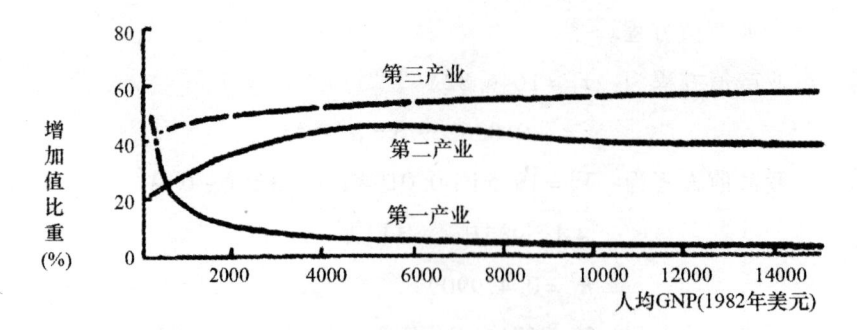

图 1　三次产业产值曲线

资料来源：根据92国1982年三次产业产值方程绘出。

第一产业就业方程为：$Y_1 = 196.073 - 22.6887 \ln X$ （4）

　　　　　　　　　　$R = -0.933389 \quad S = 6.59519$

第二产业就业方程为：$Y_2 = 17.0618 + 0.01576X - 2.599E(-6)X^2$ （5）

　　　　　　　　　　$R_2 = 0.501605 \quad 36.4 = F > F_{0.01}(2, 73) = 4.94$

第三产业就业方程为：$Y_3 = 1.149 X^{0.464}$ （6）

　　　　　　　　　　$r = 0.908548 \quad s = 5.40211$

式（4）、（5）、（6）中，Y_1、Y_2、Y_3 分别是第一、二、三产业的就业比重（％）；X 为人均国内生产总值（1970年美元）①。据就业方程求出的三次产业就业比重理论值（校正值）如下。

表 2　　　　　　三次产业的就业比重理论值（％，校正值）

人均GDP（1970年美元）	200	500	1000	2000	3000	4000	5000
第一产业	69.4	55.2	40.2	23.4	14.1	7.9	3.0
第二产业	18.4	24.3	30.9	37.9	39.9	38.4	33.1
第三产业	12.2	20.5	28.9	38.6	46.0	53.7	63.9

注：三次产业就业比重理论值依据其就业方程算出，其总和不可能恰好等于100，为此按权重对理论值作调整校正，得出总和为100的校正值。

资料来源：笔者据经济合作与发展组织16国1870—1976年三次产业就业方程求出并校正。

在直角坐标系描出三次产业就业方程的运动轨迹，可得三次产业就业曲线（见图2）。

---

① 因样本数据所限，产值方程与就业方程中的X价格不可比，统计口径也不完全相同。

通过以上定性和定量分析，对世界第三产业比重上升的趋势可得如下简要结论：三次产业比重与人均 GDP（或 GNP）相关。随着人均 GDP 的上升，第一产业比重持续下降，迄今为止的最低点约为 3%；第二产业比重增大到 40%—45% 即呈饱和状态，随后缓慢下降；第三产业比重逐趋增大，其就业比重增幅显著高于产值比重，至今尚无回落趋势。此外，三次产业就业比重与人均国内生产总值的相关程度较高，产值比重与人均国民生产总值的相关程度相对低。这说明，影响三次产业产值比重的，除了人均国民生产总值这一主因素外，还可能有其他作用较显著的自变量，如本币与美元的汇率、各国价格水平、消费构成、人口、地理和社会传统等因素。

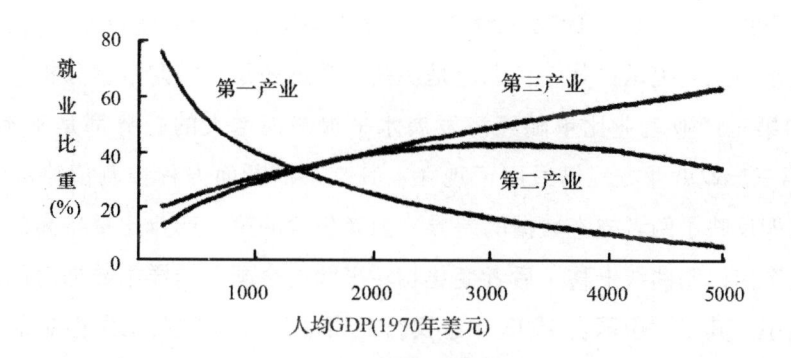

图 2 三次产业就业曲线

资料来源：据经济合作与发展组织 16 国 1870—1976 年三次产业就业方程绘出。

对中国统计资料的定量分析表明，中国第三产业比重与人均国民生产总值也呈现幂函数型相关关系。笔者在 1993 年对 1990 年中国 30 个省、市、自治区的横截面数据作回归分析，得中国第三产业就业方程（1990 年横截面）[①]：

$$Y = 0.4X^{0.53} \tag{7}$$

上式中，Y 为第三产业就业比重（%），X 为人均 GNP（人民币元，1990 年不变价）。

10 年后笔者按《中国统计年鉴 2002》中 1978—2002 年的中国纵截面数据作回归分析，得中国第三产业就业方程（1978—2002 年纵截面）：

$$Y = 0.57X^{0.47} \tag{8}$$

上式中，Y 为第三产业就业比重（%），X 为人均 GDP（人民币元，1990 年不

[①] 李江帆：《两广第三产业发展的比较研究》，《改革与战略》1992 年第 5 期。

变价)。

据上述两方程测算,中国第三产业就业比重理论值如表3所示。

表3 中国第三产业就业比重(%)与人均GNP的相关关系

人均GDP(GNP)(元,1990年不变价)	1000	2000	3000	4000	5000
按 $Y=0.4X^{0.53}$ 算	15.6	22.5	27.9	32.4	36.5
按 $Y=0.57X^{0.47}$ 算	14.6	20.3	24.6	28.1	31.2

资料来源:笔者根据方程(7)(8)求出。

可以看出,在表3中,按1990年横截面中国第三产业就业方程测算的第三产业就业比重理论值略高于1978—2002年纵截面中国第三产业就业方程的测算结果。这实际上给出三点提示:其一,无论是从横向数据还是从纵向数据分析,改革开放以来中国第三产业就业比重随经济发展水平提高而增大的趋势都是基本一致的;1990年第三产业就业方程仍适用于现在。其二,横断面方程预测值略高于纵断面方程,可能反映了两者样本数据的差异:前者包含的第三产业比重特高的直辖市样本数据会牵引回归曲线上移,后者变化相对平缓的全国平均样本数据对回归曲线上移牵引较小。其三,中国自1993年起实行的市场经济体制迄今为止对第三产业就业比重与人均GDP的相关关系没有产生显著影响。笔者曾把方程(6)称为计划经济体制下的第三产业就业方程,并估计实行市场经济体制后第三产业就业比重将高于方程(7)的预测值[1],看来论据不足。

为给中国第三产业战略地位的变化前景提供测算参数,可以根据1978—2002年统计数据[2],对中国人均GDP与第三产业就业比重的相关关系作回归分析并建立回归方程。

以1978—2002年中国第三产业占GDP的比重(%,按当年价算)为纵坐标,以同期人均GDP(人民币元,2002年可比价)为横坐标,在直角坐标系上描点,可以得到改革开放24年来中国第三产业增加值比重演变趋势的散点图(见图3)。

以同样方法,可得改革开放24年来中国第三产业就业比重演变趋势的散点图(见图4)。

---

[1] 李江帆:《两广第三产业发展的比较研究》,《改革与战略》1992年第5期。
[2] 资料来源:根据《中国统计年鉴2003》数据计算。

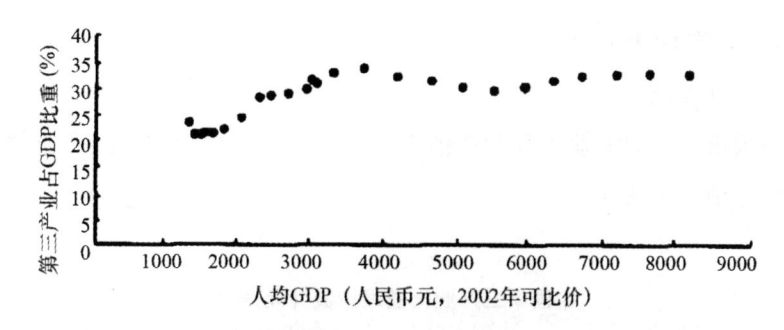

图 3　中国第三产业增加值比重演变趋势（1978—2002 年）

资料来源：根据《中国统计年鉴2003》数据计算求出。

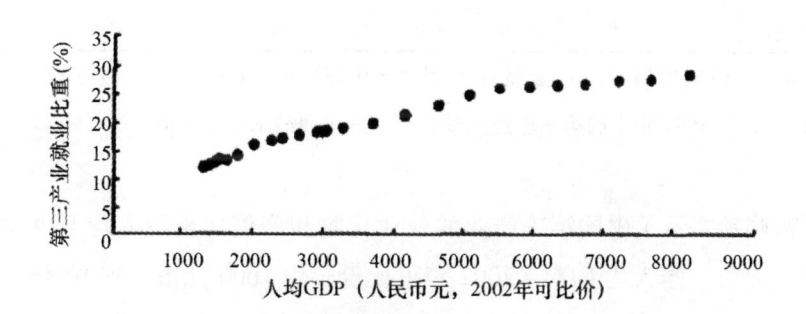

图 4　中国第三产业增加值比重演变趋势（1978—2002 年）

资料来源：根据《中国统计年鉴2003》版数据计算求出。

对此 2 图形的观察表明，其变量之间的相关关系非常明显。用最小二乘法对图 3 和图 4 的数据表（表略）作回归分析，可得如下两个有意义结论：

1. 中国第三产业就业比重与人均 GDP 存在着幂函数型相关关系，中国第三产业就业方程回归方程为：

$$Y = 0.43 X^{0.47} \tag{9}$$

$R^2 = 0.99$，标准差：0.0099，$t = 47.59$，$P = 1.76 * 10^{-24}$

式中，Y 是中国第三产业就业比重（%），X 是人均 GDP（人民币元，2002 年可比价）。人均 GDP 对第三产业就业比重的解释度超过 90%。回归参数具有良好的统计性质，均通过检验。

2. 中国第三产业增加值比重与人均 GDP 存在着幂函数型相关关系，中国第三产业产值方程为：

$$Y = 4.08 X^{0.24} \tag{10}$$

$R^2 = 0.74$，标准差：0.030，$t = 8.04$，$P = 3.91 * 10^{-8}$

式中，Y 是中国第三产业增加值比重（%），X 是人均 GDP（人民币元，2002

年可比价)。人均 GDP 变动对第三产业增加值变动的解释度超过 70%。回归参数具有良好的统计性质,均通过检验。

综合中国第三产业就业方程和产值方程的测算,可得中国第三产业就业比重和产值比重理论值,见表 4。

表 4　　　　　　　　　中国第三产业比重理论值(元,%)

人均 GDP 2002 年可比价	1000	2000	3000	4000	5000	6000	7000	8000	9000	10000
第三产业就业比重	11.1	15.3	18.5	21.2	23.5	25.7	27.6	29.4	31.0	32.6
第三产业产值比重	21.4	25.3	27.9	29.9	31.5	32.9	34.2	35.3	36.3	37.2

资料来源:根据中国第三产业就业方程 Y = 0 43X ~ (0.47) 和产值方程 Y = 4.08X ~ (0.24) 计算表 5,1997 年中国第三产业内部各行业的中间需求率(%)。

表 4 清晰地揭示了中国第三产业的就业比重和产值比重随人均 GDP 的增长而增大的发展趋势。当人均 GDP(2002 年可比价)由 1000 元增大到 10000 元时,第三产业就业比重将从 11.1% 增大到 32.6%,第三产业产值比重将由 21.4% 增大到 37.2%。

应该指出:中国第三产业就业方程和产值方程若在样本数据的范围内用于预测与全国经济结构类似但经济发展水平低于全国平均水平的省份的第三产业发展目标,会有较好的预测结果。如果用于预测整个中国第三产业在未来若干年后的发展目标,因目标期人均 GDP 将有大幅度增长并大大超出样本数据的区间而发生外推预测,就会影响预测的精度。

三　第三产业在中国国民经济中的重要战略地位

第三产业在国民经济中的地位是由服务产品的消费功能决定的。一般来说,在第三产业形成之初的古代,服务消费的基本功能只是满足统治者和达官贵人穷奢极欲的享用需要,第三产业在社会再生产中处于无关重要的地位。在第三产业蓬勃发展的当代不少国家中,服务消费的基本功能不仅是满足社会成员结构不同的生存、发展和享受的需求,而且是构成社会再生产与发展的基本条件和决定因素,第三产业在国民经济中占据不可忽视的重要地位。在经济发达国家中,服务消费功能进一步发展为在质和量上都较之物品消费功能更重要,第三产业和服务经济就跃居国民经济的"首席地位",成为现代社会的决定性产业,使"服务社会"成为用来概括经济发展水平高于工业社会的现代社会的概念。

第三产业在中国国民经济中的重要战略地位主要表现在服务型生产资料、服务消费品、GDP 贡献份额、就业贡献份额、第三产业比重增大趋势和资源限制程度 6 个方面:

1. 第三产业生产的服务型生产资料充当现代生产系统中不可替代的重要生产要素的功能,使第三产业成为提高国民经济效率的重要战略策源地。根据《1997 年度中国投入产出表》计算,1997 年中国第一、二、三产业的中间需求率分别为 53.1%、61.0% 和 51.2%。这提示:我国三次产业生产的农产品、工业品和服务产品用作生产资料的比重分别为 53.1%、61.0% 和 51.2%,用作消费资料的比重分别为 46.9%、38.0% 和 48.8%[①]。

对第三产业内部行业的中间需求率的进一步分析(见表 5)可以发现,在我国第三产业 34 个行业中,中间需求率大于 50% 的有 18 个行业,包括:仓储业、其他社会服务业、管道运输业、铁路货运业、公路货运业、保险业、其他交通运输及交通运输辅助业、电信业、农林牧渔服务业、金融业、铁路客运业、旅馆业、商业、航空客运业、水上客运业、水上货运业、饮食业、居民服务业。这些行业具有较强的生产型行业特征,可称为生产服务业。其生产的服务产品的一半以上是服务型生产资料(或称生产性服务产品)。我国投资环境的改善,农业、工业和服务业生产效率的提高,信息化、社会化和国际化程度和竞争力的发展,在很大程度上是通过有效消费这些服务型生产资料实现的。在这一意义上,第三产业生产服务业的发展,将成为有效提高国民经济效率的重要环节。

2. 第三产业提供的服务消费品具有满足居民日趋丰富的生活需要的功能,使第三产业成为提高现代社会中居民生活质量的关键性部门。从表 5 可以看出,在中国第三产业 34 个行业中,中间需求率小于 50% 的行业有 16 个,包括:邮政业、航空货运业、地质勘查业和水利管理业、娱乐服务业、综合技术服务业、公路客运业、房地产业、科学研究事业、文化艺术和广播电影电视事业、公用事业、旅游业、教育事业、社会福利事业、卫生事业、体育事业、行政机关及其他行业。这些行业具有较强的消费型行业特征,可称为生活型服务业,其生产的服务产品的一半以上是服务消费品(或称服务型消费资料)。我国居民生活质量的改善,不断增长

---

① 为分析简洁,这里粗略地把第一、二、三产业生产的产品分别简称为农产品、工业品和服务产品。服务产品是非实物产品,具有非实物性、生产消费的同时性、非储存性、非转移性、再生产的严格被制约性和劳动产品的必然性等属性,详见李江帆《第三产业经济学》,广东人民出版社 1990 年版,第 104—192 页。

的生活需求满足程度的提高，人的个性的全面发展，在很大程度上是通过有效消费这些服务消费品实现的。在这一意义上可以说，第三产业生活服务业的发展，将成为有效提高居民生活质量的重要手段。

表5　　　　　　1997年中国第三产业内部各行业的中间需求率（%）

行业	中间需求率	排位	行业	中间需求率	排位
仓储业	100	1	居民服务业	50.409	18
其他社会服务业	95.425	2	邮政业	45.796	19
管道运输业	90.357	3	航空货运业	44.713	20
铁路货运业	88.216	4	地质勘查业和水利管理业	42.281	21
公路货运业	87.289	5	娱乐服务业	40.038	22
保险业	86.919	6	综合技术服务业	39.734	23
其他交通运输及交通运输辅助业	84.080	7	公路客运业	31.901	24
电信业	81.601	8	房地产业	30.765	25
农林牧渔服务业	74.767	9	科学研究事业	24.669	26
金融业	72.145	10	文化艺术和广播电影电视事业	24.373	27
铁路客运业	70.816	11	公用事业	23.952	28
旅馆业	66.215	12	旅游业	11.812	29
商业	66.146	13	教育事业	10.318	30
航空客运业	65.790	14	社会福利事业	4.675	31
水上客运业	64.705	15	卫生事业	4.209	32
水上货运业	61.717	16	体育事业	0	33
饮食业	52.058	17	行政机关及其他行业	0	34

资料来源：李冠霖：《第三产业投入产出分析》，中国物价出版社2002年版，第185页。

3. 第三产业对GDP增长的贡献率随国民经济发展水平的提高而增大，使第三产业超越第一产业成为国民经济增长的第二推动力，并将在或已在发达地区和大城市超越第二产业，成为GDP增长的第一推动力。统计分析表明，第三产业对国民经济的推动力与经济发展水平正相关。在同一地区的不同经济发展阶段，或在不同经济发展水平的地区，国民经济发展的主要推动力并不一样。国民经济的增长，在贫困阶段，主要靠农业推动；在温饱阶段，主要靠农业和工业推动；在总体小康阶段，主要靠第二、三产业推动；在全面小康和现代化基本实现阶段，主要靠第三产业推动。因此，要辩证认识初步小康社会、全面小康社会和现代化社会中国民经济主要推动力的差异，有针对性地采取新的发展思路。从全国来看，1978—2002年第二产业对GDP增长的贡献份额最大，达51.2%；第三产业占第二位，为

33.9%；第一产业最低，仅为14.9%（见表6）。三次产业各年对GDP的贡献份额值，见图5。

表6　　　　　中国第三产业对GDP增长的贡献份额（当年价,%）

年份	第一产业	第二产业	第三产业
1978—1990	26.8	40.0	33.2
1990—2002	12.9	53.1	34.0
1978—2002	14.9	51.2	33.9

注：对GDP增长贡献份额＝某产业计算期与基期相比的增加值增量与同期GDP增量之比。
资料来源：根据《中国统计年鉴2003》数据计算。

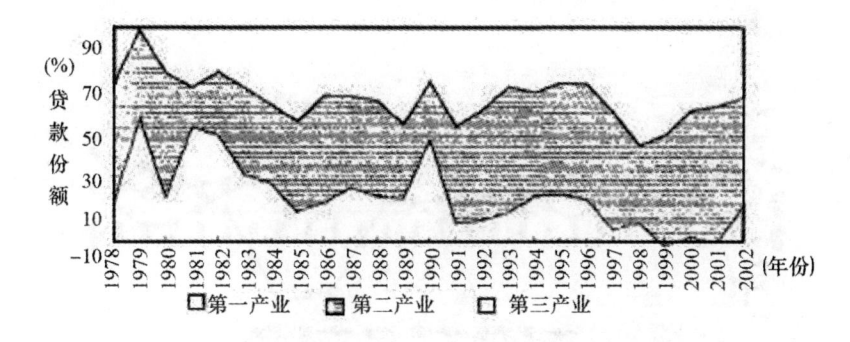

图5　1978—2002年中国三次产业对GDP增长的贡献份额
资料来源：根据《中国统计年鉴2003》数据计算。

但是，这并非意味着全国所有地区的第三产业对国民经济增长的推动力都低于第二产业。就全国来说，在中西部欠发达地区，第二产业应是国民经济的主要推动力。在沿海发达地区和大城市，第三产业应该成为国民经济的第一推动力。经济发展水平较高的地区，国民经济动力结构将有新变化，第三产业已经或将要成为GDP增长第一推动力。从长期发展趋势看，我国未来第三产业对GDP的增长的贡献份额将逐步提高，终将超过第二产业而成为国民经济增长的第一推动力。

4. 第三产业对就业增长的贡献随着工农业劳动生产率的提高和收入水平增长日趋增大，使第三产业成为国民经济中就业增长最快、吸纳劳动力最多的部门。国内外资料显示：随着国民经济的发展，第一产业就业比重持续下降，第二产业就业比重先升后降，第三产业就业比重持续上升。当上升的第三产业就业比重增长到与第二产业就业比重交叉时，第三产业就开始取代第二产业而成为吸纳劳动力第一大的产业。

统计分析表明，从1991年起，我国第三产业对就业增长的贡献份额开始较稳定地持续超过第一、二产业。1978—2002年我国第三产业对就业增长的贡献份额达48.3%，高于第一产业的25.5%和第二产业的26.3%（见表7和图6）。

表7　　　　　　　　中国第三大产业对就业增长的贡献份额（%）

年份	第一产业	第二产业	第三产业
1978—1990	43.1	28.1	28.8
1990—2002	-22.7	21.4	101.3
1978—2002	25.5	26.3	48.2

注：就业增长贡献份额＝某产业计算期与基期相比的就业增量与同期全社会就业增量之比。
资料来源：根据《中国统计年鉴2003》数据计算。

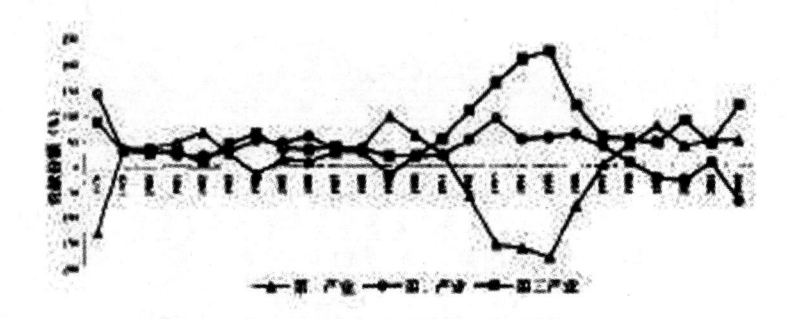

图6　中国三次产业就对业增长的贡献份额（1978—2002年）
资料来源：根据《中国统计年鉴2003》数据计算。

在全面建设小康进程中，全国各地将或迟或早出现第三产业成为就业容量最大的产业的前景。因此，应正确认识第三产业在就业结构中的这种变化，把发展第三产业作为解决我国失业问题的重点之一来抓。在目前工业投资项目不多、工业企业发展不景气、工业品明显供过于求的情况下，第三产业更是开辟就业门路的重要领域。

5. 第三产业就业比重和产值比重随着人均GDP增大日趋提高，使第三产业终将超过工农业，成为国民经济中吸纳劳动力和提供国民财富最多的第一大产业。统计表明，改革开放以来，中国第三产业占GDP的比重从总体上呈现增大趋势，从1978年的23.7%增大到2002年的33.5%，与此同时，第一产业的产值比重持续下跌，第二产业比重先降后回升（见图7）。

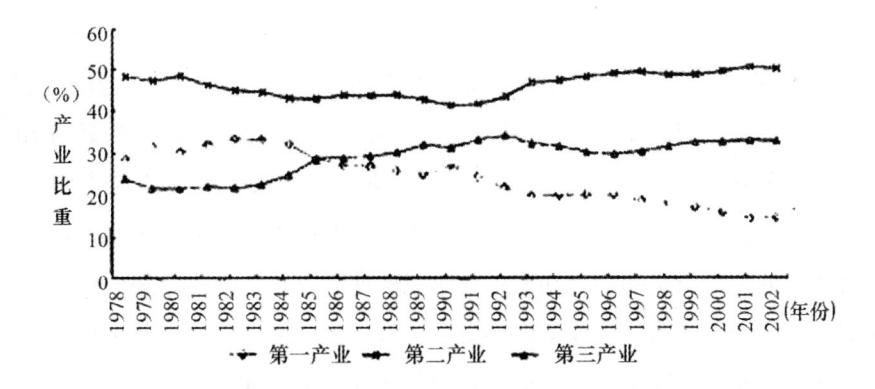

图7 中国三大产业占GDP的比重的演变（1978—2002年）

资料来源：《中国统计年鉴2003》。

第三产业的就业比重则呈现非常明显的上升趋势，由1978年的12.2%增大到2002年的28.6%。同期，第一产业就业比重骤跌，第二产业先升后微跌（见图8）。随着全面小康和现代化建设的发展，国民经济水平的提高必将加强我国第三产业比重上升的趋势，使第三产业在国民经济中的战略地位越来越重要。建设全面小康社会的过程，从消费结构看，是实物消费比重下降、服务消费比重上升的过程；从产业结构看，是第一产业比重下降、第二产业比重先升后降、第三产业比重持续上升的过程。

按照恩格尔定律，家庭食品开支比重随着收入水平的提高而下降。全面小康社会的建设，将使我国在经济发展、科教进步、文化繁荣、人民生活质量提高等方面有更大进展。随着全国居民收入水平大面积大幅度的提高，国民收入越来越多的边际增长额将用来购买具有发展资料和享受资料属性的高层次服务产品，第三产业将因此获得迅速发展的需求动力：科技水平的提高要求劳动者向技术工人、工程师、科学家发展；信息和知识的爆炸加速了知识折旧，形成终生教育的局面，引起了对教育服务、科学服务的需求；疾病的减少和丰裕的人口的增加，引起对延年益寿保健服务的需求；收入水平的提高和余暇时间的增多，使人们在衣食住的基本需要之外，增加了对旅游、娱乐、消遣、文艺、美容、体育、交通、休息等方面的广泛需求。于是，在农、林、牧、渔、矿、制造业、建筑业发展的基础上，科学、教育业、保健业、文娱业、美容业、体育业、交通业、旅业、生活服务业等行业将日趋发展。因此，小康社会的全面建设将刺激第三产业迅速发展。第三产业的迅速发展，又从提高国民经济效率和居民生活质量两方面，为小康社会的全面实现提供条件。因此，建设全面的小康社会，将使第三产业在国民经济中的战略地位越来越重要。

6. 在自然资源日渐枯竭而人力资源不断开发的环境下，对自然资源依赖程度较弱、对人力资源依赖程度较强的第三产业在推动国民经济发展中有更广阔的发展空间，对自然资源依赖程度较强的第一、二产业的发展将受到越来越多的限制。

综上所述，在现代社会中，服务产品充当三大产业再生产的重要生产资料和居民生活不可缺少的消费对象的消费功能，使第三产业脱离了在农业经济时代和工业经济时代相对于第一产业和第二产业的次要地位，取得了越来越重要的战略地位。从静态上说，服务产品在不少国家中已接近或超过国民经济总量的一半比重；从动态上看，由服务消费功能决定的服务需求的高收入弹性，使第三产业的服务需求在国民收入水平增长时可以以更大的幅度增长；在供求状况对价格的影响下，第三产业因需求坚挺且增长速度快、幅度大，就容易维持较高的价格，形成相对高的收入水平，引起社会劳动由第一、二产业向第三产业的转移，使第三产业以快于国民经济的平均增长速度的速度增长，产值比重和就业比重日趋增大，在国民经济中的地位日益加强。因此，当代第三产业在社会再生产中，与第一、二产业相互依存、相互决定，成为后工业社会对国民经济增长贡献率最大的产业，第三产业在国民经济中的地位得到空前的提高。经济越发达，居民越富裕，第三产业的战略地位就越高。

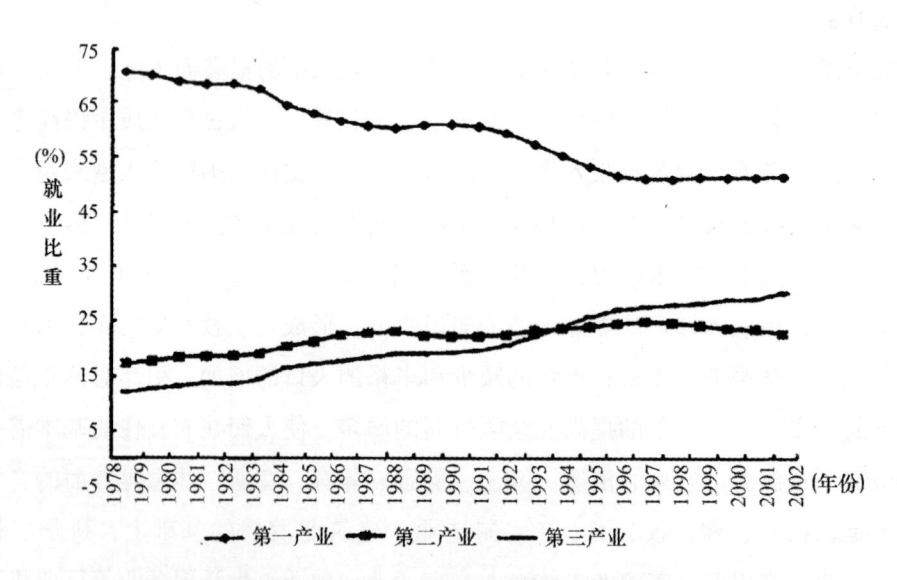

图8　中国三大产业占GDP的比重的演变（1978—2002年）

资料来源：《中国统计年鉴2003》。

房价与地价关系研究：
模型及中国数据检验[*]

况伟大[**]

内容提要：本文通过构建一个线形城市的住房市场和土地市场模型，分别就Cournot空间竞争和规制情形，探讨了房价和地价关系。本文的基本结论是：规制情形下的房价和地价高于无规制情形下的房价和地价；在供大于求时，房价与地价成线性负相关关系；在供小于求时，房价与地价成线性正相关关系；房价与地价Granger因果关系检验表明，短期内房价和地价相互影响，长期内地价是房价的Granger因。因此，要将房价降下来，短期内，一方面应增加土地供给，另一方面应控制房价和地价过快上涨；在长期，主要应抑制地价的过快上涨。

一 问题的提出

近年来，中国许多城市出现了房价快速上涨的现象。不断上涨的房价，一方面使这些城市的房价收入比过高，居民支付能力下降；另一方面可能引发房地产泡沫，危害经济发展。因此，弄清房价的形成机制以及如何将房价降下来，成为中央政府和经济学家关注的焦点问题。对于房价的形成机制，一种观点认为，高房价是由高地价造成的。例如，徐艳（2002）认为土地费用过高是北京房价过高的主要原因；杨慎（2003）、包宗华（2004）认为地价大幅上涨必然造成房价大幅度提

---

[*] 原文发表于《财贸经济》2005年第11期。

[**] 况伟大（1970— ），山东胶州人。曾任中国社会科学院财贸经济研究所副研究员。现任中国人民大学商学院财政金融系主任、教授、博士生导师，兼任亚洲房地产理事，中国人民大学不动产研究中心副主任。主要研究领域：房地产金融、房地产经济和城市经济。主要著作：《房地产与中国宏观经济》《垄断、竞争与管制——北京市住宅业市场结构研究》。2012年，论文 The Residential Mortgage Default Risk in China 荣获亚洲房地产学会最佳论文奖。

高。因此,该观点的政策含义为,要降低房价必须降低地价。另一种观点认为,房价是由供求决定的,与地价没有直接关系。例如,刘琳、刘洪玉(2003)通过构建四象限模型探讨了地价与房价的关系,他们指出,地价与房价呈线性正相关关系;从需求角度看,房价上涨导致了地价上涨;从供给角度看,高地价引起了高房价。张宏斌(2001)认为,地价与房价不存在一个固定的比例关系,地价是由供求决定的。因此,该观点的政策含义为,要降低房价必须调整住房市场的供求关系。从中央政府公共政策的演变可以看出,20世纪末,中央政府试图通过减免土地出让金和税费来降低房价,但房价仍然没有降下来。进入21世纪来,中央政府又试图调整供求关系来降低房价,但房价仍然没有降下来。因此,笔者的问题是,为什么降低地价不能降低房价?为什么调整供求关系不能降低房价?可见,明确房价与地价之间的关系,不仅具有重要的理论意义,而且对于政府进行宏观调控、规范房地产市场也具有重要的现实意义。

有关房价与地价的关系,学者们有三类典型研究。第一类研究是从引致需求(derived demand)角度来研究房价与地价关系。该类研究将土地作为住房的生产要素来探讨房价与地价之间的关系。例如,Smith(1976)将土地作为住房的生产要素(投入)分析了城市住房的供给,探讨了地价与房价之间的比例关系。O'Sullivan(2000)运用引致需求分析框架,认为高地价是高房价的结果而不是原因。可见,该类研究将房价与地价之间的关系建立在传统经济学(非空间经济学)一般均衡的基础之上。第二类研究是从空间经济学角度来研究房价与地价关系。例如,Alonso(1964)和Muth(1969)通过构建空间竞价函数(bid—price function),认为高地价是由高房价引起的。况伟大(2004)通过构建一个环形城市的空间竞争模型,证明了空间垄断是房价居高不下的根本原因。可见,该类研究是在土地供给缺乏弹性的情形下分析房价与地价的关系。遗憾的是,研究者只考虑了需求者之间的竞争,没有考虑供给者的行为。也就是说,土地供给者(absentee landowner)的唯一行为只是被动地接受需求者的最高价格,对其偏好和投机等行为则不予考虑。第三类研究是采用经济计量分析工具来研究房价与地价关系。例如,Davies(1977)通过回归分析,认为地价不仅与房价相关,而且与土地利润率和贷款利率高度相关。Raymond(1998)运用Granger因果分析对香港房价与地价关系进行了实证检验,结果显示房价与地价不存在因果关系。Glaeser、Gyourko和Hilber(2002)通过回归分析,认为地价与地区经济发展、人力资本高低呈正相关,与房价没有直接关系。高波、毛丰付(2003)采用《中国经济景气月报》数据通过Granger因果关系分析,证明了长期内房价走势决定地价走势,短期内二者存在相互关系；但该研究没有进行单位根和协整检验。该类研究表明，房价与地价关系是复杂的。该类研究的一个重要缺陷在于缺乏理论基础，从而使得出的结论难以具有说服力。因此，为克服上述研究的不足，本文将房价与地价关系不仅建立在空间经济学的基础之上，而且考虑住房市场与土地市场的供给者行为。基于此，本文首先构建一个结合住房市场与土地市场的空间竞争模型，然后分析房价与地价的决定机制，给出房价与地价之间的关系，最后对上述理论模型进行经验检验。本文余下部分的结构如下：第二部分是基本假设与模型；第三部分是模型的拓展，进一步引入规制因素；第四部分是经验检验；第五部分是结论与政策含义。

二 基本假设与模型

房价与地价关系涉及住房市场与土地市场的相互作用问题，所以笔者通过构建住房市场模型将住房市场与土地市场结合起来。同时，土地供给者不仅要考虑住宅用地的需求，而且考虑商业用地以及工业用地的需求。因此，本文将土地供给者行为纳入基本模型中。根据住房市场和土地市场空间竞争的特点，笔者对住房市场提出以下7个假设：

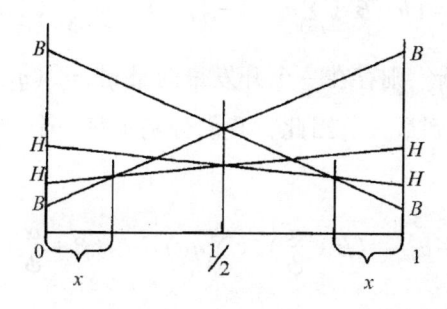

图1 线形城市模型

1. 城市为线形城市，城市坐落于长度为 l，宽度为1的土地上；
2. 线形城市内开发商的数量为 n；
3. 线形城市内开发商进行 Cournot 空间竞争；
4. 容积率（Floor Area Ratio）[①] 是 ϕ；
5. 住宅用地的供给函数是线性的，且有弹性，供给函数为 $p_l = P_{l0} + aQ_l$，$P_{l0} >$

[①] 容积率是指房屋的建筑面积与其占地面积之比。

0，$a > 0$；

6. 住宅开发商的固定成本（F）和边际成本（c）相同，则第j个开发商的生产成本为$C_{hj} = F + cq_{hj}$，$j \in (1, 2, \cdots, n)$；

7. 住宅需求函数是线性的，且有弹性，市场需求函数为$p_h = b - \beta Q_h$，$b > 0$，$\beta > 0$。

首先，我们分析住房市场。根据上述假设，当市场均衡时，住房市场的需求函数可写为：

$$p_h = b - \beta \left(\sum_{j=1}^{n} q_{hj} \right) \tag{1}$$

因为土地是住房的引致需求，所以边际成本（c）由地价（p_l）和其他生产要素价格（c_o）构成。即，$c = p_l + c_0$。

由上述假设，土地市场的竞价函数可写为：$p_l = p_{lo} + a \dfrac{Q_h}{\phi}$。

因此，第j个开发商的成本函数为：

$$C(q_{hj}) = F + \left(p_{lo} + c_0 + a \dfrac{Q_h}{\phi} \right) q_{hj} \tag{2}$$

由式（1）和式（2），我们可以得出开发商的利润为：

$$\pi_{hj}(q_{hj}) = \left[b - \beta \left(\sum_{j=1}^{n} q_{hj} \right) \right] - \left[p_{lo} + c_0 + \dfrac{a}{\phi} \left(\sum_{j=1}^{n} q_{hj} \right) \right] q_{hj} - F$$

要实现Cournot均衡，则存在一个开发量向量$q_1^* = (q_1^*, q_2^*, \cdots, q_n^*)$，使每一个开发商的利润都达到最大。因此，我们分别求每一个开发商利润最大化的一阶条件，可以得到：

$$b - p_{lo} - c_0 - \left(\beta + \dfrac{\alpha}{\phi} \right) \left(\sum_{i=1}^{n} q_{hj} \right) - \left(\beta + \dfrac{\alpha}{\phi} \right) q_{hj} = 0$$

即：$q_{hj} = \dfrac{\phi(b - p_{l0} - c_0)}{a + \beta\phi} - Q_h \tag{3}$

由式（3）可以看出，Cournot均衡时，开发商的开发量与开发商的性质无关。因此，可以将式（3）重写为：

$$q_{hj}^* = \dfrac{\phi(b - p_{l0} - c_0)}{a + \beta\phi} - nq_{hi}^*$$

则每一开发商在Cournot均衡时的最优开发量为：

$$q_{hj}^* = \dfrac{\phi(b - p_{l0} - c_0)}{(n+1)(a + \beta\phi)} \tag{4}$$

因此，Cournot均衡时，住房市场的总开发量为：

$$Q_h^* = \sum_{j=1}^{n} q_{hj}^* = \frac{n\phi(b-p_{l0}-c_0)}{(n+1)(a+\beta\phi)} \tag{5}$$

由式（1）和式（5），我们可以得到线性城市住房市场的均衡价格为：

$$p_h = \frac{b[(n+1)a+\beta\phi] + n\beta\phi(p_{l0}+c_0)}{(n+1)(a+\beta\phi)}$$

下面，我们分析土地市场。前已述及，以往的土地市场模型往往强调需求，忽视供给。实际上，土地市场均衡不仅受需求影响，而且还受土地供给影响。土地供给的影响包括以下三个方面：一是土地供给者偏好和行为影响土地市场均衡；二是规制影响土地市场均衡；三是因为土地市场信息是不完备的，所以土地市场是不完全市场，这将影响土地市场均衡。下面我们将分别分析土地供给者行为和规制对土地市场均衡的影响，市场不完全对土地均衡的影响将不作分析。

我们假定，城市的土地有住宅和非住宅两种用途。土地供给者根据两种不同的土地收益及其投机行为作出选择。如图1所示，我们增加以下两个假设。

假设8：假定住宅和非住宅土地的价格曲线分别为 HH 和 BB。根据竞价模型，土地供给者所能供给的住宅土地总量为 $2x$。

假设9：在这些住宅土地中，我们假定有 θ（$\theta \in [0, 1]$）比重的住宅土地为闲置土地。

这些闲置土地的所有者为土地投机者，他们期望未来获取更高的土地收益，在现期没有将土地出租或卖掉，导致实际上可以用于住宅土地供给的总量为 $2(1-\theta)x$。因此，我们将住房市场与土地市场结合起来，住房市场均衡变为：

$$\begin{cases} p_h = \dfrac{b[(n+1)a+\beta\phi]+n\beta\phi(p_{l0+c_0})}{(n+1)(a+\beta\phi)} & \dfrac{n(b-p_{l0}-c_0)}{(n+1)(a-\beta\phi)} < (1-\theta)x \quad (6) \\ p_h = b - \beta\phi(1-\theta)x & \dfrac{n(b-p_{l0}-c_0)}{(n+1)(a+\beta\phi)} \geq (1-\theta)x \quad (7) \end{cases}$$

在上述假设下，当住房市场均衡时，每一开发商的开发量相同，所以我们假定每一开发商的占地规模为 z。于是，我们可以得出住房市场均衡时开发商的数量。

$$\begin{cases} n = \dfrac{(b-p_{l0}-c_0)-z(a+\beta\phi)}{z(a+\beta\phi)} & \dfrac{n(b-p_{l0}-c_0)}{(n+1)(a-\beta\phi)} < (1-\theta)x \quad (8) \\ n = \dfrac{(1-\theta)x}{z} & \dfrac{n(b-p_{l0}-c_0)}{(n+1)(a+\beta\phi)} \geq (1-\theta)x \quad (9) \end{cases}$$

将式（8）和式（9）分别代入式（6）和式（7），我们得到下式：

$$\begin{cases} p_h = b + \beta\phi\left(z - \dfrac{b - p_{l0} - c_0}{a + \beta\phi}\right) & z > \dfrac{(b - p_{l0} - c_0)}{(a + \beta\phi)} - (1-\theta)x \\ p_h = b - \beta\phi(1-\theta)x & z \leqslant \dfrac{n(b - p_{l0} - c_0)}{(a + \beta\phi)} - (1-\theta)x \end{cases} \quad (10)(11)$$

由式 (10), 我们可以得出下式:

$$\begin{cases} \dfrac{\partial p_h}{\partial \phi} = \dfrac{\beta\left[z(a+\beta\phi)^2 - a(b - p_{l0} - c_0)\right]}{(a + \beta\phi)^2} & (12) \\ \dfrac{\partial p_h}{\partial z} = \beta\phi & (13) \end{cases}$$

由式 (12), 我们可以得出下式:

$$\begin{cases} \dfrac{\partial p_h}{\partial \phi} > 0 & z > \dfrac{a(b - p_{l0} - c_0)}{(a + \beta\phi)^2} & (14) \\ \dfrac{\partial p_h}{\partial z} < 0 & z < \dfrac{a(b - p_{l0} - c_0)}{(a + \beta\phi)^2} & (15) \end{cases}$$

因土地市场供过于求, 所以式 (6) 成立。因此, 我们很容易得出以下命题。

命题 1: 若假设 1—9 成立, 且 $q_{hj} > 0$, $\dfrac{a(b - p_{l0-c_0})}{(a + \beta\phi)^2} > z > \dfrac{a(b - p_{l0} - c_0)}{(a + \beta\phi)^2} - (1-\theta)x$, 则 $\dfrac{\partial p_h}{\partial \phi} < 0$, $\dfrac{\partial p_h}{\partial z} > 0$。

命题 1 说明, 当土地市场供大于求时, 住宅市场均衡价格 p_h 是 ϕ 的减函数, 是 z 的增函数。其经济含义是明显的: ϕ 越大, 单位土地面积的住房面积越大, 在其他变量不变时, 住房供给量增加, 房价下降; z 越大, 每个开发商的占地面积越大, 住宅市场上开发商数量越少, 开发商之间的竞争不足, 垄断性上升, 在其他变量不变时, 房价上升。命题 1 具有深刻的政策含义: 当土地市场供大于求时, 要将房价降下来, 一方面, 政府应适当提高容积率; 另一方面, 政府应尽可能地将大的住宅开发项目拆分为小的住宅开发项目, 增强竞争。

由式 (11), 我们很容易得出以下命题。

命题 2: 若假设 1—9 成立, 且 $q_{hj} > 0$, $0 < z \leqslant \dfrac{(b - p_{l0} - c_0)}{(a + \beta\phi)^2} - (1-\theta)x$, 则 $\dfrac{\partial p_h}{\partial \phi} < 0$, $\dfrac{\partial p_h}{\partial \theta} > 0$, $\dfrac{\partial p_h}{\partial x} < 0$。

命题 2 说明, 当土地市场供小于求时, 住宅市场均衡价格 p_h 是 ϕ 和 x 的减函数, 是 θ 的增函数。其经济含义是: ϕ 越大, 单位土地面积的住房面积越大, 在其他变量不变时, 住房供给量增加, 房价下降; x 越大, 住宅用地面积越大, 在其他变量不变时,房价下降;θ越大,土地市场的投机越大,闲置土地越多,能用于住宅开发的土地越少,在其他变量不变时,房价越高。命题2具有深刻的政策含义:当土地市场供小于求时,要将房价降下来,一方面政府应适当提高容积率;另一方面政府应严厉打击土地投机者,减少和避免土地闲置。

下面,我们将住房市场与土地市场结合起来,分析土地市场均衡。我们假定土地市场的引致需求函数为$P_{ld} = d - \gamma Q_1$,$d > 0$,$\gamma > 0$。在上述假设下,则当住房市场均衡时,土地市场均衡如下:

$$\begin{cases} p_l = p_{l0} + a\left(\dfrac{b - p_{l0} - c_0}{a + \beta\phi} - z\right) & z > \dfrac{(b - p_{l0} - c_0)}{(a + \beta\phi)} - (1-\theta)x \\ p_l = d - \gamma(1-\theta)x & z \leq \dfrac{(b - p_{l0} - c_0)}{(a + \beta\phi)} - (1-\theta)x \end{cases} \quad (16)$$
$$(17)$$

由式(16),我们很容易得出以下命题。

命题3:若假设1—9成立,且$q_{hj} > 0$,$z > \dfrac{(b - p_{l0} - c_0)}{(a + \beta\phi)} - (1-\theta)x$,则$\dfrac{\partial p_l}{\partial \phi} < 0$,$\dfrac{\partial p_l}{\partial z} < 0$。

命题3说明,当土地市场供大于求时,土地市场均衡价格p_l是ϕ和z的减函数。其经济含义是明显的:ϕ越大,单位土地面积的住房面积越大,在其他变量不变时,对土地的需求量越小,地价越低;z越大,每个开发商的占地面积越大,住宅市场上开发商数量越少,开发商对土地的竞争性越小,在其他变量不变时,地价越低。

由式(17),我们容易得出以下命题。

命题4:若假设1—9成立,且$q_{hj} > 0$,$0 < z \leq \dfrac{(b - p_{l0} - c_0)}{(a + \beta\phi)} - (1-\theta)x$,则$\dfrac{\partial p_l}{\partial \theta} < 0$,$\dfrac{\partial p_l}{\partial x} < 0$。

命题4说明,当土地市场供小于求时,土地市场均衡价格p_l是θ的增函数,是x的减函数。其经济含义是明显的:θ越大,土地投机所占的比重越大,闲置土地越多,在其他变量不变时,土地供给量越小,地价越高;x越大,能用于住宅开发的土地面积越大,在其他变量不变时,地价下降。

下面,我们分析当住房市场与土地市场均衡时,房价与地价关系。由式(10)和式(16),我们可以得到:

$$p_h = b + \dfrac{\beta\phi}{a}(p_{l0} - p_l) \quad z > \dfrac{(b - p_{l0} - c_0)}{(a + \beta\phi)} - (1-\theta)x \quad (18)$$

式（18）表明，当土地市场供小于求时，房价 p_h 不仅受地价 p_l 影响，还受容积率 ϕ、消费者的需求弹性 β、土地供给者的保留价格 p_{l0}、供给弹性 α 的影响。

由式（18），我们容易得出以下命题。

命题5：若假设1—9成立，且 $q_{hj} > 0$，$z > \dfrac{(b - p_{l0} - c_0)}{(a + \beta\phi)} - (1 - \theta)x$，则 $\dfrac{\partial p_h}{\partial p_l} < 0$。

命题5说明，当土地市场供大于求时，住房市场均衡价格 P_h 土地市场均衡价格 p_l 的减函数。其经济含义是明显的：p_l 越大，表明土地市场的引致需求越大，在其他变量不变时，住宅的供给量越大，房价越低。因此，当土地市场供大于求时，房价与地价呈负相关关系。

由式（11）和式（17），我们可以得出下式：

$$p_h = b + \frac{\beta\phi}{\gamma}(p_l - d) \quad z \leqslant \frac{(b - p_{l0} - c_0)}{(a + \beta\phi)} - (1 - \theta)x \tag{19}$$

由式（19），我们容易得出以下命题。

命题6：若假设1—9成立，且 $q_{hj} > 0$，$0 < z \leqslant \dfrac{(b - p_{l0} - c_0)}{(a + \beta\phi)} - (1 - \theta)x$，则 $\dfrac{\partial p_h}{\partial p_l} > 0$。

命题6说明，当土地市场供小于求时，住房市场均衡价格 p_h 是土地市场均衡价格 p_l 的增函数。其经济含义是：因此，p_h 越大，表明住宅市场的需求越大，对土地市场的引致需求越大，在其他变量不变时，从而 p_l 越大。另外，当土地市场供小于求时，开发商拥有垄断力量。开发商就会采取加价（mark up），将成本转嫁给消费者，从而房价越高。可见，当土地市场供小于求时，房价与地价是正相关关系，二者相互作用，不能简单地说"房价决定地价"还是"地价决定房价"。

三 模型的拓展：规制情形

鉴于土地市场与住房市场受到政府的严重规制，我们在本节进一步引入规制因素，对基本模型进行拓展，讨论规制对房价、地价及其关系的影响。

我们首先分析住房市场规制对房价与地价关系的影响。我们假定，在住房市场上，政府规定一个固定的容积率 ϕ_0。因此，开发商所能开发的住房总量只随土地面积的变动而变动。这样，开发商所能开发的最大住房量为 $2\phi_0(1 - \theta)x$。则在规制情形下，住房市场均衡为：

$$\begin{cases} p_h = b + \beta\phi_0(z - \dfrac{b - p_{l0} - c_0}{a + \beta\phi}) & z > \dfrac{(b - p_{l0} - c_0)}{(a + \beta\phi)} - (1 - \theta)x \\ p_h = b - \beta\phi_0(1 - \theta)x & z \leqslant \dfrac{(b - p_{l0} - c_0)}{(a + \beta\phi)} - (1 - \theta)x \end{cases} \tag{20}$$
$$\tag{21}$$

式 (20) 和式 (21) 表明，在规制情形下，房价的变动不受容积率影响。在规制情形下，土地市场均衡如下：

$$\begin{cases} p_l = p_{l0} + a\left(\dfrac{b - p_{l0} - c_0}{a + \beta\phi} - z\right) & z > \dfrac{(b - p_{l0} - c_0)}{(a + \beta\phi)} - (1 - \theta)x \\ p_l = d - \gamma(1 - \theta)x & z \leq \dfrac{(b - p_{l0} - c_0)}{(a + \beta\phi)} - (1 - \theta)x \end{cases} \quad (22)$$
$$(23)$$

式 (22) 和式 (23) 表明：在规制情形下，地价的变动不受容积率影响。在规制情形下，房价与地价关系如下：

$$\begin{cases} p_h = b + \dfrac{\beta\phi_0}{a}(p_{l0} - p_l) & z > \dfrac{(b - p_{l0} - c_0)}{(a + \beta\phi)} - (1 - \theta)x \\ p_h = b + \dfrac{\beta\phi_0}{\gamma}(p_l - d) & z \leq \dfrac{(b - p_{l0} - c_0)}{(a + \beta\phi)} - (1 - \theta)x \end{cases} \quad (24)$$
$$(25)$$

式 (24) 和式 (25) 表明，在住房市场规制情形下，房价和地价的变动均不受容积率影响。

下面，讨论土地市场规制对房价、地价及其关系的影响。我们假定，政府对住宅和非住宅两种用途的土地规定一个规划比例 λ。如图 2 所示，0λ 为政府规划的住宅用地，λ_1 为政府规划的非住宅用地，$0x$ 为无规制情形下，市场均衡决定的住宅用地，x_1 为无规制情形下，市场均衡决定的非住宅用地。HH 表示住宅用地引致需求曲线，BB 表示非住宅用地引致需求曲线。在土地市场规制情形下，住房市场均衡为：

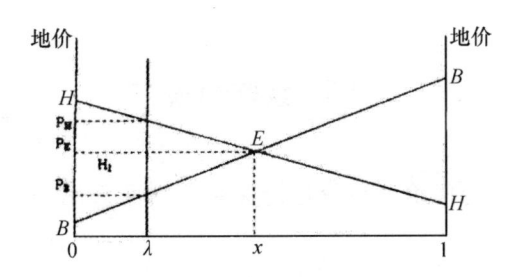

图 2　政府规制模型与地价

$$\begin{cases} p_h = b + \beta\phi\left(z - \dfrac{b - p_{l0} - c_0}{a + \beta\phi}\right) & z > \dfrac{(b - p_{l0} - c_0)}{(a + \beta\phi)} - (1 - \theta)\lambda \\ p_h = b - \beta\phi(1 - \theta)\lambda & z \leq \dfrac{(b - p_{l0} - c_0)}{(a + \beta\phi)} - (1 - \theta)\lambda \end{cases} \quad (26)$$
$$(27)$$

式 (20) 和式 (21) 表明，当土地市场供大于求时，规制情形下的房价和无规制情形下的房价相同;当土地市场供小于求时,规制情形下的房价高于无规制情形下的房价。

在土地市场规制情形下,土地市场均衡如下:

$$\begin{cases} p_l = p_{l0} + a\left(\dfrac{b - p_{l0} - c_0}{a + \beta\phi}\right) & z > \dfrac{(b - p_{l0} - c_0)}{(a + \beta\phi)} - (1 - \theta)\lambda \quad (28) \\ p_l = d - \gamma(1 - \theta)x & z \leqslant \dfrac{(b - p_{l0} - c_0)}{(a + \beta\phi)} - (1 - \theta)\lambda \quad (29) \end{cases}$$

式(28)和式(29)表明,当土地市场供大于求时,规制情形下的地价和无规制情形下的地价相同;当土地市场供小于求时,规制情形下的地价高于无规制情形下的地价。图2显示,市场均衡时,住宅用地价格为$p - h$,非住宅用地价格为$p - b$。尽管住宅用地与非住宅用地存在价格差异,但由于政府规制,二者无法通过市场调节使土地价格相等。可见,在政府规制下,非住宅用地被粗放利用,住宅用土地被集约利用。实际上,土地市场规制相当于土地供给不变,所以需求成为决定地价的唯一因素。这时,李嘉图模型较新古典模型更具适应性。

在土地市场规制情形下,房价与地价关系如下:

$$\begin{cases} p_h = b + \dfrac{\beta\phi_0}{a}(p_{l0} - p_l) & z > \dfrac{(b - p_{l0} - c_0)}{(a + \beta\phi)} - (1 - \theta)\lambda \quad (30) \\ p_h = b + \dfrac{\beta\phi_0}{\gamma}(p_l - d) & z \leqslant \dfrac{(b - p_{l0} - c_0)}{(a + \beta\phi)} - (1 - \theta)\lambda \quad (31) \end{cases}$$

式(30)和式(31)表明,土地市场规制情形下房价与地价关系与无规制情形相同。

四 经验检验

为验证上文所提出的房价与地价理论关系,本文采用Granger因果关系对其进行经验检验。

1. 数据。本文使用的数据来自国家统计局《中国经济景气月报》的全国住宅销售价格指数和住宅用地价格指数(季度数据),样本区间为1999年第一季度到2005年第一季度,共25个季度。该指数为环比指数,以上年同季为基期(100)。为反映时间序列的实际波动,本文假定1999年各季度价格指数反映实际价格变动,对数据进行了调整,调整后的数据如图3所示。

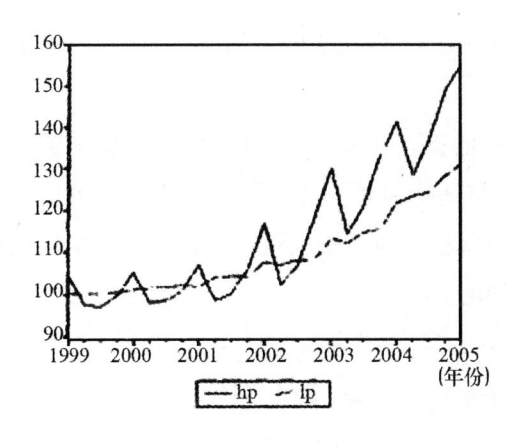

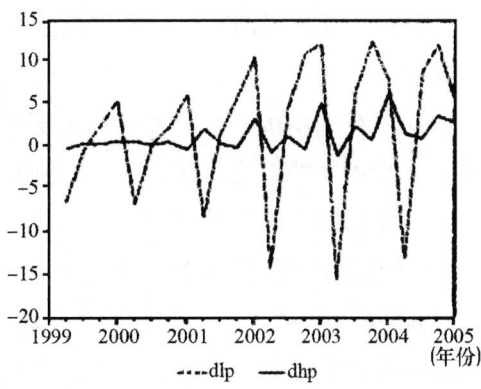

图3 hp 和 lp 趋势图　　　　图4 dlp 和 dhp 的一阶差分趋势图

2. 单位根检验。表1显示，通过对住宅价格指数（hp）和住宅用地价格指数（lp）的时间序列数据进行单位根检验发现，hp 和 lp 的水平值都是非平稳时间序列，而一阶差分序列 dhp 和 dlp 均已平稳，由此可以判定 hp 和 lp 同为一阶单整变量 I（1），有可能存在协整关系。

表1　　　　　　　　hp、lp、dhp、dlp 的 ADF 检验结果

变量	ADF 检验统计值	1%临界值	5%临界值
hp	-2.84	-4.39	-3.61
lp	-0.74		
dhp	-5.24***	-2.67	-1.96
dlp	-3.76***		

注：＊＊＊表示在1%水平上显著。

3. 协整检验。在 hp 和 lp 的时间序列皆为一阶单整的基础上，进一步检验它们之间是否存在协整关系。由于是对 hp 和 lp 两个变量进行协整检验，所以采用 EG 两步法。首先，hp 对 lp 做回归，我们可以得到：

$$hp = -76.03 + 1.74 * lp$$
$$(-5.97)\ (15.06)$$
$$n = 25,\ R^2 = 0.91,\ F = 226.77,\ D.W. = 1.993$$

注：括号中的数值为 t 值。

第二步，对回归残差进行单位根检验，发现0阶 ADF 检验统计值为 -5.02，对应的1%显著水平的临界值为 -4.4415，回归残差是一个平稳的时间序列。由此

可以判断 hp 和 lp 之间具有协整关系。即非平稳时间序列 hp 和 lp 存在长期的均衡关系。

通过 EG 两步法，我们可以确定房价和地价呈正相关线形关系。这验证了式（18）和命题 6 的结论。这说明，中国房价与地价关系符合土地市场供小于求情形下二者之间的关系。众所周知，中国的土地供给受到严格规制，所以土地供给规制相当于土地供给固定。上述检验结果是正确的。

Granger（1988）指出，若变量之间存在协整，则这些变量至少存在一个方向的 Granger 因果关系。下面进一步探讨 hp 和 lp 的 Granger 因果关系。

表 2　　　　　　　　　　ECM 估计及其检验结果

	模型（1） 住宅价格 dhp	模型（2） 住宅用地价格 dlp
C	2.074857 (0.3273)	1.186633 ** (0.0341)
E(-1)	-1.201318 ** (0.0101)	0.561407 (0.1124)
dhp(-1)	0.392021 * (0.0886)	0.343387 *** (0.0052)
dhp(-2)	-0.542280 *** (0.0064)	0.184349 * (0.0690)
dlp(-1)	-1.968206 ** (0.0261)	-0.879431 *** (0.0082)
dlp(-2)	2.746896 *** (0.0094)	0.202333 (0.5418)
现测次数	25	25
R^2	0.714656	0.631484
D.W. 值	2.091031	1.947672
F 值	7.513631	5.140769

注：1 括号内的数值是 p 值；2. ***、**、* 分别表示在 1%、5% 和 10% 的水平上显著；3. C 是截距项，E(-1) 是误差修正项（error correction term），d 表示一阶差分，括号内的 -1、-2 表示滞后期为 1 期、2 期。

4. Granger 因果关系检验。Granger 因果检验通常有两种方法：一种是传统的 VAR 模型，另一种是误差修正模型（ECM）。Granger（1988）指出，若非平稳变量间存在协整关系，使用传统的 VAR 模型做因果检验可能会有错误的推论，应该使用 ECM。由于 hp 和 lp 皆为 I（1）时间序列，且存在协整关系，根据 Engle 和 Granger（1987）提出的 Granger 定理，必然可以建立误差修正模型。因此，本文采用 ECM 来探讨住宅价格与住宅用地价格之间的 Granger 因果关系。表 2 是对两个变量的 ECM 估计及其检验结果。

模型（1）中，误差修正项估计系数的 p 值为 0.0101，在 5% 的水平上显著，意味着在住宅价格和住宅用地价格的长期均衡关系中，住宅用地价格对住宅价格具有 Granger 意义上的因果关系。这说明，在长期均衡中，地价的变化先于房价的变化，所以地价是房价的 Granger 原因。这同样也验证了式（18）和命题 6 所包含的房价和地价关系。

在模型（2）中，误差修正项估计系数的 p 值是 0.1124，接近 10% 的显著水平，意味着在住宅价格和住宅用地价格的长期均衡关系中，住宅价格对住宅用地价格在 Granger 意义上的因果关系并不十分明显。这表明，在长期均衡中，房价的变化是否先于地价的变化，还不是十分显著，其 Granger 因果关系不明显。

为揭示 hp 和 lp 之间的短期因果关系，需要对模型（1）和模型（2）做参数约束检验。在模型（1）中，检验"原假设：住宅用地价格不构成住宅价格的短期 Granger 因"，可以归结为检验"原假设 H0：dlp（-1）和 dlp（-2）的估计系数"；在模型（2）中，检验"原假设：住宅价格不构成住宅用地价格的短期 Granger 因"，可以归结为检验"原假设 H0：dhp（-1）和 dhp（-2）的估计系数"。

表 3   *hp* 和 *lp* 短期 Granger 因果关系的参数约束检验

原假设	F 统计值	Wald χ^2 统计值
住宅用地价格不构成住宅价格的短期 Granger 因 H₀：dlp（-1）和 dlp（-2）的估计系数 $c(5)=c(6)=0$	8.887881 *** (0.002845)	17.77576 *** (0.000138)
住宅价格不构成住宅用地价格的短期 Granger 因 H₀：dhp（-1）和 dhp（-2）的估计系数。$c(5)'=c(6)'=0$	6.286723 ** (0.010399)	12.57345 *** (0.001861)

注：1. 括号内的数值是 p 值；2. ***、** 分别表示在 1%、5% 的水平上显著。

由表 3 可以看出，F 统计值和 Waldχ^2 统计值都很大，在 5% 以上的水平上显著，所以两个原假设都被拒绝。即住宅价格和住宅用地价格之间存在着显著的双向短期因果关系。这表明，在短期均衡中，一方面房价是地价的 Granger 因，另一方面地价也是房价的 Granger 因。这进一步验证了式（18）和命题 6 所包含的房价和地价关系。

五　结论与政策含义

通过上述分析，本文得出了以下结论。

1. 当土地市场供大于求时，房价 p_1 是容积率 ϕ 的减函数，是开发商占地规模 z 的增函数；地价 pl 是 ϕ 和 z 的减函数；在住房市场规制情形下，房价和地价的变动均不受容积率影响；在土地市场规制情形下，房价和地价与无规制情形下的房价和地价相同。

2. 当土地市场供小于求时，房价 p_h 是 ϕ 和市场均衡土地面积 x 的减函数，是闲置土地比重 θ 的增函数；地价 p_1 是 θ 的增函数，是 x 的减函数；在住房市场规制情形下，房价和地价的变动均不受容积率影响；在土地市场规制情形下，房价和地价均不受容积率影响，但规制情形下的房价和地价高于无规制情形下的房价和地价。因此，政府规制是造成高房价和高地价的一个原因。

3. 当土地市场供大于求时，房价与地价呈线性负相关关系。当土地市场供小于求时，房价与地价呈线性正相关关系。

4. 经验检验结果显示，房价与地价关系呈线性正相关关系，这表明中国住房市场存在供小于求情形。在规制情形下，政府规定不同用地的比例，相当于不同用地的供给量是固定的，所以造成了土地市场的供小于求，房价和地价由需求决定。因此，要将房价降下来，该结论的政策含义为：一方面政府应增加土地供给；另一方面政府应适当提高容积率。

5. 经验检验结果显示：在短期，房价与地价互为 Granger 因；在长期，地价为房价的 Granger 因；但长期房价是否为地价的 Granger 因，无法判断。上述经验检验结果验证了本文供小于求情形下房价与地价之间的理论关系。上述经验检验结果表明，短期内房价与地价相互影响；长期内地价的变化先于房价的变化。因此，要将房价降下来，短期内，控制房价和地价过快上涨；在长期，主要抑制地价的过快上涨。

中国生产者服务业的增长、结构变化及其影响*

——基于投入—产出法的分析

程大中**

内容提要：本文采用投入—产出方法，在生产者服务的本来意义上，而不是从具体的带有生产者服务特性的服务部门出发，对中国生产者服务业的增长、结构变化及其影响进行经验研究，由此得出一些基本结论：1981年以来，中国生产者服务业在国民经济中的地位逐步上升，服务业的生产者服务功能逐渐显现，但与英、美等国相比，中国生产者服务占国民总产出比重偏低；中国服务业及其有关分部门与国民经济其他产业或部门的前后向联系效应相对较弱，说明中国服务业的增长不仅不能对国民经济产生应有的带动作用，而且其本身受其他部门的需求拉动作用也不大。

一 生产者服务（业）的含义与意义

国民经济中的服务业包括很多部门与行业，那些为生产者提供作为中间投入的服务的部门与行业统称为"生产者服务业"（producer services）。生产者服务业的界定是基于对服务业或服务部门的"功能性分类"，最早由 Greenfield（1966）提出，后经过 Browning 和 Singelmann（1975）等经济学家的发展而得到深化。如果服务能够像一般商品那样被区分为资本品和消费品的话，那么生产者服务无疑对应着

---

* 原文发表于《财贸经济》2006年第10期。
** 程大中（1968— ），河南固始人。现任复旦大学经济学院世界经济系教授、博士生导师。主要研究领域：国际贸易与投资、服务经济与贸易、企业国际化与全球价值链。主要著作：《国际贸易——理论与经验分析》《生产者服务论》《服务经济的兴起与中国的战略选择》《服务部门产出的测算》。曾获中国高校人文社会科学研究优秀成果奖、"安子介国际贸易研究奖"优秀著作奖、上海市哲学社会科学优秀成果论文一等奖等。

作为资本品的服务（capital services），而消费者服务（consumerservices）则是作为最终消费品的服务。在外延上，生产者服务是指相关的服务行业。在我国，生产者服务业又称为"生产性服务"。在现实经济统计中，生产者服务业的行业划分与界定是个难点，因为有些服务行业（比如交通运输服务、银行服务业）既可以看作是生产者服务业（因为企业需要），也可以看作是消费者服务业（因为一般消费者也需要），只不过不同服务行业的侧重点有所不同而已。

生产者服务业的发展存在着一个规律性的趋势，即由"内部化"（internalization）向"外部化"（ex-ternalization）演进，或由"非市场化"向"市场化"演进。在经济发展水平与市场化程度较低、市场交易成本较高时，生产者服务通常由企业内部来提供；随着经济的发展、市场化程度的提升以及市场交易成本的降低，经济系统中就开始涌现出专门提供诸如财会、营销、咨询、物流等服务的独立市场主体（或企业），服务需求者可以通过市场来购买所需的各类服务，而无须进行自我服务。从这一层意义上讲，生产者服务又可以分为企业内部自我提供的生产者服务与通过市场交易而获得的生产者服务。前者可以反映企业内部的专业化分工以及以企业内部计划为基础的资源配置效率和内部产业链状况，而后者则反映了市场之中企业与企业之间的专业化分工以及以市场竞争为基础的资源配置效率和产业分工体系。

现代经济增长理论还进一步指出，如果这些生产性服务投入（当然还包括商品投入）发生种类上的不断增加与质量上的连续改进，那么就会导致内生技术进步。技术进步表现为投入品种类的增加，可以理解为开辟了一个新行业的基础创新；技术进步表现为投入品质量的提高，则可以理解为现有行业内发生了连续升级现象。与导致生产性投入种类增加的基础性创新不同，当一种产品或服务被改进后，老的就可能被淘汰掉，这正是熊彼特最早描述的"创造性的破坏过程"。

因此，生产者服务的外部化、市场化与产业化发展是专业化分工和资源配置从企业内部向市场之中的自然扩展。伴随着这一趋势，一方面，企业内部的价值链和产业链会得到优化，核心竞争力会得以提高；另一方面，企业乃至整个经济的资源配置效率和利用效率会大大提升，产业分工与产业结构会更加合理，整体经济的创新力与竞争力会大幅提升。

生产者服务业的发展不仅集中反映了其自身专业化分工的广度（服务门类或种类）与深度（服务质量与效率），还反映出与其他产业之间的分工水平。尽管农业、制造业与服务业的发展都需要生产者服务业，但在工业化阶段，生产者服务业的主要服务对象则是制造业。工业化阶段是分工迅速深化的阶段。在微观层面上，现代大工业生产的福特主义（1%rdism）渐趋瓦解，信息技术革命引发的温特尔主义（Wintelism）悄然兴起。企业的生产模式与业务流程正发生着巨大变化，从大规模生产到定制生产，再到大规模定制，生产环节与业务单元的模块化与外包趋势逐渐增强。微观层面的变革导致了中观层面新的产业分工的形成。新的产业分工不同于传统的"水平分工"和"垂直分工"，而是以"微笑曲线"为代表的分工形式，这在IT制造业领域表现得尤为明显。"微笑曲线"的两端即生产的上下游阶段，是以研发、销售、物流、售后服务等为主要内容的生产者服务，这些阶段的附加值较高。"微笑曲线"的底部即生产的中游阶段主要是制造、加工或组装过程，这一阶段的利润空间较小。这是工业化的高级阶段，是一种新型工业化。生产者服务在其中的作用，不仅体现在其自身作为利润源泉的价值，更体现在其作为各个专业化生产环节的纽带而产生的"黏合剂"功能。通过生产者服务业这一纽带，制造业逐渐"服务化"，服务业逐渐"机械化、自动化"，两大产业相互融合、互动发展。在这一趋势下，经济效率越来越取决于在不同生产活动之间建立起来的相互联系，而不仅仅取决于生产活动本身的生产率状况（程大中，2004）。

目前，国内学术界对生产者服务业的研究越来越重视（程大中，2006）。但专门针对中国生产者服务业的经验研究存在一个缺陷或难点，即均按照人为的划分方法，从特定服务部门出发进行分析。这无法全面反映生产者服务业发展状况及其在国民经济中的地位及影响。本文则采用投入—产出方法，克服了因为服务部门的人为划分而导致的片面性。

二 方法、指标与数据

投入—产出分析法由里昂惕夫创立，完整的国民经济价值型投入—产出表包括中间使用、最终使用、附加值和收入再分配四个部分。中间使用部分反映生产过程中各部门间的相互联系。本文研究的生产者服务是指来自服务部门的投入。某部门使用来自各部门的中间投入占其总产出（总投入）的比重称为直接消耗系数，而完全消耗系数则反映通过生产过程的循环而形成的部门间消耗与依赖状况。对于单个部门和国民经济整体来说，如果总产出（=中间品部分+最终使用部分）等于总投入（=中间投入+增加值），则中间使用表（X）、直接消耗系数（或投入系数）表（A）、里昂惕夫逆阵表（B）和德米特里耶夫完全消耗系数表（C）之间的关系如下：

$$X = (X_{ij})_{n \times n}$$

$$A = (a_{ij})_{n \times n}, \ a_{ij} = X_{ij} / \sum_j (X_{ij})$$
$$B = (b_{ij})_{n \times n} = (I - A)^{-1}$$
$$C = (c_{ij})_{n \times n} = B - I$$

其中，X_{ij}表示行业j产出中所使用的i行业中间投入，a_{ij}、b_{ij}、c_{ij}分别被称为直接消耗系数、里昂惕夫完全消耗系数和德米特里耶夫完全消耗系数。另外，与投入—产出法相关并在本文后面经验分析中还将涉及的几个概念和指标为：

1. 服务投入率：投入—产出表的中间投入是指各部门在生产过程中需要消耗的其他部门产出的价值，中间投入与总投入（总产出）之比为中间投入率。中间投入包括物质投入与服务投入，物质投入包括原材料、燃料、动力等；服务投入就是本文要考察的生产者服务。服务投入占总投入的比重称为服务投入率，反映国民经济各部门的服务化程度。

2. 服务资本品比率：服务部门总产出中的一部分是作为其他部门的中间服务投入而重新进入生产过程的，这一作为中间投入的服务产出占服务部门总产出的比重称为服务资本品比率。该比率即生产者服务比重，反映服务部门的生产资料特性。

3. 产业关联系数：产业关联系数包括影响力系数与感应力系数。前者反映某部门增加一单位最终使用时，对国民经济剩余部门所产生的生产需求波及程度；后者反映当国民经济各部门增加一单位最终使用时，某部门由此受到的需求感应程度，即需要该部门为其他各部门生产而提供的产出量。影响力系数（F_j）和感应力系数（E_i）的计算为：

$$F_j = \sum_{i=1}^n b_{ij} \bigg/ \left(\frac{1}{n}\sum_{i=1}^n \sum_{j=1}^n b_{ij}\right); \ E_i = \sum_{j=1}^n b_{ij} \bigg/ \left(\frac{1}{n}\sum_{i=1}^n \sum_{j=1}^n b_{ij}\right) \ (i = 1, 2, \cdots, n; j = 1, 2, \cdots, n)$$

上式中的b_{ij}为里昂惕夫逆阵元素。影响力系数$F_j > 1$表示第j部门生产对国民经济影响程度超过各部门影响力的平均水平，F_j越大，对各部门产出的拉动越大；由于影响力系数是从消耗部门出发追溯最终需求变动对各部门产生的波及影响，反映其与各后续生产部门的关联程度，所以也称为后向关联系数。感应力系数$E_i > 1$表示各部门生产使第i部门受到的感应影响高于国民经济的平均感应程度，E_i越大，第i部门受到的需求压力越大；由于感应力系数是从生产部门出发反映提供中间产品部门受各部门供给变动影响的状况，所以也称为前向关联系数。在后面的经验研究中，我们选用的投入—产出表包括中国8张（1981—2000）、美国6张（1998—2003）、英国11张（1992—2002）。中国1990年以前的投入—产出表转引自李强和薛天栋（1998），其余年度来自各期《中国统计年鉴》；美国和英国投入

—产出表分别来自美国商务部经济分析局网站（www.bea.gov）和英国国家统计局网站（www.statistics.gov.uk）。

三 生产者服务业的增长与结构变化

基于前面的方法及对相关数据的分析，中国生产者服务业的增长与结构变化呈现出以下特点：

首先，在总量增长方面，1981年以来，中国生产者服务业在大多数年份增长迅速，不仅超出国民总产出的增长速度，而且也高于服务业总产出的增长速度。1981—2000年，国民总产出、服务业总产出和生产者服务的年均增长率分别为15.3%、16.3%、17.7%。如果比较服务投入和物质投入的增长，我们还可看出：一方面，中国国民经济中的服务投入波动幅度较大①，而物质投入的增幅则相对平稳；另一方面，物质投入占国民总产出比重（基本保持50%左右）大大超过生产者服务投入的相应比重（10%左右）。值得注意的是，在20世纪90年代以前的大多数年份，中国生产者服务占国民总产出的比重（即国民经济服务投入率）不足10%，随后缓慢上升，到2000年达到12%左右（见表1）。这说明，生产者服务业在国民经济中的地位正逐步上升，服务业的生产者服务功能正在凸显。若进行国际比较（见图1），可知：1992—2002年，英国的生产者服务占国民总产出的比重不断上升，从1992年的19%左右上升至2002年的大约26%；美国在1998—2003年的生产者服务占国民总产出比重均保持在25%以上。因此，在对应时期内，美国的生产者服务占国民总产出的比重最高，其次是英国，最低的是中国，中国的比重不到美国和英国的1/2。

表1　　　　中国经济增长中的生产者服务投入与物质投入

年份		1981	1983	1987	1990	1992	1995	1997	2000
国民总产出	总量（亿元）	17140.1	20876.8	35582.5	42213.4	68464.0	156544.9	199844.2	257552.8
	增长率（%）		10.4	14.3	5.9	27.4	31.8	13.0	8.8
服务业总产出	总量（亿元）	3290.6	4204.0	8178.1	7584.4	16964.3	30908.0	42438.0	58134.9
	增长率（%）		13.0	18.1	-2.5	49.6	22.1	17.2	11.1

---

① 不过，1990年前后服务投入负增长的主要原因是由于服务业总产出的下降。而李强等（1998）还认为，该时期服务投入的下降是由于服务业价格上涨抑制了对服务投入的需求。

续表

年份		1981	1983	1987	1990	1992	1995	1997	2000
服务投入（生产者服务）	总量（亿元）	1408.9	1712.9	3880.2	3578.9	9545.4	17547.0	22116.0	31310.6
	增长率（%）		10.3	22.7	-2.7	63.3	22.5	12.2	12.3
	占国民总产出比重（%）	8.2	8.2	10.9	8.5	13.9	11.2	11.1	12.2
	占服务业总产出比重（%）	42.8	40.7	47.5	47.2	56.3	56.8	52.1	53.9
物质投入	总量（亿元）	7489.5	9327.4	15849.6	21100.8	32274.3	79349.8	102024.2	133893.3
	增长率（%）		11.6	14.2	10.0	23.7	35.1	13.2	9.5
	占国民总产出比重（%）	43.7	44.7	44.5	50.0	47.1	50.8	51.1	52.0

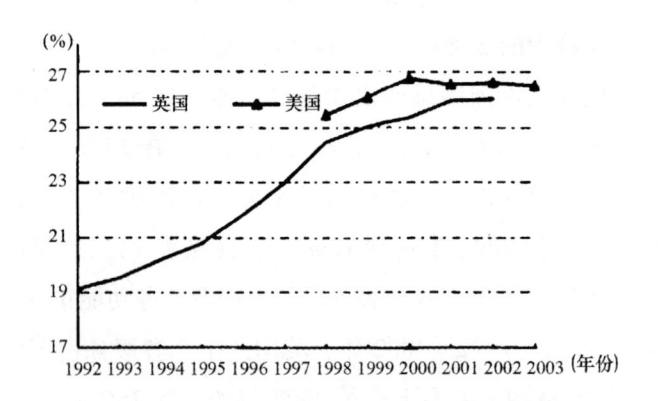

图 1　英国和美国的国民经济服务投入率

其次，在部门构成方面（见表2），即考察生产者服务由哪些部门提供。从2000年的情况看，在整个服务业提供的生产者服务中，商业饮食业所占比重最高，达35%；然后是运输邮电业，占27.3%；公用事业及居民服务业为19.3%；金融保险业仅占12.6%；包含专业服务、综合科技服务等未分类的"其他服务业"只占5.9%。从历年情况看，运输邮电业提供的生产者服务的相对规模自1992年以来一直在上升，但仍未达到1990年的水平；商业饮食业所提供的生产者服务的相对比重近几年不断下降；其余三类部门提供的生产者服务的相对规模在缓慢上升。因此，可得出以下结论：一方面，目前中国的生产者服务投入大多是由像商业饮食业这样的劳动密集型产业部门提供的，而带有较高技术、知识与人力资本含量的生产者服务投入规模则相对较小；另一方面，动态地看，中国生产者服务的部门构成正在缓慢地趋向高级化，即具有较高技术、知识与人力资本含量的生产者服务投入比重逐渐上升。

表2 中国生产者服务分部门构成以及基于资本品比率的服务业及相关部门的生产者服务比重

		服务业	运输邮电业	商业饮食业	其他非物质生产部门		
					公用事业及居民服务业	金融保险业	其他服务业
生产者服务分部门构成(%)	1981年	100	28.6	46.5	25.0		
	1983年	100	30.7	36.8	32.4		
	1987年	100	22.5	49.0	28.6		
	1990年	100	29.8	28.8	41.3		
	1992年	100	20.8	43.7	35.5		
	1995年	100	24.9	46.8	11.2	11.4	5.7
	1997年	100	25.1	38.4	18.4	12.2	5.8
	2000年	100	27.3	35.0	19.3	12.6	5.9
基于服务资本品比率的服务业及相关部门的生产者服务比重(%)	1981年	42.8	66.5	77.5	19.1		
	1983年	40.7	67.2	70.1	22.0		
	1987年	47.4	61.4	62.9	29.7		
	1990年	47.2	69.6	60.2	34.1		
	1992年	56.3	74.5	65.6	42.7		
	1995年	56.8	82.8	74.6	45.8	81.0	12.8
	1997年	52.1	79.1	63.8	54.4	74.9	11.7
	2000年	53.9	80.8	64.6	54.7	76.1	12.9

最后,关于投入结构,即分析生产者服务具体都投入到哪些部门或产业(见表3)。1981—2000年,中国生产者服务的一半以上都投入到第二产业,1981年最高达到63.7%;其次是服务业自身,大约占1/3;第一产业最少,不到10%。但近几年的趋势显示,服务业自身占用生产者服务的比重在缓慢上升,2000年接近38%。其他两类产业占用生产者服务的比重在下降。但英美两国的生产者服务主要投入到服务业自身,第一、二产业的占有份额则很小。英国生产者服务的80%左右都投入到服务业,美国的相应比重也达到75%左右。而且,在所考察的样本时期里,两国的服务业占用生产者服务的比重都在缓慢上升,第二产业的占用比重则趋于下降。尽管中国与英美两国在生产者服务的静态投入结构上存在较大差异,但三国所呈现出来的动态发展趋势则基本相似。

表3　　　　生产者服务投入结构与三次产业生产者服务投入率的国际比较

国别	年份	生产者服务投入结构（即三次产业占用生产者服务的比重%）			三次产业的生产者服务投入率（%）		
		第一产业	第二产业	服务业	第一产业	第二产业	服务业
中国	1981	9.7	63.7	26.7	3.2	9.4	11.4
	1983	10.2	58.4	31.4	3.4	8.7	12.8
	1987	6.8	63.4	29.8	4.0	11.8	14.1
	1990	7.8	61.2	31.0	3.6	8.1	14.6
	1992	5.7	58.	35.4	6.0	13.3	19.9
	1995	9.7	59.7	30.6	6.6	10.5	17.4
	1997	9.2	54.3	36.4	6.5	9.5	19.0
	2000	7.3	54.7	37.9	6.6	10.4	20.4
英国	1992	2.9	20.7	76.4	13.9	10.4	25.3
	1993	2.7	21.0	76.2	13.9	10.8	25.5
	1994	2.4	20.0	77.6	13.1	10.7	26.9
	1995	2.4	19.2	78.4	13.0	10.5	28.0
	1996	2.1	18.3	79.6	11.9	10.8	29.3
	1997	1.9	17.4	80.7	13.0	11.0	30.7
	1998	1.7	17.2	81.1	14.4	12.2	31.7
	1999	1.6	16.2	82.2	14.4	12.2	32.2
	2000	15.8	15.8	82.8	12.0	12.3	32.6
	2001	1.4	14.9	83.7	13.1	12.3	33.0
	2002	1.4	14.9	83.7	13.6	12.8	32.5
美国	1998	2.0	25.6	72.4	19.9	21.3	27.6
	1999	1.7	24.8	73.4	19.1	21.6	28.3
	2000	1.8	23.5	74.7	18.8	21.5	29.3
	2001	2.0	23.1	74.9	20.2	22.0	28.6
	2002	1.7	22.4	75.8	19.5	22.2	28.6
	2003	1.9	21.4	76.8	18.8	21.4	28.7

分部门看（见图2），商业饮食业提供的生产者服务中的70%左右都投入到第二产业，服务业自身占用比重不到20%，但近年来，服务业使用该服务部门提供的生产者服务的相对规模在上升，第二产业则相反。运输邮电业提供的生产者服务投入到第二产业的占60%左右，1992年最低（约40%）并被服务业（50%以上）所超过，投入到服务业自身的不到40%。其他非物质生产部门提供的生产者服务在1992年以前有50%以上都投入到第二产业，投入到服务业自身

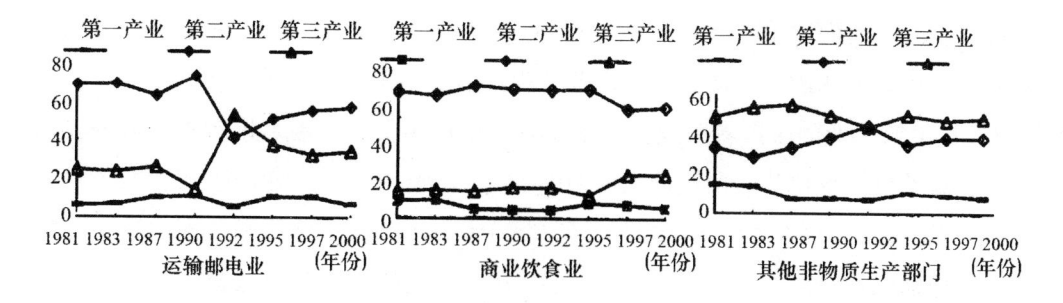

图2　中国三类服务部门作为生产者服务对三次产业的投入（%）

的不到40%；1992年以后则出现相反情形，即该部门提供的生产者服务投入到服务业的比重超过了投入到第二产业的比重。三类服务部门的共性是，作为生产者服务，投入到第一产业的比重普遍很低。第四，用资本品比率（见表2）来分析服务业及其相关部门的生产者服务所占比重。比较资本品比率有助于辨别部门的生产者服务性质，即资本品比率越高，则该服务部门就越具有生产者服务的性质。以2000年为例，各服务部门的生产者服务比重从高到低依次为运输邮电业、金融保险业、商业饮食业、公用事业及居民服务业和"其他服务业"。从长期变化趋势看，服务业整体、运输邮电业、公用事业及居民服务业的资本品比率缓慢上升，商业饮食业则呈下降趋势。运输邮电业和金融保险业的生产者服务比重一直很高（基本保持在70%左右），说明这些服务部门具有十分显著的生产者服务的特性和功能。

四　生产者服务对国民经济及三次产业的影响

服务业通过生产者服务的中间投入而对整体经济及相关产业产生作用，通过分析服务投入率，可以看出各产业对生产者服务投入的依赖程度以及不同生产者服务对于相应产业的相对重要性；分析服务业的产业关联效应有助于厘清生产者服务在国民经济中的影响。

（一）基于服务投入率的分析

第一，关于三次产业的总体生产者服务投入情况（即服务投入到三次产业中的比重）。前面指出，在对应时期内，中国国民经济的总体生产者服务投入率不到美国和英国的1/2。分产业看（见表3），中国与英美两国的共性是，服务业的生产者服务投入率最高，其次是第二产业，第一产业最低（但英国第一产业的生产者服务投入率反而比第二产业高)。所不同的是:(1)中国三次产业的生产者服务投入率均比英美两国的要低。第一产业的生产者服务投入率只有英国的1/2、美国的1/3;第二产业的生产者服务投入率只有美国的1/2,比英国低20%;服务业的生产者服务投入率比英美两国低大约50%。(2)中国第一产业的生产者服务投入率趋于上升,从1981年的3.2%上升到2000年的6.6%;英国和美国的这一相应比率则分别保持在13%和19%左右;美国第一产业的生产者服务投入率是三个国家中最高的。(3)中国第二产业的生产者服务投入率在考察期内基本保持在10%左右,而英美两国的这一比率则趋于缓慢上升,美国比英国高50%。(4)三个国家的服务业的生产者服务投入率都是趋于上升的,中国从1981年的11.4%上升到2000年的20.4%,英国从1992年的25.3%上升到2002年的32.5%,美国则从1998年的27.6%上升到2003年的28.7%,英国服务业的生产者服务投入率略高于美国。英国和美国三次产业较高的生产者服务投入率,表明两国正处于服务经济社会,服务经济发展水平远高于中国,而中国目前仍处于工业化发展阶段,尚未进入服务经济时代或后工业化社会。①

第二,从三次产业的分类服务投入率看(见图3),基于2000年截面数据和有限部门划分,可知:(1)5类生产者服务投入对于三次产业的相对重要性各不相同。对于第一产业,服务投入率由高到低依次为商业饮食业、运输邮电业、其他服务业、金融保险业和公用事业及居民服务业;对于第二产业,则依次为商业饮食业、运输邮电业、公用事业及居民服务业、金融保险业和其他服务业;对于服务业,则依次为公用事业及居民服务业、运输邮电业、商业饮食业、公用事业及居民服务业和其他服务业;整体国民经济和第二产业对各分类服务投入依赖程度的排序基本一致。这说明,各类服务部门的发展经由生产者服务投入而对国民经济及相关产业的影响不同;服务业内部结构的调整无疑将对三次产业产生不同程度的影响。(2)横向比较,运输邮电业、商业饮食业、公用事业及居民服务业、金融保险业的服务投入率在三次产业上的表现由高到低依次为服务业、第二产业和第一产业。但其他服务业的服务投入率则依次为第一产业、服务业和第二产业。

若进行动态比较,则可以发现:(1)三次产业的分类服务投入率变化较为明显。第二产业与服务业的运输邮电业服务投入率分别由1981年的2.9%、3.0%调整为2000年的5.1%、3.0%。商业饮食业的服务投入率在1981年依次为第二产

---

① 贝尔(1973)描述了后工业化社会的基本特征,认为服务业的高度发展是其重要特征之一。

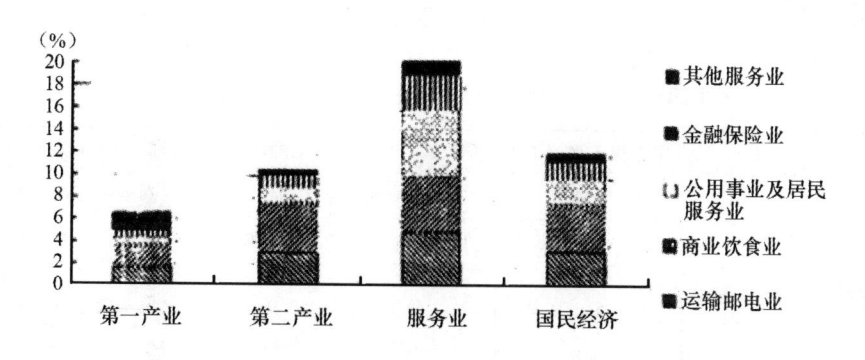

图 3 中国三次产业的分类服务投入率（2000 年）

业（5.2%）、服务业（3.0%）、第一产业（1.4%），而到 2000 年，第二产业的该项服务投入率却降低到 4.5%，低于服务业 5.0% 的水平。这说明，改革开放 20 年来第二产业对这些服务部门提供的生产者服务的相对需求和依赖程度在降低。（2）国民经济分类服务投入率均有一定程度上升，如整体国民经济的运输邮电业服务投入率由 1981 年的 2.3% 上升为 2000 年的 3.3%，商业饮食业服务投入率则从 3.8% 上升为 4.3%。

第三，关于第二产业分行业的服务投入率。由表 4 可以看出：（1）第二产业 10 个分行业中，服务投入率高于第二产业整体服务投入率（10.40%）的行业有 5 个，由高到低依次为建筑业、建筑材料及其他非金属矿物制品业、电力及蒸汽、热水生产和供应业、金属产品制造业及其他制造业。服务投入率最高的是建筑业，最低的为炼焦、煤气及石油加工业。（2）除建筑业和金属产品制造业以运输邮电业为投入最多的服务外，其余行业则均对商业饮食业提供的生产者服务投入依赖最大，其中建筑材料及其他非金属矿物制品业的商业饮食服务投入率最高，达到 6.97%；除建筑业（投入最少的服务是金融保险业）外，其他行业均对"其他服务业"提供的生产者服务投入依赖最小，其中纺织、缝纫及皮革产品制造业的"其他服务业"服务投入率仅为 0.10%。

第四，关于服务业分行业的服务投入率。（1）在 5 个分部门中，运输邮电业、金融保险业、商业饮食业的服务投入率高于整体服务业的服务投入率水平，其中运输邮电业的服务投入率最高、公用事业及居民服务业最低。（2）商业饮食业、"其他服务业"与整体服务业基本一致，均对公用事业及居民服务业提供的生产者服务依赖性最高，分别为 7.83%、7.67% 和 6.13%；运输邮电业、公用事业及居民服务业则对商业饮食业提供的生产者服务投入的依赖性最强；除金融保险业对其自身服务投入要求最低外，其余部门均对"其他服务业"提供的生产者服务的依赖程度最小。

表4　　　　　　　　中国第二产业与服务业分行业的服务投入率（2000年）

	服务投入率（%）	排名	投入最多的服务	投入最少的服务
第二产业	10.40		商业饮食业（4.48%）	其他服务业（0.38%）
建筑业	18.46	1	运输邮电业（6.95%）	金融保险业（0.75%）
建筑材料及其他非金属矿物制品业	15.35	2	商业饮食业（6.97%）	其他服务业（0.21%）
电力及蒸汽、热水生产和供应业	12.07	3	商业饮食业（5.49%）	其他服务业（0.39%）
金属产品制造业	11.75	4	运输邮电业（4.36%）	其他服务业（0.32%）
其他制造业	10.79	5	商业饮食业（5.%%）	其他服务业（0.39%）
化学工业	8.93	6	商业饮食业（3.76%）	其他服务业（0.22%）
纺织、缝纫及皮革产品制造业	8.60	7	商业饮食业（5.33%）	其他服务业（0.10%）
机械设备制造业	7.88	8	商业饮食业（3.43%）	其他服务业（0.26%）
食品制造业	7.43	9	商业饮食业（4.00%）	其他服务业（0.12%）
炼焦、煤气及石油加工业	5.77	10	商业饮食业（2.43%）	其他服务业（0.15%）
服务业	20.44		公用事业及居民服务业（6.13%）	其他服务业（1.19%）
运输邮电业	23.17	1	商业饮食业（8.63%）	其他服务业（0.48%）
金融保险业	23.11	2	运输邮电业（8.63%）	金融保险业（1.56%）
商业饮食业	22.39	3	公用事业及居民服务业（7.83%）	其他服务业（0.98%）
其他服务业	17.51	4	公用事业及居民服务业（7.67%）	其他服务业（0.46%）
公用事业及居民服务业	12.16	5	商业饮食业（4.25%）	其他服务业（0.72%）

（二）基于产业关联系数的分析

首先，从整体经济关联效应看（见表5、表6）：（1）中国服务业的影响力系数在所考察的时期内均小于1，1992年最高达到0.9047。服务业的感应力系数只是在1987年、1990年和1992年略大于1，其他年份均小于1，而且2000年与1981年相比，感应力系数不但没有提高，反而下降。（2）英国在1992—2002年的11年时间里，服务业的影响力系数和感应力系数均无太大变化，影响力系数保持在接近1的水平，而感应力系数则不足0.6。美国在1998—2003年的服务业影响力系数和感应力系数均保持在接近 1 或大于 1 的水平。(3) 美国服务业的影响力系数和感应力系数在三个国家中是最高的。中国服务业的影响力系数比美国和英国都要低，感应力系数虽比美国低，但高于英国。这说明，一方面，中国服务业对各部门产出的拉动作用较低，即其与各后续生产部门的关联程度较低；另一方面，中国服务业受到的需求压力高于英国，但低于美国。

其次，分行业比较：(1) 1981—2000 年，整体服务业及其相关分行业的感应力系数总体上比农业略高，但明显低于第二产业（基本保持在大于 1 的水平）；整体服务业及其相关分行业的影响力系数则比农业低，在 1992 年以前高于第二产业，随后则低于第二产业。(2) 仅从 2000 年截面数据看，服务部门中影响力系数最大的是公用事业及居民服务业，最低的是金融保险业，金融保险业的影响力系数甚至低于农业；所有服务部门的影响力系数都没有超过 1。2000 年，所有服务部门的感应力系数均小于农业和第二产业。只有商业饮食业的感应力系数大于 1，其他均小于 1，感应力系数最小的是金融保险业和"其他服务业"。(3) 运输邮电业的影响力系数缓慢上升，但其感应力系数则相对稳定。通常作为国民经济重要基础性产业或关键性产业的金融业和运输邮电业的影响力系数和感应力系数并不像想象的那么大。

因此，可以认为中国服务业及其有关分部门与国民经济其他产业或部门的前后向联系效应相对较弱、联系水平相对较低。这似乎表明，中国服务业的发展具有相对"独立性"：一方面，服务业的较快增长并不能对国民经济产生巨大的乘数推动作用；另一方面，服务业受其他部门的需求拉动作用也不大，即服务业增长主要依靠其自身的自我增强作用。这与前面得出的关于第一、二产业的服务投入率远低于服务业自身的服务投入率的结论相一致。

表 5　中国服务部门的影响力系数和感应力系数（与第一、二产业的比较）

	产业/部门	1981 年	1983 年	1987 年	1990 年	1992 年	1995 年	1997 年	2000 年
影响力系数	农业	0.6714	0.6856	0.6764	0.6682	0.6707	0.7425	0.7559	0.7704
	第二产业	1.074	1.0664	1.0738	1.0634	1.0439	1.0413	1.1047	1.1159
	服务业	0.7642	0.7951	0.7637	0.8149	0.9047	0.8932	0.8653	0.8516
	运输邮电业	0.6749	0.6494	0.6891	0.792	0.7801	0.8065	0.8518	0.8954
	商业饮食业	0.8688	1.003	0.8612	0.9074	1.0855	0.9801	0.3882	0.9211
	公用事业及居民服务业							0.9139	0.9258
	金融保险业	0.7489	0.7328	0.7409	0.7452	0.8485	0.8929	0.7479	0.6105
	其他服务业							0.9246	0.9053

续表

	产业/部门	1981年	1983年	1987年	1990年	1992年	1995年	1997年	2000年
感应力系数	农业	2.4922	2.6043	1.7128	1.7504	1.3344	1.2234	1.1743	1.0674
	第二产业	0.8958	0.8919	0.9280	0.9391	0.9541	1.0067	1.0539	1.0770
	服务业	0.9889	0.9696	1.0983	1.0340	1.1027	0.8944	0.7732	0.7656
	运输邮电业	0.8986	0.9159	0.8241	0.9059	0.9238	0.8680	0.8825	0.8919
	商业饮食业	1.2703	1.0644	1.5041	1.2511	1.1787	0.9981	1.0979	1.0613
	公用事业及居民服务业							0.7510	0.7515
	金融保险业	0.7978	0.9284	0.9666	0.9450	1.2057	0.8170	0.6603	0.6568
	其他服务业							0.4745	0.4666

注：第二产业和整体服务业的影响力和感应力系数为内部行业均值。

表6　英国和美国服务业的影响力和感应力：生产者服务的产业关联效应

	年份	1992	1993	1994	1995	1996	1997	1998	1999	2000	2001	2002	2003
英国	影响力系数	0.9586	0.9694	0.9730	0.97614	0.9932	0.9875	0.9894	0.9848	0.9886	0.9850	0.9778	—
	感应力系数	0.5855	0.5841	0.5788	0.57628	0.5785	0.5819	0.5812	0.5826	0.5789	0.5828	0.5847	—
美国	影响力系数	—	—	—	—	—	—	1.007	1.0002	1.0130	0.9980	0.9922	1.0015
	感应力系数	—	—	—	—	—	—	1.0620	1.0618	1.0643	1.0604	1.0595	1.0609

五　基本结论

本文采用投入—产出方法，对中国生产者服务业的增长、结构变化及其影响进行了经验研究，由此得出的基本结论是：（1）1981年以来，中国生产者服务业在国民经济中的地位逐步上升，服务业的生产者服务功能逐渐显现。但与英、美等国相比，中国生产者服务占国民总产出比重偏低。（2）目前中国的生产者服务投入大多是由像商业饮食业这样的劳动密集型产业部门提供的，而具有较高技术、知识与人力资本含量的生产者服务投入规模则相对较小。但动态地看，中国生产者服务的部门构成正在缓慢地趋向高级化，即具有较高技术、知识与人力资本含量的生产者服务投入比重在上升。（3）中国生产者服务的一半以上都投入到第二产业，其次是服务业自身。但近几年的趋势显示，服务业自身占用生产者服务的比重缓慢上升，其他两类产业占用生产者服务的比重在下降。（4）运输邮电业和金融保险业的生产者服务比重一直很高，从而具有十分显著的生产者服务的特性和功能。从长期趋势看,整体服务业、运输邮电业、公用事业及居民服务业的资本品比率缓慢上升,商业饮食业则下降。(5) 中国与英美两国的共性是,服务业的生产者服务投入率最高,所不同的是,中国三次产业的生产者服务投入率均比英美两国低,表明两国的服务经济发展水平高于中国。(6) 中国服务业及其有关分部门与国民经济其他产业或部门的前后向联系效应相对较弱,说明中国服务业的增长不仅不能对国民经济产生应有的带动作用,而且其本身受其他部门的需求拉动作用也不大。

公共服务均等化：理论、问题与对策

安体富 任 强

内容提要：逐步实现基本公共服务均等化已成为我国现阶段公共财政建设的重要内容。本文拟对公共服务均等化的若干理论问题加以阐释，在此基础上，指出了我国公共服务均等化的现状和问题，并提出了相应的对策。

2005年10月11日中共十六届五中全会通过的《中共中央关于制定国民经济和社会发展第十一个五年规划的建议》要求，要"按照公共服务均等化原则，加大国家对欠发达地区的支持力度，加快革命老区、民族地区、边疆地区和贫困地区经济社会发展"。2006年10月11日中共十六届六中全会通过的《中共中央关于构建社会主义和谐社会若干重大问题的决定》进一步提出，"完善公共财政制度，逐步实现基本公共服务均等化"。公共服务均等化问题已成为当前我国经济社会发展中的一个重要热点问题。

一 公共服务均等化的若干理论问题

（一）公共服务的含义与分类

1. 公共服务的含义。在研究公共服务的含义时，主要应从以下两个角度进行分析：（1）公共服务属于服务范畴，因此，首先要弄清何为服务？从经济学角度看，服务是相对于生产来说的。根据产业结构的划分，三次产业中，第

---

* 原文发表于《财贸经济》2007年第8期。

** 安体富（1938— ），河南沁阳人。现任中国人民大学财政金融系主任、教授、博士生导师，兼任中国财政学会理事、中国国际税收研究会理事、全国税收教学研究会副理事长、北京财政学会理事、北京投资学会理事。主要研究领域：财政学。主要著作：《财政金融概论》《财政与金融》《税收负担研究》《当前中国税收政策研究》《税收负担与深化税制改革》《税收政策与宏观经济调控》等。

一产业是农业,第二产业是工业和建筑业,这两个产业是物质资料的生产部门,生产出来的产品具有实物形态。第三产业属于服务行业,不生产物质产品,只提供劳务服务。因此,服务也称劳务,即不以实物形式而以提供活劳动的形式满足人们的某种特殊需要。在我国,第三产业即服务行业又可分为4个层次:第一层次是流通部门,包括交通运输、邮电通信、商业等;第二层次是为生产和生活服务的部门,包括金融、保险、房地产、公用和居民服务业等;第三层次是为提高科学文化水平和居民素质服务的部门,包括教育、文化、科学、卫生等;第四层次是为社会公共需要服务的部门,包括国家机关、政党、社会团体等。(2)公共服务属于公共物品范畴。公共物品和服务与私人物品和服务相对应。公共物品具有两个基本特征:消费的非竞争性与受益的非排他性。这里的公共物品,包含着公共服务的内容,区别只在于,生产领域的公共物品是有形的而服务领域的公共物品则是无形的。因此,有关公共物品的分析也适用于公共服务。与公共服务相对应的是私人服务。私人服务通过市场来提供,公共服务则主要由政府来提供。有些服务是介于公共服务与私人服务之间的准公共服务,既可以私人通过市场提供,也可以由政府提供,还可以由私人和政府共同提供。这里所讲的"提供",是指"掏钱",由谁掏钱就是由谁提供。政府提供,主要是通过财政支出来实现的。通过上述两方面的分析,可以看出公共服务的内容,既包括第三产业中的第四层次,即国家机关通过直接提供劳务为社会公共需要服务,也包括政府通过财政支出向居民提供教育、卫生、文化、社会保障、生态环境等方面的服务。

2. 公共服务的分类:基本公共服务和一般公共服务。什么是基本公共服务?这有各种不同的理解。一种观点认为,所谓基本公共服务,是指直接与民生问题密切相关的公共服务。中共十六届六中全会《关于构建社会主义和谐社会若干重大问题的决定》中,把教育、卫生、文化、就业再就业服务、社会保障、生态环境、公共基础设施、社会治安等列为基本公共服务,就属于这种情况。另一种观点认为,基本公共服务,应是指纯公共服务,因此不能笼统地讲文化、教育、科学、卫生、社会保障等是基本公共服务,只能提其中的义务教育、公共卫生、基础科学研究、公益性文化事业和社会救济等,属于基本公共服务。还有一种观点认为,基本公共服务是一定发展阶段上最低范围的公共服务。[①]笔者认为,基本公共服务,应

---

① 陈昌盛、蔡跃洲:《中国政府公共服务:体制变迁与地区综合评估》,中国社会科学出版社2007年版,第3页。

该是指与民生密切相关的纯公共服务。除去基本公共服务以外的服务,都属于一般公共服务,如行政、国防、高等教育、一般应用性研究等。

(二) 均等化的含义与标准

1. 均等化的含义。"均等化",就字面理解包含均衡、相等的意思,而均衡有着调节、平衡的过程,最后达到相等。当然,这里的相等,只能是大体相等,不可能绝对相等。均等的内容包含两个方面:一是居民享受公共服务的机会均等,如公民都有平等享受教育的权利。二是居民享受公共服务的结果均等,如每一个公民无论住在什么地方,城市或是乡村,享受的义务教育和医疗救助等的公共服务,在数量和质量上都应大体相等。相比之下,结果均等更重要。

2. 均等化的标准。有三种理解:一是最低标准,即要保底。"一个国家的公民无论居住在哪个地区,都有平等享受国家最低标准的基本公共服务的权利。"[①] "这个均等化我们理解就是要托一个底,是政府应该提供的诸如普及义务教育、实施社会救济与基本社会保障这类东西,对其应该保证的最低限度的公共供给,必须由政府托起来。"[②] 二是平均标准。即政府提供的基本公共服务,应达到中等的平均水平。三是相等的标准,即结果均等。这三个标准并不完全矛盾,实际上这是一个动态的过程,在经济发展水平和财力水平还不够高的情况下,一开始首先是低水平的保底,然后提高到中等水平,最后的目标是实现结果均等。当然,要做到结果大体均等,政府的供给成本就不能是均等的。

公共服务均等化,或者说基本公共服务均等化的终极目标是应当使人与人之间所享受到的基本公共服务的均等化。由于个人总是处于某个地区或城市和乡村之间,为了实现这一终极目标,可以阶段性地通过实现地区之间和城乡之间基本公共服务的均等化,进而实现人与人之间的基本公共服务的均等化。目前,学术界关于公共服务均等化问题研究的文献,大多都是从地区之间和城乡之间的公共服务均等化的角度来谈的,因此,公共服务均等化应当包括地区之间的均等,城乡之间的均等和人与人之间的均等。

(三) 均等化的理论基础:福利经济学和公共财政的重要特征

20 世纪 20 年代,英国经济学家庇古开创了福利经济学的完整体系。为实现福

[①] 刘明中:《推进公共服务均等化的手段(上)——财政部副部长楼继伟答本报记者问》,《中国财经报》2006 年 2 月 7 日。

[②] 贾康:《区分"公平"与"均平"把握好政府责任与政策理性》,《财政研究》2006 年第 12 期。

利最大化的目标，庇古考虑到两个问题：一是个人实际收入的增加会使其满足程度增大；二是转移富人的货币收入给穷人会使社会总体满足程度增大。据此，他提出了两个基本命题：国民收入总量越大，社会经济福利就越大；国民收入分配越是均等化，社会经济福利也就越大。庇古的这项贡献对公共服务均等化起到了基础性的影响。由于公共服务也是由国民收入形成，对公共服务的分配能对国民收入的分配起到重要作用，能够增进社会福利，促进社会福利最大化，特别是政府财政收入占GDP比例较高的时候。公共服务资源一般由政府掌握，主要由政府通过财政支出等手段予以配置，如果出现配置失当的情况仍然要由政府自身来纠正。庇古的国民收入均等化思想对公共服务均等化具有启示性意义，政府应当通过公共服务均等化来实现全社会福利最大化。

公共性是公共财政的本质特征。这是因为，政府是整个社会的代表，政府的财政收入来自于全体社会成员，因而，公共财政支出也必须用于全体社会成员，即要求政府必须对所有经济主体和社会成员提供"一视同仁"的服务。在"一视同仁"的政策下，政府及其公共财政在为社会提供服务的过程中，对所有的社会成员应该是公平对待的。而在"区别对待"的政策下，政府及其公共财政实际上只着眼于和偏重某些经济成分、某些社会集团和少数乃至个别社会成员的利益。政府为社会提供服务时的"一视同仁"，是具体通过公共收入、公共支出和转移支付制度来实现的。

二 我国公共服务均等化中存在的问题

在分税制的条件下，公共服务均等化的实现机制主要包括三个方面的内容：建立公共服务型政府，完善公共财政制度；合理划分各级政府的事权和财权关系；建立均等化的转移支付制度。目前，我国在这些方面都存在不少问题。

（一）公共服务型政府仍未建立，公共财政制度尚不完善

1. 政府用于公共服务方面的投入不足。目前我国的政府职能转型滞后，尚未实现由"经济建设型政府"向"公共服务型政府"的转型，政府的"缺位"与"越位"状况并存，突出表现在用于公共服务方面的投入严重不足。义务教育、公共卫生、基础科研和公益性文化事业是公共服务最典型的项目，政府最应该担负起提供这部分公共服务的责任。而从1993年以来的政府支出情况来看，政府对这方面投入的力度不够大。表1的一组数据较能体现这种情况。

表1　　　　　　　　国家财政支出总额及部分支出项目占比情况　　　　　单位：亿元、%

年份	财政支出总额	基本建设支出	基本建设支出占总支出比例	行政管理费	行政管理费占总支出比例	文教、科学、卫生支出	文教科卫占总支出比例
1993	4642	591.93	12.75	535.77	11.54	957.77	20.63
1994	5793	639.72	11.04	729.43	12.59	1278.18	22.07
1995	6824	789.22	11.57	872.68	12.79	1467.06	21.50
1996	7938	907.44	11.43	1040.8	13.11	1704.25	21.47
1997	9234	1019.5	11.04	1137.2	12.32	1903.59	20.62
1998	10798	1387.7	12.85	1326.8	12.29	2154.38	19.95
1999	13188	2116.6	16.05	1525.7	11.57	2408.06	18.26
2000	15887	2094.9	13.19	1787.6	11.25	2736.88	17.23
2001	18903	2510.6	13.28	2197.5	11.63	3361.02	17.78
2002	22053	3143	14.25	2979.4	13.51	3979.08	18.04
2003	24650	3429.3	13.91	3437.7	13.95	4505.51	18.28
2004	28487	3437.5	12.07	4059.9	14.25	5143.65	18.06

资料来源：《中国统计年鉴2005》。

从表1可以看出，基本建设支出占国家财政支出总额的比例始终保持在12%左右的水平（这部分支出大量地反映在预算外），没有呈现较大幅度的下降；行政管理费占国家财政支出总额的比例，1978年为4.71%，1993年为11.54%，2004年上升到14.25%；文教科卫支出占国家财政支出总额的比例不仅没有增大，反而从1993年的20.63%下降至2004年的18.06%。由此可以看出，政府对基本的公共服务的投入比重过低。

2. 地区间和城乡间公共服务差距悬殊。严格意义上的公共服务均等化，是指向全国各地的居民提供在使用价值形态上大体相同水平的公共服务。[①] 我国地区差距较大，提供同样使用价值的公共服务，其所面临的成本是不一样的。尤其对于我国西部地区，提供与东部地区同样的公共服务，其所需要的成本往往是更多的。因此，在我国目前情况下，为使公共服务均等化，应当使西部地区的人均财政支出比东部更大才能满足均等化的要求。下面选取1995—2004年全国各地区的人均财政收入和财政支出的数据来看地区间的差距情况，同时选取变异系数这个指标来对差距情况加以衡量，变异系数的值越大，则全国各地区人均财政收入（或支出）差距越大；反之，则全国各地区人均财政收入（或支出）差距越小。

---

① 参见《光明日报》记者对财政部科研所所长贾康的采访，《从和谐视角看公共服务均等化》，2006年11月23日。

图 1 描述了 1995—2004 年全国各地区人均财政收入和支出的变异系数变化情况。从中可以看出，在中央政府对地方政府转移支付后，全国各地区人均财政支出的差距不仅没有呈现减小的趋势，反而地区间的差距在不断拉大。也就是说，如果考虑到提供同样使用价值的公共服务所面临的成本问题，实际的公共服务差距比人均财政支出反映的差距还要大得多。

事实上，通过选取部分公共服务项目的人均支出额来看，东部、中部和西部的公共服务的水平差距不仅没有缩小，反而还有扩大的趋势。这里选取生均教育费用支出的指标来看这一趋势。

1998 年，我国普通小学生均教育经费支出平均为 625.36 元，最高的为上海 2621.16 元，最低的为贵州 296.44 元，最高额与最低额的比值（即极差率）为 8.84。[1] 2003 年，我国普通小学生均教育经费支出平均为 1295.39 元，最高的为上海 7030.12 元，最低的为河南 677.43 元，最高额与最低额的比值为 10.38。[2] 可见，1998—2003 年，就最高额和最低额的差距来看，全国各地区普通小学生均教育经费支出的差距呈扩大趋势。

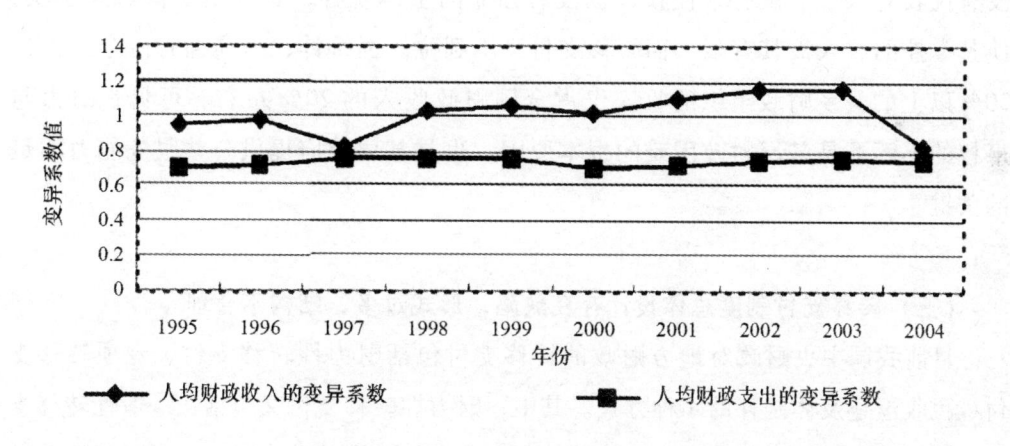

图 1　1995—2004 年全国各地区人均财政收入和支出的变异系数变化情况

就城乡公共服务差距而言，这种差距已经成为导致城乡收入差距的重要因素。城乡公共服务供给的严重失衡，使农村居民尤其是农村贫困群体难以获得基本的公共服务，并由此导致他们最基本的生存权和发展权得不到保障，直接限制了农村人口素质的全面提高。

---

[1] 数据来源：根据《中国统计年鉴》（1996—2005 年）的相关数据整理。
[2] 数据来源：《中国教育经费统计年鉴 2004》，下同。

有学者估计，城乡间义务教育、基本医疗和社会保障等公共服务的差距将 2004 年我国名义城乡收入差距 3.2∶1 的比例扩大至 5∶1 到 6∶1 的水平，公共服务因素在城乡实际收入差距中的比例为 30%—40%。也有学者估计，在导致收入分配差距的各种因素中，教育因素大概占 20%。[①]

（二）各级政府间的事权与财权关系划分不清，基层政府财政相当困难

目前，我国各级政府之间的职责划分不清，不规范，即事权不清。在此情况下，各级政府间事权层层下放，而财权和财力却层层上收。目前基本公共服务的事权，主要由县乡基层财政来承担，像义务教育、公共卫生、社会保障和福利救济等支出大都由基层财政负担，例如，据调查，我国的义务教育经费 78% 由乡镇负担，9% 左右由县财政负担，省负担 11%，中央财政负担不足 2%；又如，预算内公共卫生支出，中央政府仅占卫生预算支出的 2%，其他均为地方政府支出，而在地方政府，县、乡共支出了预算的 55%—60%。而在许多国家，这些基本公共服务大多由中央和省级财政负担。另外，从财权和财力来看，基层政府没有税收立法权，没有举债权，也没有独立的主体税种，收入主要依靠共享税，使其掌控的收入极其有限，而转移支付又不到位。据统计，目前拥有占全国人口 70% 以上的县乡财政组织的收入仅占全国财政收入的 20% 左右。可见，财力与事权的不匹配是基层财政困难的根本原因，也是基层政府提供公共服务能力不足的关键。

（三）转移支付制度总体设计存在缺陷，形式过多，结构不合理

目前我国中央财政对地方财政的转移支付包括财力性转移支付、专项转移支付、税收返还及体制补助 4 种方式。其中，财力性转移支付又包括：一般性转移支付、民族地区转移支付、县乡财政奖补资金、调整工资转移支付、农村税费改革转移支付和年终结算财力补助等方式。此外，按照转移支付形式的性质划分，可以分为以下几大类：

1. 税收返还、体制补助和结算补助，这几部分是 1994 年分税制财政体制改革后财政转移支付的主要组成部分，其性质是维护既得利益，是旧体制的延续，不具有均等化功能。

[①] 引自中国体改研究会副会长、中国（海南）改革发展研究院执行院长迟福林在"中国：公共服务体制建设与政府转型"国际研讨会上的讲话。

2. 一般性转移支付,是在支付过程中按规范和均等化的原则进行,这是国际上通常称为的均衡性转移支付。

3. 专项转移支付,服务于中央宏观政策目标,用于增加农业、教育、卫生、文化、社会保障、扶贫等方面的专项拨款,目前这些重点项目主要用于中西部地区。但其核定并不规范,加之往往被层层截留和被挤占、挪用,其性质属于非均等化转移支付。

4. 其他转移支付,包括民族地区转移支付、调整工资转移支付、农村税费改革转移支付、"三奖一补"转移支付等,其性质属于专项转移支付,但在一定程度上又具有均等化的性质。目前,财政部门将这部分转移支付连同上面的一般性转移支付合在一起,称作"财力性转移支付"。

以 2005 年为例,对上述 4 种性质的转移支付加以分析,如表 2 和图 2 所示。

表2　　　　　　　　　　按性质分类后的转移支付结构　　　　　　　　　单位:亿元

按性质的分类	额度
税收返还、体制补助和结算补助	4871
一般性转移支付	1121
专项转移支付	3517
其他转移支付	1965

资料来源:2006 年中央和地方预算执行情况与中央和地方预算草案的报告。张志华:《中国政府间财政关系改革的历程》,"中国政府间财政关系"国际研讨会,2006 年 7 月。

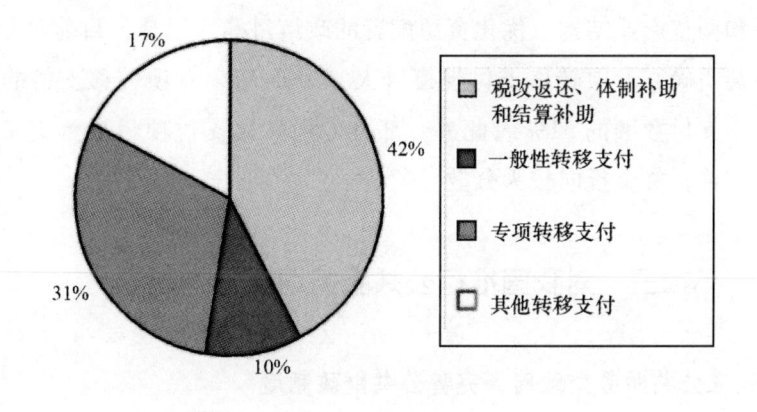

图 2　按性质分类后的转移支付结构

1994年后转移支付的方案设计对分税制改革的顺利进行和平衡各地区财力起到了非常重要的作用。但是总体来看,仍存在着制度设计上的缺陷,具体表现在以下几个方面:

第一,转移支付形式过多,相互之间缺乏统一的协调机制。目前,世界上绝大多数国家将转移支付分为均等化的一般性转移支付和专项转移支付两种形式,且一般性转移支付占转移支付的绝大部分。而我国转移支付形式过多,且各种形式的转移支付在均衡化的过程中有所交叉,管理混乱。

第二,税收返还的制度设计不利于公共服务均等化地进行。新体制下采取的税收返还制度,是在保证既得利益的基础上进行的,这对1994年的"分税制"的改革起了重要的推动作用。中央对地方上划的税收按基期年如数返还,并逐年递增,税收额多的地区得到的返还额多,其财力充裕,而税收额少的地区得到的返还额少,财力依旧不足。税收返还占中央对地方转移支付的比例较大,2002年税收返还占到中央对地方转移支付总规模的41%,[①] 2005年税收返还也占中央对地方转移支付总规模的33%。这种对所有地区无差别的基数税收返还,不仅未解决因历史原因所造成的财力分配不均和公共服务水平差距大的问题,反而在新体制下肯定了这一差距,这也不利于缓解地方收入分配不合理、不公平的现象。

第三,一般性转移支付规模过小。在转移支付形式中,真正属于均等化转移支付形式的实际上只有一般性转移支付,其所占比重很小,目前只占转移支付总额的10%,因此,均等化作用有限。

第四,专项转移支付规模过大,且运行不规范。专项转移支付是着眼于解决地区间具有外溢性的公共物品或公共服务的提供问题,着眼于国家宏观调控、促进各地协调发展和调整产业结构、优化资源配置的政策目标。但是,目前对专项转移支付的准入不甚明确,专项转移支付规模过大。2005年,专项转移支付的数额占中央对地方转移支付数额的31%。此外,部分专项转移支付项目设置交叉重复,分配制度不够完善,资金投向较为分散。

三 对我国推行公共服务均等化的建议

(一)建立公共服务型政府,完善公共财政制度

在市场经济中,市场对资源配置起到基础性的作用。政府应该对市场机制失灵

[①] 根据"关于2002年中央和地方预算执行情况及2003年中央和地方预算草案的报告"有关数据计算。

的领域发挥作用。政府要继续推进政企、政资、政事分开,政府与市场中介组织分开,杜绝对企业生产经营的直接干预,把工作重点真正转移到为市场主体服务和创造良好发展环境上来。政府不能以牺牲提供公共服务为代价专注发展经济,更不能介入市场能够配置资源的领域与民争利。要树立正确的政绩观,建立体现科学发展观与构建和谐社会要求的经济社会发展综合评价体系,实现政府职能的转变。

(二) 完善财政体制

应当进一步明确中央政府与地方政府以及地方各级政府之间在提供义务教育、公共卫生、社会保障和生态环境等基本公共服务方面的事权,健全财力与事权相匹配的财政体制。由于各类公共服务具有不同的性质和特点,各级政府承担的事权责任,也应有所区别。例如,社会保障和生态环境等公共服务,由于涉及面广和具有更大的外部性,主要应由中央政府和省级政府提供,由县级政府管理;义务教育和公共卫生等公共服务,应由中央、省和县三级政府共同承担,各级政府承担的比例,应视各地经济发展水平而定。在经济贫困地区,应全部由中央与省级政府承担,通常情况下,以省级政府为主;在经济中等发展地区,应由三级政府共同承担,但中央和省级政府应负担50%以上;在经济发达地区,应由三级政府共同承担,但以县级政府承担为主。总之,在提供基本公共服务的事权划分上,应改变过去传统的按事务的隶属关系划分的办法,以便使财力与事权能够相匹配。明确事权划分后,应通过法律制度固定下来。

(三) 完善均等化的转移支付制度

1. 试行纵向转移与横向转移相结合的模式

世界各国大都实行单一的纵向转移模式,即中央政府对地方政府、上级政府对下级政府的财政转移支付模式,只有德国、瑞典和比利时等少数国家实行纵向与横向混合的转移模式。我国东部与中西部地区差距过大,中央财力又十分有限,单靠中央对地方的纵向转移,实现地区间公共服务的均等化,将会旷日持久,遥望无期,难以实现。我国东部发达省区支援西部不发达省区已有一定的政治思想基础,如发达省区与西藏、青海等省区之间的对口支援,只是尚未形成制度,更何况目前我国东部发达地区的经济发展水平和收入水平已接近一些发达国家的水平,有条件也有义务从财力上支持不发达地区的发展。东部发达地区支援中西部不发达地区,有利于加快地区间的协调发展,提高国家整体经济发展水平,从而最终也有利于东部地区经济的发展。因此,可以在目前以纵向转移模式为主的同时,试行横向转移支付。

2. 完善转移支付形式

第一，取消税收返还和体制补助。税收返还的制度设计为1994年的分税制财政体制改革起到了重要促进作用，是中央对地方财政转移支付的重要组成部分。但是，这种制度维护了地方的既得利益，是旧体制的延续，同时税收返还的数量巨大，不利于公共服务均等化的实现。因此，不能将其永久化和固定化，甚至扩大化。目前已经具备了取消税收返还的条件。为了减少阻力，可以规定一个过渡期（如3—5年），分步实施，逐步到位。体制补助是1994年分税制改革后从旧的财政分级包干体制中延续下来的转移支付形式，属性和政策目标不明确，随着时间的推移，这种形式的均衡化效果进一步减弱。建议尽快取消体制补助，将其并入一般性转移支付。

第二，调整财力性转移支付。现行财力性转移支付主要包括：一般性转移支付、民族地区转移支付、县乡财政奖补资金、调整工资转移支付、农村税费改革转移支付、年终结算财力补助等。这里，除一般性转移支付外的其他类型的财力性转移支付都是因为中央出台某项政策导致地方财力不足引起的，或者用于某些专门事项的。这只能作为一种过渡性措施，而不能使其制度化，否则，如果每出台一项政策，就增加一项财力性转移支付，势必会造成财力性转移支付的混乱和不规范。因此，应当将财力性转移支付整合为一项统一的一般性转移支付。

第三，科学界定专项转移支付标准，控制准入条件和规模。首先，要科学界定专项转移支付的标准，即要明确具备什么条件才能列入专项转移支付。通常来看，列入专项转移支付的项目，应是具有外溢性、突发性、特殊性、非固定性等特征的项目。根据专项转移支付应具备的上述特征，像义务教育、公共卫生、社会保障和一般性的扶贫等支出都不应列入专项转移支付的范畴。其次，要控制专项转移支付规模。专项转移支付，只能是次要的、辅助的形式，因此，规模不能过大。此外，要加强对专项转移支付项目的监督检查和绩效评估，防止被截留、挪用，提高其使用效果。

服务贸易：国际特征与中国竞争力[*]

陈 宪 殷 凤[**]

内容提要：本文在国际服务贸易最新发展趋势的基础上，分析了中国服务贸易的发展现状与国际竞争力。论文从开放度、国际市场占有率、服务出口占贸易出口总额的比重、服务贸易竞争优势和显示比较优势等方面对中国和世界主要服务贸易国家进行了比较研究，对中国服务贸易的影响因素进行了实证分析，探讨了中国竞争力低下的原因，并在此基础上提出我国进一步发展服务贸易的对策建议。

一 国际服务贸易发展趋势

伴随着世界产业结构升级和国际产业转移，服务贸易作为服务经济发展的标志之一，已经成为国际贸易和投资中越来越重要的组成部分。近些年来，国际服务贸易呈现以下新的发展趋势：

1. 国际服务贸易持续快速增长

自 20 世纪 80 年代以来，国际服务贸易进入快速发展时期。1980—2006 年，全球服务贸易总额从 7674 亿美元扩大到 53304 亿美元，其间增长了 5.9 倍。服务贸易总额占全球贸易总额的份额从 1980 年的 15.7% 上升至 2006 年的 17.9%。特别是 2003 年以来，全球服务贸易加速增长，服务出口与进口均保持了两位数的年均增长率（见表 1）。未来几年中，伴随着世界产业结构的调整与升级，国际产业

---

[*] 原文发表于《财贸经济》2008 年第 1 期。

[**] 陈宪（1954— ），江苏射阳人。曾任上海大学国家工商与管理学院执行院长，上海交通大学安泰经济与管理学院经济学院执行院长。现为上海交通大学安泰经济与管理学院教授、博士生导师。兼任上海市委讲师团成员、上海市经济学会副会长、中国工业经济学会副理事长、中国世界经济学会常务理事。主要研究领域：宏观经济学、公共经济学、服务经济与贸易。主要著作：《服务经济与贸易》（合著）、《国际经济学教程》（主编）。曾获得国家优秀教材二等奖、上海市哲学社会科学优秀成果二等奖等。

转移的重心将继续向服务业调整,服务业国际投资日益扩大,离岸服务外包不断兴起。可以预计,世界服务贸易将持续保持快速增长的态势。

表1　　　　　　　　世界(商务)服务贸易发展情况　　　　　　单位:亿美元,%

	金额			年增长率							
	1980年	2000年	2006年	2000—2006年	2000年	2001年	2002年	2003年	2004年	2005年	2006年
服务出口	3650	14928	27108	10	6.2	0.35	7.3	14.6	20	10.9	10.6
服务进口	4024	14766	26196	9.6	6.5	1.2	5.9	14	18.9	10.6	10.3

资料来源:WTO, International Trade Statistics (2001, 2002, 2003, 2004, 2005), p.3; World Trade Report 2006, p.7, 1980年和2006年数据来自WTO, International Trade Statistics Database。

2. 国际服务贸易结构加速调整升级自20世纪80年代以来,由于新兴服务行业的不断兴起,服务贸易的交易内容日趋扩大,服务品种不断增加,服务贸易结构发生了很大变化,逐渐由传统的以自然资源或劳动密集型为基础的服务贸易,转向以知识、智力密集型或资本密集型为基础的现代服务贸易。在全球服务贸易出口构成中,1980年,国际运输服务贸易占36.8%,国际旅游服务贸易占28.4%,其他服务贸易[①]占34.8%。2006年,国际运输服务贸易比重下降到23.1%,国际旅游服务贸易的比重下降到27.2%,其他服务贸易的比重则上升至49.7%;在全球服务贸易进口构成中,1980年,国际运输服务贸易占41.7%,国际旅游服务贸易占26.9%,其他服务贸易占31.4%。2006年,国际运输服务贸易比重下降到28.5%,国际旅游服务贸易的比重下降到26.4%,其他服务贸易的比重则上升至45.1%。可以预计,随着服务创新活动的日益活跃,服务产品、服务种类、服务方式等将有大幅度增加,未来服务贸易结构将继续向知识、技术密集化方向发展。

3. 国际服务贸易的区域性不平衡继续存在

由于世界经济发展的不平衡性以及各国在资源禀赋、经济结构、发展阶段、发展水平等方面的差异,各国在服务贸易规模和竞争力方面差异悬殊。发达国家仍占国际服务贸易的绝对主导地位,占全球服务进出口总额的3/4以上,其中,美、

---

① 这里的其他服务包括9个部门:通信,建筑,计算机和信息,保险,金融,版税和许可证费用,其他商业服务,个人、文化和休闲服务,政府服务。下同。

英、德三国就占了全球服务贸易总额的近30%。2005年，发展中国家占世界服务进口总额的31%和出口总额的24%。在发展中国家服务贸易中，1/2的服务出口源自中国、印度、中国香港、新加坡、韩国、中国台湾、泰国等，体现出高度的集中性。近年来，虽然发展中国家和地区在国际服务贸易中的地位趋于上升，但与发达国家相比，在服务贸易整体规模方面还有相当大的差距，且大多是服务贸易逆差国。2006年，国际服务贸易前10位的国家中，只有中国是发展中国家，占全球服务贸易总额的比重仅为3.6%。而且，这种区域性不平衡还将在较长时间内继续存在。

4. 全球服务外包迅猛发展

20世纪90年代之后，随着经济一体化、专业分工的日益细化，以及市场竞争程度的不断提高，促使越来越多的企业纷纷将非核心服务活动外包给其他企业，以降低成本、优化产业链、提升企业核心竞争力。作为一种新的国际商务模式，全球服务外包进入快速发展时期，已成为国际服务产业转移的重要形式，以及一些国家扩大服务贸易出口的重要途径。

据分析机构Gartner公司预测，世界服务外包市场将以年均8.2%的速度增长，2003年世界服务外包额为2201亿美元，2007年将达到3063亿美元。2002年仅有1%的美国公司愿意将部分业务外包给其他国家的公司，但到2004年，愿意选择离岸外包的公司已经增加到50%以上。欧洲500强中也有近1/2的公司计划在近年将更多的服务业务外包到海外。从国际服务外包的主体来看，发包方主要是美国、欧洲、日本的跨国公司和国际机构，其中，美国约占2/3，欧盟和日本占近1/3。早年服务外包的承接方大多为美国、欧洲和日本境内的第三方服务机构。近些年来，由于成本优势和日益提高的服务质量，发展中国家逐渐成为国际服务外包的主要承接地。其中，亚洲的承接国家最多，约占45%，印度是亚洲最主要的承接国，其次是中国和东盟；美国输出外包的主要承接地是印度和菲律宾；欧洲的主要承接地为爱尔兰、以色列和捷克等东欧国家；拉美的主要承接国是巴西。目前，俄罗斯、南非、加纳、尼日利亚、肯尼亚、越南、柬埔寨等国家也相继加入了承接国际服务外包的竞争行列。

尽管服务外包发展迅速，但还远未进入成熟的发展阶段，目前国际外包业务只占全部业务流程的1%—2%，世界最大的1000家公司中，约有2/3的企业尚未向其他国家外包任何商务流程，而且，多数服务外包仅仅处于国际产业重组的起始阶段，还有相当大的发展空间。未来几年中，国际服务外包无论在规模，还是在广度上，均会有很大的突破。

5. 通过商业存在实现的服务贸易规模日益扩大

在跨国公司新一轮产业调整中，资本向服务业转移的趋势越来越明显。20世纪90年代以来，FDI总额的1/2以上流向了服务业。根据联合国贸易与发展会议发布的《2006年世界投资报告》，2004—2005年，外国直接投资多数仍流入服务业，尤其是金融、通信、房地产业等，流入制造业的份额进一步下降。1990年，服务业外国直接投资流入存量占全世界外国直接投资流入存量的49.27%，流出存量占46.59%，到2004年，服务业FDI流入存量上升到62.83%，流出存量上升至68.73%。截至2005年底，服务业在全球FDI总存量中占60%。再从国际直接投资流量来看，1990年，服务业对外直接投资流入量超过第一、二产业的总和，比重达到50.1%；2005年服务业对外直接投资流入量占世界对外直接投资总流量比重进一步上升，约为70%。

FDI加速向服务业转移，使得通过商业存在实现的服务贸易规模日益扩大。据WTO估计，目前通过商业存在实现的服务贸易大约是跨境提供的1.5倍。同时，越来越多的服务离岸外包也带动了服务业跨国投资的发展，服务业转移由制造业追随型加速向服务业自主扩张型转变，众多跨国公司开始在全球范围内建立服务供应网络。美国《财富》杂志2006年评选的世界500强中，以服务业为主的跨国公司占到50%左右，营业收入也占近1/2。

6. 跨国并购业务向服务业集中的趋势不断增强

20世纪80年代末以来，全球跨国并购业务由传统制造业向服务业集中的趋势也不断增强。以全球服务业跨国并购出售额为例，1987年全球服务业并购出售额为213.21亿美元，占全球并购额的比重为28.6%，1990年为46.4%，1995年为50.2%。2000年服务业并购出售额达到8423.42亿美元，占全球并购额的比重上升至73.6%。2001—2003年全球服务业并购出售额及占比下降，2004年并购金额有所回升，服务业并购出售额占全球并购额的比重为62.7%。[1] 2005年发生在初级部门的跨国并购显著增加，占比达16%，接近1987年的历史最高点，但服务业仍然是跨国并购最主要的领域，并购出售额为3939.66亿美元，占全球并购额的比重为55%（见图1）。[2]

---

[1] UNCTAD, Statistical databases on—line, http://stats.unctad.org/fdi/.
[2] UNCTAD, World Investment Report 2006, pp. 7, 15.

图 1 跨国并购（出售额）的部门分布

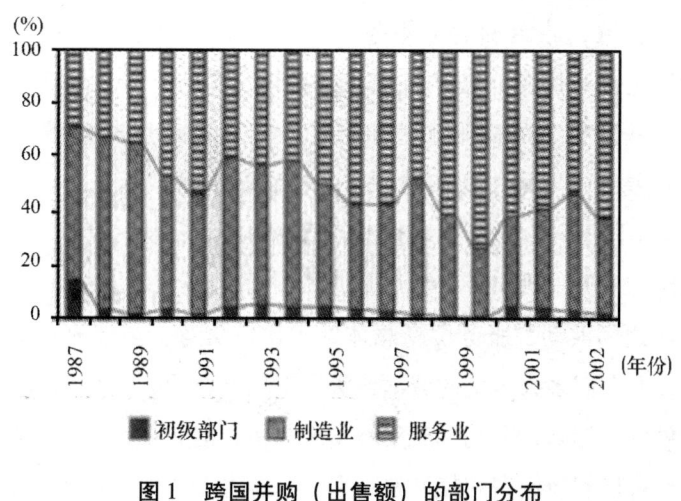

二 中国服务贸易发展现状与竞争力比较

（一）中国服务贸易发展现状

改革开放以来，中国服务贸易发展迅速，服务贸易进出口总额从 1982 年的 43.5 亿美元增长到 2006 年的 1917.5 亿美元，24 年增长了 43 倍。1982 年，中国服务贸易占世界服务贸易的比重不足 0.6%，居世界第 34 位；2006 年提高到 3.6%，居世界第 7 位。其中，服务贸易出口额由 24.8 亿美元提高到 2006 年的 914 亿美元，增长了 36 倍；在全球服务贸易出口总额中的比重由 0.7% 上升到 3.4%，国际排名由 1980 年的第 28 位上升到 2006 年的第 8 位；进口由 18.7 亿美元提高到 1003 亿美元，增长了 53 倍；在全球服务贸易进口总额中的比重由 0.5% 提高到 3.7%，国际排名由 1980 年的第 40 位上升到 2006 年的第 7 位。

然而，中国服务出口水平还比较低，整体出口规模与中国的经济实力相比仍然较小，与货物贸易相比也处于劣势。一方面，2006 年，我国服务出口占贸易出口总额的比重只有 8.2%，远低于全球平均 18.3% 的水平；另一方面，中国货物贸易出口占世界货物贸易出口额的 8%，而服务出口仅占 3.4%，不到货物贸易的 1/2，这说明中国服务出口的比较优势不如货物出口。20 世纪 90 年代初，中国就是服务贸易净进口国。2006 年，中国服务贸易逆差虽较 2005 年有所减少，但仍达 89.1 亿美元。[1]

同时，我国服务贸易结构也并不合理，服务贸易优势部门主要集中在海运、旅

---

[1] 根据中华人民共和国商务部网站提供的数据计算。

游等比较传统的领域,旅游和运输服务的出口占中国服务出口的 1/2 以上,而金融、保险、计算机信息服务、技术咨询、专有权利和特许、广告宣传和电影音像等知识密集型、技术密集型的高附加值服务产业,发展速度相对缓慢,比重仍然很低。服务贸易顺差也主要集中在旅游和劳务输出两个领域。

从根据历年中国国际收支平衡表整理计算的服务贸易比较优势指数(简称 TC 指数)[①] 可以看出,1997—2006 年 10 年时间里,中国服务贸易总体 TC 数均小于 0,在 -0.14— -0.05 之间波动,服务贸易总体处于比较劣势。虽然有部分行业体现出了一定的竞争力,但它们多为传统的劳动或资源密集型行业,而目前国际上这些行业的技术和资本含量越来越高,劳动生产率增长也很快,能否继续保持我国的传统优势面临重重困难;专有权利使用费和特许费、保险、金融、咨询等技术密集和知识密集型的高附加值服务业劣势明显,国际竞争力还很低,反映出我国服务业总体技术水平和知识含量的欠缺,这些行业在中国服务业全面开放后面临着巨大挑战。

(二) 服务贸易整体竞争力比较

表2　　　　　　　　　服务贸易竞争力比较(2005 年)　　　　　单位:百万美元,%

	服务贸易出口额	服务贸易进口额	服务贸易开放度[①]	国际市场占有率[②]	服务出口占该国贸易出口总额的比重	服务贸易比较优势指数(TC 指数)	服务贸易显示比较优势指数(RCA 指数)[③]
美国	3540.20	2811.68	5.23	14.44	28.10	0.1147	1.4807
英国	2041.01	1590.67	16.52	8.32	34.68	0.1240	1.8274
德国	1485.40	2009.44	12.50	6.06	13.27	-0.1499	0.6992
法国	1149.55	1048.97	10.34	4.69	19.88	0.0457	1.0475
意大利	888.20	888.89	10.08	3.62	19.23	-0.0004	1.0133
西班牙	927.30	651.59	14.04	3.78	32.49	0.1746	1.7120
荷兰	781.83	724.14	24.13	3.19	16.14	0.0383	0.8505
日本	1079.13	1325.70	5.30	4.40	15.35	-0.1025	0.8088
加拿大	521.93	641.70	10.45	2.13	12.68	-0.1029	0.6682
中国	739.09	831.73	7.03	3.01	8.84	-0.0590	0.4658
中国香港	621.75	323.84	53.21	2.54	17.55	0.3151	0.9248

---

① 服务贸易比较优势指数总体上能够反映出计算对象的比较优势状况,大致反映一个国家某行业或某产品的国际竞争力和市场定位。TC 指数 = (出口 - 进口) / (出口 + 进口),其数值在 -1 和 1 之间,数值越大就越具有竞争优势。

续表

	服务贸易出口额	服务贸易进口额	服务贸易开放度①	国际市场占有率②	服务出口占该国贸易出口总额的比重	服务贸易比较优势指数（TC指数）	服务贸易显示比较优势指数（RCA指数）③
韩国	439.27	577.46	12.91	1.79	13.38	-0.1359	0.7050
印度	544.22	494.98	12.90	2.22	35.36	0.0474	1.8632
中国位次	9	7	11	9	13	9	13

①服务开放度 $S\_o = (S\_x + S\_m)/GDP \times 100$，其中 S、和 S_{vm} 分别表示服务贸易的出口总额和进口总额。

②国际市场占有率等于一国某种产品或服务的出口额与该产品或服务世界出口总额之比。这一指标在一定程度上反映了一国在贸易出口方面的国际地位和竞争能力。

③$RCA_{ij} = \frac{X_{ij}}{Y_i} \div \frac{X_{iw}}{Y_w}$，$X_{ij}$ 代表 i 国服务贸易出口额，Y_i 代表 i 国所有货物和服务的出口额；X_{iw} 代表世界服务贸易出口额，Y_w 代表世界所有货物和服务的出口总额。如果 RCA 指数大于 2.5，则表明该国 j 类产品具有极强的国际竞争力；RCA 介于 1.25—2.5，表明该国 j 类产品具有很强的国际竞争力；RCA 介于 0.8—1.25，则认为该国 j 类产品具有较强的国际竞争力；倘若 RCA < 0.8，则表明该国 j 类产品的国际竞争力较弱。

④根据各年 WTO, International Trade Statistics 数据，1992—2005 年中国商业服务贸易 TC 指数依次为 -0.005、-0.025、0.018、-0.144、-0.062、-0.051、-0.084、-0.087、-0.085、-0.078、-0 084、-0.071、-0.059。

资料来源：服务开放度指数根据各年 WTO International Trade Statistics 及 The World Band Key Development Data & Statistics 整理计算；其余数据来自或根据各年 WTO International Trade Statistics 整理计算。

从表 2 可以看出，在 13 个经济体中，2005 年我国服务出口额与服务进口额分列第 9 位和第 7 位，但与美国、英国、德国、法国和日本相比，其规模还有较大差距；服务开放度居第 11 位，高于美国和日本。美国和日本这一指数偏低，主要是因为其经济总量大的原因，我国虽然也有这方面的原因，但更多地还是反映了我国服务贸易总体规模偏小、服务业开放水平不高的现状；服务产品国际市场占有率仅为 3.01%，位居第 9，仅相当于美国的 1/5，与其他发达国家相比也存在很大差距，这一比重与中国整体的贸易地位是不相称的；2005 年全球服务贸易出口额占商品与服务出口总额的比重为 18.98%，而我国服务出口占贸易出口总额的比重仅为 8.84%，在 13 个经济体中居末位。我国是一个商品贸易大国，但服务贸易发展相对滞后，目前货物贸易和服务贸易的发展极不平衡。这种不平衡性如果进一步加大，将会有碍于有形贸易的增长空间，削弱有形贸易的竞争力；按照 WTO 国际贸易统计数据计算,我国服务贸易比较优势指数自1992年以来基本为负数,且变动幅度不大,没有体现出一种上升的趋势。2005年中国服务贸易TC指数在13个经济体中位居第9,且为负数,说明我国服务贸易总体状况属于比较劣势;服务贸易显示比较优势指数仅为0.4658,位居13个经济体之末,反映出我国服务贸易的发展还非常滞后,国际竞争力低下。

(三) 服务贸易分部门竞争力比较

表3是根据UNCTAD数据[①]计算的13个经济体服务贸易分部门比较优势指数。结果显示,在十一大类服务部门中,中国有6大部门的TC指数为负数,其中,版税和许可证费用、保险、金融和运输服务与其他国家相比,劣势非常明显;旅游、计算机和信息、建筑服务的TC指数虽为正数,但比较优势很小;通信服务TC指数较高,但这基本上是行业垄断的结果,不能完全反映真实的竞争力水平。[②]

表3　　　　　　　　　　服务贸易分部门比较优势指数

国家或地区	运输	旅游	通信	建筑	计算机和信息	保险	金融	版税和许可证费用	其他商业服务	个人、文化和休闲服务	政府服务
美国	-0.1607	0.1701	0.0518	0.4921	0.5566	-0.6911	0.6127	0.4127	0.1837	0.9123	-0.2574
英国	-0.1196	-0.3571	-0.0047	0.3468	0.4753	0.7924	0.5825	0.1317	0.3559	0.4238	-0.1644
德国	-0.1325	-0.4730	-0.2106	0.1297	-0.0422	0.3227	0.2749	-0.0858	-0.0906	-0.4928	0.6288
法国	0.0069	0.2203	0.1156	0.3497	0.0072	-0.0708	-0.2855	0.2524	0.0142	-0.1105	-0.1545
日本	-0.1268	-0.5319	-0.0919	0.1477	-0.3243	-0.8096	0.2280	0.0545	-0.1240	-0.7422	0.1426
意大利	-0.2098	0.2056	-0.2615	-0.0817	-0.3560	-0.2140	0.0506	-0.5257	-0.0718	-0.1790	-0.0251
西班牙	0.0115	0.6690	-0.0912	0.4249	0.2739	-0.1399	0.0823	-0.6459	-0.0612	-0.3466	0.2929
荷兰	0.1440	-0.2238	-0.0576	0.5436	0.1421	-0.4636	-0.0819	-0.2003	-0.0546	-0.0007	0.3043
加拿大	-0.1855	-0.1163	0.0447	0.2057	0.4167	-0.1747	-0.2784	-0.2848	0.0214	-0.0597	0.2045
中国香港	0.3461	-0.2317	-0.1090	0.1221	-0.0702	-0.2244	0.6161	-0.4340	0.6742	0.3366	-0.4118
韩国	0.1156	-0.3104	-0.3092	0.3962	-0.6342	-0.7048	0.7271	-0.4616	-0.2542	-0.5490	0.4528

---

① 原始数据来自UNCTAD数据库 (http：//stats.unctad.org/Handbook/TableViewer/tableView.aspx? ReportId=171)。由于没有中国、中国香港、印度2004年数据,计算时所有国家均采用了2003年的数据。下文计算RCA指数时也做同样处理。

② 近两年来,随着中国通信服务市场的开放,中国的通信服务行业受外来冲击较大。按照中国国际收支平衡表数据计算,2004年和2005年通信服务行业TC指数由正转负,且负数有所增大,国际竞争劣势日益显现。

续表

国家或地区	运输	旅游	通信	建筑	计算机和信息	保险	金融	版税和许可证费用	其他商业服务	个人、文化和休闲服务	政府服务
印度	-0.5068	0.0510	0.2721	-0.6196	0.8904	-0.4816	-0.1091	-0.8879	-0.5133	—	0.2103
中国	-0.3951	0.0681	0.1981	0.0433	0.0309	-0.8716	-0.2104	-0.9415	0.2538	-0.3592	-0.1169

资料来源：根据 UNCTAD Database 数据整理计算。

下面再构造"13个经济体模型"，对服务贸易分部门的显示比较优势进行分析。在 n（$j=1\sim n$）个经济体，m（$i=1\sim m$）种出口服务中，一经济体服务贸易的显示比较优势指数为：

$$RCAM_{ij} = \left(\frac{X_{ij}}{\sum_{j=1}^{n} X_{ij}} \div \frac{\sum_{i=1}^{m} X_{ij}}{\sum_{j=1}^{n}\sum_{i=1}^{m} X_{ij}} \right) \times 100$$

式中，RCA_{ij} 表示 j 经济体在服务 i 上的显示比较优势指数；X_{ij} 表示 j 经济体服务 i 的出口；$\sum_{j=1}^{n} X_{ij}$ 表示 n 个经济体在服务 j 上的总出口；表示 j 经济体 m 种服务的总出口；表示 n 个经济体 m 种服务的总出口。$\sum_{i=1}^{n} X_{ij}$ 表示 j 经济体 m 种服务的总出口；$\sum_{j=1}^{n}\sum_{i=1}^{n} X_{ij}$ 表示 n 个经济体 m 种服务的总出口。计算结果如表4。

结果显示，在所讨论的十一大类服务部门中，中国只是在旅游服务、建筑服务和其他商业服务方面的 RCA 指数大于1，最高是其他商业服务（1.44962），其次是旅游服务（1.42696）和建筑服务（1.22016）。运输服务为0.82675，其他七大类服务的 RCA 指数均小于0.8，其中，金融服务 RCA 指数为0.06436、版税和许可证费用为0.03087，个人、文化和休闲服务为0.04921，在13个经济体中列倒数第一，显示出极弱的竞争力。

表4 服务贸易分部门显示比较优势国际比较——基于"13个经济体模型"的 RCA 指数

国家或地区	运输	旅游	通信	建筑	计算机和信息	保险	金融	版税和许可证费用	其他商业服务	个人、文化和休闲服务	政府服务
美国	0.76381	1.05988	0.91756	0.39655	0.49474	0.57781	1.14851	2.13791	0.81912	1.68432	1.73265
英国	0.70614	0.595	1.06537	0.05172	1.32105	2.55367	2.96515	0.9113	1.1887	1.00418	0.6777
德国	1.14358	0.71649	1.0361	2.51326	1.47839	1.96614	0.65485	0.46711	1.00369	0.47875	1.93348
法国	1.08191	1.42286	1.27171	1.25597	0.34848	0.78062	0.21267	0.53276	0.93885	1.30523	0.25835

续表

国家或地区	运输	旅游	通信	建筑	计算机和信息	保险	金融	版税和许可证费用	其他商业服务	个人、文化和休闲服务	政府服务
日本	1.66861	0.43673	0.4161	2.59151	0.38593	0.17327	0.88554	2.13117	0.90359	0.12544	0.69826
意大利	0.66191	1.61967	1.25171	1.24845	0.18753	0.61203	0.59762	0.09625	1.17136	0.68014	0.50675
西班牙	0.72554	2.08157	0.65463	0.5756	1.05069	0.63076	0.48931	0.0945	0.68318	0.74704	0.26285
荷兰	1.52786	0.54488	1.1478	2.45756	0.87479	0.3469	0.31426	0.39081	1.31776	0.75889	0.96787
加拿大	0.83868	0.94403	1.92146	0.10212	1.4723	2.7111	0.49168	0.80224	1.02006	2.9331	0.74036
中国香港	1.48162	0.59967	0.80829	0.49425	0.14875	0.31124	1.2295	0.1007	1.65142	0.20906	0.03888
韩国	2.53993	0.61576	0.51171	0.04996	0.02541	0.07817	0.42139	0.54624	0.79311	0.16167	1.17931
印度	0.63958	0.63649	2.22244	0.53669	13.45679	0.62968	0.33168	0.01442	0.43216	—	0.41902
中国	0.82675	1.42696	0.66585	1.22016	0.65319	0.24135	0.06436	0.03087	1.44962	0.04921	0.24679

资料来源：根据 UNCTAD Database 数据整理计算。

若进行横向比较，中国在金融服务、个人、文化和休闲服务两类服务上列倒数第一位；在版税和许可证费用、政府服务方面列倒数第二位；在保险服务上列倒数第三位；通信服务倒数第四位。竞争力非常弱。其他各项服务排名如下：运输服务列第八位；计算机和信息服务第七位；建筑服务第六位；旅游第三位；其他商业服务第二位。由此可见，中国在新兴服务业方面与其他可比国家的差距比传统服务业方面的差距要大得多。中国服务贸易的比较优势在于旅游和其他商业服务，这两项基本上都是劳动密集型与资源密集型行业，反映在出口收入上其稳定性差，一旦外部环境发生变化，服务贸易出口将受到很大影响。此外，还需要注意的是，中国在计算机和信息、通信、保险、金融和政府服务方面的 RCA 指数均低于印度，而这些多为知识、技术密集型行业，由此反映出的结构差异值得深思。

三 中国服务贸易影响因素的实证分析

1. 研究模型与变量选取

为考察中国服务贸易的影响因素，本文设定如下计量模型：

模型 1：$STRADE = C + aSGDP + \beta SFDI + \gamma MTRADE + \varepsilon$ (1)

模型 2：$SEXP = C + aSGDP + \beta SFDI + \gamma MEXP + \varepsilon$ (2)

模型 3：$SIXP = C + aSGDP + \beta SFDI + \gamma MIXP + \varepsilon$ (3)

因变量：服务贸易进出总额（STRADE）；服务贸易出口总额（SEXP）；服务

贸易进口总额（SIMP）。单位均为亿美元。

自变量：（1）服务业增加值（SGDP）。服务业越是发达的国家，服务产品的专业化分工程度越高，更容易实现规模经济，更可能提供高质量的服务产品，从而有利于服务贸易的增长。预计该变量与服务贸易正相关。为统一单位，本文用每期美元对人民币的汇率（中间价）将服务业增加值的单位转换为亿美元。（2）服务业利用外商直接投资（SFDI）。由于服务业中许多专业化的服务要求其提供者必须贴近客户，而"商业存在"是向客户提供服务的必要条件，因此，服务业 FDI 的增加可以促进服务贸易的增长，特别是国外附属机构服务贸易。本文选取服务业外商直接投资合同金额[①]来衡量其对中国服务贸易的影响，预计二者正相关。（3）货物进出口总额（MTRADE），单位：亿美元。货物贸易与服务贸易具有非常密切的联系，世界服务贸易大国也多为货物贸易大国。特别是如今，货物贸易越来越多地依赖现代物流、信息、通信、咨询、金融等服务业的发展，可以说，货物贸易的增长会在很大程度上带动相关服务业及服务贸易的发展。预计二者正相关。（4）货物出口总额（MEXP），单位：亿美元。用以考察货物出口对服务出口的影响。（5）货物进口总额（MIMP），单位：亿美元。用以考察货物进口对服务进口的影响。

ε 为残差项。研究区间为 1990—2005 年，数据来自《中国统计年鉴》《中国对外经济贸易统计年鉴》《2006 年中国服务贸易发展报告》。

2. 模型回归与结果分析

因合同利用外资金额需要一段时间才能转化为实际利用外资，并对经济增长发挥作用，本文考虑了变量 SFDI 的滞后项（滞后 1 期）。模型实证结果如下：

$$STRADE = -75.1887 + 0.1051\ SGDP + 0.2396\ SFDI\ (-1)$$
$$+ 0.0439\ MTRADE \tag{4}$$
$$(-2.2235)\ (6.2864)\ (2.8943)\ (4.1171)$$

$R = 0.9937$，调整后的 $R = 0.9920$，$DW = 1.5637$

$$SEXP = -16.5118 + 0.0388\ SGDP + 0.0498\ MEXP$$
$$+ 0.0956\ SFDI\ (-1) \tag{5}$$
$$(-1.3582)\ (6.4683)\ (6.8569)\ (3.3123)$$

$R = 0.9961$，调整后的 $R = 0.9950$，$DW = 1.5996$

---

① 这里使用实际利用外资金额更合理，但因 1994 年以前《中国统计年鉴》中没有服务业利用外资的统计，1995—1997 年统计年鉴仅提供了服务业外商直接投资合同金额，为避免时间序列过短以及人为估计的误差，本文使用了合同外资金额，可能会影响实证分析的精确性。但由于合同外资会在一段时间后转化为实际利用外资，本文采用了滞后期的分析方法，一定程度上弥补了该缺陷。

$$SIMP = -61.2544 + 0.0681\ SGDP + 0.0347\ MIMP$$
$$+ 0.1484\ SFDI\ (-+1) \tag{6}$$
$$(-2.6582)(6.0636)(2.2968)(2.6077)$$

R = 0.9898，调整后的 R = 0.9870，DW = 1.8897

括号内为 t 统计量，* 表示在 99.5% 水平上显著。

从（4）式看，服务业增加值、服务业 FDI、货物进出口总额对服务贸易总额均有显著的正向影响。服务业增加值每增长 1 亿美元，服务贸易总额将增长 1051 万美元，说明中国服务业的发展会带动服务贸易的增长；服务业合同利用外商直接投资（滞后 1 期）每增长 1 亿美元，服务贸易总额将增长 2396 万美元，服务业 FDI 对服务贸易的带动作用非常明显；货物贸易总额每增长 1 亿美元，服务贸易总额将增长 439 万美元，其对服务贸易的贡献和拉动作用远不如服务业 FDI 及服务业增加值大。

从（5）式看，服务业增加值、服务业 FDI、货物出口对服务贸易出口的正向影响也很显著。服务业增加值每增长 1 亿美元，服务贸易出口将增长 388 万美元，说明服务业的发展会提高服务贸易出口能力；服务业合同利用外商直接投资（滞后 1 期）每增长 1 亿美元，服务贸易出口将增长 956 万美元，表明外资流入促进了中国服务贸易出口的增长；货物出口每增长 1 亿美元，服务出口将增长 498 万美元，虽然贡献度不是很大，但影响非常显著，反映出我国货物出口对服务出口的带动作用还没有充分发挥。

从（6）式看，服务业增加值、服务业 FDI、货物进口对服务贸易进口也有显著的正向影响。服务业增加值每增长 1 亿美元，服务贸易进口将增长 681 万美元。与服务出口相比，服务业的发展会带来更多的服务进口，这也从一个侧面反映出中国服务业的发展水平还比较低，本国的服务供给不能满足服务需求，故而需要增加服务产品的进口；服务业合同利用外商直接投资（滞后 1 期）每增长 1 亿美元，服务贸易进口将增长 1484 万美元，这进一步反映出中国服务业发展水平低，供给能力有限，进入中国的服务业外资企业会通过增加服务进口来满足自己的服务需求，而非使用中国当地的服务产品；货物进口每增长 1 亿美元，服务贸易进口将增长 347 万美元，其对服务贸易的贡献和拉动作用远不如服务业 FDI 及服务业增加值大。

四 结论与对策建议

通过上文的分析我们发现，中国服务贸易开放度比较低；国际市场占有率很小，整体服务出口规模与中国的经济实力相比仍然较小；与其他经济体相比，中国服务出口占贸易出口总额的比重偏低，与货物贸易的发展很不平衡；比较优势指数为负值，显示比较优势指数仅为 0.5 左右，与发达国家相比，服务贸易整体竞争力还非常薄弱。此外，中国服务贸易出口结构低级化，服务贸易优势部门主要集中在传统的劳动或资源密集型行业，与世界服务贸易产业结构的变动趋势不一致，知识、技术密集型服务的比重严重偏低，劣势非常明显，显示比较优势指数不仅远低于发达国家，与部分发展中国家（如印度）和新兴市场国家相比（如韩国）也有较大差距，显示出极弱的竞争力。

中国服务贸易的国际竞争力之所以低下，主要有以下几方面的原因：

1. 当前我国仍处在工业化中期，经济增长还主要依靠制造业，服务业尚未成为推动经济增长的主导力量，规模较小，比重偏低，结构失当，现代服务业发展不足，供给能力有限，这大大限制了中国服务贸易的发展空间。我们的实证研究结果也证明，服务业增加值对服务贸易具有非常显著的正向影响，但目前其带动作用和贡献度还不够大。

2. 服务业开放时间短，开放程度低，遏制了中国服务业国际化的步伐。实证研究表明，服务业 FDI 对服务贸易具有非常明显的带动作用。然而，在过去 20 多年中，绝大多数外资在华投资的行业是制造业，协议投资金额达到全部协议金额的 60% 左右，而服务业仅占 20%—30%，与世界平均水平相距甚远。截至 2005 年底，在全国累计新设立外商投资企业中，第一产业、第二产业、第三产业项目数所占比重分别为 2.81%、74.46% 和 22.73%；在合同外资累计金额中，所占比重分别为 1.96%、68.69% 和 29.36%，服务业利用外资规模明显偏小，与跨国资本流动的行业分布差距较大。服务业 FDI 的溢出效应体现得还很不明显。

3. 货物贸易对服务贸易的带动作用还没有充分发挥。我国是货物贸易大国，然而服务贸易无论在规模，还是占比上，均与货物贸易有不小的差距。若现代货物贸易所产生的相关服务需求能在很大程度上由国内服务供应商满足，那么货物贸易必将带来服务出口的相应增加。我国中高端服务产品缺乏、供给能力不足，严重限制了货物贸易对服务贸易的带动作用。

4. 服务业垄断依然严重，竞争不充分，社会化、市场化程度低，抑制了服务业的发展活力，导致一些行业在层层保护之下，服务供给能力和水平长期得不到提高。

因此，我国今后必须大力发展服务业，尤其是现代服务业，加快产业结构的调整与优化；提高服务供给能力，培育生产者服务市场，大力承接国际服务外包，重点发展能够提高货物出口附加值的服务，如分销、物流、信息、会展等；在维持传统比较优势的同时，推动技术和服务创新，培育新兴服务业的竞争优势，切实提升贸易结构；继续稳步、有序地开放服务业市场，积极吸引服务业外资流入，并切实引导其行业流向；打破垄断，强化服务行业竞争机制，加快服务业管制体制改革，放宽市场准入限制，消除产业发展的体制性障碍；制定并完善服务贸易立法；改善劳动力要素的质量和供给状况。唯有此，中国的贸易增长方式才能转变，贸易结构才能优化，中国服务贸易的国际地位和竞争力才能得到切实的提升。

关于人民币国际化的若干问题研究[*]

王元龙[**]

内容提要：人民币国际化是中国全面融入经济金融全球化的必由之路，不仅具有必要性，而且更具紧迫性。随着人民币国际化进程的推进，收益和成本问题也将显现，需要密切关注面临的风险，尽可能扬长避短、趋利避害。人民币国际化的总体战略是双管齐下、内外兼修，即在务实基础、练好内功的同时积极推进人民币国际化，在战略和政策取向上选择两个层次的"三步走"。克服人民币国际化相关制约因素的基本思路是巩固人民币国际化的基础、辩证看待人民币国际化的前提条件、以扩大人民币国际流通量为突破口。

一　引言

人民币国际化是中国全面融入经济金融全球化的必由之路，也是中国成为全球主要经济大国的必然趋势。人民币国际化对于进一步提升中国国际地位和国际竞争力的重要作用毋庸置疑。近年来，人民币国际化的步伐明显加快，其动因主要表现在以下三个方面：

一是中国经济实力不断增强。从国际经验看，一国的经济实力和经济金融的高度开放性是该国货币成为国际货币最重要的基本条件。在国际金融市场上，每一种国际货币无不以其发行国强大的经济实力为坚强后盾，以其经济金融的高度开放性

---

[*] 原文发表于《财贸经济》2009年第7期。

[**] 王元龙（1952—　），甘肃兰州人。曾任中国银行国际金融研究所副所长。现任中国银行总行研究员、中国银行海外机构董事、《国际金融研究》副主编、《国际金融》副总编、中国国际金融学会副秘书长。兼任中国十多所大学及中国社会科学院、国家行政学院的教授或硕士生导师、博士生导师，国际金融论坛（IFF）学术委员、副秘书长。主要研究领域：金融战略、理论与政策、国际金融与投资、银行业改革与发展。主要著作：《中国金融安全论》（获第十四届中国图书奖、2006年度孙冶方经济科学奖著作奖）。

为可靠支撑。

二是人民币在周边国家和地区流通规模的急剧增加。近年来，随着中国与周边国家和地区经济贸易的发展，人民币境外流通问题变得日益重要。人民币境外流通虽然并不等同于人民币已经国际化，但它对人民币的国际化有着重要影响。一方面，人民币境外流通是人民币国际化的前提，如果人民币仅在中国范围内流通，就根本谈不上国际化；另一方面，人民币境外流通的扩大最终必然导致人民币的国际化，使其成为国际货币。

三是中国对外经济发展战略的调整。人民币国际化是中国对外经济发展战略调整的必然要求。"走出去"已被确定为中国新时期的重要开放战略，中国对外经济发展战略将逐步从过去简单引进外资、出口导向型发展战略，转向资本输出与产品输出并重的全球战略。中国对外经济发展战略的转变，将大大增加境外对人民币的资本需求，也是人民币获得更多国际金融市场份额的契机。人民币的国际化能减少汇率风险，有利于促进中国对外经济的健康发展，提高国际金融竞争力，长期以来"中国是贸易大国、货币小国"的状况也将逐渐被改变，全球货币体系的格局将随人民币的国际化而改写。

人民币国际化不仅具有必要性，而且更具紧迫性。由美国次贷危机引发的全球金融危机当前仍在肆虐和蔓延，危机充分暴露了现行以美元为垄断地位的国际货币体系的弊端。无约束的美元本位制已成为国际金融危机频频发生的根源。近年来，在"双赤字"日益严重的情况下，美国利用美元的国际货币地位，几乎不受限制地向全世界举债，由此直接造成了全球范围内的流动性过剩。全球货币供应量无限放大，虚拟经济过度脱离实体经济，最终导致了资产泡沫的破裂和危机的发生。更为严重的是，正当世界各国全力抵御金融危机的时候，美联储根本不顾其在国际货币体系中的地位和责任，肆意大规模购入美国国债。这无疑会增加市场美元供应，将导致美元币值不断走弱，迫使包括中国在内的众多债权国再次为美国政府的救市买单，中国近2万亿美元外汇储备资产的安全受到严重威胁。

显然，推进国际货币体系改革和构建国际金融新秩序至关重要，而人民币国际化则成为国际货币体系改革的重要组成部分。从现行国际货币体系来看，目前仍无国家可以挑战美国的综合实力，美元仍然处于垄断地位，尚无一种合适的国际储备资产能够替代美元。然而，此次金融危机已在客观上导致美元霸权的基础出现松动，从单极到多元化的国际货币体系已成为改革的必然趋势。国际储备货币"极"的增加，就意味着美元垄断地位的下降。与改革国际货币基金组织（IMF）等国际金融机构的复杂决策程序相比，推进人民币国际化更有助于实现中国改革国际货币体系的目标。推动人民币国际化，使人民币逐渐成为多元化国际储备货币中的一极，是打破美元垄断地位的一项重要内容。在 IMF 改革中，我们应推动人民币成为特别提款权（SDR）篮子货币之一，争取在 2010 年 IMF 重新确定 SDR 篮子货币构成时提高人民币的比重，扩大人民币在国际货币体系的影响。毫无疑问，随着中国在世界贸易中的比重和 GDP 占全球比重的不断增加，中国将成为全球最重要的经济体。由于拥有日益增强的综合国力和美国最大的债权，人民币纳入国际储备货币体系已经无可争议。

可以认为，正是出于对金融危机的反思，才坚定了中国推进人民币国际化的信心和加快人民币国际化的决心。如果实现人民币国际化，不仅可为中国在未来国际货币体系改革中获得更多话语权，而且还将有利于中国保持经济政策的独立性和国内经济的稳定，同时也有利于从根本上解决外汇储备的安全问题。

二 人民币国际化的收益与风险

（一）人民币国际化的收益

人民币国际化将对中国经济产生巨大影响，中国既会从中获得收益也要为之承担风险。其收益突出表现为以下四个方面。第一，提升中国国际地位。如前所述，人民币国际化不仅有利于推动国际货币多元化，有利于国际货币体系的改革，同时也将提高人民币在国际货币体系中的地位。第二，防范和降低汇率风险。人民币国际化后，人民币在国际金融市场上被广泛接受，中国企业、投资者和居民在国际经济交易中可使用人民币计价和结算，其在对外贸易和投资中所面临的汇率波动风险和货币交易成本也随之降低，而这种双重收益必将进一步促进中国对外经济的发展。第三，缓解高额外汇储备的压力。推进人民币国际化对缓解中国外汇储备过快增长具有一定作用，鼓励人民币流出，既是出于长远的人民币国际地位的战略考虑，也是短期内缓解人民币升值压力的途径之一。此外，人民币国际化也可减少中国对美元等其他国际储备货币的需求，有助于降低中国外汇储备的规模。第四，获得铸币税收入。人民币国际化实际上是以纸币换实际资源，从而可以大大减少中国因使用外币引起的财富流失。

（二）人民币国际化进程中的风险防范

在人民币国际化进程中，也存在一些必须高度关注并加以防范的风险：
第一，加大宏观调控的难度。人民币成为国际货币之后，将会有大量的人民币在国际金融市场上流通,这就有可能扰乱中国国内的货币政策,影响国内宏观调控政策的效果。

第二,增加国内经济金融稳定的难度。人民币国际化意味着中国金融市场和经济体系遭受外部冲击的可能性加大。人民币国际化将使中国国内经济与世界经济密切相关,国际金融市场的任何风吹草动都会波及国内,国外经济危机、通货膨胀等都会通过国际途径传递到国内。特别是如果人民币的实际汇率与名义汇率出现偏离,或是即期汇率、利率与预期汇率、利率出现偏离,将给国际游资以投机套利的机会,刺激短期投机性资本的流动,对国内金融市场产生巨大冲击。

第三,增加金融监管的难度。一方面,由于对境外人民币现金需求和流通的监测更加困难,将会加大中央银行对人民币现金管理的压力;另一方面,伴随着人民币资金跨境流动而出现的非法资金流动不仅会增加反假币、反洗钱的难度,而且将影响国内金融市场的稳定。

第四,面临货币逆转的风险。一旦中国国内经济形势发生逆转,就可能动摇其他国家对人民币的信心,人民币持有者就会在各种国际货币间进行调换,形成对人民币的挤兑和抛售。这种货币的逆转将对中国国内经济产生冲击,而且货币逆转带来的救助货币危机的成本和干预汇率的成本也会给中国造成巨大损失。

第五,面临"特里芬难题"。人民币国际化后中国将承担国际金融稳定的义务,并在必要时充当区域最后贷款人的角色,由此中国将可能面临"特里芬难题",即在以贸易逆差向储备国提供结算与储备手段的过程中,本币贬值的压力与保持本币币值稳定之间存在的冲突。人民币国际化后,中国通过收支赤字来提供人民币资产以满足其他国家对人民币的需求,这种状况必然削弱中国国际收支地位。如果中国存在持续的赤字,就将导致持有人民币流动性资产的国家不愿意持有更多的人民币资产。

货币国际化是把双刃剑,既有收益又有风险。随着人民币国际化进程的推进,其收益和成本问题也将会凸显出来。从整体上看,人民币国际化是利大于弊的,尽管如此,仍需要密切关注人民币国际化进程中以及人民币充分国际化后面临的风险,尽可能扬长避短、趋利避害。

三 人民币国际化的战略选择与实施

(一)推进人民币国际化的战略选择

逐步实现资本项目可兑换,是党的十七大报告中明确提出的人民币资本项目可兑换的既定战略。正如温家宝总理所指出，中国是一个发展中国家，中国金融改革发展与发达国家相比，历史短暂，缺乏经验、人才，制度也需要完善。我们目前实行的是经常项目下人民币自由兑换，实行资本项目下人民币自由兑换还需要一个较长的过程。① 显而易见，当前推进人民币的国际化，仍然需要在人民币资本项目不可兑换的框架下进行。基于这一前提，我们认为，人民币国际化的总体思路为：双管齐下、内外兼修，即在夯实基础、练好内功的同时积极推进人民币国际化。从当前来看，人民币资本项目可自由兑换不是最紧迫的问题，关键是要练好内功、强身健体，加快改革与发展。

中国推进人民币国际化的进程，在战略和政策取向上可从两个层次上用"三步走"来概括。②

首先，在地域扩张上采取"三步走"，即坚持人民币周边化、人民币区域化、人民币国际化的取向。其逻辑顺序为，先人民币周边化，推进人民币在港、澳、台三地及越南、老挝等周边国家的流通；再人民币区域化，不断提升人民币在其他亚洲国家的地位，使之逐步成为区域性主导货币；最后逐步使人民币实现国际化。

其次，在货币职能上也采取"三步走"，即坚持人民币结算货币、人民币投资货币、人民币储备货币的取向。其逻辑顺序为，先人民币结算货币，逐步增加人民币在全球国际贸易结算中的份额；再人民币投资货币，使人民币逐步成为主要国际金融市场上的主要投资币种；最后逐步使人民币成为储备货币。

上述"三步走"中的各步骤不是彼此割裂的，而是相互衔接、相互交叉进行的，不可作绝对化理解。另外，"逐步"意味着每一步都是一个错综复杂且循序渐进的过程，因此，既不可急于求成地拔苗助长，也不可坐以待时地贻误良机。需要强调的是，加快人民币国际化的步伐，不仅需要积极推进、精心操作，而且更需要关注和防范这一进程中的各种风险。

（二）推进人民币国际化的制约因素及其改善

从中国当前的现状来看，推进人民币国际化存在着一些制约和障碍，主要表现为：

首先，中国宏观经济环境仍存在诸多突出问题。有观点认为，在宏观层面上，人民币当前已经具备国际化条件（程亮亮，2009）。"20 世纪 20 年代美元逐渐替

---

① 参见新华网报道《中国经济出现积极变化但仍面临困难》，2009 年 4 月 12 日。
② 参见新华社记者对王元龙的访谈（王健君，2007）。

代英镑时，美国占全球经济比重约10%；20世纪80年代日元逐渐成为国际储备货币时，经济规模占全球7%。当前中国经济总量占世界约7%，使人民币国际化具备经济基础。"我们认为，据此得出结论还需慎重。如果单从经济规模来看，中国已与美国、日本当初成为国际储备货币国时不相上下，人民币国际化的确具备了经济基础。然而，从市场发育程度、金融体系状况等方面来看，中国远未达到美国和日本当初的水平。当前中国经济发展中还存在着不稳定、不协调、不可持续的问题，比如国际收支失衡、经济结构不合理、经济发展方式需要转变，农业基础、就业、社会保障、生态环境问题突出，中国的金融体系仍然比较脆弱。同时，中国也还存在着制度环境方面的制约，如金融市场发育的深度、广度和国际标准化程度不足，利率市场化改革、人民币汇率形成机制等都需要进一步推进和完善。因此，当前状况还难以支撑人民币迅速实施国际化并成为国际储备货币。

其次，人民币资本项目尚未实现可兑换。从理论上来看，人民币资本项目可兑换是人民币国际化所必然要求的技术性条件。这是因为，人民币国际化是以资本项目可兑换为基础的，资本项目可兑换本身是人民币国际化的核心内容。一种货币如果不能自由兑换，其在国际范围内的接受程度必然十分有限，也将成为一种高风险货币。

最后，人民币国际流通量增长不足。从技术层面来看，人民币国际流通量不足将成为推进人民币国际化进程中的最大难题。从国际经验来看，英国在金本位时代通过资本输出向世界各国输出了巨额的英镑；美国在布雷顿森林体系时代通过经常项目逆差向世界提供了美元流动性；日本则在20世纪80年代通过大规模跨国投资向各国提供日元资金。近年来，尽管中国对外直接投资大幅度增长，但其规模占全球的比重仍然很小，2004年为0.74/%、2005年为1.3%、2006年为1.53%（UNCTAD，2007），这样狭小的规模显然难以支持未来人民币国际化的需要。

实事求是地看，人民币走向国际化对中国经济制度、金融体系和金融市场的改革发展都提出了更高的要求。很大程度上，中国经济金融改革与发展状况决定着人民币国际化的进程，人民币国际化的步伐要与中国整体经济金融的改革与发展相一致。由此可见，现阶段中国大规模推进人民币国际化进程的基础还不稳固、内部准备条件还不充分。

然而，对于中国而言，美国和全球金融危机的爆发为推进人民币国际化提供了一个百年不遇、千载难逢的历史机遇。国际货币体系的改革已是大势所趋，美元的霸权地位受到削弱，欧元、日元面临维持其地位的巨大压力，其他货币目前都难以担当国际货币体系的中心货币，这就为人民币国际化创造了广阔的空间。因此，我们需要以历史的、战略的视角审时度势，机不可失、时不我待。积极推进人民币国际化的步伐，这是中国为推进国际金融体系改革、建立国际金融新秩序，为维护中国国家利益，充分利用这一战略机遇期而作出的必然选择。基于上述考虑，需要精心操作、努力克服和减少推进人民币国际化过程中的制约因素和障碍。对此，应当把握以下三个方面内容：

首先，巩固人民币国际化的基础。加快国内经济金融的改革与发展，进一步完善和巩固人民币国际化的基础，这是推进人民币国际化进程的重中之重。实际上，中国近年来在这方面已经取得了积极的进展。例如，以市场为基础的人民币汇率制度安排对于推进人民币国际化具有十分重要的意义。中国在2005年7月启动了完善人民币汇率形成机制的改革，重归以市场供求为基础的有管理的浮动汇率制度、增加汇率的灵活性，充分发挥汇率在国际收支调节中的作用，取得了显著的成效。未来在继续深化人民币汇率形成机制改革的同时，还必须注重确保人民币汇率政策目标的实现，即保持人民币汇率在合理、均衡水平上的基本稳定。显然，深化人民币汇率改革，其目的在于从根本上保障人民币资产的价值稳定，推动人民币资产成为可靠、安全的国际资产，为人民币国际化奠定坚实的基础。

其次，辩证看待人民币国际化的前提条件。尽管中国目前还不具备完全开放资本项目自由兑换的条件，但是人民币国际化的过程也不必等到资本项目实现完全可兑换之后方可进行，恰恰相反，推进人民币的国际化可为资本项目可兑换创造条件。从现实来看，随着中国与周边国家和地区经济贸易的发展，人民币境外流通的速度和规模都在急速增加。如前所述，人民币境外流通虽然并不等同于人民币已经国际化，但它对人民币的国际化有着重要影响，是人民币国际化的前提或雏形。因此，在没有实现人民币资本项目可兑换之前，可另辟蹊径，推进人民币的国际化。

最后，选择推进人民币国际化的突破口。我们认为，扩大人民币的国际流通量是推进人民币国际化的突破口。

四 推进人民币国际化的突破口

由于人民币国际流通量不足将成为推进人民币国际化进程中的最大难题，理所当然应把扩大人民币国际流通量作为推进人民币国际化的突破口。为此，需要采取以下六方面措施。

(一) 加快实施"走出去"战略

近年来中国实施企业"走出去"战略步伐进一步加快,其显著特点是:总体投资规模继续扩大,增长势头强劲;对外投资形式多样,并购逐渐成为主流;行业分布广泛,重点涉及资源等领域;对外投资区域集中在亚洲、拉美地区,"走出去"企业分布相对聚集在亚洲和非洲地区;对外直接投资以大型企业为主体,境外投资主体多元化的格局已经形成。然而,中国企业在对外投资、跨国经营过程中还存在着许多问题,突出表现为企业投资规模较小、效益参差不齐、风险管理薄弱,与发达国家成熟的跨国公司相比还存在着较大差距。因此,完善政策措施、加大支持力度尤为重要。例如,金融机构可对"走出去"企业提供全方位、多样化的金融服务,为其提供融资与资金结算便利、境内外资金集中统一管理、降低经营成本,以及规避投资风险、理财增值等方面的服务。促进中国企业"走出去"的迅速发展,将为推进人民币国际化创造更有利的环境。

(二) 签订货币互换协议

2008 年 12 月 12 日,中国与韩国达成 1800 亿元人民币(38 万亿韩元)货币互换的协议,这是人民币首次以官方姿态走出国门,具有重要的历史意义。此后,中国央行又与中国香港地区、马来西亚、印度尼西亚、白俄罗斯、阿根廷等国家和地区的央行及货币当局签署了货币互换协议,互换总额达到 6500 亿元人民币。

在货币互换协议中,双方通常承诺一定的互换额度。一旦启动货币互换,双方将可通过本币互换,相互提供短期流动性支持,从而为本国商业银行在对方分支机构提供融资便利。实际上,货币互换并非严格意义上的货币国际化步骤,而是一种服务于双边实体经济的金融安排,其目的在于促进双边贸易发展,规避金融风险,降低融资成本和出口成本。

然而,货币互换对于中国来说显然具有更加积极的意义。首先,多项货币互换协议的签署至少表明了中国的贸易伙伴对人民币地位和稳定性的认可,从而在一定程度上提升了人民币的国际地位。其次,从已签署的互换协议来看,其作用已经超出了双边贸易的范畴,人民币开始成为各方认可的结算货币甚至储备货币。与马来西亚、印尼和阿根廷的货币互换,主要用于双边的商业贸易结算;与韩国的货币互换,主要是为方便韩国在华企业进行融资;与中国香港的货币互换,主要是为满足资金供给;而与白俄罗斯的货币互换则是将人民币作为储备货币。毫无疑问,随着中国与越来越多的国家和地区签订货币互换协议,将为未来人民币真正实现国际化提供有益的准备。

（三）开展人民币国际贸易结算

在当前中国实行人民币资本项目不可自由兑换的条件下，如何做到既不匆忙放开人民币资本项目下的自由兑换，同时又能把握机遇推进人民币国际化的进程？一条可行的途径是：充分利用中国作为国际贸易大国的有利条件，在国际贸易中绕过美元，推进人民币国际贸易结算。人民币国际贸易结算，是指在国际贸易中人民币执行计价和结算的货币职能，进出口均以人民币计价和结算，居民可向非居民支付人民币，并且允许非居民持有人民币存款账户。人民币只有在国际结算中广泛使用并得到认可，资产价格以人民币计价才能得到世界的承认。尽管人民币目前仍属不可兑换货币，但积极推进人民币国际贸易结算，在与有关国家或地区的贸易伙伴进行货物贸易时以人民币结算，则表明人民币已经开始转向发挥区域结算货币的角色，这将是人民币走向区域化、国际化并实现自由兑换的重要一步。人民币只有成为区域内的贸易结算货币后，才可能成为政府干预外汇市场时买入外汇的对象货币，才有可能成为区域内的储备货币。2009年4月8日，国务院决定在上海、广州、深圳、珠海和东莞5个城市开展跨境贸易人民币结算试点，而在此之前，中国人民银行已与6个国家的央行签署了总计6500亿元人民币的货币互换协议。这一系列举措大大增加了境外人民币的供应量，无疑将为人民币的国际化创造有利条件。

（四）发行人民币债券

人民币债券也称为熊猫债券，是指外国金融机构在华发行的以人民币标价的债券。熊猫债券发行者为外国金融机构（政府、私人或国际组织），债券的购买者是中国金融机构（主要是商业银行）。美元短缺的外国金融机构在通过发行熊猫债券取得人民币资金之后，用人民币向中国金融机构购买美元，以解决美元流动性短缺问题。除定期支付人民币利息外，债券期满后，债券发行者需偿还熊猫债券持有者（中国的商业银行）人民币本金。熊猫债券发行者所需人民币可以从外汇市场上用美元购买。尽管熊猫债券的发行也存在着一些约束条件，需要进一步分析和解决，但其对于推进人民币国际化的积极意义是显而易见的。正如余永定（2008）所指出的：发行熊猫债券不仅可以减少中国增持美国国债的风险，推动人民币国际化的进程，而且可以缓和他国的流动性短缺，促进全球金融的稳定。发行熊猫债券对中国至少有三大好处：一是降低外汇储备的增长速度；二是由美国来承担部分美元贬值的损失;三是有助于中国在不显著放开资本项目管制的前提下推进人民币的国际化。此举将扩大人民币的使用范围,提高人民币资金的使用效率,进而提升人民币的国际地位。

(五) 发挥国际金融中心的作用

目前,中国香港经济特区作为国际金融中心的地位已跃居至全球第三位,仅次于伦敦及纽约;上海也正在积极推进国际金融中心建设。毫无疑问,中国拥有的香港和上海国际金融中心,即国际金融双中心,是实现人民币国际化的重要桥头堡。

首先,充分利用香港国际金融中心的作用。人民币在国际化的过程中,需要建立其服务国际贸易及投资的功能,这些功能都可以通过香港先行试验,为进一步全面推广奠定基础并降低风险。香港国际金融中心是推进人民币国际化的重要通道,例如扩大香港人民币业务、推进人民币贸易结算、形成人民币借贷市场、发展人民币离岸业务等。从短期来看,由于受制于人民币资本项目不可兑换,在全球范围内大规模创造人民币需求的可能性较小,而在中国及其周边某些特定区域创造并扩大人民币需求则是完全可能的。一是在中国规模可观的边境贸易中,人民币结算已经占有很高的比重;二是在中国周边及贸易关系密切的亚洲国家中,已有部分国家产生了以人民币作为储备货币的现实需求;三是在与中国内地存在紧密经济联系同时又是国际金融中心的香港,存在大规模的人民币需求。2003 年 CEPA 签订以后,个人人民币业务在香港推出,香港已建立了全球第一个离岸人民币清算体系,这为香港日后成为人民币离岸中心奠定了基础。显然,香港是人民币走向区域化进而走向国际化的最佳"实验地"。

其次,全力打造上海国际金融中心。建设国际金融中心是中国经济发展的重要战略之一。早在1992年党的十四大上就确立了建设上海国际金融中心的国家战略。2009 年 3 月 25 日,国务院常务会议审议并原则通过关于上海建设国际金融中心和国际航运中心的意见,提出到2020 年将上海基本建成与中国经济实力和人民币国际地位相适当的国际金融中心。上海国际金融中心所要达到的目标是:建设比较发达的多功能、多层次金融市场体系;加强金融机构和业务体系建设,稳步推进金融服务业对外开放;完善金融服务设施和布局规划,提升金融服务水平;健全金融法制,加强金融监管,维护金融稳定和安全。对中国来说,上海是目前国内最有希望成为国际金融中心的城市。建立上海国际金融中心,有利于建立中国的金融优势地位,有利于确立人民币在国际金融市场上的定价权,有利于发展以人民币计价的资产。建设上海国际金融中心与人民币国际化是相辅相成、相互促进的。

（六）构建人民币国际化的市场微观基础

构建市场微观基础是扩大人民币国际流通量、促进人民币国际化取得实质性进展的重要内容，而其中的关键是要建立一个健全的人民币金融市场（包括离岸市场），扩展中国银行业的海外业务。现阶段要构建人民币国际化的市场微观基础，其着力点仍然是中国周边国家和地区，以及其他亚洲国家，即实施人民币周边化、区域化的扩张路径。一是要促成这些国家和地区的商业银行能够为其私人部门提供人民币的存、贷、结业务，从而使企业和个人愿意持有人民币并广泛地用于交易。二是构建较为完备的人民币结算海外清算网络，促进这些国家和地区的商业银行参与到央行人民币大额实时清算体系及银行间资金拆借体系之中，以利于其人民币头寸的灵活调度并获得收益。三是积极推动中国金融机构开拓海外市场，为人民币国际化服务。近年来中国金融机构海外拓展的步伐明显加快，例如中国银行已在全球29个国家和地区拥有超过800家海外分支机构，并与全球1500余家银行结成了代理行关系。为扩大人民币国际流通的规模，要进一步支持中国金融机构在海外特别是在周边国家和地区开设分支机构，接受人民币存款，为各国的人民币资金提供存放和投资渠道。

开放战略新支点：积极参与全球经济治理[*]

裴长洪[**]

内容提要：积极参与全球经济治理和区域合作是未来我国对外开放新的拓展空间和对外开放战略新的支撑点。本文回顾了"全球治理"概念的产生和发展，总结了改革开放以来我国参与全球经济治理的基本经验，提出在世界经济进入后危机时代，当务之急是推动国际金融货币体系改革，推动建立均衡、普惠、共赢的多边贸易体制，反对各种形式的保护主义，引导和推动区域经济合作。

中共中央关于"十二五"规划的建议中提出，"必须实行更加积极主动的开放战略，不断拓展新的开放领域和空间，扩大和深化同各方利益的汇合点"，并第一次在党的重要文献中提出了"积极参与全球经济治理和区域合作"的新概念，成为未来我国对外开放的一个新的拓展空间和对外开放战略的新的支撑点。

全球经济治理理念的出现，有着鲜明和深刻的时代特征。冷战结束后，虽然美国成为唯一存在的超级大国，但世界多极化格局进一步发展，超级大国主宰世界历史的局面已经过去，随着经济全球化的深入发展，世界各国的相互依存空前提高，各方利益的相关性日益增强，任何国家都不可能再像历史上有过那样以武力和侵略手段来解决全球经济政治问题。这为全球经济治理理念的提出奠定了客观基础。二战以后，联合国组织、世界银行、国际货币基金等国际组织的成立，尽管其发挥的作用并不能有效解决各国普遍关心的问题，但毕竟为全球经济治理提供了初始平台

---

[*] 原文发表于《财贸经济》2010年第12期。
[**] 裴长洪（1954— ），福建闽侯人。曾任中国社会科学院财政与贸易经济研究所所长、研究员、博士生导师。现任中国社会科学院经济研究所所长、第十二届全国政协委员。主要研究领域：国际贸易与投资、金融与服务经济。主要著作：《利用外资与产业竞争力》（2000年获国务院学位委员会和教育部全国百篇优秀博士论文奖）、《欧盟与中国：经贸前景的估量》、《经济全球化与当代国际贸易》、《中国服务业与服务贸易》、《出口退税与中国对外贸易》、《共和国对外贸易60年》。其研究成果曾获两项原外经贸部颁发的研究奖项、2008年获安子介国际贸易研究著作奖。

和初步实践。随后发生的关税与贸易总协定谈判、世界贸易组织的成立、传统大国的联系协调机制（如 G7）、欧洲货币联盟和欧元区的成立以及各国双边经贸关系的加强和各种形式的区域经济合作的出现，都为全球经济治理提供了新的实践依据。适应这个过程的深刻变化，"全球治理"在西方国际政治经济学中应运而生。

最早提出这个概念的是原联邦德国总理勃兰特，1990 年他提出这个概念的目的是希望建立和发展多边的规则和管理体系，以便促进全球相互依存和可持续发展。之后，全球治理的概念和理论被广泛应用在国际关系和经济全球化理论的研究之中。国际金融危机发生以后，危机对世界经济产生了严重影响，全球经济增长速度减缓，全球需求结构出现明显变化，围绕市场、资源、人才、技术、标准等竞争更加激烈，气候变化以及能源资源安全、粮食安全等全球性问题更加突出，各种形式的贸易保护主义抬头，国际经济金融环境更趋复杂。全球经济治理成为当今世界最强烈的政治呼吁之一，其目的是试图探讨如何把全球化的世界当作一个有机的整体来共同治理。

改革开放以来，我国在参与联合国以及相关国际组织事务的基础上，更多地参与了全球治理的实践活动。首先是与世界各国广泛建立了经济贸易合作关系，双边关系日益增强。其次是成为国际货币基金组织成员并于 2001 年 12 月加入了世界贸易组织。再次是在国际金融危机发生前后，与一些传统大国开展了机制性战略对话活动，并参与了 G20 对话和协调机制的治理平台。

1. 总结改革开放以来我国参与全球经济治理的实践，其基本经验是：

第一，在治理理念上，应坚持各国平等协商的原则，共同推进国际关系民主化。全球经济治理的对象，应是全球性的，而不是个别和局部的问题，这种治理不能仅靠一个国家或几个国家来完成，更不能由某一超级大国来主宰。而应当弘扬民主、和睦、协作、共赢的精神，相互尊重、平等协商，用民主的方式达到治理的目的。

第二，在治理机制上，应与时俱进地创造各种新的对话和联系协调平台、新的经济贸易合作方式，同时要改革原有的国际组织，如联合国及其所属国际机构，使之适应当今的形势变化。在全球经济增长主要由传统发达国家主导的时代，传统大国的联系协调机制，如 G7 等国际协调机制曾经发挥过重要作用，随着世界经济多极化的发展，新兴国家在世界经济中的作用日益明显，2009 年世界经济的增量贡献中，新兴国家的贡献超过了 50%，改写了世界经济主要由传统发达国家主导的历史。在世界经济舞台上，出现了传统大国与新兴大国并驾齐驱的局面，传统大国与新兴大国的对话协调机制以及 G20 治理平台应运而生。因此，传统大国的联系协调机制既要适应当今世界经济形势的变化而实施必要的改革，还要处理好与新的治理平台的关系，使发展中国家在全球治理中拥有比以往多的发言权。

第三，在治理方式上，应根据各国认同程度不同的问题，采取多种形式。对于各国意见分歧较大的问题，应主要采取对话和协商的形式，互相沟通，了解彼此的利益关切，再徐图探讨可能相互妥协的途径。而不应采取霸权或单边主义的做法，施压对方或报复对方。对于各国能够达成基本共识的问题，应争取促成多边形式的国际协议，因此应积极促进多哈回合谈判和气候变化问题的国际协商，争取达成国际多边协议。对于利益相关程度不同，但又有利于促进世界经济整体发展的各种经济贸易合作问题，应鼓励各种形式的区域合作方式，如推进各种自由贸易区的设立，使全球经济治理能够建立在各种更广泛的经济合作的利益平台上。

第四，在治理边界上，要以处理国家间的共同利益为目标，而不应无所不包，更不能成为干涉主权国家内政的借口。在全球经济治理的某些问题上，有可能出现让渡部分国家主权的现象，如世界贸易组织的成立，各国降低关税并削减非关税措施，是一种让渡国家主权的行为，但并非所有问题都适用这种方法，而且这要建立在符合各国利益并自愿的基础上。在当今世界还存在强国与弱国、富国与穷国、超级大国与霸权的现实情况下，任何时候都要警惕以全球经济治理为借口来干涉别国内政的霸权行径，并坚决予以反对。

第五，中国在全球治理的角色定位上，坚持自己是发展中大国的一员，也是积极参与全球治理的普通一员。中国不谋求霸权的含义是：既不谋求全球领导者地位，也不谋求地区领导者的地位，中国承担与自己地位相对称的国际责任，但不承担超过自己国力和民力的国际责任。中国与世界各国共同维护世界和平稳定，推进全球经济治理和世界经济健康稳定发展，但中国绝不允许任何国家以任何借口干涉中国内政，中国将不惜一切代价，坚决捍卫自己的核心利益；坚决维护自己的重大利益，决不妥协；积极争取与人民福祉密切相关的国家利益，但也做必要的妥协。

2. 当前，世界经济进入后危机时代，全球经济治理的迫切性日益增强，难度也空前提高，各种治理百端待举，但当务之急是：

第一，推动国际金融货币体系改革。由美国次贷危机引发的国际金融危机给予世界深刻的教训，世界各国都认识到建立审慎的国际金融监管制度和建立金融危机风险预警防范机制的必要性，如何修订有关这方面的国际协议，如巴塞尔协议Ⅲ，成为各国关注的问题。中国将积极参与规则的制定，并推进各国共识的达成。此外，还应继续推进国际货币基金组织的改革，使之适应新的形势变化。2010 年 8

月以来，美国重新启动量化宽松的货币政策，引起美元汇率下跌和国际大宗商品的价格上涨，并导致国际资本大量无序流入新兴国家，不仅给这些国家经济复苏造成不利影响，也给世界经济的恢复蒙上阴影。因此，如何保持美元汇率稳定，是当前促进国际经济秩序朝着更加公正合理方向发展的最紧迫问题，也是全球经济治理的关键问题。

第二，推动建立均衡、普惠、共赢的多边贸易体制。世界贸易组织到2010年底已经成立15年，对世界贸易的健康发展发挥了重要作用，但在国际金融危机爆发期间，也暴露了一些缺陷，主要是对于贸易保护主义的抬头缺乏遏制手段，显得束手无策。因此，世界贸易组织的运行机制仍然需要完善，不仅要加强贸易争端仲裁机制的建设，还要建立对贸易救济措施的审查和评估机制，防止滥用贸易救济手段。对于滥用贸易救济措施的行为应当有合理的警告与惩戒手段。

第三，反对各种形式的保护主义。国际金融危机发生后，国际贸易保护主义出现新的动向，一些国家采取提高关税或本币贬值的措施来干预国际贸易，某些发达国家采用了非关税的隐蔽措施来限制进口，各国的反倾销、反补贴等贸易救济措施明显增多，严重干扰了国际贸易的恢复和发展。与贸易保护主义并行出现的还有投资保护主义，国际投资也受到非经济因素的干扰。中国是各种保护主义的最重要受害者，2009年中国共遭受126起贸易救济措施的调查，涉案金额达到127亿美元，2010年前8个月，中国仍然遭受了48起贸易救济措施的调查，这对中国经济的稳定增长造成了不利影响。中国经济遭受困难，也将不利于世界经济复苏，因此，世界各国应把反对各种形式的保护主义列入全球经济治理的重要议题，使保护主义的势头得到有效遏制。

第四，引导和推动区域经济合作。改革开放以来，我国已经先后与一些国家和地区建立了各种形式的区域经济贸易合作关系，对于促进全球经济治理起到良好的推动作用。在以往的基础上，我国应继续巩固和提高已有的区域经济合作区和自由贸易区，并继续与其他新兴市场国家和发展中国家开展务实合作，或谈判建立新的自由贸易区。在推动区域经济合作中，我国可以通过继续实施"走出去"战略，推动中国企业开发海外投资项目，建立各种形式的投资开发和经济合作园区，整合投资、贸易、技术、劳务合作关系。同时，把对发展中国家的援助与区域经济合作方式、企业海外投资项目结合起来，不仅达到与受援国的互利共赢，而且使对外援助建立在可持续发展的基础上。

中国创业板市场：现状与未来[*]

吴晓求[**]

内容提要： 本文在简要分析全球创业板市场形成、发展的历史动因和成败之源的基础上，对运行一年多来的中国创业板市场进行了研究，认为中国创业板市场目前存在着寻租股东突击入股、退市机制缺失等九大隐忧。这些隐忧有的扭曲了市场公平原则，有的则损害了市场效率。本文从经济发展、金融结构变革、创业型中小企业成长以及国际金融中心建设等角度入手，详细分析了中国发展创业板市场的有利因素，并勾画了中国创业板市场未来的愿景。

在中国资本市场发展历史进程中，2009年10月30日是一个应当铭记的日子。这一天，中国创业板市场正式运行并交易。对要不要建设创业板，建设什么样的创业板，如何建设创业板，争论从21世纪初开始就似乎没有停止过。创业板起航至今已经一年有余，我们仍然在思考：中国创业板市场未来之路在哪里？是承接纳斯达克的辉煌，还是重蹈日德等国创业板的命运，抑或开辟第三条发展之路？

在漫长的金融发展史中，创业板市场作为一种制度安排，其历史不过区区40年。在这40年发展历程中，有的辉煌延续，有的昙花一现；有的生命力十足，有的则苟延残喘。在设计中国创业板发展模式、规划中国创业板的未来时，我们既要分析全球创业板市场的发展史，从历史中探寻启示；更要研究时代背景的变化和国

---

[*] 原文发表于《财贸经济》2011年第4期。

[**] 吴晓求（1959— ），江西余江人。现任中国人民大学校长助理、教授、博士生导师，研究生院常务副院长、金融与证券研究所所长、校学位委员会委员兼秘书长。兼任全国金融专业学位研究生教育指导委员会副主任委员、中国金融学会常务理事兼学术委员会委员等职。主要研究领域：中国证券理论、宏观经济、金融改革和资本市场。主要著作：《紧运行论》《社会主义经济运行分析》《处在十字路口的中国资本市场》《中国资本市场分析要义》《市场主导与银行主导：金融体系在中国的一种比较研究》。

情因素对中国创业板发展所产生的深刻影响，在变动中把握未来。

一 创业板的历史起点和逻辑起点

（一）创业板的历史起点

19世纪末期，一些达不到大型交易所上市标准的中小企业，退而求其次，选择在场外市场上进行交易。机制的束缚阻隔不了交易的内在动力，这种低门槛、低成本的市场组织模式，形成了一种广泛参与、自由竞争、组织灵活、富有活力的市场格局，在这些众多的场外交易市场中，已经孕育着创业板市场的雏形。全球创业板市场，既发源于美国，也成长在美国。研究全球创业板的历史，我们不可能不研究美国创业板的发展历史。1968年美国证券交易商协会开始创建"全美证券交易商协会自动报价系统"（NASDAQ），这就是我们后来常说的"纳斯达克"。1971年2月8日，该系统正式启动。纳斯达克的建立，使得市场交易费用相较于主板市场和场外市场大大降低，而交易的规模和效率并没有因此而受到影响。这大概是纳斯达克产生的初始动因。美国纳斯达克的建立，标志着第一个真正意义上的创业板市场的诞生。纳斯达克在建立之初，大概没有人会想到数十年后，这样偶然为之的市场会取得如此辉煌的成就，在流通市值、交易规模、市场影响力等方面能与纽交所分庭抗礼，并且孕育出微软、苹果和谷歌等一批当今的国际著名企业巨头。无论是审核制度、交易制度、监管制度和退市制度，经过数十年的发展，纳斯达克为各国创业板市场树立了成功的标尺。

（二）创业板的逻辑起点

从历史的起点上看，创业板的产生虽然源自于降低交易费用的内在驱动，自动电子报价系统的应用也为创业板市场的发展解决了技术上的难题，但是从逻辑上说，创业板在美国的蓬勃发展则有更深层次的原因。这其中最重要的是，科学技术日新月异的创新以及由科技创新所引起的产业革命和金融体系特别是资本市场的结构性变革。

1. 科技创新说

创业板市场的兴起首先源自科技创新的推动，其活力离不开源源不断的创新型企业的产生，没有科技创新，创业板就成了无源之水。20世纪70年代，以电子计算机、信息技术为主体的新技术的出现，带来新一轮的产业革命，大批怀揣创新梦想的企业家和技术型企业开始产生，这些企业在发展初期对于风险资本具有天然的渴望，急需一种与之风险相匹配的金融制度来推动企业的创新活动，纳斯达克的出现正天然地契合了这样一种科技创新对金融变革的内在需求，而大批科技创新型企业的产生也为纳斯达克提供了充足的上市资源与市场活力，科技创新与纳斯达克最终形成了一种相互促进的良性格局。

2. 金融结构说

金融体系必须与经济社会发展的内在需求相适应，经济社会的发展也往往对金融体系提出更高要求，这些都构成了金融体系结构性变革的内在动力。现代金融体系变革的重要方向就是形成结构化的金融市场。结构化金融市场具有单一金融市场所无法比拟的优势，能满足经济活动中不同的金融需求。从融资角度上说，由于企业成长周期和技术发展的不同，不同风险、不同成长阶段的企业对金融的需求是不同的，不仅传统商业银行无法满足这种多样化的金融需求，即使像纽交所这样的后来被称为主板市场的资本市场也满足不了一些科技型企业的融资需求。创业板市场无疑是资本市场的一个很好补充。从投资角度来说，投资者的财富和风险承受能力正在日趋分化，迫切需要资本市场向投资者提供可选择的多样化的金融资产，创业板市场能够填补高风险偏好投资者的需求缺口；从风险配置的角度来说，现代金融要求风险配置的渠道更加多元化，将原来固化在创业者身上的风险通过创业板加以重新配置，在实现风险配置的同时完成资源的优化配置。

（三）中国创业板的现实起点

中国推出自己的创业板，是从国际国内经济形势现状和经济社会发展全局出发，作出的具有战略意义的决策部署，对于我国资本市场和经济社会持续健康发展和沪深两个市场的战略分工都有重要意义。

1. 中小企业融资说

今天的著名企业都是由昨天的中小企业发展而来的，今天的中小企业可能孕育着未来的领袖企业，这是企业发展的基本逻辑。如果今天的中小企业得不到发展，那么可能意味着经济将在未来缺乏长期增长的动力。从目前现状看，我国金融体系仍过于倾向大企业而忽视中小企业。虽然一方面储蓄快速增长，另一方面却是不少中小企业长期面临资金紧缺的局面。中小企业面临巨大的资金压力，迫切需要更加直接有效的融资渠道提供支持。创业板的建立，进一步完善了中小企业金融支持体系。创业板直接服务于创新型中小企业的直接融资需要，拓宽了风险投资的退出渠道，带动了创业投资、私募股权投资、银行及其他信贷、担保机构以及地方政府等资金进一步汇集和投入到中小企业，充分发挥了融资的杠杆效应。

2. 战略分工说

中国资本市场要成为全球新的金融中心，就必须对沪深港三地市场有清晰的战略定位和合理分工。从战略分工的意义上说，沪深港三地市场在未来应有不同的战略定位。上海市场拥有许多大型企业的上市资源，未来可定位为中国的主板市场和蓝筹股市场，成为全球新的资产配置和财富管理中心；深圳市场凭借丰富的内地中小企业及增长型企业，可打造成未来中国的纳斯达克市场，成为中国乃至全球新的财富培育中心；香港市场国际化程度高，有完善的法制环境，可发展成为人民币离岸中心和国际化的重要平台，其功能有点类似于伦敦市场。创业板市场的推出，有助于沪深港三地市场战略分工的形成。

二 各国（地区）创业板的成败之源分析

从世界范围看，美国和英国的创业板市场比较成功，其他国家和地区的创业板市场则相对平淡，整体上看不太成功。分析各国和地区创业板市场的成败之源，汲取经验教训，对于发展和完善我国创业板市场，具有重要的借鉴意义。归纳起来，影响创业板成败的主要因素可以概括为五个方面：

（一）金融模式

金融模式可分为市场主导型和银行主导型，美国和英国的金融体系属于市场主导型的金融体系，而日本、德国、法国大体属于银行主导型金融体系。金融模式的差异，对创业板的发展有重要影响。从创业板上市公司的主体资格要求可以看出，创业板定位服务于成长性创新企业。创业板的目标企业虽然有别于种子期、初创期企业，但其最典型的财务特征仍是利润少、资产规模小，可抵押资产不足，经营风险高，一般很难得到银行的贷款。市场主导型金融模式和银行主导型金融模式对于创新企业的融资需求历来有着明显的差异。在不同金融模式下形成的创业板市场状态是有差别的。在市场主导型金融模式下，资本市场是金融体系变革的主要力量，是金融体系运行的基础和平台。该模式下的法律环境、市场意识比较适合创业板市场的发展，制度建设、人才储备和法律环境上都使得创业板市场能够更有效地承担创业的风险，从而有利于创新型企业发展。银行主导型金融体系的国家更善于学习和推广相对成熟的技术和产业，银行金融的支持模式占主体地位，创业板被边缘化的概率相对较大。

(二) 市场文化

美国和英国的市场文化强调开放包容、自由竞争、崇尚创新、反对垄断，并且愿意承担风险，而日本和德国的市场文化相对来说要严谨稳健，金融更倾向于传统产业和成熟企业的资金支持。市场文化的差异也可能是决定创业板成败的因素之一。一个崇尚竞争和创新的市场文化，熏陶出国民竞争和创新的意识，客观上驱动了大量新的竞争者进入市场，不断给市场注入新的活力。而这些新竞争者要想挤入一个充分竞争的市场，单靠模仿是肯定不行的，他们必须通过创新来寻找新的增长点。美英推崇竞争的市场文化，促使纳斯达克培育出一大批成功的著名企业。日本和德国的市场文化对风险有一种天然的厌恶，热衷建立超级企业集团，甚至采取银行和企业直接联合的所谓"银企合作"模式，经济增长过分依赖于已有的成熟企业，忽视中小企业生存和发展环境的营造，对创新的重视不足，国民的创业热情受到压抑。这样的市场文化，新兴企业先天发育不良，即使有创业板市场，也往往活力不足。

(三) 经济的规模和成长性

创业板是高风险、高淘汰率的市场，上市公司的退市速度较主板市场要快得多。如果没有大量新的上市资源补充，就会逐渐耗竭存量上市资源，丧失创业板的成长空间，最终导致创业板市场的空壳化、边缘化。因此，创业板要获得成功，需要充足的上市资源作为后盾，而充足的上市资源在很大程度上依赖于经济的规模和成长性。自 1995 年以来的 15 年间，海外创业板市场关闭率超过 45%，现存 40 多家创业板市场的运行大部分不成功，上市资源匮乏是许多创业板市场被关闭整合的主要原因。美国纳斯达克的成功得益于美国 20 世纪 60—70 年代经济的蓬勃发展。在当时第三次科技革命的推动下，其国内、国际市场迅速扩张，市场的高速增长给无数创业者提供了机会，源源不断的创新型中小企业如雨后春笋般产生，为市场提供了源源不断的优质上市资源。而一些国家和地区，比如韩国、新加坡和中国台湾地区，经济规模总量较小，创新性企业数量有限，难以形成充足的上市资源。日本经济在 20 世纪 80 年代末的泡沫经济后经历了迷失的 20 年，经济增长乏力，经济结构老化，虽然经济规模较大，但创新型中小企业严重匮乏，创业板成了无源之水。

(四) 制度设计

创业板有一系列区别于主板市场的制度规则,包括发行、上市、交易、原始股东或创业股东退出、信息披露、退市等环节都有不同的制度安排。美英创业板的成功也与创业板的制度设计有关,而其他国家或地区在制度设计的某些方面则存在不足。例如发行制度必须有个符合国情的标准,标准过低可能导致垃圾股泛滥,打击投资者对创业板的信心;而标准过高,则可能导致上市资源不足,偏离创业板发展的初衷。在保荐制度上,英国 AIM 市场实行以"终身保荐人"为核心的监管制度,这样的制度设计,使得保荐人在推荐上市企业时能够尽可能地保证上市企业的成长性;纳斯达克市场虽然没有严格的保荐人制度,但是采用竞争性的做市商制度,凡是在纳斯达克市场上市的公司至少要有 3 家做市商来为该公司的股票做市,以限制垄断价格的出现,并保证足够的流动性。更为重要的是高效退市制度的建设,通过较高的退市率,美国和英国创业板市场形成了良好的信号传递效应,逐步建立起对上市公司严格的约束机制,保证了市场形象和整体质量。纳斯达克每年大约有 8% 的公司退市,英国 AIM 的退市率更高,大约 12%,而日本、韩国和中国香港、中国台湾地区的退市率仅为 5% 甚至更低,很多企业不管经营业绩如何,只要没有破产,便不会被摘牌,这势必影响创业板市场的质量和信心。

(五) 监管体系

美国创业板市场的成功也与其严密的、多层次的监管体系有关。美国资本市场监管的核心是信息披露。信息公开是美国证券监管体系的基础性原则和核心观念,通过信息公开可以消除市场信息不对称,引导投资者做出正确的投资选择,杜绝交易中可能出现的内幕交易和市场操纵行为,保障和维护投资者的权益。创业企业在发展过程中一般都有三高特征:高的不确定性、高的成长性和高的信息不对称性。因此,创业板市场监管对信息披露提出了更高的要求,包括市场交易信息的定时披露和上市企业运营报告信息的定时披露等。在美国多层次的监管体系中,美国证券交易委员会对整个市场进行监督,享有法定的最高权威,各州也设有监管机构,对其辖区范围内证券业进行监督。自律组织包括全美证券交易商协会和证券交易所对市场和企业进行自律监管,会计师事务所和信用评级机构对企业进行微观监管。这样一个立体化、多层次的监管体系较好地完成了以信息披露为核心的市场监督和规范市场行为的职能。美国创业板市场的监管体系是许多新兴市场经济国家创业板市场建设中所应借鉴的一个重点和难点。

世界金融市场变化莫测，全球创业板成败尚难定论，我们在探寻中国创业板发展之路时要善于总结和吸收他国（地区）经验，尽量少走弯路。前车之鉴不可忽视，后事之师更应谨慎前行。中国创业板市场需在制度设计上吸取国外（境外）创业板市场发展经验教训的同时，也要有自己的创新，完全照搬照抄，不可能成功，成功之道在于吸其精华，铸己精魂。

三 中国创业板市场的隐忧

中国创业板市场发展至今只有一年多的时间。客观地讲，应当对创业板一年多的表现给予积极正面的评价。与此同时，基于创业板刚刚起步的原因，的确也存在一些令人忧虑的问题。这些问题，反映了我们在创业板制度设计方面可能存在一些缺陷。忽视问题的存在，显然不利于中国创业板市场未来的健康发展。我们认为，以下问题令人忧虑。

（一）寻租股东突击入股现象

在海外成熟资本市场，私募股权投资基金利用自己敏锐的嗅觉、专业的知识和判断，发现、培育有价值潜力的公司，最终通过将其推向资本市场而实现自己的投资价值。这种机制客观上鼓励了创新，推动了中小企业的成长，促进了经济社会的进步。但在中国资本市场，特别在创业板市场，有一群特殊的投资者，并不参与风险投资的早期阶段，更不参与创业企业的培育过程，只是在创业企业进入 IPO 运作前夕运用特殊的权利（不一定是行政权力）突击入股，上市后攫取资本收益，我把这类股东称为寻租股东。寻租股东严重侵害了创业板股东的利益，破坏了市场的公平原则。寻租股东通过权力与资本的交易，以各种方式直接或间接影响着企业 IPO 的重要关键环节，通过权力和资本的交换来争取资本寻租的高额回报。寻租股东的出现，严重损害了资本市场的核心价值观，即创业带来财富。多数寻租股东对企业的发展和成长是成事不足、败事有余。在创业板上市公司的 IPO 制度设计中，应当严防寻租股东的出现。

（二）券商直投和上市保荐人制度的利益关联

在我国资本市场上存在着的"保荐 + 直投"的运行模式，即券商可以做旗下直投公司已参股企业的 IPO 业务。在这样的模式下，券商投行是企业上市的保荐人、承销商，也是财务顾问，同时又是股东之一，这种直投、保荐、承销的多重角色使其利益关联、角色冲突,这种模式容易引发证券公司直投或保荐人的突击入股、PE 腐败等涉嫌利益输送的行为。证监会数据统计显示,自 2007 年 9 月证监会发放第一张券商直投业务牌照以来,截至 2010 年 8 月 25 日,全国已有 20 家券商获得了直投牌照,其中有 8 家券商直投参与了 55 笔私募股权投资。在券商直投参与的公司中,已有 9 家正式上市,其中 8 家为创业板上市公司,在这些公司上市过程中,多为"保荐+直投"的 IPO 模式。我们认为,直投业务必须和保荐业务彻底地分离。这样的分离不仅仅是业务上的分离,更需要利益关系上的分离,否则必将严重影响市场的公开、公正和透明度。

(三) 资金超募现象

Wind 数据显示,截至 2010 年 11 月 12 日,创业板 141 家上市公司计划募集资金 506 亿元,实际募集资金 1050 亿元,超募资金达到 544 亿元。在创业初期,资金短缺严重困扰企业的发展。事实上,对这些中小型创业企业来说,资金过剩也是一种困扰。大规模资金超募的负面影响不可小觑:第一,巨额的超募资金可能严重腐蚀创业者们的创业理想,巨额的超募资金客观上给予了创业企业粗放经营、盲目扩张的空间;第二,由于没有合适的投资项目,巨额的超募资金也是对社会资源的一种闲置浪费,这将大大降低社会资源配置的效率,也降低了股东资本收益;第三,巨额的超募资金会掩盖企业发展中存在的大部分矛盾和问题,相当多的财务指标会失真,给监管者的监管带来一定的难度。因此,对超募资金建立独立第三方托管的账户,是我们探寻处理超募现象的一种现实方法,但不是根本方法。

(四) 高市盈率现象

脱离企业利润增长和发展空间的高市盈率之所以令人忧虑,主要是因为这种虚高的资产价值是不可持续的。Wind 数据显示,截至 2010 年 12 月 20 日,147 家创业板上市公司的平均发行市盈率超过 67 倍,交易市盈率达到 83 倍。高市盈率现象的背后是公众对创业板企业未来增长的一种梦幻般的乐观预期。当市盈率达到 60 倍甚至上百倍,而利润增长却与主板市场相当甚至低于主板市场时,这样一种梦幻终究会破灭。当前的高市盈率恰恰反映了投资者不理性和不成熟的一面,误以为所有创业板上市公司都能成为未来的行业领袖企业。实际上创业板市场是高风险的市场,高风险就体现在高退市率以及企业的破产风险上。目前存在于创业板市场的上市公司,如果高效率的退市机制一旦形成,在未来 10 年,能够留下 50% 就很了不起,大部分企业将会退出创业板,这也符合全球创业板市场发展的基本规律。对于高市盈率，我们在进一步完善创业板市场 IPO 发行定价制度的同时，还应加大创业板上市企业的供给，建立高效的退市制度。

（五）频繁的高管辞职现象

上市公司高级管理人员辞职，本来是一种正常现象。但是在敏感时点出现频率较高的辞职现象，背后必有制度设计上的缺陷。不少创业板上市公司成功上市、募集到企业发展急需的资金后，其高管没有选择继续创业，而是选择迅速离职，一个非常重要的目的就是卖股套现。深交所数据显示，2010 年 1 月至 9 月，已经有 60 多名创业板企业的高管辞职，其中持有所在公司股票的高管 28 人，涉及近 30 家企业。这从一个侧面说明了当前创业板市场投机色彩浓厚，股票价格透支了未来的成长空间，创业板成为这些高管套现的工具。对这样的上市公司，投资者还有什么信心可言。解决高管频繁辞职的问题，一个重要的方法就是延长高管持股的限售期限，完善高管的期权激励机制，使得他们能够专注于企业的长期成长。

（六）信息泄露现象严重

创业板的信息泄露情况相对于主板来说更严重。我们往往能观察到，在高送股之前有关创业板上市公司通常都会有几个涨停板，明显的价格异动包含着信息的泄露。这些信息的泄露是对市场公平环境的一种破坏，对法律的践踏，也是对其他投资者财富的一种侵蚀。如果任由这样的现象持续下去，最终可能导致更多的投资者远离创业板，这对创业板的长期发展是极其不利的。对于创业板利用内幕消息、进行内幕交易、操纵市场等不法行为，必须予以严厉打击；同时，要进一步完善创业板的信息披露制度。

（七）退市机制缺失

退市机制是创业板市场优胜劣汰功能的重要机制，是高风险市场的重要标志。没有高效的退市机制，创业板的市场效率会大大降低，投机也无法遏制。确定退市机制标准因监管理念不同而有差别，但是不管以什么理念来确定退市标准，都要以提高创业板市场效率为目标，都要充分体现创业板高风险、高成长的市场特征。退市制度的设计并不是一个单纯的摘牌问题，退市机制与完善的信息披露制度建设、市场定位、投资者保护、退市后的后续安排以及市场的发展程度等必须统筹设计，退市机制的有效实施和完善需要一系列配套机制的建立、健全，是一个循序渐进的过程。当前，对于我国创业板的退市标准、投资者损失的责任补偿、退市后的安排等众多问题,都需要认真研究、系统设计。建立有序和有效的创业板市场上市公司退市机制,进而发挥退市机制在资源配置中的作用,是中国创业板制度建设的最重要的内容之一。

(八) 扭曲的创富效应

创业者和在早期阶段进行股权投资的风险资本,关注的都是企业的长期价值,他们是初期风险的主要承担者。对于风险资本,他们的目的并不在于企业的长期经营管理,而是通过主动承担风险,获得企业成长的高额回报,因此他们需要有退出机制,创业板是风险资本的重要退出机制。企业通过创业板市场上市,是一个价值实现的过程,创业者获得了相应的财富,风险资本获得了相应的投资回报,这就是资本市场也是创业板市场的财富效应或者说创业财富效应。创富效应本无可厚非,社会应形成一种财富导向,激励人们去创业。让创业者获得相应财富,经济才能发展,社会才能进步。但是,在中国创业板市场,由于存在一定规模的寻租股东,他们本质上不创造财富,只享有财富甚至瓜分财富。他们并不承担"价值创造"过程的风险,而是通过突击入股和上市一夜暴富,这是财富分配和实现过程中的不公平。为此,我们必须创造一个既能给予创始股东财富回报的机制,又能对寻租股东的突击入股进行限制的良好制度环境,使创业板的创富效应产生持续正面的创业激励。

(九) 强烈的套现欲望

深交所的数据显示,在首批创业板公司原始股解禁的一个月内(2010年11月1日至30日)创投机构、大股东及董事、监事、高级管理人员等"大小非"已通过大宗交易平台套现25.7亿元,通过竞价系统套现2.8亿元,合计28.5亿元。我们认为,掌握优势信息的机构投资者和公司高管急于套现,甚至要通过大宗交易平台折价套现,主要有以下两个原因:第一,公司可能是有潜力的公司,但目前股价被大幅高估;第二,公司成长空间有限,实际价值大大低于当前股价。通过把成长空间有限的公司打扮成高增长公司上市,然后迅速套现,这是对公众投资者利益的严重损害。深交所在相应规则修订和完善方面非常及时,修订了延长高管解聘套现锁定的规则,适时开展"窗口指导",及时抑制了一些潜在的不公平交易。在这九大隐忧中,尤以"寻租股东突击入股"和"退市机制缺失"给中国创业板市场带来的损害最大,前者破坏了市场的公平原则,后者则损害了市场效率。

四 中国创业板市场未来发展的五大动因

经过 20 年的发展,中国在资本市场建设过程中积累了丰富的经验和教训,这些都为创业板市场的推出做了很好的铺垫。对于中国创业板未来的发展前景,我个人是乐观的。中国拥有创业板市场发展的天然土壤和有利条件,我们对中国创业板市场的未来信心主要来源于以下五个方面。

(一) 中国经济发展的大背景

创业板市场发展与一国的经济发展阶段和发展趋势密切相关。一些国家(地区)创业板市场没有发展起来的一个重要原因,就是经济规模较小或者经济发展后劲不足,符合条件的中小企业太少,缺乏充足的上市资源。金融危机后,世界经济格局正在发生微妙的调整,美国的全球经济中心地位有弱化趋势,中国经济的国际影响力正在提升。2010 年中国已然成为全球第二大经济体,GDP 达到 39 万亿人民币,折合美元为 6 万亿;到 2020 年中国的经济规模就将达到美国经济规模的 80%—90%。只要我们更加重视提高经济发展的质量和效益,在工业化、城市化的推动下,完全能够保持相当长时期的经济发展。经济如此长期的持续增长,给我国中小企业发展提供了巨大空间。如果说创业板市场是一幅巨大的水墨画,那么中国这样巨大的经济总量和增长潜力强劲背后的创新企业的不断涌现,则为创业板市场提供了丰富的素材和笔墨。

(二) 中国金融市场结构性变革的要求

中国市场经济的蓬勃发展,必然催生着金融体系的市场化改革,催生着金融市场特别是资本市场的大发展。随着中国经济市场化程度的提高和经济实力的增强,经济主体对金融体系变革和资本市场发展的要求愈加迫切。推进经济结构战略性调整、建设创新型国家、参与全球经济竞争,都需要一个强大的资本市场,需要进一步发挥资本市场合理定价、优化资源配置、分散风险和创造财富等功能,创业板的出现顺应了这种时代的需求。这种自下而上、由需求推动的市场,将更加具有活力。中国的金融模式目前虽然仍属银行主导型,但从发展趋势上看,的确正在向市场主导型金融体系演变,资本市场在金融体系的作用与日俱增。这次金融危机的出现,曾一度使人们怀疑市场主导型金融体系。就美国的情况来说,市场主导型金融体系为其过去几十年经济持续增长提供了强大的动力。正因为这样的金融模式,美国才得以将危机分散开来，从而避免了经济和金融崩溃的局面。因此，中国金融体系市场化改革的基本方向仍是市场主导型金融体系，而创业板的建立和繁荣则是其中的重要一环。

（三）战略性新兴产业特别是创新型中小企业的发展需要创业板支持

战略性新兴产业是以重大技术突破和重大发展需求为先导的，对中国经济增长模式的转型和经济增长质量的提升具有战略意义，这些产业具有知识技术密集、物质资源消耗少、成长潜力大、综合效益好和附加值高的特点。21世纪的今天，发展战略性新兴产业已成为世界主要国家抢占新一轮经济和科技发展制高点的重大战略。国家"十二五"规划将培育战略性新兴产业作为产业发展重点，未来无论是在资金还是政策层面，国家对于战略性新兴产业和高新技术产业都应给予重点支持。在发展战略性新兴产业过程中，政府的引导很重要，社会资本的进入更重要。我们更需要形成一种机制，引导社会资本进入这些战略性新兴产业和高新技术企业，其中，创业板是重要的制度安排。在未来，一个由政府引导、创业板市场推动、各方资本广泛参与的融资体系将成为"十二五"规划中战略性新兴产业的强大推动力。

（四）中国未来全球金融中心的发展定位

中国经济和金融在全球的崛起将是未来10年国际经济生活中的重大事件，也是未来10年中国经济的战略目标。未来10年，中国不仅要成为世界经济增长的重要一极，而且还要成为世界金融体系的重要一极，成为21世纪新的国际金融中心。要成为新的国际金融中心，所需要的条件很多，但多层次、成长性并具有财富管理功能的资本市场，显而易见是最关键的因素。创业板是多层次成长性资本市场的重要一环，也是资本市场中最具活力的组成部分。如果一国创业板市场缺乏活力，就无法成为一个现代意义上的国际金融中心。在美国，作为金融中心的重要组成部分，纳斯达克在增量财富方面的贡献要大于纽交所对增量财富的贡献。国际上许多创新型企业都选择在纳斯达克上市，正是源于对纳斯达克市场地位的认同。中国资本市场国际金融中心地位的确立与中国创业板市场的发展是相互促进的，创业板市场将完善多层次的资本市场体系，而国际金融中心的建立将促使更多的国际创新型企业选择在中国创业板上市，进而增强市场的流动性、成长性和活力。

(五) 制度不断完善的现实主义态度

我们对于创业板市场发展的信心还源于中国人的现实主义态度。中华民族有着海纳百川、兼收并蓄的大国心态，不盲从、不教条，学以致用，知行合一。中国的资本市场，在制度和规则设计方面，在充分吸收和借鉴发达国家经验的基础上，不断完善并适应自身的国情，形成了既体现国际惯例，又符合中国国情的制度架构和规则体系，这是中国资本市场包括创业板市场获得成功的重要前提。中国创业板在一年多的运行过程中虽然出现了我们所说的九大忧虑现象，但实际上这些问题都是发展中的，只要正视完全可以通过制度的完善而得到解决。

实际上，中国创业板市场在发行审核标准、交易规则体系、信息披露、有关股权退出、上市公司退市制度等方面正在形成一套有别于纳斯达克这样的成功市场，也有别于那些不太成功市场的标准体系和制度架构。因为，中国发展创业板市场的经济背景和法律制度、社会环境要求我们既不能不学习纳斯达克，又不能照搬纳斯达克，这就是中国在发展资本市场上的现实态度。

五　我们需要一个什么样的创业板

一年多前，创业板市场承载着中小企业做大做强的期盼和投资者分享企业成长财富效应的期盼，扬帆起航。一年多过去了，从战略角度看，我们必须思考：中国需要一个什么样的创业板市场？我们认为，经过若干年的发展，中国创业板市场应具有以下功能：

(一) 公平透明的交易场所

公平透明的交易环境是任何资本市场赖以生存的基础，没有公平透明的环境，资本市场只能成为投机者和权力寻租者的乐园，成为少数人瓜分多数人财富的工具。虚假信息披露、内幕交易、操纵市场不仅会毁掉一个企业，也会毁掉一个市场。中国创业板市场的发展前提是信息的公平透明。纳斯达克市场能够如此成功，其中一个重要原因就是严格监管基础上的信息透明、公平交易。美国证监会、美国全国证券交易商协会监管公司、纳斯达克市场监察部这三个分工明确、互相独立而又互为补充的监管部门，在先进的电子信息技术的配合下，较好地完成了对纳斯达克市场的监管工作，最大限度地保证市场透明度，避免市场在运作过程中出现的不规范行为。我国创业板设立一年多来，寻租股东突击入股、直投和保荐人的关系、高管频繁辞职、股价异动等问题已经让新生的创业板市场受到严重威胁。未来，我国创业板应该做到监管关口前移，事前监管和事后惩戒相结合，创新监管方式方法，营造出公平透明的交易环境。

（二）对风险资本的合理引导

现有的实践已经表明，风险资本的发展对于中小企业成长、产品创新、产业升级，进而对整个经济的增长都能起到巨大推动作用。美国发达的风险资本、私募股权市场，形成了一套把未来收入流进行证券化的机制，这使得美国在过去的150多年中一直是世界科技创新的中心。风险资本正如其名称中"风险"二字所揭示的，此类资本追求高风险高回报。如果没有合理的引导，没有通畅的退出机制，那么这样的资本要么因为过度投机，而形成巨大的金融风险；要么有可能因为退出机制欠缺，而先天夭折。中国创业板市场应该担当起对风险资本进行合理引导的任务，成为风险资本的"价值投资引擎"，中国创业板市场挑选企业的标准将成为风险资本选择入股企业的重要参考，这样的引导将决定产业资金的主要流向，促进经济增长方式的微观转型。创业板通畅的退出机制，为风险资本兑现其高回报提供了路径，从而有助于将退出的资本投入到新的潜力企业中去，加速资本的运转和效率。

（三）创新精神的激励机制

经济发展和社会进步的核心动力来自源源不竭的创新精神，创业板市场的企业定位在于创新型中小企业，所以，中国创业板市场应为企业的创新活动提供一种长期有效的激励机制。我们细观美国创业板市场的成功，在感叹纳斯达克点燃硅谷创新之火的同时，更应该清楚地认识到，机会均等、永不疲倦的创新精神和充分竞争的市场机制对于创业板市场的成功多么重要。我们期盼或要建设的创业板是一个不唯财富多寡和权力大小的创业板，这样的创业板能更好地实现机会均等，让创新的精神得以施展，让企业家的梦想得以实现。如果这些不存在，那么创业板就失去了赖以存在最重要的基因。为此，我们需要不断完善创业板市场的相关制度，消除权力寻租，这样，创业板的创新激励机制才能得以发挥。财富作为人们追求的重要目标，可以激发出人们难以估量的创业动力。在公平透明的前提下，创业板的创富功能是创新激励机制的一个重要体现。

（四）培养真正的基于市场竞争的企业家精神

一个真正的企业家和一个普通商人的根本区别在于，商人把财富作为唯一目标，企业家则仅仅把财富作为手段，更看重创业过程中自我实现的成就感。企业家精神是一个宽泛的概念，既包括前面提到的创新精神、公平竞争，也包括对成功的渴望、坚强的意志力以及强烈的社会责任感。长期以来，我们的社会缺乏这样一种企业家精神。企业家精神的缺失，成为我国经济特别是民营经济增长的短板。我们建设的创业板市场是企业家精神的摇篮，通过发行审核制度和退市机制等制度安排，让真正的企业家实现价值，让短期投机者无利可寻，这就涉及对突击入股和股东持股期限的审慎设计。我们的创业板市场也要让更多富有潜力的中小企业成为公众企业，通过股权的社会化，实现对企业家权力的制约，这样一种权力的制约也将淡化企业的家族色彩，凸显企业家的社会责任和财富社会化。

（五）孕育未来领袖企业的摇篮

领袖企业往往具有不可复制的技术和管理模式，尤以技术方面的不可复制最为典型。我们发现，在科技进步日新月异的今天，领袖企业大部分都拥有在某些技术领域的巨大优势。纳斯达克成立后，美国的高科技企业呈现出爆发式成长。过去30年中，在纳斯达克成长起来的领袖企业有微软、苹果、英特尔、谷歌、思科、甲骨文等一大批优秀企业，而这些企业几乎都是高科技企业，这也暗合了纳斯达克在功能上的定位。深交所将"两高六新"作为创业板市场上市企业的第一筛选标准，即成长性高、科技含量高、新经济、新服务、新农业、新材料、新能源和新商业模式，这样的筛选标准将有助于发现未来领袖企业的雏形。中国的创业板市场未来需要发挥其洞察力强、孵化面广的优势，成为孕育未来领袖企业特别是高新技术企业的摇篮。我们不能急功近利，领袖企业不是几年就能培育出的。纳斯达克成立后的第16年，即1986年才迎来日后改变世界的微软。我们无法肯定当前中国创业板市场中是否有这样的企业，但是这样的企业未来一定会出现。

（六）成为中国资本市场新的增长极

创业板的推出是我国向多层次资本市场建设迈出的重要一步。上海定位于一个资本市场的主板市场或蓝筹股市场，而深圳定位于一个以创新型中小企业为主体的创业板市场，东部和南部市场遥相呼应，形成分工明确、良性竞争的市场格局。未来中国资本市场的发展不能仅仅依靠蓝筹股市场的发展，蓝筹股市场固然是未来财富管理的中心，但是由于其许多产业已经趋于成熟，相比于创业板企业，其财富增长的空间相对有限，而创业板往往对应着许多新兴的朝阳产业，企业发展潜力巨大。正如近年来纳斯达克在流通市值和交易量方面对纽交所形成的全面挑战一样，未来中国创业板市场一定会成为中国资本市场新的增长极。就目前上市的企业而言，其流通市值和主板市场不可相提并论，但其中蕴含的增长潜力和增值空间不可小视，中国创业板市场有望成为中国资本市场的财富培育中心。

关于"地方政府融资平台债务"的冷思考[*]

王国刚[**]

内容提要：2009年10月以后，有关地方政府融资平台债务的论题充斥于学界和媒体，但其中有着太多的不清之处。"地方政府融资平台"不是一个科学范畴，从各项文件的界定看，它在内容和范围上并不一致；对地方政府融资平台的作用认识存在严重分歧；在全国各地方并不存在一家挂着"地方政府融资平台"的机构。地方政府融资平台"债务风险"的种种依据并不可靠，其中，债务风险、对银行贷款风险的评估并不确实，对偿还贷款的估算缺乏财务常识，债务特性不清；"土地财政"是个错误用语，地方政府担保含义不清。要真正解决各地方政府拓展城镇化建设资金不足的问题，需要从改革财政体制入手，处理好相关关系。

2009年10月以后，有关地方政府融资平台债务的论题充斥于学界和媒体。2010年6月10日国务院出台了《关于加强地方政府融资平台公司管理有关问题的通知》（国发［2010］19号），由此，使得"地方政府融资平台债务"论题从理论层面的研讨转向为实践层面的清理。在欧债危机的背景下，这一论题又加入了国际色彩，愈显重要。3年来，有关地方政府融资平台债务的清理，不仅在作为商业银行的金融机构的贷款存量和地方政府融资平台各类机构的债务存量层面展开，更重要的是，为了防范地方政府融资平台债务增加，采取了一系列措施严格限制地方政府融资平台的债务增量，严重影响了各地方经济社会建设投资的展开，甚至影响到

---

[*] 原文发表于《财贸经济》2012年第9期。

[**] 王国刚（1955— ），江苏无锡人。曾任南京大学国际商学院教授、中国华夏证券有限公司副总裁。现任中国社科院学部委员、金融研究所所长、研究员、博士生导师。兼任国家社科基金规划评审组专家、中国开发性金融促进会副会长、中国市场学会副会长、中国外汇投资协会副会长、中国金融学会副秘书长兼常务理事等职。主要研究领域：资本市场、公司金融等。主要著作：《中国证券业的理论与实务》《中国企业组织制度的改革》《资本市场导论》《进入21世纪的中国金融》《资本账户开放与中国金融改革》等。论著曾获2012年度孙冶方经济科学奖和30多项省部级以上科研教学奖。

了国民经济的可持续发展,因此,有必要对"地方政府融资平台债务"进行冷静的思考分析,厘清其中的各种关系和误解。

一 "地方政府融资平台"并非科学范畴

"地方政府融资平台"是研讨中各方频频使用的基本范畴,相关债务的数量、风险和防范措施也围绕这一范畴展开,但这一范畴本身是不科学的。主要理由有三:

第一,从各项文件的界定看,在内容和范围上并不一致。国发[2010]19号文件的界定是公司,即"地方政府融资平台公司(指由地方政府及其部门和机构等通过财政拨款或注入土地、股权等资产设立,承担政府投资项目融资功能,并拥有独立法人资格的经济实体)"。鉴于此,该文件强调以"公司"为对象展开清理工作,因此,"纳入此次清理范围的债务,包括融资平台公司直接借入、拖欠或因提供担保、回购等信用支持形成的债务。债务经清理核实后按以下原则分类:(1)融资平台公司因承担公益性项目建设举借、主要依靠财政性资金偿还的债务;(2)融资平台公司因承担公益性项目建设举借、项目本身有稳定经营性收入并主要依靠自身收益偿还的债务;(3)融资平台公司因承担非公益性项目建设举借的债务。"但是,2010年7月30日财政部、国家发改委、中国人民银行和银监会联合发出的《关于贯彻国务院关于加强地方政府融资平台公司管理有关问题的通知相关事项的通知》(简称"四部委文件")中,对这一界定做了"扩展性"修改,即从"公司"扩展到"中心"。该文件指出,地方政府融资平台包括"由地方政府及其部门和机构、所属事业单位等通过财政拨款或注入土地、股权等资产设立,具有政府公益性项目投融资功能,并拥有独立企业法人资格的经济实体,包括各类综合性投资公司,如建设投资公司、建设开发公司、投资开发公司、投资控股公司、投资发展公司、2012投资集团公司、国有资产运营公司、国有资本经营管理中心等,以及行业性投资公司,如交通投资公司等"。2011年6月27日,审计署发布了《全国地方政府性债务审计结果》,其中指出:此次审计的范围包括所有涉及债务的政府部门和机构、融资平台公司、经费补助事业单位、公用事业单位和其他单位。由此,"地方政府融资平台"的范围又进一步扩大到政府部门和机构、事业单位和其他单位。从理论上说,如果一个概念涵盖的范围可以随机扩展的话,这一概念就是不规范的,也是不科学的。

第二，对地方政府融资平台的作用认识分歧。在2009年10月之前，人们对地方政府融资平台的作用大多持积极的正面认识。审计署2011年6月审计报告（以下简称"审计署审计报告"）共有四部分构成，其中第二部分标题为"地方政府性债务资金在地方经济社会发展中发挥的积极作用"，专门论述了地方政府融资平台的积极作用，强调："从审计情况看，地方政府性债务资金用于弥补地方财力不足，应对危机和抗击自然灾害，改善民生和生态环境保护，推动地方经济社会的持续发展等方面，发挥了积极作用"，"地方政府通过融资平台公司等多方筹集资金，为我国经济发展提供了资金支持；汶川特大地震发生后，四川省各级政府筹措政府性债务资金558亿元用于灾后重建，推动灾后恢复重建的顺利实施。"① 2008年底，为了抵御美国金融危机的冲击，在出台"扩大内需、刺激经济"的宏观政策之后，各界曾强调要充分发挥地方政府融资平台的积极推动作用。但在2009年10月之后，在研讨地方政府融资平台债务过程中，许多人将重心集中于探讨地方政府融资平台的风险，似乎地方政府融资平台只有引发众多风险的负面功能，并无多少积极作用可言（由此提出了一个问题，在清理地方政府融资平台债务和防范由此引致的各种债务风险过程中，上述积极正面的作用将如何继续发挥?）。如果一个范畴的基本功能可时而强调积极作用时而又截然相反地集中探讨负面功能的话，那么，这个范畴就是不科学的。

第三，从实践角度看，在全国各地方并不存在1家挂着"地方政府融资平台"的机构，不仅没有这样的法人机构，而且连非法人的专门机构也没有。"地方政府融资平台"只是对一类现象的概括，而这种概括的边界和内容又因人而异（这是引致各部门和各学者在统计"地方政府融资平台债务"中数据差异的主要成因）。如果一个概念的边界和内容可以因人而异的话，这个概念就是不科学的。

鉴于上述理由，笔者认为，"地方政府融资平台"概念既然是一个不科学的用语，就应当淡出（乃至取消）经济理论研究和经济政策选择范畴。在实践中，应当是什么问题说什么问题，不应选择含混不清的概念，以免给社会舆论和政策制定以误导。

---

① 引自审计署《全国地方政府性债务审计结果》报告。值得一提的是，审计署的报告出台于2011年6月，正是对地方政府融资平台进行负面研讨的集中时期，因此，上述这些正面表述是比较公正的。但可惜的是，地方政府融资平台的这些积极作用并没有引起相关研讨各方的应有注意，各种负面研讨依然不绝于耳。

二 地方政府融资平台"债务风险"的种种依据并不可靠

在研讨地方政府融资平台中，相关各方均将主要精力集中于探讨分析"债务风险"方面。随着清理的深入，不仅披露的债务数额不断扩大（2009 年末，央行根据广义统计口径进行的专项调查结果显示，平台贷款余额为 7.38 万亿元；2010 年 6 月末，银监会披露平台贷款余额达到 7.66 万亿元；2011 年 6 月 27 日，审计署披露地方政府性债务审计结果是，截至 2010 年底，全国地方政府性债务余额 107174.91 亿元），而且通过各种估算分析，对债务风险的担忧也持续升温。但是，这些估算和分析并不可靠。

第一，债务风险并不确实。从资产负债表的左右列关系看，"负债"只是反映了资金来源的状况，本身很难判断是否存在风险（一个简单的实例是，如果负债就是风险，那么，就意味着，工商企业不应从金融机构获得贷款资金，也不应通过发行债券等获得债务性资金）。对任何企业和机构而言，获得债务性资金的同时，在资产方也就有了对应数额的"货币资产"增加。仅此来说，债务增加并未相应地增加风险。一个突出的实例是，商业银行等金融机构每天都在吸收存款，这些存款资金就是债务性资金。如果增加债务性资金就是增加风险，那么，就应明确提出、评估和分析这些金融机构的债务风险，但事实上，谁都没有这么做。其内在机理是，债务本身并非风险。债务性资金在转化为"资产"以后，由于资产运作的效率和现金流状况不同，既可能引致偿债风险（即到期不能兑付本息），也可能在清偿债务后还有经营利润，由此可见，风险来自"资产"（而非来自"债务"）。但奇怪的是，在研讨地方政府融资平台债务风险中，几乎没有人认真探讨由这些债务所形成的实物资产究竟处于何种状况。如果说这些实物资产高效优质，则并不存在多少债务风险；如果这些实物资产质量低劣，则债务风险很大甚至极大。但既然没有认真分析过这些实物资产的效率和质量状况，也就缺乏足够的根据来证明它们处于严重的风险境地。由于地方政府融资平台的"资产"主要落实于各类项目中，所以，如果不能清晰地指出哪些资产的质量较差（从而风险较大）的话，那么，至少也应指出处于平台中哪些项目不应当建设。但可惜的是，在各种研讨平台风险的议论中，并没有谁明确指出了这一点。由此可见，所谓的平台风险更多的是一种缺乏确实根据的"忧天"。这种担忧缺乏现实性。

第二，对银行贷款风险的评估并不确实。一些人认为，地方政府融资平台的债务主要来自商业银行等金融机构的贷款（尤其是 2009 年新增贷款 9.6 万亿元中的相当大部分投放给了地方政府融资平台），由此，一旦地方政府难以清偿到期的贷款本息，就将使金融机构的不良贷款大幅增加，从而影响到中国金融体系健康运行。这种担忧既依托于对商业银行等金融机构如何发放贷款、贷款的内控机制和如何监控、追踪贷款质量等操作程序的不了解，也依托于对 2009 年 9.6 万亿元新增贷款取向的不了解，还依托于对 2009 年之后中国银行业盈利状况的无视。

自 2001 年 12 月 11 日中国加入世贸组织以后，在 5 年的过渡期内，中国商业银行等金融机构就加大了对贷款等各项业务的风险内控系统建设，不仅严格了各项审贷制度和程序，而且不断完善了审贷的风险控制技术系统，严格落实贷款的问责制；同时，强化了贷款期内的评估机制、跟踪调查机制等，尽力避免不良贷款的发生。与此同时，中国银监会也出台了一系列政策，采取各种措施监督控制商业银行等金融机构的贷款质量。在此背景下，中国银行业的不良贷款绝对额和不良贷款率持续下降，分别从 2003 年的 25377 亿元和 19.6% 下降到 2009 年的 4973.3 亿元和 1.58%（2011 年更是下降到 4279 亿元和 1.0%），各家商业银行的金融机构计提的贷款损失准备金 2011 年底达到 11898 亿元，拨备覆盖率达到 278.1%。这些数据表明，商业银行等金融机构并非盲目地不计后果地发放贷款，而是在严格的风控条件下理性地选择贷款的投放（对地方政府融资平台的贷款也是如此）。

2009 年，在"扩大内需、刺激经济"的背景下，商业银行大量放出贷款。但此时的贷款投放并未放松风险防范。2009 年新增贷款 9.6 万亿元，成为一些人用以研讨和评估经济过热、通货膨胀和地方政府融资平台债务风险等的一个主要依据，但这一认识并不准切。从表 1 中可见：与 2008 年底的 303394.64 亿元贷款余额相比，2009 年底达到了 399684.82 亿元，新增贷款数额的确达到了 96290.18 亿元。但这些新增贷款是否都落实到了实体经济部门从而发挥着交易、生产和经营效用却值得进一步考察。2009 年新增贷款的集中投放是在上半年，从表 1 中可见，2009 年 6 月与 2008 年 12 月相比，新增贷款达到 74051.48 亿元。与此相比，2007 年的新增贷款数额为 36405.56 亿元，假定当年 GDP 增长率 14.2% 主要是由新增贷款推动的，那么，2009 年上半年的新增贷款是 2007 年的 203.41%，则 2009 年上半年的 GDP 增长率就应当达到 57.77%，但实际上，2009 年上半年的 GDP 增长率仅为 7.1%，由此可以做出一个基本判断，2009 年上半年的新增贷款有相当一部分并没有进入实体经济部门的实际运作中。众所周知，商业银行发放贷款的同时，在企业账面上就转化成了"存款"；"企业存款"通过采购交易、发放工薪等而转为其他主体的收入。从表 1 的上半部看，2009 年上半年"各项存款"增加了

100084.79 亿元，远大于 2008 年的 76832.17 亿元和 2007 年的 41355.52 亿元。具体来看，这些存款的增加表现为："企业存款"增加了 37935.18 亿元（其中，"企业活期存款"增加了 22899.6 亿元，"企业定期存款"增加了 15035.57 亿元）和"储蓄存款"增加了 31852.07 亿元（其中，"活期储蓄"增加了 11133.82 亿元，"定期储蓄"增加了 20718.25 亿元）。企业的定期存款和居民的定期储蓄是当期不使用的资金（可理解为在实际的经济运行中不发挥实际作用的资金），二者新增数额相加在 2009 年上半年达到了 35753.82 亿元，占新增贷款 201274051.48 亿元 48.28%，由此就不难理解，为什么在巨额新增贷款的背景下，2009 年上半年的 GDP 增长率并没有出现突发性高涨了。从 2009 年全年情况看，"各项存款"增加了 131537.78 亿元，其中，企业存款增加了 59971.24 亿元、储蓄存款增加了 43257.78 亿元，二者中的定期存款增加了 42902.46 亿元。如果将 2009 年的新增贷款数额减去当年新增定期存款数额，则实际在经济运行中发挥作用的资金数额仅为 53387.72 亿元，与 2008 年新增贷款 47703.76 亿元相比，增加的数额并无异常（由此，可以理解为什么在巨额新增贷款的条件下，2009 年的 GDP 增长率仅为 9.2%）。引致新增贷款数额剧增的同时定期存款也大幅增长的一个重要原因是，商业银行等金融机构与相关工商企业联手配合，一方面金融机构给工商企业大量放款，另一方面工商企业将这些资金中相当部分以"定期"方式转为"存款"（或转化为职工的储蓄定期存款），由此，商业银行等金融机构避免了所放贷款的风险，工商企业避免了 2008 年资金紧缺状况的再现。在这个过程中，贷款风险并未随着新增贷款数额的剧增而放大。

表1　　　　　　　　人民币存贷款余额简表（2006—2011 年）　　　　　　单位：亿元

科目	2006.12	2007.12	2008.12	2009.06	2009.12	2010.12	2011.12
各项存款	348015.63	389371.15	466203.32	566288.11	597741.10	718237.93	809368.33
企业存款	118851.66	144814.14	164385.79	202320.97	224357.03	252960.27	423086.61
活期存款	77744.82	95500.88	101790.78	124690.38	139997.28	164536.07	199222.05
定期存款	41106.84	49313.26	62595.01	77630.58	84359.74	88424.20	223864.56
储蓄存款	166616.18	176213.27	221503.47	253355.54	264761.25	307166.39	348045.61
活期储蓄	60080.67	68878.60	79776.53	90910.35	101896.58	126264.39	137576.22
定期储蓄	106535.51	107334.67	141726.94	162445.19	162864.67	180902.00	210469.40
资金来源总计	365168.25	454267.97	538405.59	632463.30	681874.78	805879.09	913226.33
各项贷款	225285.28	261690.88	303394.64	377446.12	399684.82	479195.55	547946.69

续表

科目	2006.12	2007.12	2008.12	2009.06	2009.12	2010.12	2011.12
短期贷款	98509.53	114477.91	125181.65	142994.35	146611.31	166233.38	203132.62
中长期贷款	106512.40	131539.08	154999.79	193128.85	222418.76	288930.43	323806.52
资金运用总计	365168.25	454267.97	538405.59	632463.30	681874.78	805879.09	913226.33

资料来源：根据中国人民银行《金融机构人民币信贷收支表》《金融机构本外币信贷收支表》和《金融机构人民币信贷收支表（按部门分类）》等整理。其中，2011年以后因中国人民银行对表中一些科目做了调整，"企业存款"改为"单位存款"，因此，2011年的"企业存款"数额与2010年之前不可直接比较。另外，2008年的"各项贷款"数额已减去中国农业银行改制过程中剥离的6000亿元不良贷款。

2006年以后，随着改制上市，商业银行等金融机构的内部管理大为强化，公司治理结构有了明显改观，风险防范和控制系统更加完善，业务转型也在积极拓展之中。在此背景下，商业银行等金融机构的盈利水平大幅提高。2007—2011年，商业银行等金融机构在拨备率大幅提高的背景下，实现税后利润分别达到4467亿元、5834亿元、6684亿元、8991亿元和10412亿元，每年迈上了一个千亿元台阶。"税后利润"在财务上是营业收入减去各项支出、缴纳各项税款和抵补亏损后的余额。因此，二者必须选其一：或者商业银行等金融机构存在着严重的贷款资产质量下降从而营业利润不断降低（即风险严重），或者这些金融机构并没有那么严重的贷款风险从而营业利润不断增加。从实践来看，后一个判断比较符合实际状况。值得注意的是，一些人在2011年底指责"中国银行业垄断暴利"过程中，似乎已经忘掉了他们在2010年以后曾对商业银行等金融机构的贷款质量风险持一种"杞人忧天"的高见。

审计署报告指出："截至2010年底，地方各级政府已支出的债务余额中，用于交通运输、市政等基础设施和能源建设59466.89亿元，占61.86%；用于土地收储10208.83亿元，占10.62%。这些债务资金的投入，加快了地方公路、铁路、机场等基础设施建设及轨道交通、道路桥梁等市政项目建设，形成了大量优质资产，促进了各地经济社会发展和民生改善，有利于为'十二五'及今后一段时期经济社会发展增强后劲。"这意味着至少有72.48%的资产是优质资产（如果加上未投入使用的11044.47亿元货币资产，则优质资产至少达到82.79%）。

第三，对偿还贷款的估算缺乏财务常识。从表2中可见，地方政府融资平台的投资项目大致可分为公益性、准公益性和商业性三种。从用途看，这些项目基本属于基础设施建设，具有很强的民生工程特点。从财务角度看，公益性项目基本没有盈利能力、准公益性项目的盈利能力较弱,只有商业性项目有着较强的盈利能力。一些人据此强调,公益性项目和准公益性项目因缺乏盈利能力而难以履行到期还本付息的义务,这些资产将成为不良资产,与此对应的商业银行等金融机构的贷款就存在着严重风险。但这一判断是缺乏财务原理支持的。一个机构(或公司)获得的债务性资金在转化为资产以后,是否具有偿债能力,不是由其经营活动(或财务活动)中的利润承担的,而是由其收入状况从而现金流状况决定。对准公益性项目而言,诸如学校、医院、供水和垃圾处理等均有着一定数量的收入,在现金流充分的条件下,偿债是有保证的。同理,对商业性项目而言,即便有良好的利润前景,但现金流跟不上,也可能处于不能清偿到期债务的境地。所谓破产,指的就是因不能偿还到期债务(不论是否有利润)经法庭调解无效而对资产进行清算的过程。因此,清偿债务的关键不在于"利润",而在于"现金流"。由此可见,那种以"盈利"为衡量标准并由此产生对地方政府融资平台偿债能力的种种担忧,是不合实务的。

表2　　　　　　　　　　　　　地方政府融资平台投资项目

平台项目分类	行业	公共产品属性	竞争性	盈利能力
公益性	城市道路、桥梁、农林水利、环境治理、生态建设等	很强	基本没有	基本没有
准公益性	教育、医疗、科学文化、城市供水、垃圾处理、供热、供气、公交、保障房等	较强	较弱	较弱
商业性	节能减排、电力、电网、高速公路、通信、铁路、港口、机场等	较弱	较强	较强

资料来源:根据审计署的《全国地方政府性债务审计结果》内容整理。

第四,债务特性不清。地方政府融资平台的债务究竟是谁的债务?应由谁承担偿债义务?在各种强调"风险"的研讨中比较混乱,给人以一种似乎这些债务都应由地方财政偿还的错觉。但事实并不如此。首先,对平台公司来说,不论是《物权法》《公司法》和《破产法》等法律规定还是财务制度规定,公司作为独立法人机构,它的债务应由其自己负责清偿,如果到期不能清偿,将进入破产清算。因此,这些债务不属于由地方政府财政清偿范畴。从表3中可见,"融资平台公司"的债务在2010年底达到49710.68亿元,占地方政府融资平台债务的比重达到46.38%,但这些债务不应属于政府承担偿债义务的范畴,应由这些公司自己负责清偿,因此,不应计入"政府性债务"中。其次,对那些实行企业化管理的事业单位来说，原则上，它们的债务由它们自己清偿。从多年的实践情况看，绝大多数此类机构在承担债务和清偿债务方面，是做得比较好的。因此，大致上也不需要由地方政府替它们清偿债务。据此，将它们的债务列入"政府性债务"范畴也不大合适。再次，地方土地储备中心（或类似机构）的债务，是以土地使用权出售为基础的。只要土地使用权还需要出售转让，以土地出让金的现金流偿还债务本息大致没有问题。从媒体上公开的全国土地出让金的数额来看，2007—2011年的大致情况是：2007年为1.2万亿元、2008年为0.99万亿元、2009年为1.5万亿元、2010年为2.75万亿元、2011年达到3.15万亿元。这既反映了在城镇化进程中，土地出让金的收入有着快速增加的趋势，也反映了地方土地储备中心在偿还债务方面的资金状况。最后，根据审计署的《全国地方政府性债务审计结果》报告披露："2010年底地方政府性债务余额中，尚未支出仍以货币形态存在的有11044.47亿元，占10.31%；已支出96130.44亿元，占89.69%。"这些仍以货币形态存在的债务性资金，并不存在以收入（或现金流）偿还债务的问题。一旦需要清偿到期债务，只需直接支出就行了。

表3　　2010年底全国地方政府性债务举借主体情况表　　单位：亿元,%

举债主体类别	三类债务合计		政府负有偿还责任的债务		政府负有担保责任的债务		其他相关债务	
	债务额	比重	债务额	比重	债务额	比重	债务额	比重
融资平台公司	49710.68	46.38	31375.29	46.75	8143.71	34.85	10191.68	61.04
地方政府部门和机构	24975.59	23.31	15817.92	23.57	9157.67	39.19	0.00	0.00
经费补助事业单位	17190.25	16.04	11234.20	16.74	1551.87	6.64	4404.19	26.38
公用事业单位	2498.28	2.33	1097.19	1.63	304.74	1.30	1096.34	6.57
其他单位	12800.11	11.94	7584.91	11.31	4211.75	18.02	1003.35	6.01
合计	107174.91	100.00	67109.51	100.00	23369.74	100.00	16695.66	100.00

资料来源：审计署的《全国地方政府性债务审计结果》。

但是，一些人无视这些债务特性的差别，直接将地方"政府性债务"的数额视为地方财政应当清偿的债务，在此基础上进行了一系列演绎推理和计算，强调地方政府融资平台债务数量已远远大于地方财政收入，因此，不仅存在着严重的债务清偿风险，而且将引致严重的地方经济社会问题。在美国金融危机和欧债危机的背景下，这种对中国地方政府财政债务的不切实际且明显夸大的分析，又引致了国际社会的种种猜测和担忧。实际上，地方政府的收入远不是财政预算内收入所能界定了的。除了财政预算内收入外，地方政府的收入还包括"行政事业性收费""政府性基金""国有企2012业和主管部门收入"和"其他收入"等"预算外收入"，因此，将地方"政府性债务"直接与财政预算内收入对比是不科学的。

第五，"土地财政"是个错误用语。一些人将政府通过土地出让金获得的收入称为"土地财政"，给人们以一种错觉，即似乎这部分收入进入了财政预算内并通过财政的经常性支出使用掉了（甚至一些人认为，这些收入成为了提高公务员工薪收入的来源部分），由此推论，各地方政府土地中心的负债就应由财政担负清偿责任。但这种认识是不符合实际状况的。首先，土地出让金基本没有进入各地方政府的财政预算内收入范畴，它属于预算外收入范畴，因此，使用"土地财政"一词是不准确、不科学的。其次，在各地方政府的资金安排中，土地出让金几乎全部用于城市基础设施建设（不足的部分甚至还在财政预算内安排一部分资金），是各级地方政府展开城镇建设的主要资金，因此，称为"土地城建"可能较为准确（这意味着，一旦土地出让金大幅缺失，各地方政府的城镇化建设步伐就将因缺乏资金支持而大为放缓，其结果将是民生工程建设的滞后）。最后，审计署报告说："2010年底，地方政府负有偿还责任的债务余额中，承诺用土地出让收入作为偿债来源的债务余额为25473.51亿元，共涉及12个省级、307个市级和1131个县级政府。"这意味着，土地出让金不仅没有成为财政预算内收入的组成部分，而且成为各地方政府偿付非财政债务的一个重要来源。毫无疑问，以未来年份的土地出让金来承担债务清偿义务是否合适，是一个值得进一步探究的问题。但它并不违反金融运作原理，具体情况应由制度予以规定，而不是简单地予以一概否定。

第六，地方政府担保含义不清。从表3中可以看出"政府负有担保责任的债务"是地方政府融资平台债务的一个重要构成部分，它的数额占107174.91亿元债务总额的21.81%。其中，"融资平台公司"的数额达到8143.71亿元，占"政府负有担保责任的债务"23369.74亿元的34.85%。"担保"通常指的是，担保人为被担保人清偿债务责任的承诺（即一旦被担保人无力清偿到期债务，就由担保人予以清偿），那么，"政府负有担保责任的债务"是何含义？如果是指地方政府负有的为被担保公司清偿债务的责任，即便不说清偿债务的资金来源问题，也将有两个问题发生：其一，这些公司还是不是有限责任公司，是否受《公司法》和《破产法》的制约？其二，这些公司的行为是否受《中华人民共和国反补贴条例》的制约？这一"条例"于2002年1月实施（于2004年3月31日进行了进一步修改），是中国加入世贸组织后的一项重要承诺。其中，第3条规定："补贴，是指出口国（地区）政府或者其任何公共机构提供的并为接受者带来利益的财政资助以及任何形式的收入或者价格支持。"所谓"财政资助"包括"出口国（地区）政府以拨款、贷款、资本注入等形式直接提供资金，或者以贷款担保等形式潜在地直接转让资金或者债务"。这两个问题直接涉及如下三个问题的解答：（1）在改革开放30多年的今天，各地方的各类公司是否已是预算硬约束从而自负盈亏、自清债务的法人机构？如果是，那么，它们的债务根据什么需要地方政府担保，又为何应由地方政府清偿？如果不是，那么，《公司法》等法律法规制度是否形同虚设、企业作为市场经济主体的行为是否未能形成、中国是否尚未贯彻市场经济的最基本原则？（2）《破产法》是否是一个缺乏实践效力的法律？如果不是，那么，公司债务为何应由地方政府担保？如果是，那么，这个法律及相关制度的出台和实施有何实质性意义？（3）"政府担保"是财政性的还是非财政性的？面对美欧国家频频对中国产品实行反补贴调查的国际局面，在含义不清的条件下，一些人屡屡使用"政府担保"一词，不论意图如何，都有着授人以柄的客观效应。

指出地方政府融资平台债务存在"风险"，如果意图在于警示告诫，是有积极意义的。它的含义是，提醒各方注意防范和化解实践中可能发生的各种风险。如果意图在于显示"先见"，则可能没有多少新意和高明之处。因为任何经济活动和金融活动都存在风险，这是一个众所周知的常理。如果意图在于抑制以"地方政府融资平台"为名所展开的各种城市基础设施建设，则不利于经济社会的正常发展。一些人总是在担心"做事"可能引致的风险，似乎从来不考虑由于经济不发展所引致的重大经济社会风险。这种情形，不利于改革创新，只能在人人自虑风险的条件下裹足不前、无所事事，使得中国经济落伍于国际发展。"落后是要挨打的"。

三 对若干政策建议的思考

围绕地方政府融资平台债务的研讨，大多将焦点集中于商业银行等金融机构的贷款风险。但地方政府融资平台债务的问题，实际上是一个财政体制问题。在中国，财政体制是一个集权体制，地方财政承担的各种债务最终由中央财政负责清偿。从这个意义上说，所谓"地方政府融资平台"的债务问题，实际上是财政体制内的中央与地方关系问题。跨入21世纪以后，这一问题之所以突出起来，一个主要成因是，在实现了温饱型小康以后，广大居民已大致处于吃穿不愁的状态，消费结构已从对"吃、穿、用"的需求转向了对"住、行、学"的需求，由此，原先以满足"吃、穿、用"为重心的工业经济结构（从而，中央部门可用大型工业项目布局安排来引导地方政府行为的宏观调控格局）已不能满足新条件下各地方经济社会发展需要。在解决"住、行、学"供给过程中，各地方政府已改变了原先在争工业项目中存在的竞争关系，毕竟中央部门并不直接管理各地方的城镇化建设，要缓解由"住、行、学"供给短缺引致的种种经济社会矛盾，还要靠各地方政府自己想办法。在可获得的资本性资金极为有限的条件下，借债建设就是一个必然的选择。此外，在经济体制机制改革深化的过程中，由中央部门下发给地方政府管理的事务不断增加，引致地方政府需要使用资金来解决的问题越来越多，但与此同时，中央部门下放给地方政府的财力并没有随之同步配套增加，这导致地方政府在解决或完成各项事务中的资金捉襟见肘，借款过日子也就成为一个没有办法的办法。

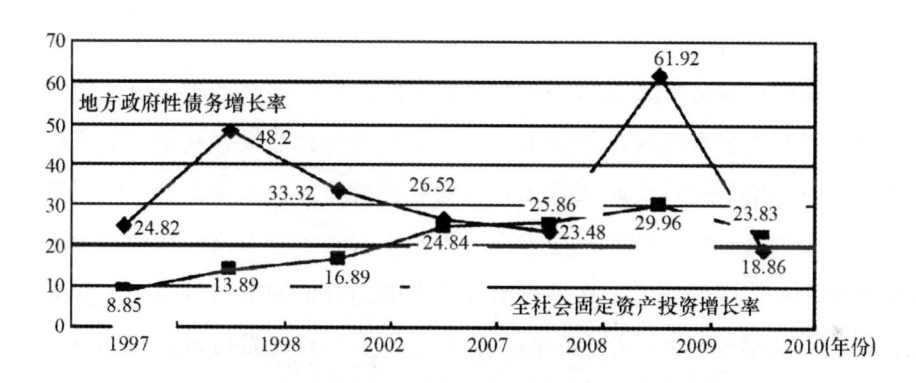

图1 1997年以来地方政府性债务增长情况（单位：%）
资料来源：审计署《全国地方政府性债务审计报告》和《中国统计年鉴（2011）》。

审计署报告指出："1997年以来，我国地方政府性债务规模随着经济社会发展逐年增长。"从图1中可见，地方政府性债务的增长率长期处于高位运行，与对应年份的全社会固定资产投资增长率相比，除2008年和2010年略低外，大部分年份均明显高于全社会固定资产投资增长率；同时，地方政府性债务的增长率始终呈现为正数，这意味着地方政府性债务的绝对额规模是不断扩展的。一个简单的问题是，由地方政府融资平台债务所建设的各种项目，在今后城镇化进一步推进过程中，投资数额是呈增加趋势还是呈减少趋势？如果是呈增加趋势，那么，这些项目（见表1中的公益性和准公益性项目）建设的投资将由谁来承担？又将运用何种性质的资金？显然，地方政府性债务还将随着这些项目建设规模的扩大而增加。由此，提出了一个两难问题：要减少地方政府性债务，就难免减少对公益性和准公益性项目的投资，由此，将引致本来就已严重短缺的教育、医疗、道路、水电等一系列的供给更加短缺，给经济社会发展和民生问题解决带来更大的困难；或者加大对这些方面的投资，由此，将引致地方政府性债务进一步增加。何去何从？理论上如何回答也许还可继续探讨，但重要的是，实践处于"时不我待"之中，必须抓紧时间予以明确的选择。

一些人主张通过发行城投债来缓解压力。但城投债的发行主体是各家具有独立法人资格的投资公司（或类似机构），这些债券是要到期还本付息的，因此，公益性项目几乎难以纳入它们的投资视野，就是准公益性项目也有相当大的部分难以得到它们的选择。一些人主张发行地方政府的市政债来缓解资金来源的困难。且不说，中国财政体制与发达国家的实质性差别，就算是地方政府可发行市政债，其规模是否能够在短期内达到数万亿元计，以满足地方政府融资平台投资项目的需要也还是一个问题。更不用说，这与从商业银行等金融机构借款，就负债而言，恐怕没有多少区别。也许有人认为，发行市政债券可避免给商业银行等金融机构带来不良资产。但只要这些债务资金投入的项目是优良的，发行市政债券不会产生严重的风险，从商业银行等金融机构借款也不会形成不良资产；如果这些债务资金投入的项目是不良的，不论是发行市政债券还是从商业银行等金融机构借款，结果都将产生风险。所不同的是，在从商业银行等金融机构借款的场合，这些风险在一定程度上可由这些金融机构内部处置；在发行市政债券的场合，如果债券持有人扩展到城乡居民，这些风险就可能酿成社会问题。毫无疑问，不论是发行城投债还是发行地方财政债券都有一定的缓解建设资金不足的功能，但局限于此，不是解决问题的主要出路。

要真正解决各地方政府拓展城镇化建设的资金不足，需要从改革财政体制入手，处理好三方面关系：第一，地方政府事权与财力的关系。中央部门在将事权下放的过程中，需要充分考虑到地方政府的财力协调配合，应将对应的财力转移给地方政府，使地方政府拥有足以解决这些事务所需要的成本支出。第二，对地方政府所能承担的债务，在区分财政预算内与预算外的基础上，予以制度性界定。明确哪些资产收入（如土地出让金收入）可承担多大比重的债务，哪些资产不可承担债务；明确债务的透明程序和方法、违规责任等。第三，理清地方政府债务关系。既不应将地方国企的债务划入财政债务范畴，也不应将学校（包括高校）、医院、土地储备中心等有收入的事业单位的债务简单地划入财政债务范畴。在事业单位的改革深化中，应尽力贯彻自收自支、自负盈亏和自求平衡的原则，将符合这些原则的事业单位债务划出财政债务，以明晰财政债务关系。

论新一轮改革的突破口[*]

刘树成[**]

内容提要：本文探讨我国新一轮改革怎样选择总体突破口的问题。首先回顾了30多年来，在前4轮改革中，是怎样选择和确定突破口的。分析表明，前4轮改革突破口的确定，均基于对社会基本矛盾的认识和对改革所处阶段的把握。在此基础上，本文提出，当前新一轮改革应以加强法律制度建设作为突破口，这是基于对社会基本矛盾的新认识和对改革所处新阶段的把握。最后，本文以我国现实生活中的一个突出问题——假冒伪劣产品屡禁不止、食品安全犯罪层出不穷为例，进一步做了分析。

一　问题的提出

当前，在新一轮经济体制改革中，能牵一发而动全身的突破口或重点任务是什么？[③] 对此，社会上有各种不同意见，归纳起来有如下七种：

其一，以深化行政体制改革、转变政府职能、简政放权为突破口。

其二，以深化收入分配体制改革、解决贫富差距过大问题为突破口。

其三，以财税体制改革为突破口。

其四，以打破垄断、大力发展民营经济为突破口。

---

[*] 原文发表于《财贸经济》2013年第6期。

[**] 刘树成（1945— ），河北武强人。曾任中国社会科学院数量经济与技术经济研究所副所长、研究员、博士生导师，中国社会科学院经济研究所所长、《经济研究》主编。现任中国社科院学部委员、经济研究所研究员。主要研究领域：宏观经济学、数量经济学。主要著作：《中国经济的周期波动》《中国经济周期波动的新阶段》《繁荣与稳定》。曾获中国社会科学院第一、第二届优秀科研成果奖，中宣部精神文明建设"五个一工程"第五届作品奖，国家科技进步二等奖，1996年度、1998年度、2006年度孙冶方经济科学论文奖。

[③] 当然，"突破口"的含义可有大有小。可以是指整个经济体制改革的总体突破口，也可以是指其中某一领域、某一方面的突破口。本文讨论的是经济体制改革的总体突破口，也可视为经济体制改革的总体重点任务，具有牵一发而动全身的作用。

其五，以反腐败为突破口。

其六，以推进城镇化为突破口。

其七，以保护资源环境为突破口。

以上不同意见，各有道理，也都很重要，但显得有些碎片化，有的是单项改革任务，有的相对来说是局部性的改革任务，均不能起到牵一发而动全身的作用，难以作为统领经济体制改革全局的突破口或重点任务。

为了选好新一轮改革的突破口或重点任务，明确选择的内在逻辑，我们有必要先回顾一下 30 多年来，在前 4 轮改革中，是怎样确定突破口或重点任务的。前 4 轮改革是以 4 个直接与经济体制改革有关的中共三中全会为标志的。总体来看，前 4 轮改革的突破口或重点任务的确定，均基于对社会基本矛盾的认识和对改革所处阶段的把握。

二 前四轮改革是怎样确定突破口的

第一轮改革，即 1978 年召开的中共十一届三中全会首次决定开展的改革，是以农村改革作为突破口或重点任务的。社会主义社会的基本矛盾，仍然是生产关系和生产力、上层建筑和经济基础之间的矛盾。中共十一届三中全会从生产力是社会发展的决定性力量这一马克思主义基本原理出发，果断地决定把党和国家的工作中心转移到社会主义现代化建设上来，并明确提出，实现现代化就是要"大幅度地提高生产力"[1]。在这次全会之前，1978 年 9 月，邓小平就曾指出："我们是社会主义国家，社会主义制度优越性的根本表现，就是能够允许社会生产力以旧社会所没有的速度迅速发展，使人民不断增长的物质文化生活需要能够逐步得到满足。按照历史唯物主义的观点来讲，正确的政治领导的成果，归根结底要表现在社会生产力的发展上，人民物质文化生活的改善上。"[2] 要大幅度地提高生产力，要使生产力迅速发展，就必然要求多方面地改变同生产力发展不适应的生产关系和上层建筑，改变一切不适应的管理方式、活动方式和思想方式。这就要对原有的、权力过于集中的经济管理体制进行改革。在当时，农业作为国民经济的基础十分薄弱，首先要把农业生产尽快搞上去，同时农村经济管理体制又是计划经济体制较为薄弱的部分，是改革易于突破的环节。这样，农村改革成为我国经济体制改革初始阶段的突破口或重点任务。

---

[1] 《三中全会以来重要文献选编》，人民出版社 1982 年版，第 4 页。
[2] 《邓小平文选》第 2 卷，人民出版社 1983 年版，第 128 页。

1984年召开的中共十二届三中全会，通过了《中共中央关于经济体制改革的决定》。以此为标志展开的第二轮改革，是以增强企业活力作为突破口或重点任务的。该《决定》指出："马克思主义的创始人曾经预言，社会主义在消灭剥削制度的基础上，必然能够创造出更高的劳动生产率，使生产力以更高的速度向前发展。"[①] 改革经济体制就是在坚持社会主义制度的前提下，改革生产关系和上层建筑中不适应生产力发展的一系列相互联系的环节和方面。在此认识的基础上，更加坚定了改革的信心和决心。改革在农村成功之后，就进入了向城市全面推进的阶段。城市企业是工业生产、建设和商品流通的主要的直接承担者，是社会生产力发展的主导力量。城市企业是否具有强大的活力，对于经济发展全局是一个关键问题。这样，增强企业活力成为全面推进改革阶段的突破口或重点任务。

1993年召开的中共十四届三中全会，通过了《中共中央关于建立社会主义市场经济体制若干问题的决定》。以此为标志展开的第三轮改革，是以构建社会主义市场经济体制基本框架作为突破口或重点任务的。在这次全会之前，1992年初，邓小平在南方谈话中强调指出，"革命是解放生产力，改革也是解放生产力"。"社会主义基本制度确立以后，还要从根本上改变束缚生产力发展的经济体制，建立起充满生机和活力的社会主义经济体制，促进生产力的发展，这是改革，所以改革也是解放生产力。过去，只讲在社会主义条件下发展生产力，没有讲还要通过改革解放生产力，不完全。应该把解放生产力和发展生产力两个讲全了。"[②] 这就进一步明确了改革不仅是发展生产力，也是解放生产力。从这个意义上说，改革也是革命性的变革，而不是对原有体制进行零敲碎打、细枝末节的修修补补。这使我们对社会主义条件下社会基本矛盾的认识和对改革的性质的认识，有了新的重大突破。中共十四届三中全会依据这些新的认识，在确定了改革的目标模式之后，提出加快改革步伐，到20世纪末初步建立起社会主义市场经济体制。这样，构建社会主义市场经济体制基本框架成为加快改革步伐阶段的突破口或重点任务。

2003年召开的中共十六届三中全会，通过了《中共中央关于完善社会主义市场经济体制若干问题的决定》。以此为标志展开的第四轮改革，是以完善社会主义市场经济体制作为突破口或重点任务的。该《决定》指出，中共十一届三中全会以来，我国经济体制改革在理论和实践上取得重大进展。社会主义市场经济体制初步建立，极大地促进了社会生产力、综合国力和人民生活水平的提高。但目前经济体制还不完

---

① 《十二大以来重要文献选编》（中），人民出版社1986年版，第561页。
② 《邓小平文选》第3卷，人民出版社1993年版，第370页。

善，生产力发展仍面临诸多体制性障碍。为进一步解放和发展生产力，必须深化经济体制改革，进一步巩固、健全和完善社会主义市场经济体制。这样，在社会主义市场经济体制已初步建立之后，对新体制的进一步完善成为深化改革阶段的突破口或重点任务。

综上所述，在过去30多年的4轮改革中，我们对社会主义条件下社会基本矛盾的认识不断明确和深化。在此基础上，随着改革每一阶段的推进，改革突破口或重点任务的选择也在不断升级。但总体来说，对改革的目的——解放和发展生产力的内涵的理解，主要是指推动生产力在量上的扩大，使生产力以更快的速度发展。

三　第五轮改革突破口的选择

当前的第五轮改革，应以加强法律制度建设作为突破口或重点任务。这是基于对社会基本矛盾的新认识和对改革所处新阶段的把握。

改革是为了解放和发展生产力。经过30多年来经济的高速增长，我国已跃升为世界第二大经济体。到现在，解放和发展生产力的内涵已经发生了重大变化。如果说在过去30多年的改革中，解放和发展生产力的内涵主要是指推动生产力在量上的扩大，使生产力以更快的速度发展，那么，现在，解放和发展生产力的内涵已经改变为不仅是推动生产力在量上的适度扩大，而且更重要的是促进生产力在质上的提高，使生产力以更高的质量发展，也就是加快经济发展方式转变，把推动发展的立足点转到提高质量和效益上来。

"使生产力以更高的质量发展"，要比"使生产力以更快的速度发展"更困难、更复杂、更艰巨。使生产力以更快的速度发展，主要是通过改革，扫除权力过于集中的原有体制的束缚，发挥市场经济的活力，就可以做到。当然，这也并不容易。而使生产力以更高的质量发展，不仅要通过改革继续扫除原有体制的束缚，而且要在社会主义市场经济体制初步建立和初步完善之后，通过改革构建起一整套系统完备、科学规范、运行有效的制度保障体系。正如邓小平1992年南方谈话中曾高瞻远瞩指出的："恐怕再有三十年的时间，我们才会在各方面形成一整套更加成熟、更加定型的制度。在这个制度下的方针、政策，也将更加定型化。"[①] 而在一整套制度保障体系中，最定型化、最有权威、最有效力的，就是法律制度保障体系。这也就是要求市场经济向着更高的发育和成熟程度升级。

[①] 《邓小平文选》第3卷，人民出版社1993年版，第372页。

市场经济本身虽具有活力，但不能自动地使生产力以更高的质量发展。市场经济本身具有三个属性和两重作用。三个属性是：（1）经营活动的自主性。市场主体的地位和权益界定清晰，拥有独立于政府行政权力之外的自主财产权、自主经营权、自主决策权。（2）经营环境的竞争性。市场主体在价值规律的作用下，平等相处、等价交换、公平交易，通过竞争和技术进步，实现优胜劣汰。（3）经营目的的趋利性。市场主体自负盈亏，其经营活动的最终目的是要获取利润，有利可图。

市场经济的这三个属性，使市场经济的作用具有两重性。一方面是积极作用，可以发挥市场主体的积极性和能动性，发挥市场竞争的外在压力，发挥市场主体提高经济效益的内在动力，从而使市场经济充满活力，促进资源的合理、有效配置。另一方面是消极作用，市场主体在拥有自主权和处于市场竞争环境下，出于赢利的内在动机，有可能做出违反市场正常秩序、损害他人利益或社会公共利益的行为，诸如制造假冒伪劣产品、破坏资源环境、进行不正当竞争、垄断行为、偷税漏税、滋生钱权交易的腐败现象、扩大贫富差距等。

为了使生产力以更高的质量发展，一方面要充分发挥市场经济的积极作用，这就要保障市场主体的合法地位和权益，保障正常的市场竞争，保障市场主体合法的经营收益，从而在更大程度、更广范围发挥市场在资源配置中的基础性作用。另一方面又要有效抑制市场经济的消极作用，这就要约束市场主体履行法定的责任和义务，约束市场主体遵守市场竞争规则，约束市场主体维护他人正当利益和社会公共利益，不要为追逐利润而做出违法行为。但要做到这两个方面，在市场经济条件下，靠市场机制本身，靠政府的行政权力，靠一般的政策规定，靠普通的道德教育，都难以奏效，而必须靠一整套法律制度保障体系。法律制度具有规范性、权威性、强制性。规范性，即以法律形式将市场主体的合法地位和权益定型化，将市场竞争规则定型化，将市场运行秩序定型化，可避免行政干预的随意性和一些政策的易变性。权威性是指，法律规定为全社会所接受、所遵循，具有普遍的社会约束力，在法律面前人人平等，任何人和任何组织都没有超越法律的特权。强制性，即一切违法行为都要予以追究，依法给予惩处。如果说行政权力是原有计划经济得以存在和发展的最高保障，那么法律制度则是市场经济得以存在和发展的最高保障。所以人们常说："市场经济就是法治经济。"

由此，第五轮改革应以加强法律制度建设作为突破口或重点任务，这是在当前新条件下解放和发展生产力、使生产力以更高质量发展的内在要求，是市场经济本身成熟程度升级的内在要求，是改革进入深水区、攻坚期，以法律规范方式有效调节各方面利益关系的内在要求。

四 怎样展开改革

新一轮改革以加强法律制度建设作为突破口或重点任务，具有牵一发而动全身的作用。加强法律制度建设可以贯穿于经济建设、政治建设、文化建设、社会建设、生态文明建设和党的建设等各方面，以及其中的各领域、各环节。各方面、各领域、各环节的改革都能够以加强自身工作范围内的法律制度建设作为新一轮改革的突破口或重点任务。加强法律制度建设的内容是：按照习近平总书记所指出的，把国家各项事业和各项工作纳入法制轨道，实行有法可依、有法必依、执法必严、违法必究，实现国家和社会生活制度化、法制化。[1] 各方面、各领域、各环节首先要对自身是否做到"有法可依、有法必依、执法必严、违法必究"，进行大检查、大总结、大梳理。"无法可依"的，要按轻重缓急，拿出加强立法的路线图和时间表。已经"有法可依"的，要梳理出如何进一步做到"有法必依、执法必严、违法必究"，同样按轻重缓急，拿出加强执法、司法的路线图和时间表。所谓"按轻重缓急"，即针对转变经济发展方式中最突出的矛盾，针对市场经济升级中最主要的难点，针对人民群众中最关切的问题。

以加强法律制度建设作为新一轮改革的突破口或重点任务，就要求提高各级党政领导干部运用法治思维和法治方式做好工作的能力，形成办事依法、遇事找法、解决问题用法、化解矛盾靠法的良好法治环境。早在1979年，邓小平就指出，确实要搞法制，特别是高级干部要遵守法制。以后，党委领导的作用第一条就是应该保证法律生效、有效。没有立法之前，只能按政策办事；法立了以后，坚决按法律办事。[2]

法国启蒙思想家卢梭在评论国家宪法时曾说，它既不是刻在大理石上，也不是刻在铜表上，而是铭刻在公民的内心里。以加强法律制度建设作为新一轮改革的突破口或重点任务，就要深入开展法制宣传教育，让法律制度深入人心，逐步在全社会形成学法、遵法、守法、用法的新局面。一个民族、一个国家，只有当形成了一整套健全的、为全体公民所遵从的法律制度的时候，才能算得上成熟的民族、成熟的国家。我们要坚持法治国家、法治政府、法治社会一体建设，为实现中华民族伟大复兴的"中国梦"而奠定坚实的制度基础。

---

[1] 习近平：《在首都各界纪念现行宪法公布施行30周年大会上的讲话》，《人民日报》2012年12月5日。
[2] 中共中央文献研究室编：《邓小平年谱》，中央文献出版社2004年版，第527—528页。

五 进一步的分析

现以我国现实生活中的一个突出问题——假冒伪劣产品屡禁不止、食品药品安全犯罪层出不穷等市场经济秩序问题为例,进一步说明新一轮改革应以加强法律制度建设作为突破口或重点任务。

目前,在我国,假冒伪劣产品和食品药品安全问题已成为一个涉及众多方面的全局性问题。

一者,直接影响到生产力以更高的质量发展。提高生产力的发展质量,首先重要的是提高产品的质量。经济发展方式由数量型向质量型转变,一个重要方面就是要体现在产品质量的提高上。如果不能有效解决假冒伪劣产品和食品药品安全问题,提高生产力发展质量、转变经济发展方式就会成为一句空话。

二者,严重影响到人民群众的切身利益和生活质量的提高,危及人体健康和生命安全。假冒伪劣产品和食品药品安全问题,是广大民众反响强烈、深恶痛绝的问题。广大民众对一些重要的国产品失去了信任,也严重影响到国家的信誉和声誉,影响到国产品的正常生产和经营,影响到消费需求的扩大。

三者,涉及反腐败问题。假冒伪劣产品、有问题的食品药品之所以能够生产出来,能够上市销售,且屡禁不止,总是与官商勾结、厂商串通、行贿受贿、权钱交易等有着密切关系。打击假冒伪劣产品,严惩食品药品安全犯罪,是反腐败的一个重要领域。

四者,关系到深化行政管理体制改革、政府机构改革和政府职能转变问题。能否有效解决假冒伪劣产品和食品药品安全问题,是对政府执行力、公信力的重要考验,是对行政管理体制改革、政府机构改革和政府职能转变是否收到成效的一个重要检验。

五者,关系到知识产权保护和科技创新驱动问题。一项科技创新,往往需要付出人、财、物和时间等重大成本。而假冒伪劣产品屡禁不止,严重侵扰了知识产权的保护,损害了创新者的利益,影响到创新者的积极性。

假冒伪劣产品屡禁不止、食品药品安全犯罪层出不穷等市场经济秩序问题的严重存在,最根本的原因是,对其打击和严惩没有制度化、法制化。这反映了我国社会主义市场经济体制刚刚初步建立和初步完善,市场经济的成熟程度还很低。具体表现在以下几个方面:

第一,有些问题尚"无法可依"或"有法难依"。"无法可依"是指,有些问题尚未列入法律,属于法律缺失、法律盲点。"有法难依"是指,有些问题虽然已经列入了法律，但由于规定得不够明确和细化，在实践中缺乏可操作性，仍难以处理。特别是一些新型疑难案件，犯罪方式不断翻新，犯罪手段更加隐蔽，犯罪认定的难度越来越大。比如，当前较为突出的食品非法添加问题。最近刚刚公布的《最高人民法院、最高人民检察院关于办理危害食品安全刑事案件适用法律若干问题的解释》中，才首次明确规定了食品非法添加行为的法律适用标准。该司法解释将"掺入有毒、有害的非食品原料，或者使用有毒、有害的非食品原料加工食品"的非法添加行为，如利用"地沟油"加工食用油等，确定为按刑法规定，以"生产、销售有毒、有害食品罪"定罪和处罚。同时，对食品非法添加行为，由原来刑法规定的"生产、销售"两个环节，细化为"食品加工、销售、运输、贮存等过程"，实现了对食品加工、流通等整个链条的全程覆盖。

第二，违法成本太低，法律没有震慑力。在相关法律中，对一些违法行为的惩罚力度不够，不足以起到法律的警示和震慑作用。比如，最近全国人大常委会组成人员审议了《消费者权益保护法修正案草案》，其中有一条款引起了热烈讨论。该条款规定，经营者有明知商品或者服务存在缺陷，仍然向消费者提供的欺诈行为，造成消费者或者其他受害人死亡或者健康严重损害的，依法追究刑事责任；受害人有权要求所受损失两倍以下的民事赔偿。对此，与会专家指出，仅仅规定"两倍以下的民事赔偿"，完全不是惩处明知故犯者，而是明确地告诉违法者不用承担多大的法律责任。有专家指出，在有的国家，类似的民事赔偿是上不封顶的，如在美国，造成健康损害的药品，就算不是故意的，赔偿金额也可以达到几亿美元。特别是针对我国目前食品药品领域的乱象，更需要用重典来惩罚。此外，该草案还新增了保护消费者个人信息的条款，规定未经消费者同意不得发送商业性电子信息。与会专家指出，在垃圾短信泛滥的今天，新增这一条款非常必要，但是如果消费者不同意，而还是收到了这类信息，又该怎么办，草案并没有给出相应的规定。而如果不明确处罚措施，这个条款就只是一个概念，很难实际落实[①]。实践表明，在维护市场经济秩序中，如果没有让违法经营者付出高昂代价的法律惩罚机制，就谈不上有效地保障和引导守法经营者的正当经营，就谈不上有效地保障消费者的合法权益。

第三，政府监管不力、执法不严。有几种情况：一是有关部门的监管职责不清，或多头分管，或无人监管；二是有的玩忽职守，行政不作为，有法不依，执法不严，违法不究，甚至包庇纵容；三是"运动式""游击式"的监管，一阵风过后，一切照旧，反而使不法分子有机可乘；四是行政问责制度不健全，随意性较

---

① 殷泓、王逸吟：《为消费者撑开法律保护伞——全国人大常委会组成人员热议消法修正案草案》，《光明日报》2013年4月25日。

大，缺乏问责的法律实体规定和法律程序规定；五是无力监管，有关部门用于监管的人力、物力、财力远远不足，往往力不从心。实践表明，要有效地维护市场经济秩序，既需要日益严密的立法，更需要强有力的执法。如果制定了再严的法律，而没有执法的鼎力实施，法律的效果也将落空。

第四，尚未形成社会组织监督、行业自律监督、媒体舆论监督和人民大众监督共同发挥作用的全方位的社会监督体系。每年一次的"3·15"国际消费者权益保护日，堪称是消费者"最痛快"的节日。这一天，对消费者痛恨的一些违法行为"大火力"地集中曝光，可谓作用不小。但也有群众调侃地说："3·15举国打假，3·16恢复日常。"这说明，群众期盼着"3·15"常态化。只有营造全方位的社会监督体系，才能建立起维护市场经济正常秩序的长效机制。

以上情况说明，要有效地解决这些问题，必须使市场经济秩序纳入法制轨道。扩展开来，就是通过新一轮改革，把国家各项事业和各项工作都纳入法制轨道，实现国家和社会生活的制度化、法制化。只有这样，才能使我国社会主义市场经济体制更加完善，使市场经济向着更高的发育和成熟程度升级，使生产力以更高的质量发展。

这里，我们不禁想起恩格斯在其晚年，对市场经济不同成熟程度的发展，曾有过一段非常精彩的描述。恩格斯把市场经济的发展分为三个阶段：第一个阶段，以当时波兰犹太人为代表的"欧洲商业发展最低阶段"；第二阶段，以当时德国汉堡或柏林为代表的市场经济中级发展阶段；第三阶段，以当时英国曼彻斯特为代表的高级"大市场"阶段。英国是当时资本主义工商业最为发达的国家，其市场经济具有较为健全的法律制度基础。恩格斯分析说："波兰犹太人，即欧洲商业发展最低阶段的代表所玩弄的那些猥琐的骗人伎俩，可以使他们在本乡本土获得很多好处，并且可以在那里普遍使用，可是只要他们一来到汉堡或柏林，那些狡猾手段就失灵了。"而处于中级阶段的德国商人，采用的则是一套"已经稍加改进但到底还很低劣的手腕和花招"。比如，"先给人家送上好的样品，再把蹩脚货送去"。这些手腕和花招在德国"被看作生意场上的智慧顶峰"，但是，一到英国"大市场"，不仅会失灵，而且"已经不合算了"。因为在英国"大市场"，"那里时间就是金钱，那里商业道德必然发展到一定的水平，其所以如此，并不是出于伦理的狂热，而纯粹是为了不白费时间和辛劳"[①]。恩格斯的这一段描述，今天结合中国情况读来，仍极有启发性。

---

① 恩格斯：《〈英国工人阶级状况〉1892年德文第二版序言》，《马克思恩格斯文集》第1卷，中译本，人民出版社2009年版，第366页。

由适应市场经济体制到匹配国家治理体系

——关于新一轮财税体制改革基本取向的讨论*

高培勇**

内容提要：本文在深刻理解中共十八届三中全会精神的基础上，从战略层面梳理了新一轮财税体制改革的基本目标与行动路线。其基本结论是：与1994年的财税体制改革有所不同，新一轮财税体制改革的基本目标，在于建立与国家治理体系和治理能力现代化相匹配的现代财政制度。围绕这一基本目标，在财政收入线索上，要从逐步提高直接税比重入手着力于优化税制结构。在财政支出线索上，支出规模要着眼于稳定税负，支出结构要着眼于向民生领域支出倾斜。在预算管理线索上，要真正下决心把"全口径"预算管理落实到位。在财政管理体制线索上，要继续坚守"分税制"的方向并逐步向其逼近，而不是迫于现实条件的制约而部分回到"分钱制"。

一 引言

本文所论及的财税体制，系广义的财税体制——用以规范政府收支及其运行的一系列制度安排的统称，而非狭义的财政体制——单指用以规范不同级次政府收支关系的财政管理体制。尽管财税体制所覆盖的内容相当复杂和广泛，但深入实质层面，可以看到：作为政府的收支或政府的收支活动，取得收入和拨付支出是其两个

---

* 原文发表于《财贸经济》2014年第3期。

** 高培勇（1959— ），天津人。曾任中国人民大学教授、博士生导师，研究生院副院长兼培养管理处处长、校长助理兼教务处处长、中国社会科学院财政与贸易经济研究所副所长、所长。现任中国社会科学院学部委员、中国社会科学院财经战略研究院院长。主要研究领域：财税理论、财税政策、公共经济学。主要著作：《国债运行机制研究》、《市场化进程中的中国财政运行机制》（合著）、《市场经济条件下的中国税收与税制》、《公共经济学》、《税费改革研究》。先后获得国家社会科学基金项目优秀成果奖、北京市哲学社会科学优秀成果奖、教育部高校人文社会科学研究成果奖、中国社会科学院优秀成果奖、中国财政学会优秀成果奖、中国税务学会优秀成果奖、中国国际税收研究会优秀成果奖等20余项奖励。

最基本的线索，围绕财政收入和财政支出而形成的制度规范——财政收入体制和财政支出体制，便分别构成了财税体制的两个基本内容；在现代经济社会，无论财政收入还是财政支出，都是要纳入以预算为主体的制度体系加以管理的，围绕政府预算的编制、审批、执行和决算而形成的制度规范——预算管理体制，便构成了财税体制的第三个基本内容；进一步看，在中国这样的大国，政府肯定是要分作若干级次的，不同级次政府之间肯定要发生收支往来关系，围绕处理不同级次政府之间收支关系而形成的制度规范——财政管理体制，又构成了财税体制的第四个基本内容。所以，对于财税体制或财税体制改革而进行的讨论，可以区分并聚焦于如下四个方面：财政收入体制、财政支出体制、预算管理体制和财政管理体制。

作为新中国历史上规模最大、影响最为深远的一轮财税体制改革，1994年财税体制改革为我国搭建的现行财税体制基本框架，迄今已经运行20年。随着时间的推移和改革开放的进程，当前中国财税领域面临着诸多难以在现行财税体制框架内解决的难题。这些难题，既与1994年的财税改革目标未能全面实现、改革不够彻底有关，也同此后的改革未能与时俱进、国内外经济社会环境发生一系列十分重大的变化有关。故而，必须通过启动规模更大、影响更为深远的财税体制改革加以破解。

中共十八届三中全会在深刻分析现行财税体制利弊得失的基础上，站在新的历史起点上，以全新的理念和思维对深化财税体制改革做出了系统部署。这些部署，既是对1994年财税体制改革的继承，也是对1994年财税体制改革的发展。鉴于改革的思路已经有所调整、改革的方向已经有所矫正，为了与1994年的那一轮财税体制改革相区别，本文将《中共中央关于全面深化改革若干问题的决定》（以下简称《决定》）围绕深化财税体制改革所作出的系统部署以及据此而正在实施或即将启动的财税体制改革，称为"新一轮财税体制改革"。

历史的经验值得注意。财税体制改革牵一发而动全身，它的影响，绝对不会也从来没有停留于财税体制领域自身。以全新的角度思考全面深化改革的总体布局，可以发现，新一轮财税体制改革不仅是经济体制改革的重要组成部分，而且牵动包括经济、社会、政治、文化、生态文明以及党的建设在内的所有领域的改革。这意味着，新一轮财税体制改革不仅绝对是全面深化改革的重点工程，而且极可能成为全面深化改革的突破口。[1] 故而，在当前的中国，充分地认识、全面地评估新一轮

---

[1] 习近平总书记2013年在《关于〈中共中央关于全面深化改革若干重大问题的决定〉的说明》中已经明确指出，"这次全面深化改革，财税体制改革是重点之一"。

财税体制改革的意义,既十分必要,也非常重要。

鉴于新一轮财税体制改革的蓝图已经大致绘就,接下来,摆在我们面前的主要任务,就是通过实实在在的行动,将改革蓝图付诸实践。这一方面要根据改革的总体规划和顶层设计,进一步细化重大改革措施;另一方面,要按照改革的时间表,以 2020 年在重要领域和关键环节改革上取得决定性成果实行倒计时,进一步落实重大改革行动。然而,无论是细化财税体制改革重大措施,还是落实财税体制改革重大行动,都需有战略层面的考虑,都需要在深入而系统地理解《决定》的基础上,清晰地梳理好新一轮财税体制改革的基本目标和行动路线。

注意到这是一项非做不可、亟待进行的具有打基础意义的重要工作,对于新一轮财税体制改革,本文选择了两个互为关联的研究线索:其一,将其放入全面深化改革的总棋局,从总体规划和顶层设计中,定位新一轮财税体制改革。其二,将其同 1994 年的财税体制改革相联系,在比较中归结新一轮财税体制改革的新特点、新变化、新举措。循着上述线索,本文拟在全面而系统地分析新一轮财税体制改革基本目标的基础上,择其主要方面,依次讨论税收制度改革、财政支出改革、预算制度改革和财政管理体制改革的基本目标和行动路线。

二 基本目标:建立与国家治理现代化相匹配的现代财政制度

对于财政和财税体制,我们并不陌生。但是,在以往,无论是学术界的研究语言,还是实践层的工作用语,基本上都是将其作为经济范畴加以操用、在经济生活领域内寻求定位的,极少有脱出经济范畴、经济领域的局限而归结财政概念、财税体制功能及其作用的情形。比如,在说到财政概念的时候,我们通常定义为政府的收支或政府的收支活动。再如,当说到财税体制功能及其作用的时候,我们通常概括为优化资源配置、调节收入分配和促进经济稳定[①]。

与之相对应,对于财税体制改革,在以往,我们也多是将其作为经济体制改革的一个组成部分而与经济体制改革的目标相对接。以 1994 年的财税体制改革为例,在《国务院关于实行分税制财政管理体制的决定》中,将分税制改革的意义归结于"分税制改革是发展社会主义市场经济的客观要求";[②] 在《国务院批转国家税务总局工商税制改革实施方案的通知》中,将工商税制改革的目的归结于"为了

[①] 高培勇、杨志勇、杨之刚、夏杰长:《公共经济学》,中国社会科学出版社 2007 年版。

[②] 国发 [1993] 第 85 号:《国务院关于实行分税制财政管理体制的决定》,《人民日报》1993 年 12 月 15 日。

适应建立社会主义市场经济体制的需要""建立适应社会主义市场经济体制要求的税制体系";① 在《国务院办公厅转发国家税务总局关于组建在各地的直属税务机构和地方税务局实施意见的通知》中,将两套税务机构分设的意义归结于"加强国家宏观调控和促进社会主义市场经济体制的建立"②,等等。正因为如此,对于1994年财税体制改革的基本目标,我们一直操用的是"建立与社会主义市场经济体制相适应的财税体制基本框架"的表述。

中共十八届三中全会则以前所未有的历史高度,给予了财政、财税体制和财税体制改革全新的解释。

1. 财政:国家治理的基础和重要支柱

对于财政概念,《决定》作出的界定是,"财政是国家治理的基础和重要支柱"。注意到在"基础"前面未加任何修饰语,意味着财政是国家治理的"唯一"基础。即便在"支柱"前面添加了"重要"二字,也意味着财政是国家治理的为数不多的支柱之一。这样的定位,在新中国的历史上,可能是第一次。至少在笔者所读过的相关教科书中,没有看到过。

然而,由"政府的收支或政府的收支活动"到"国家治理的基础和重要支柱",绝非文字游戏,而系在充分认识财政功能及其作用的基础上,从更高层次和更广范围对财政功能及其作用的全新定位③。从国家治理的总体角度定位财政,至少说明,财政绝不仅仅是一个经济范畴,而是一个事关国家治理和整个经济社会事务,牵动经济、政治、文化、社会、生态文明和党的建设等所有领域的基本要素。随着财政与国家治理相对接并以国家治理的基础和重要支柱而定位,财政便被赋予了在改革发展稳定、内政外交国防、治党治国治军等有关国家治理的各个方面履行职能,甚至在上述各个方面发挥支撑作用的神圣使命。

2. 财税体制:在国家治理层面寻求定位

财政功能与作用的全新定位如此,对于财税体制,自然也要与国家治理体系相对接,在国家治理层面寻求定位。在《决定》中写道,"科学的财税体制是优化资源配置、维护市场统一、促进社会公平、实现国家长治久安的制度保障"。

由"优化资源配置、调节收入分配和促进经济稳定"到"优化资源配置、维

---

① 国发〔1993〕90号:《国务院批转国家税务总局工商税制改革实施方案的通知》,《人民日报》1993年12月11日。
② 国办发〔1993〕87号:《国务院办公厅转发国家税务总局关于组建在各地的直属税务机构和地方税务局实施意见的通知》,《人民日报》1993年12月9日。
③ 高培勇:《筑牢国家治理的财政基础和财政支柱》,《光明日报》2013年11月15日。

护市场统一、促进社会公平、实现国家长治久安",绝非仅仅是功能和作用概括上的数量添加,而系从国家治理体系的总体角度对财税体制功能与作用的提升和拓展。它至少说明,财税体制实质是国家治理体系的一个重要组成部分。如果把国家治理体系比作一座金字塔,那么,处于金字塔底端或基座位置的便是财税体制。注意到上述定位已经跃出经济生活领域的局限,而延伸至包括经济生活、政治生活、文化生活、社会生活、生态文明和党的建设在内的所有领域。而且,有别于其他方面的体制,财税体制所具有的功能和所发挥的作用是支撑性的,作为财税体制与国家治理体系相交融并在其中寻求定位的一个必然结果,财税体制被赋予了更大的作用潜力和更广的作为空间。

必须着重指出,财政也好,财税体制也罢,其定位绝非今天被拔高了,而是本来就如此。只不过,在以往,我们或是由于对它的认识不够,或是由于对它的理解不深,以至于本来可以也应当发挥更大作用的财政和财税体制,在一定程度上被大材小用了。从这个意义讲,财政和财税体制定位在新的历史起点上的提升,纯粹是回归本义之举。

3. 财税体制改革:对接全面深化改革的总目标

随着财政与财税体制定位的变化,对于新一轮财税体制改革,《决定》也给出了不同于以往的解释。与以往的历次重大改革的部署有所不同,中共十八届三中全会所部署的全面深化改革,不是某一个领域的改革,也不是某几个领域的改革,而是全面的改革、涉及所有领域的改革。既然是全面的改革、涉及所有领域的改革,它的改革目标便不是覆盖某一领域的,也不是覆盖某几个领域的,而是要覆盖所有领域的。按照习近平总书记的说法,"这项工程极为宏大,必须是全面的系统的改革和改进,是各领域改革和改进的联动和集成"①。于是,从总体角度布局改革、提出一个统领所有领域改革的总目标,肯定要成为当然之举而走入《决定》的视野。

那么,这个总目标是什么?

《决定》作出的概括是令人振奋的,"全面深化改革的总目标是发展和完善中国特色社会主义制度,推进国家治理体系和治理能力的现代化"。不难看出,在这一表述中,"发展和完善中国特色社会主义制度"是一个前提或基本条件,总目标实际上是落在"推进国家治理体系和治理能力现代化"身上的②。不仅如此,随着

---

① 习近平:《制度自信不是固步自封》,《人民日报》2014年2月18日。
② 陈金龙:《治国理政基本理念的重大突破》,《中国社会科学报》2013年11月23日。

国家治理体系和治理能力的现代化被定位于统领所有领域的改革总目标,能否"在国家治理体系和治理能力现代化上形成总体效应、取得总体效果"[①],便成为关系这场全面深化改革战役胜负的关键。

显然,这场战役的部署要从构筑国家治理体系的基础和支柱做起。

绝非出于巧合,在上面的讨论中,我们已经看到,不仅财政概念作为国家治理的基础和重要支柱而获得了全新的定位,而且财税体制的功能和作用在纳入国家治理体系之后也获得了极大的提升和拓展,这一切均为实践全面深化改革的总目标做好了准备。这意味着,与以往主要聚焦于经济体制改革而定位财税体制改革的思维有所不同,新一轮财税体制改革的基本目标与全面深化改革的总目标可以是一致的、重合的。

进一步看,能够与国家治理体系和治理能力现代化相匹配的财政和财税体制,也应当是基于全新的理念和思维建立起来的。也即是说,从财政作为国家治理的基础和重要支柱出发,从财税体制作为国家治理体系的重要组成部分要在更高层次、更广范围发挥更大作用出发,构筑具有顺应历史规律、契合时代潮流、代表发展方向的现代财政制度,应当也必须是新一轮财税体制改革的基本立足点。

正是基于上述的种种考虑,《决定》在将新一轮财税体制改革目标与全面深化改革总目标相对接的同时,第一次以"建立现代财政制度"标识新一轮财税体制改革的方向。不仅如此,围绕建立现代财政制度,《决定》还提出了"完善立法、明确事权、改革税制、稳定税负、透明预算、提高效率"24字的指导方针。

用心体会现代财政制度概念中的"现代"二字所蕴含的深刻含义,并注意到此"现代"财政制度与彼"现代"国家治理之间的内在联系,不难理出如下的逻辑线索:全面深化改革的总目标在于推进国家治理的现代化,实现国家治理现代化的基础和重要支柱是坚实而强大的国家财政,构筑坚实而强大的财政基础和财政支柱要依托于科学的财税体制,科学的财税体制又要建立在现代财政制度的基础之上。于是,"建立现代财政制度"→"科学的财税体制"→"国家治理的基础和重要支柱"→"国家治理体系和治理能力的现代化",便成为可以勾画出的有关新一轮财税体制改革的十分明确而清晰的"路线图"。

说到这里,可以对新一轮财税体制改革的基本目标作如下表述:建立与国家治理体系和治理能力现代化相匹配的现代财政制度。

由"适应市场经济体制"到"匹配国家治理体系",从"建立与社会主义市场

[①] 习近平:《制度自信不是固步自封》,《人民日报》2014年2月18日。

经济体制相适应的财税体制基本框架"到"建立与国家治理体系和治理能力现代化相匹配的现代财政制度",标志着中国的财税体制改革迈上了一个新的更高的平台。这也可说是一种中国财税体制改革战略的重大转型。

三 税收制度改革:着力于优化结构

财税体制改革战略的转型自然要相应落实在财税体制各个方面的基本内容上。

先从财政收入体制说起。在现实中国的财政收入体系中,税收收入是最重要的来源。2013年,税收收入占到全部财政收入的85.6%。因而,《决定》围绕财政收入体制改革的布局是以税收制度的改革为重心的。

回顾一下1994年的税制改革布局,便会发现,那一轮税制改革的一个重要目标是"通过税制改革,逐步提高税收收入占国民生产总值的比重"[1]。与之有所不同,新一轮税制改革的主要着眼点不在于扩大规模,而在于优化结构。

1. 失衡的现行税制结构

中国现行的税制结构是处于严重失衡状态的。这主要通过税收收入结构和税收来源结构表现出来。

表1揭示了2013年中国税收收入结构状况。从表1可以看到,2013年,在全部税收收入中,来自国内增值税、国内消费税、营业税、进口货物增值税和消费税、车辆购置税等间接税收入的占比达到64.12%。若再加上间接税特征浓重的地方其他税种,[2] 那么,整个间接税收入在全部税收收入中的占比,超过70%。除此之外,来自企业所得税、个人所得税等直接税收入的占比,仅为26.2%。间接税收入与直接税收入之比,大致为70:30。

表1　　　　　　　　　2013年中国税收收入结构　　　　　　　　单位:亿元,%

税种	国内增值税	国内消费税	营业税	企业所得税	个人所得税	进口货物增值税和消费税	车辆购置税	地方其他税种	全部税收收入
收入额	28803	8230	17217	22416	6531	14003	2596	10701	110497
占全部税收收入比重	26.07	7.45	15.58	20.28	5.92	12.67	2.35	9.68	100.00

资料来源:财政部网站。

---

[1] 国发[1993]90号:《国务院批转国家税务总局工商税制改革实施方案的通知》,《人民日报》1993年12月11日。

[2] 包括契税、土地增值税、耕地占用税、城镇土地使用税等。

表 2 揭示了 2013 年中国税收来源结构状况。从表 2 可以看到，2013 年，在全部税收收入中，由国有企业、集体企业、股份合作企业、股份公司、私营企业等企业所缴纳的税收收入的占比达到 90%。若考虑到个体经济在一定程度上亦具有企业性质，那么，属于企业性质来源的税收收入占全部税收收入的比重，便超过 90%。除此之外，来自居民个人缴纳的税收收入占比，不足 10%。企业来源收入与居民个人来源收入之比，可大致归为 90:10。

表 2   2013 年中国税收收入来源结构   单位：亿元，%

纳税人类型	国有企业	集体企业	股份合作企业	股份公司	私营企业	涉外企业	个体经济	其他	全部税收收入
收入额	15372	1007	600	56456	11619	22992	6558	5339	119943
占全部税收收入比重	12.8	0.8	0.5	47.1	9.7	19.2	5.5	4.5	100.00

注：表 2 与表 1 全部税收收入数额不同的原因在于，两者的统计口径有差异。表 2 未扣除出口退税，不含关税、耕地占用税、契税等。

资料来源：国家税务总局收入规划核算司：《税收月度快报》，2013 年 12 月。

2. 现行税制结构非改不可

由上述的分析可以看出，我国现行的税制结构以及由此决定的税收收入结构和税收来源结构，具有两个突出特征，一是以间接课税为主体。不仅直接税比重偏低，来自居民个人的直接税比重更低，而且，迄今为止，在现行税制体系中，尚无对居民个人课征的财产税税种。二是以企业来源为主体。除了个人所得税，作为居民个人，除了极少的场合和在间接税的转嫁过程中充当负税人之外，基本上是不直接负有纳税义务的。

这既同国际上的通行税制结构格局迥然相异，也导致与当前的国内外经济社会形势冲突迭起。

就前者而言，按照 OECD 所发布的有关各国税收收入的税种构成情况，[①] 2009 年，以 OECD 国家税收收入作为一个整体，来自一般流转税、特殊流转税和其他流转税等间接税收入的占比分别为 27.2%、14.4% 和 2.6%，合计占比 44.2%。来

---

① OECD, Revenue Statistics, 1965—2010.

自公司所得税、个人所得税和财产税等直接税收入的占比为 11.4%、33.7% 和 11.7%，合计占比 56.8%。间接税和直接税收入之比，大致为 44.2∶56.8。以此为基础，倘若将间接税和公司所得税视作由企业缴纳，而将其余的个人所得税、财产税等税种视作由居民个人缴纳，那么，在全部税收收入的盘子中，企业缴纳的税收收入和居民个人缴纳的税收收入之比，大致为 55.6∶45.4。可以说，OECD 国家的税制结构格局，无论是从税收收入结构还是从税收来源结构看，都处于比较均衡的状态。

就后者而言，这种严重失衡的现行税制结构，在过去的 20 年中，特别是这一轮国际金融危机以来，使我国遭遇了一系列的挑战。不妨举几个相对突出的例子。比如，70% 以上的税收收入来自间接税，意味着我国税收收入的绝大部分要作为价格的构成要素之一嵌入价格之中，同商品和服务价格高度关联。在国内，它既可垫高商品和服务的价格水平，又会阻碍政府控制物价水平的努力。在国际贸易领域，由于中外税制结构的巨大差异，还会因嵌入价格之中的间接税"分量"的不同而带来境内外商品和服务价格之间的"反差"或"倒挂"现象。

又如，90% 以上的税收收入来自企业缴纳，一方面意味着我国税收的绝大部分可以转嫁，税收归宿在总体上难以把握，从而模糊政府利用税收调节经济活动的视线。另一方面也说明，我国的税收负担几乎全部压在企业纳税人一方身上，企业税负水平与宏观税负水平之间高度近似。即便税收在经过一系列的转嫁过程后最终要落在消费者身上，即便我国的宏观税负并未达到偏高状态，至少在国民收入初次分配环节，我国企业所承担的税负也往往高于国际一般水平，从而使企业在参与国际竞争中处于不利地位。

再如，来自个人所得税收入的占比仅为 5% 上下，又几乎没有任何向居民个人征收的财产税，意味着我国税收与居民个人之间的对接渠道既极其狭窄，又只能触及收入流量。这对于政府运用税收手段调节居民收入分配差距，特别是调节包括收入流量和财产存量在内的贫富差距而言，绝对属于小马拉大车，心有余而力不足。

还如，税制结构，说到底，所揭示的是税收负担在社会成员之间的分配状况，实际上是一国税收文明发展程度的体现。人类税制结构的发展史，就是从简单原始的直接税到间接税，再由间接税到发达的直接税的演进过程。其中，主导这一过程的一个最为重要的因素，就是人类对于税收公平和公正的追求。就向间接税一边倒且主要依赖企业税收来源的现行税制结构而论，我国当下的税收负担分配既难以提及或体现公平，又同世界第二大经济体的地位极不相称。由此而形成的经济发展水平和税收文明程度之间的巨大反差,在很多场合,已经演化成为种种的矛盾冲突。

诸如此类的例子,还可列出许多。应当看到的是,这种失衡的税制结构格局并非始于今日。它之所以能够维持运行20年之久,除了形势尚在变化、矛盾尚在积累,从而可以勉强凑合过日子之外,一个更为重要的原因在于,在以往,对于税收的功能和作用,我们多是拘泥于经济生活领域而定位的。即便能够认识到税收在政治、文化、社会生活等领域同样具有影响,也多半停留于理论分析,而未作为重要着力点落实于税制设计实践。然而,在财政和财税体制被赋予全新的定位、税收要在"优化资源配置、维护市场统一、促进社会公平、实现国家长治久安"等所有事关国家治理的领域发挥作用之后,现行税制结构便到了非改不可的地步了。

3. 以增加直接税为主要着力点

税制结构的优化,自然要针对其"软肋"下手。故而,其着力点要放在增加直接税性质的税、增加居民个人缴纳的税上。具体而言,即是在稳定既有税负水平的条件下,逐步降低来自于间接税的税收收入比重,同时相应增加来自于直接税的税收收入比重,从而变向间接税一边倒为间接税与直接税相兼容。逐步降低来自企业缴纳的税收收入比重,同时相应提升来自于居民个人缴纳的税收收入比重,从而变基本上由企业"独挑"税负为由企业和居民个人"分担"税负。

注意到增加直接税即是增加居民个人缴纳的税,增加居民个人缴纳的税也就是增加直接税,两者又可以统一于增加直接税。于是,《决定》开宗明义地将税制结构优化方向界定为"逐步提高直接税比重"。

问题是,究竟该怎样逐步提升直接税比重?

直接税比重的逐步提高,是要以"稳定税负"为约束条件的。所以,直接税比重的逐步提高应当也必须以间接税比重的逐步减少为前提,两者宜同步操作,彼此呼应。

迄今为止,围绕逐步减少间接税比重的最主要举措就是"营改增"。通过"营改增"所实现的减少间接税效应,至少有三部曲:

第一步,始自上海的所谓"1+6"(交通运输业+6个现代服务业)方案也好,目前正在全国推行的所谓"1+7"(交通运输业+6个现代服务业和广播影视服务)方案也罢,都是具有极大减税效应的改革。按照迄今为止的减税实际效果,一年的减税额可达2000亿元左右。

第二步,从2014年起,"营改增"又将在"1+7"基础上扩展至铁路运输和邮政服务业,并且,按照至迟在"十二五"结束之时将"营改增"推广至全国所有行业的计划,届时一年的减税规模可达到 5000 亿元左右。

第三步,在"营改增"全面完成之后,按照《决定》的部署,将进一步"推进增值税改革,适当简化税率"。通过简化税率,一方面求得税率级次的减少,另一方面,也是更重要的,税率级次的简化肯定意味着税率的相应下调,从而进一步降低增值税税负水平。根据 2012 年的统计数字初步计算,增值税标准税率每下调一个百分点,将减税 2000 亿元。再加上寄生于增值税身上的城镇建设税、教育费附加和地方教育费附加,减税额度会达到 2200 亿元上下。倘若增值税标准税率下调 2 个百分点,那么,整个"营改增"和增值税改革实现的减税规模可能达到 9000 亿元左右[①]。

以 9000 亿元左右的间接税减少规模计,直接税比重的增加便拥有了相应的空间,从而为开征以房地产税和建立综合与分类相结合的个人所得税制为代表的旨在提高直接税比重的操作铺平道路。

其一,逐步建立综合与分类相结合的个人所得税制。从现行对 11 个征税所得项目实行不同的计征办法分别征税逐步过渡到对大部分的征税所得项目实行统一的征税办法综合计税,对于个人所得税收入规模绝对是一种增税效应,而非减税效应。

其二,加快房地产税立法并适时推进改革。从现行对居民个人所拥有的房地产在存量环节基本不征税逐步过渡到对居民个人拥有的房地产在存量环节征税,即便会同时伴随有整合流转环节房地产税费的操作,也绝对属于一种增税而非减税措施。

其三,择机开征遗产和赠与税。作为财产税系的一种,遗产和赠与税系针对纳税人的财产转让行为征收的。它的开征,系从无到有的操作,自然也可归入增税之列。

无论个人所得税,还是房地产税,或是遗产和赠与税,其属性都属于直接税,且都属于以居民个人为纳税人的直接税。这三个税种变化所带来的直接税收入的增加,显然具有逐步提高直接税比重之效。

四 财政支出改革:稳定规模与调整结构并重

再看财政支出体制。说来颇具戏剧性,无论是在国务院围绕 1994 年财税体制

[①] 楼继伟:《财税改革的四大方向——第五轮中美战略与经济对话》,《中国税务》2013 年第 9 期。

改革所颁发的各种文件中，还是在对新一轮财税体制改革作出系统部署的《决定》中，都没有专辟章节专门论及财政支出改革，我们只能从相关问题的阐释中迂回地分析其中所蕴含的财政支出改革。但这并不意味着财政支出改革不重要或不如其他方面内容的改革重要，恰恰相反，作为政府收支活动规模及其方向的集中反映，作为政府财政活动最基本的线索，围绕财政支出线索上的改革，历来居于重要地位。只不过，有关它的改革内容，主要是通过与财政收入之间的相互作用和密切联系而得以引申的。比如，1994年的财税体制改革，虽然主要目标之一在于增加收入，但引申一步说，增加收入的目的又在于增加支出。故而，也可以说，在那一轮财税体制改革中，围绕财政支出线索上的改革取向即在于增加支出规模，以此增强中央政府的宏观调控能力。

不过，同1994年的财政支出改革取向有所不同，在经历了长达20年财政收支规模魔幻般的持续增加之后，新一轮财政支出改革的主要着眼点，不在于扩大规模，而在于稳定规模和优化结构。这可以分别来说。

1. 进入相对偏高状态的宏观税负

按照目前有账可查且可以查到的统计文献计算（见表3），2013年，我国公共财政预算口径下的全国财政支出为139744亿元，占GDP的比重为24.56%。若以此作为测度宏观税负水平的标尺并仅就此而言，[①] 在今天的世界上，我国的宏观税负水平并不高。若同我国的经济发展水平相联系，则至多属于适中水平。

复杂的问题在于，在当前的中国，政府的支出并非限于公共财政支出。除此之外，政府还有其他类别、列在其他预算项下的支出，如政府性基金支出、社会保险基金支出、国有资本经营预算支出。若将这些支出加入其中，从而算全口径政府支出规模的大账，则在2013年，全部政府支出为219415亿元，占GDP的比重为38.56%。若以此作为测度宏观税负水平的标尺并就此而论，那么，在今天的世界上，我国的宏观税负水平就不能算低了。若再同我国的经济发展水平联系起来，特别是在将目前相对落后的财政支出管理水平引入视野之后作更为细致的比较，则绝对属于相对偏高状态了。

更进一步看，目前这样的支出规模，不仅是以往若干年间始终保持持续增长态

[①] 宏观税负水平通常可从两个角度测度，一是财政收入占GDP的比重，二是财政支出占GDP的比重。在财政收支大致平衡的条件下，两者之间差异不大。但在财政发生赤字或赤字规模较大的情况下，两者就会出现差异甚或很大的差异。在我国，由于财政收支不等于政府收支，故而，还有从政府收入和政府支出分别占GDP的比重测度宏观税负水平的必要。

势的结果，而且，还是在将控制支出规模作为一个重要目标加以追求之后所呈现的结果。2004—2013年的10年间，全国财政支出规模从28486亿元增加至139744亿元，增加了近4倍。其占GDP的比重从16.51%增加至24.56%，增加了8.05个百分点。全部政府支出规模从48217.23亿元增加至219414.82亿元，增加了3.6倍。其占GDP的比重从30.16%增加至38.56%，增加了8.4个百分点。注意到这些年我国实际上已经对支出规模的扩张势头有所警惕，特别是在2007年正式提出了"逐步提高居民收入在国民收入分配中的比重"的目标①，然而，事实上，无论是财政支出还是政府支出，其规模及其占GDP的比重非但没有下降，反而一再上扬。即便在2013年经济和财政收入增速双双下滑的背景下，全国财政支出的规模及其占GDP的比重，仍旧分别有10.9个和0.3个百分点的增幅。与此同时，全部政府支出的规模及其占GDP的比重的增幅更大，分别达到19.8个和1.34个百分点。这说明，在当前的国情背景下，控制政府支出并非易事。

表3　　　　　　　　　2013年中国政府支出规模与结构情况　　　　　　　　单位：亿元，%

项目	支出额	占政府支出的比重	占GDP的比重
公共财政支出	139744	63.69	24.56
其中：中央支出	20472	9.33	3.60
地方支出	119272	54.36	20.96
政府性基金支出	50116	22.84	8.81
其中：政府性基金支出（不含土地）	9516	4.34	1.67
国有土地出让收入安排支出	40600	18.5	7.14
社会保险基金支出	27913.31	12.72	5.77
国有资本经营支出	1641.51	0.75	0.29
其中：中央国有资本经营支出	1083.11	0.49	0.19
地方国有资本经营支出	558.4	0.26	0.10
全部政府支出	219414.82	100.00	38.56

注：公共财政支出和政府性基金支出系决算数，社会保险基金支出和国有资本经营支出系预算数。

资料来源：(1)财政部国库司：《2013年财政收支状况》，财政部网站。(2)财政部：《关于2012年中央和地方预算执行情况与2013年中央和地方预算草案的报告》，《经济日报》2013年3月19日。

---

① 胡锦涛：《在中国共产党第十七次全国代表大会上的报告》，《人民日报》2007年10月24日。

2. 以"稳定税负"求得稳定支出

但是,不管怎样,鉴于我国现实的宏观税负水平已经处于相对偏高状态,也鉴于我国的国民收入分配结构近些年已经发生了越来越向政府一方倾斜的变化,更鉴于政府支出规模过大不利于经济结构调整和经济持续健康发展的事实,可以立刻确定的一点是,控制政府支出这件事终归要做,而且必须立即着手去做。

不过,终归要做也好,立即去做也罢,都不意味着可以"蛮干"。在深刻把握政府支出运行规律的基础上,寻求一个切实可行、确有实效的行动路线显然特别重要。正是出于这种考虑,"稳定税负"作为新一轮财税体制改革的重要目标,被正式写入了《决定》之中。不难体会,稳定税负的目的,当然是稳定支出。由稳定税负入手,求得稳定政府支出规模,以此达到控制政府支出规模的目标,这在新中国的历史上,至少在改革开放以来的35年中,是开天辟地第一回。

它意味着,即便控制政府支出会遭遇到一系列难以跨越的困难,即便事实上政府支出规模难以压缩,我们还是可以找到一定的作为空间的。只要能够控制住政府支出的增幅,只要能够稳定住既有政府支出规模及其占GDP的比重,并使其不再进一步扩大或提升,政府支出规模的控制,便不是可望而不可即的,而是有可能实现的。

3. 向民生领域支出倾斜

除了支出规模的控制之外,另外一个需要我们关注的问题,那就是支出结构。

我国现实的政府支出结构颇不均衡。对照OECD的分类方法对我国的政府支出重新分类,可以得到表4。从表4可以看到,虽然仅以公共财政预算支出计算的投资和建设性支出比重已经有所下降,但若将以国有土地出让收入为主体的政府性基金预算支出等所形成的支出计算在内,全部政府支出口径下的经济建设性支出(包括经济事务、住房和社区设施)占比为38.67%。这一比重,不仅远远高于OECD成员国中发达国家10%左右的水平,也高于同样具有从计划经济向市场经济转型特点的匈牙利、捷克和波兰等所谓"转型三国"14.72%的水平。与此同时,我国用于社会福利性支出(包括医疗卫生、社会保障就业、教育等)的比重为40.51%。这一比重,又较OECD成员国60%—70%的一般水平至少低了20个百分点。

表 4　　　　　　　中国政府支出结构与 OECD 国家的比较　　　　　　　单位:%

支出分类	中国	美国	法国	德国	英国	日本	北欧三国	转型三国
基本政府职能支出（一般公共服务、国防、公共安全、环境保护）	20.81	29.03	20.7	19.99	23.1	19.8	18.37	22.6
经济建设性支出（经济事务、住房和社区设施）	38.67	11.94	9.38	11.36	8.76	11.56	9.32	14.72
社会福利性支出（医疗卫生、文化体育传媒、教育、社会保障就业）	40.51	58.78	70.08	68.84	67.92	69.03	72.36	62.73

注：(1) 北欧三国分别为瑞典、丹麦和挪威。三个转型国家分别为匈牙利、捷克和波兰。在合并时均采用了先计算各国财政支出比重，然后简单平均计算的方法。(2) "中国"数值系将中国 2012 年公共财政支出决算数据按照 OECD 的分类方法重新分类，使之能够进行比较。

资料来源：转引自高培勇、杨志勇主编《中国财政政策报告 2013/2014：将全面深化财税体制改革落到实处》，中国财政经济出版社 2014 年版。

经济建设性支出比重的偏大，意味着我国对于民生领域的投入仍处于不足或欠账状态，也意味着政府沿袭多年的通过扩大投资和上项目的发展经济思路亟待调整。所以，在国内外经济形势已经发生重要变化、新一届党中央领导集体治国理政思路已经做出重大调整的背景下，新一轮财税体制改革应当也必须确立的一个基本目标是：在稳定政府支出规模的同时，真正摒弃以扩大政府投资和建设支出换取经济增长的传统思维定式，并做出向民生领域支出倾斜的政策抉择。

五　预算管理改革:实现真正的"全口径"

1. 一个"老大难"问题

在前面的讨论中，一再地触碰到一个相当棘手的"老大难"问题。当讨论财政支出改革的时候，我们总是要小心地区分财政支出和政府支出两个概念。当围绕税收制度改革而探究税收负担问题的时候，我们也总是要特别小心地操用小口径税收负担、中口径税收负担和大口径税收负担的概念而试图分别加以论证。本来一件再寻常不过的事情之所以搞得如此复杂，与我国当前的特殊国情有关——"财政收支"或称"预算收支"不等于"政府收支"。

之所以将其归为"老大难"问题。是因为，它至少可以追溯到 20 世纪 90 年代。许多人都清晰地记得，朱镕基总理曾经将当时的政府收入格局描述为"费大于税"——来自非规范性的各种收费的收入多于来自于规范性的税收收入。① 并且,操用了"民怨沸腾、不堪重负"的言辞加以严厉抨击。正是在这种背景下,中国启动了先是称为"费改税"、后来又改称为"税费改革"的一场声势浩大的改革。

人们应当更清晰地记得,以"费改税"和"税费改革"为基础,2003年10月,为了从根本上解决"财政收支"不等于"政府收支"的问题,实现政府收支行为及其机制的规范化,中共十六届三中全会又正式提出了"实行全口径预算管理"的改革目标。从那以后,在10年多的时间里,尽管先后推出了一系列的调整、整合动作,甚至逐步形成了公共财政预算、政府基金预算、社会保险预算和国有资本经营预算四类预算的现实格局。但是,脱出表面现象的局限而深入其实质功效层面,所看到的结果是令人沮丧的。

很有必要花些工夫对四类预算作更细致一点的评估。评估的标准主要有两个:可否审批?能否统筹?

公共财政预算,亦称一般收支预算,这类收支有统一的制度规范,须接受并通过各级人民代表大会的审议、批准,且可在各级政府层面统筹使用。故而可归为规范性程度最高的政府预算。

基金收支预算,虽在名义上纳入了各级人民代表大会的视野,但在现实中被视作相关部门的"私房钱"。其收支的运作,既不需通过各级人民代表大会的批准程序,也不可能在各级政府层面做统筹安排。故而充其量只能算作"备案"性的审议,在规范性程度上可排在第二位。

社会保险基金预算,虽有相对规范的收支内容、标准和范围,并实行专款专用,但其编制和执行的主导权既非财政部门,又仅限于向各级人民代表大会报告而无须经过批准程序,故而亦属于"备案"性的审议范畴,在规范性程度上可排在第三位。

国有资本经营预算,一方面,进入预算视野的范围仍限于部分国有企业,而且上交预算的国有企业利润比例远低于国际通行水平。另一方面,即便上交的部分,也在国有企业内部封闭运行。故而至多可算作打了较大折扣的"备案"性审议,其规范性程度最低。

---

① 1998年,按照1996年的统计数字,包括规范性和非规范性在内的全部政府收入相加,可以占到GDP的30%。其中,税收收入的占比不过1/3多一点(高培勇,1997)。

表 5　　2013 年中国政府收入规模与结构情况　　单位：亿元，%

项目	收入额	占政府收入的比重	占 GDP 的比重
公共财政收入	129143	61.89	22.70
其中：税收收入	110497	52.95	19.42
非税收入	18646	8.94	3.28
政府性基金收入	52239	25.03	9.18
其中：政府性基金收入（不含土地）	10989	5.26	1.93
国有土地出让收入	41250	19.77	7.25
社会保险基金收入	32828.78	15.73	5.77
其中：财政对社会保险基金的补贴	7180.31	3.44	1.26
社会保险基金净收入	25648.47	12.29	4.51
国有资本经营收入	1641.51	0.79	0.29
其中：中央国有资本经营收入	1083.11	0.52	0.19
地方国有资本经营收入	558.4	0.27	0.10
全部政府收入	208671.51	100.00	36.67

注：公共财政收入和政府性基金收入系决算数，社会保险基金收入和国有资本经营收入系预算数。

资料来源：同表 3。

由此可见，一旦以可否审批、能否统筹作为试金石，潜藏在现实预算格局下的种种污垢便会一一浮出水面。所谓全部收入纳入预算管理、基本取消预算外资金，在很大程度上，不过是形式上的光鲜。由表 5 和表 3 可以看到，2013 年，以收入而论，在包括上述所有四类预算收入的盘子中，公共财政预算收入所占的比重，为 61.89%。其余的三类预算收入所占比重数字加总，高居 38.11% 左右。公共财政预算收入和其他预算收入之比，大致为 62∶38。以支出论，在包括上述所有四类预算支出的盘子中，公共财政预算支出所占的比重，为 63.69%。其余的三类预算支出所占比重加总，亦高居 36.31%。公共财政预算收入和其他预算支出之比，大致为 64∶36。

这意味着，当前中国的政府收支规模，真正纳入"全口径"预算管理视野或完全处于"全口径"控制之下的比重，较之 20 世纪末实行"费改税"之前的水平，虽有所改善，但并未根本解决问题。距离政府收支行为及其机制规范化的目标，还有相当长的一段路要走。

2. 一再遭遇的难题

这种不规范的预算格局，使我们一再地遭遇各种难以跨越的难题：时至今日，我国尚无全面反映政府收支规模及其占 GDP 比重的统计指标。在所谓财政收支的名义下，每年的政府预算所能揭示的，仅仅是公共财政预算收支的规模及其占 GDP 的比重。也正是出于上述的原因，对于我国宏观税负水平的判定，至今仍无一个相对清晰且为人们所能接受的标准。此其一。

即便按照扣除国有土地出让收入之后的口径计算，2013 年，政府收入占 GDP 的比重仍旧高居 30% 上下。尽管政府财力总额不能算少，尽管财力的性质完全相同，但由于分属于规范性程度不同的预算，由此既造成了政府财力使用上的分散和浪费，也在财力紧张的表面现象下潜藏了政府收入不断扩张的现实内容，甚至为地方政府性债务规模的不断膨胀提供了"口实"。此其二。

虽然形式上实现了预算对全部政府收支的覆盖，在表面上将所有的政府收支都关进了预算笼子，但实质上对于不同预算的政府收支操用的是不同的管理标准和管理规范，因而本属同一性质、名义上都"姓公"的政府收支被分割为若干块分属于不同政府部门安排的"私房钱"便具有了可能性。事实上，"私房钱"在运行过程中被不同程度地"改姓"，甚至用于谋取相关政府部门既得利益项目的情形，并不鲜见。此其三。

既不能将所有的政府收支纳入统一的制度框架，各级人民代表大会对政府预算进行的审批只能是"区别对待"式的。既不能将全部的政府收支关进"统一"的制度笼子，本属于同一性质的各种政府收支的运作也就会"政出多门"。毋庸赘言，建立在如此基础之上的政府预算，当然谈不到全面规范，更难以做到公开透明。此其四。

3. 先规范，后透明，以透明倒逼规范

经过了长达十几年的改革进程仍未能真正实现改革的目标，而且，非规范化的政府收支格局还有趋于常态化的倾向，围绕政府预算管理的改革之所以走到了这步田地，固然可做多方面的反思，但是一个不容回避也回避不了的根本原因是，预算管理体制改革触动的是政府部门的既得利益。

认识到突破主要来自政府内部的既得利益格局的阻碍是预算管理改革的关键，《决定》在建立"透明预算"的基本目标下，部署了"改进预算管理制度。实施全面规范、公开透明的预算制度"的改革行动路线。

这一部署很有启示意义。

"透明预算"，无疑是现代财政制度的一个重要特征，当然也是国家治理体系和治理能力现代化的题中应有之义。但问题在于,预算的"公开透明"是以预算的"全面规范"为条件的。这就如同"丑媳妇见公婆"的道理,即便终归要见,但经过一番梳洗打扮之后再去见总比急匆匆不加任何准备地去见,效果要好。在政府预算管理格局颇不规范的情况下,一味地强调透明甚至勉强的实行透明,将各种非规范性政府收支的"乱象"一下子暴露在大众视野之下,其所产生的反响可想而知。因而,政府预算的公开透明不可一蹴而就,也不能急于求成,只能在打好了全面规范的基础上方可实施。作为新一轮预算管理体制改革的第一步,就是以全口径预算管理为基本目标,以将所有政府收支关进"统一"的制度笼子为重心,全面规范政府的收支行为及其机制。也即是说,在改革战略上,先规范、后透明,应当是一个基本行动路线选择。

不过,先规范、后透明也不是绝对的,并不意味着眼下可以将"透明预算"的目标搁置起来,只盯着全口径预算管理,一切等政府收支行为及其机制规范好了再说。实际上,规范和透明之间是互相联系、彼此作用的统一体。离开了规范的前提,透明固然难以实现;但脱离了透明的压力,规范亦难以有足够的动力。所以,在实际的操作中,又可以以透明倒逼规范,在两者的联动中,全面推进全口径预算管理目标的实现。

六 财政体制改革:坚守本来意义的"分税制"

1. 现实的中央财政和地方财政平衡状况

对于当前我国财政管理体制存在的问题,社会上颇有微词。不过,由于观察问题的角度不同,也许是知识背景的差异所致,人们围绕问题所作出的原因归结多不得要领,并未击中问题的要害。流传甚广的关于"中央政府集中了60／%的收入,却将80%的职能推给地方政府"的说法,便是一个具有代表性的例子。且不说如此的说法并不符合现实,即便现实的确如此,也肯定是不能长久维系下来的。

那么,问题究竟出在什么地方?

可以由中央财政和地方财政平衡状况的分析入手。

先看中央财政的平衡状况(见图1)。可以暂且搁置收入一方,而专盯支出。2012年,中央财政支出总共64332.42亿元。它分成三块:第一块数额很小,是补充中央稳定调节基金支出,184.15亿元,占比为0.29%;第二块数额最大,是对地方税收返还和转移支付支出,45383.47亿元,占比70.55%;第三块是中央本级支出,18764.8亿元,占比为29.16%。这即是说,在中央财政支出的盘子中,中央本级支出仅占30%上下。换言之，中央财政所集中的收入，仅有30％左右是用于自身的支出。

再转过头来看地方财政的平衡状况（见图2）。可以暂且搁置支出一方，而专盯收入。2012年，地方财政收入（连同中央代发债券收入）总共108960.8亿元。它分成三块：第一块数额不大，是地方财政收支差额，也就是中央代发债券收入，2500亿元，占比2.3%；第二块是中央对地方税收返还和转移支付，45383.47亿元，占比41.65%；第三块是地方本级收入，61077.33亿元，占比为56.05%。这即是说，在地方财政支出的盘子中，由地方本级收入所弥补的比例，仅占55%上下。换言之，地方财政所花费的支出，仅有55%依靠的是自己组织的收入。

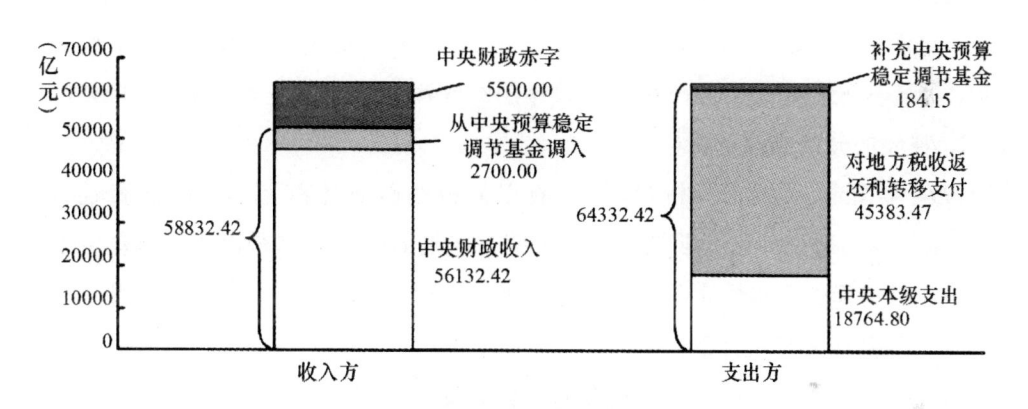

图1 2012年中央财政平衡关系

资料来源：财政部国库司，财政部网站。

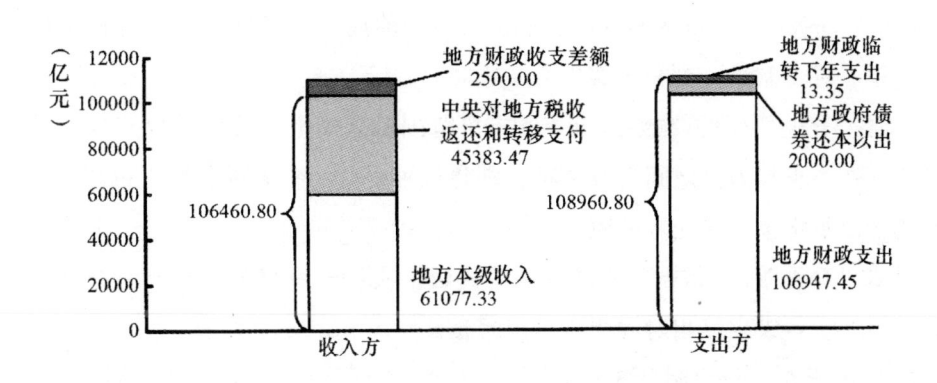

图2 2012年地方财政平衡关系

资料来源：同图1。

将中央财政平衡关系和地方财政平衡关系对接起来，不难发现，在当前的财政管理体制运行格局中,真正需要关注的问题,是中央财政收支和地方财政收支平衡关系的"双失衡"。在中央财政那里,虽然集中的收入规模很大,但发生在本级的支出仅占30%,所占比重高达70%的支出要落实在地方。在地方财政那里,虽然花费的支出规模很大,但由自身收入来源弥补的支出仅占55%,所占比重高达45%左右的支出,要依赖于中央财政的转移财源。

作为这种双失衡状态所导致的一个必然结果,就如普通家庭过日子,只要收入来源具有不确定性,只要收支之间的平衡相当程度上要依赖外援,只要"埋单者"和"请客者"、"点菜者"非同为一人,那样的日子肯定是不安稳的日子。由普通家庭日子的不安稳引申至中央和地方财政日子的现实窘境,可以认为,无论是当前的中央财政体系,还是当前的地方财政体系,都难言"健全"二字。

接踵而来的问题在于,处于双失衡状态之下、有欠健全的中央和地方财政体系格局,是不是我们所想要的分税制财政体制?或者,还算不算是分税制财政体制?

2. 曾经的分税制改革目标

1994年迄今,我国的财政体制一直以分税制财政体制冠名。毋庸赘述,将"分税制"作为财税体制的前缀,至少表明,我国的财税体制是以分税制作为改革方向或建设目标的。也毋庸赘言,"分税制"所对应的是"分钱制",是将"分钱制"作为其对应面来设计的。

从《国务院关于实行分税制财政管理体制的决定》[①] 中可以看到,与我们曾经经历过的以统收统支、财政大包干为代表的"分钱制财政体制"安排有所不同,本来意义上的"分税制财政体制"至少具有"分事、分税、分管"三层含义:

所谓"分事",就是在明确政府职能边界的前提下,划分各级政府间职责(事权)范围,在此基础上划分各级财政支出责任。

所谓"分税",就是在划分事权和支出范围的基础上,按照财权与事权相统一的原则,在中央与地方之间划分税种,即将税种划分为中央税、地方税和中央地方共享税,以划定中央和地方的收入来源。

所谓"分管",就是在分事和分税的基础上实行分级财政管理。一级政府,一级预算主体,各级预算相对独立,自求平衡。

3. 问题出在"分税制"走样了

对照分税制财政体制的上述含义,不难发现,在过去的20年中,经过一系列的所谓适应性调整,现实的财政体制运行格局已经出现了偏离"分税制"而重归

---

① 《人民日报》1993年12月15日。

"分钱制"的迹象。

第一，分税制财政体制的灵魂或设计原则，就在于"财权与事权相匹配"。然而，在"财权"和"事权"始终未能清晰界定的背景下，绝对属于颠覆性的调整变化发生了：先是"财权"的"权"字被改为"力"字，从而修正为所谓"财力与事权相匹配"。由于财力和事权分别处于"钱"和"权"两个不同的层面，现实中的操作便如同分居在不同楼层的两个人的联系方式，除非一个人跑到另一人的楼层，否则只能隔空喊话或借助通信手段。因而，财力与事权之间的匹配方式很难规范化。后来，又在预算法的修订中以"支出责任"替代"事权"，从而，名义上的"财力与事权相匹配"演化成了事实上的"财力与支出责任相匹配"。问题在于，"财力"指的是"钱"，"支出责任"无疑指的也是"钱"，由两"权"层面上的匹配退居为两"钱"层面上的匹配，虽可说是迫于现实条件的一种不得已的选择，但终归是从分税制财政体制基点的倒退之举。

第二，将现行税制体系中的18个税种划分为中央税、地方税和中央地方共享税，本是分税制财政体制的一个重要基石。基于当时的特殊背景，1994年财税改革的主要注意力放在了中央税和中央地方共享税建设上。在此之后的调整，并未适时实现主要注意力向地方税建设的转移。一方面，2002年的所得税分享改革，进一步添增了中央地方共享税收入占全部税收收入的比重。另一方面，始自2012年上海试点、眼下已经向全国扩围且要在"十二五"落幕之时全面完成的"营改增"，又将属于地方唯一主体税种的营业税纳入了中央地方共享税——增值税——框架之内。尽管如此的操作有其必要性，系事关财税体制改革的重要步骤，且同时伴随以相应的财力补偿性措施，但一个直接的、不可回避的结果是，地方税体系被进一步弱化了，唯一的地方税主体税种被撼动了，地方税收收入占全部税收收入的比重进一步下降了。

第三，分税制财政体制的另一个重要基石，是在"分事""分税"的基础上实行分级财政管理。作为一级政府财政的基本内涵，就在于它须有相对独立的收支管理权和相对独立的收支平衡权。但是，这些年来，随着中央各项转移支付规模及其在全国财政收支规模中所占比重的急剧增长和扩大，不仅地方财政可以独立组织管理的收入规模及其在地方财政收入中的占比急剧减少和缩小，而且地方财政支出的越来越大的份额依赖于中央财政的转移支付。在某种意义上，为数不少的地方财政已经沦落为"打酱油财政"——花多少钱，给多少钱。倘若此种格局长期化，甚至于体制化，那么，多级财政国情背景下的各级地方财政，将由于缺乏相对独立的收支管理权和收支平衡权而在事实上带有"打酱油财政"的性质。它的本质，同历史上的带有"分钱制"色彩或倾向的财政体制安排是类似的。

4. 还是要回到分税制轨道

有鉴于上述种种,《决定》明确指出了新一轮财政管理体制改革的基本方向,这就是"明确事权""发挥中央和地方两个积极性"。

对于上述两个概念,我们并不陌生。在1994年之前的岁月,无论学术界还是实践层,都几乎无例外地将它们锁定为财政管理体制改革的目标。只是在1994年财税体制改革之后,随着形势的变化和工作重心的调整,它们,尤其是其中的"发挥中央和地方两个积极性",才逐渐淡出了人们的视野。这两个概念被重提并写进《决定》之中,意味着新一轮财政管理体制改革的方向已经回归分税制的轨道。

回顾前述的有关分税制财政体制的三层含义,认识到"明确事权"就是分税制财政体制含义中的"分事","发挥中央和地方两个积极性"肯定要在"分权"、"分管"的基础上才能提及和实现,这又意味着,新一轮财政管理体制改革所回归的轨道是本来意义上的分税制,而非走了样的、带有分钱制印记的分税制。

所以,瞄准本来意义的分税制方向,把分税制财政体制改革进行到底,是新一轮财政管理体制变革不可动摇的、必须坚守的基本目标和行动路线。

附录1 《财贸经济》大事记（1980—2014年）*

1980年

4月，《财贸经济》（丛刊）第1辑出版。时为内部出版，双月刊。开设的栏目有：工作研究、调查报告、问题讨论、历史资料、资料、国外经济情况介绍、学术动态。

7月31日，财贸物资经济研究所向马洪并社科院党委提出拟公开出版发行《财贸经济与管理》的申请，提出"拟在原丛刊编辑委员会的基础上，扩大成立负责两个刊物的编辑委员会"。

8月13日，中国社会科学院社科（80）研字15号文件批复，"同意财贸所从1981年公开发行《财贸经济与管理》期刊"。

1981年

1月，刊名正式确定为《财贸经济》，并公开出版发行，仍为双月刊。开设的栏目有：工作研究、调查报告、专题讲座、商品学专栏、经验交流、读者来信、学术动态、读史札记。

1982年

1月，《财贸经济》改为月刊；著名社会活动家、书法家、时任全国政协副主席的赵朴初先生为《财贸经济》题写刊名。

---

* 大事记相关内容根据《财贸经济》公开资料整理。由于时间久远，其中内容或有疏漏和错误，不当之处，请读者理解。

1983 年

1月，第一届《财贸经济》编委会成立。名誉主编：姜君辰。主编：王绍飞，副主编：赵效民。编委会成员：王振之、左春台、孙汉超、李智盛、杨重光、杨培新、杨纪琬、何振一、陈共、陈元燮、孟振虎、易宏仁、姚友林、钟志奇、徐雪寒、唐伦慧、贾履让、高涤陈、路南。

4月，为推动我国经济学界对社会主义流通理论的研究，《财贸经济》编辑部将孙冶方同志20世纪50年代以来有关流通问题的论著进行整理，编辑出版了《孙冶方社会主义流通理论》一书。该书共计24万余字，从当时我国经济建设实践出发，运用马克思主义基本原理，对社会主义经济问题进行了理论探讨。

12月21日，《财贸经济》在京召开编委会。张卓元主编主持会议，姜君辰、徐雪寒、左春台、刘明夫、杨培新等同志发言，会议提出：（1）刊物要有正确的指导思想，紧紧围绕全党工作重点，抓住经济工作中心；（2）要理论联系实际，为现实经济服务；（3）不要单纯追求发行量，主要是提高刊物质量；（4）刊物要突出特色，突出《财贸经济》的综合性；（5）应认真研究、反映陈云同志关于财贸工作方面的思想和理论；（6）刊物要组织总结我国经济建设经验教训方面的文章。

1984 年

1月，第二届《财贸经济》编委会成立。编委会顾问：王绍飞、李更新、刘明夫、姜君辰、徐雪寒。主编：张卓元，副主编：赵效民、贾履让。编委会成员：王振之、左春台、孙汉超、李智盛、杨重光、杨培新、杨纪琬、何振一、陈共、陈元燮、陈令淑、孟振虎、易宏仁、姚友林、珊宝、钟志奇、赵效民、唐伦慧、贾履让、高涤陈、路南。

10月12日，《财贸经济》编辑部在南京召开"孙冶方社会主义流通理论讨论会"。参加会议的领导及专家学者有150人，是新中国成立以来第一次全国性专题讨论社会主义流通理论的学术会议。会后，在《财贸经济》1985年第1期刊出"孙冶方社会主义流通理论讨论会"专栏，发表了薛暮桥《社会主义经济必须重视商品流通》、刘国光《研究社会主义流通问题的重要性和迫切性》、张卓元《加强社会主义流通理论研究》等11篇文章。

1985 年

3月7日，财贸经济杂志社成立。中国社会科学院社科（85）办字6号文件批复，同意财贸所在不增加编制也不增加经费的同时，成立财贸经济杂志社。

4月，根据中国社科院统一部署，《财贸经济》编辑部对党的十一届三中全会以来发表的理论文章进行了评选（年龄在55周岁以下的作者）。经初选、专家复审、所分党组讨论、全体编委通过，确定10篇为《财贸经济》优秀理论文章。一等奖（1篇）：黄达、韩英杰《财政收支与信贷收支相互配合中的结合部问题》（1981年第4期）；二等奖（4篇）：何振一、陈令淑《财政分配规律的研究》（1981年第1期），厉以宁《论社会主义有效投资与合理投资》（1982年第1、3期），胡厚钧《运用马克思主义的商品流通理论指导我国商品流通体制的改革》（1983年第4期），徐雪寒、孟宪刚《试论外贸出口的"假亏"问题》。三等奖（5篇）：晓鸣《国营企业必须按照商品生产所有权规律办事》（丛刊，1980年第4辑）、王绍飞《关于财政学的几个问题》（1983年第3期）、钱宗起《论我国对外贸易的经济效益》（1983年第9期）、张维达《马克思的商业价格理论与我国的物资供应价格改革》（1983年第12期）、孙全《交易批量在批发商业中的作用》（1984年第2期）。

1986年

3月，第二届《财贸经济》编委会调整。编委会顾问：王绍飞、李更新、刘明夫、徐雪寒。主编：张卓元，副主编：赵效民、贾履让。编委会成员：王林生、王振之、左春台、白仲尧、杨培新、杨纪琬、杨重光、何振一、陈共、陈元燮、陈令淑、胡季、袁文祺、秦毅、张其洋、张魁峰、钟志奇、珊宝、赵效民、陶珺、贾履让、高涤陈、路南。

1987年

1月，从1987年第1期起，《财贸经济》杂志社正式出版《财贸经济》杂志。之前，《财贸经济》杂志均由经济管理杂志社出版。

3月，《财贸经济》1985年第9期刊登的林凌《城市经济商品化与城市开放》一文，获1986年度第2届孙冶方经济科学奖论文奖。

1988年

1月19日，《财贸经济》编辑部联合《成本与价格资料》编辑部在北京召开"关于我国通货膨胀问题讨论会"。之后，在《财贸经济》1988年第3期编辑刊出专题文章"稳定通货 稳定物价——关于我国通货膨胀问题的讨论"，发表了徐雪寒、赵效民、陈东琪、李成瑞等16位专家学者的主题发言。

1989 年

3 月,《财贸经济》1986 年第 11 期刊登的李成瑞《关于宏观经济管理的若干问题》一文,获 1988 年度第 3 届孙冶方经济科学奖论文奖。

5 月,《财贸经济》荣获广西迎春书展(1988—1989 年度)样刊二等奖。

1990 年

4 月,为纪念《财贸经济》创刊 10 周年,编辑出版了《〈财贸经济〉论文精选》(中国展望出版社出版)一书,该书收集了论文 60 篇,分国民经济综合问题;市场、物价;财政、税收、会计;金融;商业、物资、外贸、旅游经济等五部分,共计 30 余万字(32 开本),进一步推动了财贸经济理论研究的深入开展。

4 月 20 日,为庆祝创刊 10 周年,特召开《财贸经济》编委会。会议由时任财贸所所长兼主编张卓元主持,编辑部主任郭冬乐汇报了创刊 10 年来的工作:(1)紧密围绕各个时期我国经济改革和发展中的重大理论和实际问题推动学术研究和理论探讨;(2)既坚持四项基本原则,又防止思想僵化,努力贯彻双百方针,积极开展学术争论,反映不同学派观点,活跃学术思想,为探索和发展财贸经济理论服务;(3)贯彻理论联系实际的原则,积极为经济管理部门和基层财贸工作服务。编委们结合当时经济中存在的一些问题,提出了刊物今后应加强研究的问题。会议报道刊登在《财贸经济》1990 年第 6 期。

1991 年

3 月 15 日,《财贸经济》编委会在京召开。张卓元主编主持会议,郭冬乐主任汇报 1990 年的编辑部工作:(1)坚持治理整顿与深化改革相结合,在治理整顿中要不失时机地加大改革的分量;(2)配合中央制定经济和社会发展 10 年规划和"八五"计划,开辟了"八五"和 90 年代经济发展和改革的理论研究专题;(3)坚持宏观控制下的市场取向改革的思路;(4)注意微观经济的研究;(5)贯彻"双百"方针,创造有利于学术研究的良好环境;(6)为中青年作者的研究成果发表提供园地。编委们就当年应重视研究的一些问题发表意见:(1)经济效益问题;(2)对有计划的商品经济、计划经济与市场调节相结合等重要理论导向的问题应当开展讨论;(3)可开展对如何评价承包制和股份制问题的讨论。

6 月 22—25 日,由中国社科院财贸所及《财贸经济》编辑部、国务院发展研究中心市场流通部、四川省社科院、四川省物资贸易中心和中国市场学会联合发起的"全国第三次市场体系理论研讨会"在成都召开。之后,在《财贸经济》1991年第9期专题发表"深化改革 积极促进市场发育——全国第三次市场体系理论研讨会发言摘要",刊出林凌、高铁生、林文益等9人的发言摘要,并刊发了会议综述。

1992 年

3月11日,《财贸经济》编委会在京召开。张卓元主编主持会议,郭冬乐主任汇报1991年的编辑部工作:(1)在坚持四项基本原则的同时,大力开展学术争鸣,发表了一些较有新意和特色的理论文章;(2)继续坚持有计划指导和宏观调控的市场取向改革的思路,对市场发育问题进行了更广泛的探索;(3)探讨了税利分流的改革及振兴财政、解决财政困难的问题;(4)从理论与实践相结合的角度,探讨了宏观调控体系、股份制和承包制、价格改革问题,以及商业企业集团和国营大中型批发企业改革、外贸发展战略和外贸企业自负盈亏、旅游服务业发展等问题;(5)集中报道了利用外资、市场体系发育和经济效益三次研讨会。在提出1992年的设想之后,编委们对今后的工作提出两点指导:(1)要坚持改革开放,不能走回头路;(2)要进一步深入探索市场理论。

4月,《财贸经济》编辑部与上海财经大学、《经济日报》社上海记者站、上海纺织品总公司和上海贸易与发展研究会在上海共同组织召开"加速转换国营大中型企业经营机制研讨会",上海市政府有关部门、研究机构以及近20家国营大中型商业企业代表出席会议。研讨会综述刊登在《财贸经济》1992年第7期,上海市电视台、《解放日报》等媒体对此次会议进行了报道。

7月,《财贸经济》编辑部编写了《中国市场发育探索》一书。该书探讨了中国的市场理论和各类市场的发展、国内外市场对等以及如何实现计划与市场的结合问题。该书由中国物资出版社出版,共345页(约25.5万字)。

11月,中国金融学会、甘肃省金融学会、《财贸经济》编辑部与《金融研究》编辑部联合编写了《改革·增长·货币政策》一书。该书结合当时我国的经济、金融形势,就货币总供给与总需求以及社会主义市场经济条件下金融改革与货币政策的选择等问题进行了探讨。该书由中国金融出版社出版,共299页(约20万字)。

1993 年

3月15日,《财贸经济》编委会在京召开。张卓元主编主持会议,郭冬乐主任汇报1992年的编辑部工作：（1）在党的十四大召开前，编发了一批有关社会主义市场经济问题的理论文章；（2）在全国加快改革开放步伐、经济全面升温的条件下，发表了相关的代表性文章，指出警惕高速经济增长中通货膨胀的潜在危险；（3）探讨了发展和完善我国证券市场特别是股票市场问题；（4）继续贯彻"双百"方针，鼓励学术争鸣，发表了如复式预算、财政透支、土地增值税、所得税、企业税收负担水平、通货膨胀、国合商业主渠道作用等问题的不同观点的文章。编委们对刊物的工作做出了较高的评价，并提出今后应重点研究的问题。

1994 年

1月，第三届《财贸经济》编委会成立。编委会顾问：刘明夫、刘国光、王洛林、黄达、张卓元、吴敬琏。主编：杨圣明，副主编：刘溶沧、郭冬乐。编委会成员：于瑢、王加春、王国刚、田治文、李扬、李宏才、李思虎、李茂生、李晓西、李恒茂、朱国华、何振一、陈文玲、房汉廷、周建虹、张采庆、荣锡祺、贾履让、高涤陈、谢平、陶珺、楼继伟、樊纲。

4月29日，《财贸经济》编委会在京召开。会议由郭冬乐副主编主持，杨圣明主编介绍了新一届编委会的情况，20余人出席会议。编辑部主任房汉廷做1993年工作总结：（1）重点围绕财税、金融、外汇、投资等几项重大改革做文章；（2）研究转型期经济的外在矛盾和深层矛盾，如通货膨胀问题、国有经济与非国有经济问题、公平与效率问题等；（3）继续加强实证研究，如国内外市场对接问题，房地产、股票、期货市场问题等；（4）加强微观经济研究，为企业的生存和发展提供思路。编委们对有关问题展开了热烈的讨论：（1）应继续保持学术水平的前沿阵地；（2）应围绕改革的重大问题，组织力量集中讨论；（3）应解决好经济改革中的技术性问题；（4）应发表一些高层次的调查研究报告；（5）应更多地反映急老百姓之所急的问题；（6）把编委审稿制度化。

11月，出版1期增刊，主要刊发金融、财税、会计等方面的文章共48篇，11万字。

1995 年

4月，《财贸经济》编辑部会同有关单位在北京联合召开了"反通货膨胀与对策"研讨会暨《财贸经济》杂志创刊15周年庆祝会。编辑部根据会议所收论文和会议讨论的成果，编辑出版了《50位专家献策治理通货膨胀》（中国金融出版社出版）一书，该书分为综合分析、理论与实证分析和专题分析三部分，充分吸收了黄达、杨圣明、张卓元、吴敬琏、马凯等 50 位专家学者的研究成果，总计 30 余万字，全面综合反映了当时治理通货膨胀理论研究的新进展。

1996 年

1 月，《财贸经济》开设的栏目有论文、专题讨论、争鸣、工作研究、调查报告、企业家论坛、经济学家访谈录、企业家访谈录、书评等。

9 月，根据中南财经大学图书馆期刊信息服务部的检索统计，在《财贸经济》近年来发表的文章中，每年均有 40% 左右的文章被《中国人民大学复印报刊资料》、《新华文摘》等报刊转载（摘），在全国近千种经济类期刊中名列较前：1992 年排第 8 位，1993 年排第 7 位，1994 年上升为第 6 位，1995 年进一步上升为第 4 位。

1997 年

1 月，《财贸经济》杂志社发布征订启事：从 1997 年起，《财贸经济》不再通过邮局发行，改为杂志社自办发行。

7 月，《财贸经济》杂志社再次发布征订启事：从 1997 年下半年起，《财贸经济》改为自办发行和邮局发行相结合，读者可自行选择订阅方式。

1998 年

1 月，第三届《财贸经济》编委会进行调整。编辑委员会顾问：刘国光、王洛林、黄达、张卓元、吴敬琏。主编：杨圣明，副主编：刘溶沧、郭冬乐、丁竟原。编委会成员：丁竟原、于璐、王加春、王国刚、田治文、李宏才、李茂生、李晓西、李恒茂、朱国华、何振一、陈文玲、房汉廷、周建虹、张采庆、荣锡祺、贾履让、高涤陈、陶珌、谢平、楼继伟、樊纲。

《财贸经济》杂志社发布征订启事：从 1998 年起，请各地读者及时到邮局办理《财贸经济》的订阅手续。

12 月 13—14 日，《财贸经济》编辑部与陕西财经学院金融发展研究所、云南财贸学院、昆明金融研究中心在昆明共同举办了"经济发展新阶段与宏观调控政策"学术研讨会，来自北京、西安、武汉、杭州、昆明等地的 20 余位专家学者就当时我国宏观经济状况与宏观经济政策选择的主题从不同角度和不同侧面进行了探讨。会议综述刊登在《财贸经济》1999 年第 2 期。

1999 年

1 月，第四届《财贸经济》编委会建立。编委会顾问：刘国光、王洛林、黄达、张卓元、吴敬琏。主编：刘溶沧。编委会成员：马建堂、冯雷、李扬、李茂生、李晓西、江小涓、刘福垣、米建国、王国刚、张广瑞、杨圣明、宋则、何盛明、何德旭、施用海、郭冬乐、温桂芳、谢平、裴长洪、曾国祥、樊纲。

6 月，《财贸经济》1997 年第 12 期、1998 年第 1 期刊登的中国社会科学院财贸经济研究所"中国住房制度改革研究"课题组（杨圣明、温桂芳、边勇壮执笔）《关于深化城镇住房制度改革的总体设想》，获 1998 年度第 8 届孙冶方经济科学奖论文奖。

10 月 19—20 日，《财贸经济》编辑部、中国社科院金融研究中心、浙江大学金融研究中心、浙江台州银座城市信用社在浙江省台州市联合举办了"中小金融机构与地方经济发展学术研讨会"，参加研讨会的有来自中国社科院、北京、陕西、浙江部分高校及政府部门、实务部门的专家学者 30 余人。会议综述刊登在《财贸经济》2000 年第 1 期。

2000 年

1 月，刘溶沧发表主编寄语：20 年来，《财贸经济》形成了三个突出特点：一是始终坚持坚定、正确的政治和理论方向，所发表的 3000 多篇文稿都经得起历史的政治检验；二是始终坚持理论与实践相结合的优良学风；三是始终坚持为社会主义物质文明和精神文明建设服务，为改革开放服务，为中央决策服务的方向和原则，发表了一大批对我国改革、发展有重要影响，有较高决策参考价值的文稿，受到了社会和决策部门的广泛关注及国内外的好评。

3 月 25 日，《财贸经济》编委会会议暨"1999 年度《财贸经济》优秀论文颁奖会"在北京召开。编委会顾问刘国光研究员、黄达教授以及编委会和编辑部 30 余人参加了会议，财贸所所长兼杂志主编刘溶沧主持会议，编辑部主任何德旭汇报了 1999 年的工作情况和 2000 年的工作计划。编辑部副主任安晓枫介绍了 1999 年度《财贸经济》优秀论文的评奖过程，李扬副所长宣布了获奖名单。编委会会议侧记刊登在《财贸经济》2000 年第 5 期。

3 月 28 日，中共中央政治局委员、中国社科院院长李铁映为《财贸经济》创刊 20 周年题词："大胆探索财贸经济理论 为经济改革与发展服务"。

3 月，中国社科院特邀顾问刘国光为《财贸经济》创刊 20 周年题词："贺

《财贸经济》创刊 20 周年：坚持理论联系实际的优良学风和刊风，为宏观决策部门提供理论参考！"中国人民大学校长黄达为《财贸经济》创刊 20 周年题词："办刊 20 年，应该说是在我国改革开放大背景下解放思想科学求索的历程，也是在全球经济发展日新月异的大背景下紧跟尚恐落后于时代的历程。瞻前望远，任务绝不轻松。再接再厉，其共勉之。"

4 月，《财贸经济》第 4 期刊登《庆祝〈财贸经济〉创刊 20 周年笔谈》，相关文章有张卓元《面向新世纪 改革仍需迈大步》、赵海宽《加入 WTO 与中国金融业的前景》、邓子基《把握契机 再谱新篇——热烈祝贺〈财贸经济〉创刊 20 周年》、李晓西《新世纪的祝福——贺〈财贸经济〉20 周年》。

12 月，《财贸经济》编辑部、昆明金融研究中心联合主办的"中国：新世纪、新经济、新金融"高级学术研讨会在昆明召开。来自北京、西安、昆明、深圳、武汉、杭州、广州、上海、海南等地的 50 余位专家学者及政府官员就 21 世纪新经济条件下中国金融的发展趋势及相关理论问题进行了充分广泛的交流和讨论。会议综述刊登在《财贸经济》2000 年第 12 期。

2001 年

3 月 2 日，刘溶沧主编在北京主持召开《财贸经济》编委会。何德旭主任向编委和顾问报告了 2000 年度的工作情况及 2001 年度的工作计划。与会者从办刊方向、提高刊物质量、扩大发行量以及强化版权意识等方面提出了许多建议。本刊顾问及编委会成员 20 余人参加了会议。

8 月 4 日，《财贸经济》编辑部与中国人民银行银行监管一司、中国人民银行宁波中心支行在宁波联合举办了"21 世纪中国金融制度创新与发展"理论研讨会。来自北京、西安、昆明、深圳、武汉、杭州、广州、上海、海南、新疆等地的 50 余位专家、学者和金融机构高层经营管理人员，就"金融制度创新与金融发展"这一主题从不同角度和不同侧面进行了充分的交流和讨论。会议综述刊登在《财贸经济》2001 年第 11 期。

2002 年

8 月，《财贸经济》编辑部与中国工商银行青岛分行在青岛联合举办了为期两天的"加入 WTO 后的中国金融改革与发展"理论研讨会。学术理论界、实务界的各级领导及专家学者共 80 余人参会。研讨会就中国金融业的发展现状，加入 WTO 后中国金融业面临的机遇、挑战与对策，以及中国金融对外开放逐步扩大背景下的金融改革与发展的前景与趋势等议题展开了充分的讨论和交流。

11月，第五届《财贸经济》编委会成立。编委会顾问：刘国光、王洛林、黄达、张卓元、吴敬琏。主编：江小涓，副主编：何德旭、高培勇。编委会成员：于立新、王诚庆、卢中原、马建堂、冯雷、刘佐、刘福垣、杨圣明、李扬、李雨时、李茂生、李晓西、肖梦、宋则、米建国、王国刚、张广瑞、杨圣明、何盛明、何德旭、张广瑞、赵志耘、荆林波、郭冬乐、夏杰长、贾康、黄海、温桂芳、谢平、裴长洪、樊纲。

12月15—16日，《财贸经济》杂志社与无锡商业职业技术学院学报编辑部、《江南论坛》杂志社在无锡市联合主办"全国流通创新高层论坛"。来自全国科研单位、高等院校、企业代表60余人参加论坛。会议就中国流通创新的重要性和紧迫性、中国流通创新的主要内容和基本思路、中国流通创新的目标、流通创新所引发的流通业态变革等进行了研讨。《光明日报》《经济参考报》《中国商报》等新闻媒体的记者到会采访报道。参加论坛的代表就我国新世纪流通创新的内涵和基本思路、流通创新的目标、流通创新所引发的流通业态变革和政策建议发表了各自观点。会议综述刊登在《财贸经济》2003年第2期。

2003 年

1月，《财贸经济》首次启用电子邮箱 cmjj2003@yahoo.com.cn。

2004 年

8月，《财贸经济》编辑部与《金融论坛》《经济研究》等5家编辑部联合举办的"中国商业银行公司治理结构改革"征文评奖活动。共评出一等奖2篇、二等奖5篇、三等奖10篇。一等奖：曹廷求《股权结构、治理机制与城市银行绩效——来自山东、河南两省的调查数据》(《经济研究》2004年第12期)、李华民《国有银行费用偏好与组织绩效：实证分析——国有银行制度变迁的治理结构路径探源》(《金融论坛》2004年第10期)。获奖名单刊登在《财贸经济》2004年第10期。

10月，第六届《财贸经济》编委会成立。主编：裴长洪，副主编：何德旭、高培勇。编委会成员：文魁、卢中原、吕政、江小涓、许建国、刘佐、刘伟、刘树成、伍世安、纪宝成、李扬、杨灿明、杨圣明、汪同三、邱东、张馨、张晓山、张嘉兴、陈东琪、荆林波、赵忠秀、贾康、原梅生、夏春玉、唐旭、徐从才、裴平、蔡昉。

11月，《财贸经济》编辑部与北京工商大学经济学院共同组织"大贸易、大市场、大产业——中国内外贸一体化发展学术研讨会"。

2005 年

11 月 20 日,《财贸经济》编辑部在京召开了编者、作者、读者座谈会。全国各地财经类高等院校、科研机构代表及编辑部同仁 40 人出席了座谈会。会议由《财贸经济》副主编高培勇副所长主持,《财贸经济》主编裴长洪所长讲话,编辑部主任安晓枫介绍了近几年编刊和编辑部工作情况。代表们充分肯定了《财贸经济》的成绩,就如何办好杂志提出了许多中肯的意见和希望。

2006 年

1 月,进一步贯彻刊发论文的学术规范性,刊物的编校质量有一定的提高,受到学术界的好评。

12 月,社会影响进一步扩大,刊发论文的被引用率逐步提高,根据"中国学术期刊综合引证年度报告":《财贸经济》各项分析指标逐年上升,其中,影响因子由 2003 年的 0.78 逐年上升为 1.45,被引频次由 414 次上升为 1232 次。

2007 年

8 月,为加强与作者的联系与学术交流,在财贸所的领导下,编辑部在北京召开《财贸经济》青年学者笔会,来自全国高校的青年学者 40 余人参会。中国社科院副院长陈佳贵出席开幕式并作了专题报告。中国社科院经济所所长刘树成、金融所所长李扬、财贸所所长裴长洪出席会议并也做专题报告。会后编辑出版了 2007 年增刊,共刊发 24 篇论文,约 22 万字。

2008 年

1 月,《财贸经济》启用新的电子邮箱 cmjj2008@ yahoo. com. cn,原邮箱（cmjj2003@ yahoo. com. cn）不再使用。

8 月,根据《中国社会科学院"学术名刊建设"管理办法》,《财贸经济》被列入中国社科院首批"学术名刊建设"。

9 月,《财贸经济》获中国社会科学院优秀期刊奖进步奖。

11 月,为纪念中国改革开放 30 周年,《财贸经济》第 11 期编发"中国改革开放 30 年纪念专辑",发表了刘国光《回顾改革开放 30 年：计划与市场关系的变革》,李晓西等《改革开放 30 年重大理论问题的讨论与进展》,裴长洪《我国利用外资30年经验总结与前瞻》，李扬《中国金融改革开放30年：历程、成就和进一步发展》，高培勇《奔向公共化的中国财税改革——中国财税体制改革30年的回顾与展望》，杨圣明《加快迈向服务经济时代的步伐》，金碚《世界工业化历史中的中国改革开放30年》，李周《改革以来的中国农村发展》，温桂芳《价格改革30年：回顾与思考》等11篇文章。

2009年

1月，第六届《财贸经济》编委会调整。主编：裴长洪，副主编：高培勇、荆林波。编委会成员：文魁、卢中原、吕政、江小涓、许建国、刘佐、刘伟、刘树成、伍世安、纪宝成、李扬、李翀、李晓西、杨灿明、杨圣明、杨瑞龙、汪同三、邱东、何德旭、张馨、张晓山、张嘉兴、陈东琪、赵忠秀、贾康、原梅生、夏春玉、唐旭、徐从才、谈敏、袁志刚、裴平、蔡昉。

2月，在中国人民大学书报资料中心2008年度"复印报刊资料"经济学类（800种期刊）全文转载量（率）排名中，《财贸经济》名列第1位（2008年全文转载量49篇）。

3月，中国社科院文献计量与科学评价研究中心出版的《中国人文社会科学核心期刊要览》（2008年版）的统计，在将431种高被引频次的贸易经济类期刊按学科被引位次排列生成"贸易经济类期刊引证表"中，《财贸经济》名列第6位；在此基础上，经院内外权威专家评审，选出11种贸易经济专业核心期刊，其中《财贸经济》的综合评价值由2004年的第4位上升为第2位。在南京大学发布的2008版CSSCI来源期刊经济学（72种期刊）中，《财贸经济》排名第14位。

8月22日，为庆祝中华人民共和国成立60周年，推进东北振兴国家战略，《财贸经济》杂志社与吉林省社会科学院在长春合作召开"第二届东北城市发展论坛暨城市发展与城乡居民统筹理论研讨会"。出席论坛的专家学者及会议代表近200人。吉林省人民政府副秘书长张宝田、中国社科院财贸经济研究所所长裴长洪、长春市人民政府副市长钱龙生、吉林省社科院院长邴正、黑龙江省社会科学院院长曲伟等出席论坛。会议综述发表于《财贸经济》2009年第10期。

9月，为庆祝新中国成立60周年，本刊在第9期编发了一组"迎接中华人民共和国建国60周年专论"的文章：何振一《新中国财政60年的艰辛历程与光辉成就》，王国刚《中国金融60年：在风雨前行中的辉煌发展》，黄国雄等《中国商贸流通业60年发展与瞻望》，陈家勤《新中国对外经贸发展60年的伟大实践和理论创新及主要经验》，武力等《略论新中国60年商品价格形成机制的演变》。

9月，根据院科研局《中国社会科学院"学术名刊建设"管理办法》（社科［2009］研字第54号文）的相关要求，创办独立的《财贸经济》网站（http：//www.cmjj.org），实现了《财贸经济》电子版内容提要、动态信息展示，以及稿件查询、后台管理、友情链接等功能。

11月7—8日，为进一步推动金融理论与中国金融体制改革的研究，深入研讨全球金融危机背景下国际货币金融体系重构与中国金融体制改革问题，由中国社科院财贸经济研究所和浙江工商大学联合主办，中国社会科学院《财贸经济》杂志社和浙江工商大学金融学院共同承办，浙江省高校人文社会科学（金融学）重点研究基地、杭州市人民政府金融工作办公室和杭州银行协办的"国际金融体系重构与中国金融体制改革"研讨会在浙江工商大学召开。来自中国社会科学院和复旦大学、浙江大学、厦门大学等全国30多所高校的80多名专家学者参加了本次研讨会。《财贸经济》2009年第12期刊登了此次会议综述。

12月26—27日，由厦门大学经济学院国际经济与贸易系、中国社科院对外经贸国际金融研究中心和《财贸经济》杂志社联合主办的首届"国际经贸青年学者论坛"在厦门成功举行。来自英国华威大学、韩国仁荷大学以及中国社会科学院、清华大学、中国人民大学、北京师范大学、对外经济贸易大学、南开大学、南京大学、东南大学、复旦大学、浙江大学、厦门大学、中山大学、武汉大学、华中科技大学、湖南大学、台湾淡江大学等海内外30多所高校和科研院所的80多位青年专家学者参加了会议。会议主要围绕当前的世界经济形势和国际经贸领域的前沿和热点问题展开研讨。《财贸经济》副主编荆林波副所长主持会议，冯雷研究员、编辑部主任王迎新参加会议并发言。会议综述刊登在《财贸经济》2010年第2期。

2010年

1月4日，《财贸经济》杂志社申请将赵朴初先生1982年为《财贸经济》杂志题写的"财贸经济"（手写体）注册商标，得到中华人民共和国国家工商行政管理总局商标局批准，获得商标注册证书，编号为第7128979号，注册有效期限：2010年11月14日至2020年11月13日。

3月9日，商务部副部长姜增伟为《财贸经济》创刊30周年题词："创新理论的旗帜，传播新知的前沿，业务交流的平台，沟通心灵的桥梁。祝《财贸经济》越办越好"。

10日，中国社科院特邀顾问刘国光、中国社科院学部委员张卓元分别为《财贸经济》创刊30周年题词："祝愿《财贸经济》越办越好，努力办成国内一流的经济学期刊"。"研究流通问题 探索流通规律 繁荣流通经济"。

12日，中国社科院常务副院长王伟光为《财贸经济》创刊30周年题词："学术精品一流期刊"。

18日，国务院研究室副主任江小涓为《财贸经济》创刊30周年题词："高水平 入主流 有特色"。

23日，财政部部长谢旭人、财政科学研究所原所长许毅分别为《财贸经济》创刊30周年题词："办好《财贸经济》，为财贸理论研究和实践决策服务。""立足财贸经济 关切学术民生 服务和谐社会永创一流精品。"

25日，全国人大财经委副主任委员高强、审计署署长刘家义分别为《财贸经济》创刊30周年题词："财达智深，贸杂易真；经天纬地，济天安民。""常读常受益。衷心祝愿《财贸经济》弘先进办刊理念、扬卓越办刊风范，更好地服务于科学发展。"

27日，中国人民大学原校长黄达、王传纶教授分别为《财贸经济》创刊30周年题词："面对内外日益复杂多变的形势，必须也完全可以把坚持三十年的办刊优良传统跃升至新的高度！""祝贺《财贸经济》创刊三十周年，期待它为我国改革开放、科学发展的伟大事业，作出更多贡献！"

4月，中国社科院院长陈奎元为《财贸经济》创刊30周年题词："为人民福祉画策，攀社会科学高峰。"

4月19日，《财贸经济》创刊30周年座谈会在京举行。财贸所副所长、《财贸经济》副主编荆林波主持，中国社科院党组成员、副院长高全立到会并发表了重要讲话。中国社科院特邀顾问、原副院长刘国光，学部委员张卓元、吕政、杨圣明，荣誉学部委员何振一，院计算机网络中心主任张新鹰，财政部财科所所长贾康，国税总局科研所所长刘佐，数技经所副所长何德旭，山西财经大学校长原梅生，江西财经大学原党委书记伍世安，《中国社会科学》副总编辑王利民，财贸所所长裴长洪，财贸所副所长高培勇、林旗，《财贸经济》原副主编郭冬乐以及其他编委会成员、高校代表、友刊代表、财贸所研究人员等60余人参加了此次座谈会。

5月20日，为庆祝《财贸经济》创刊30周年，同时为了感谢在《财贸经济》编辑部工作过的新老同志对《财贸经济》做出的巨大贡献和长期以来对《财贸经济》的关注和支持，财贸所举办《财贸经济》创刊30周年工作午餐会。所长裴长洪、副所长高培勇、林旗和历任《财贸经济》编辑部主任郭冬乐、房汉廷、何德旭等30多人出席了此次会议。

7月，历时一年，首次以《财贸经济》编辑部的名义完成了"关于我国学术期刊国际化问题的探讨"的所重点研究课题（课题主持人：王迎新，课题组成员：王朝阳、殷作恒、陈燕、谢谦、董萍、刘学智）。该课题从编委、作者、体例规范、语言、审稿制度、出版发行等方面的国际化问题进行研究，形成了3万字的研究报告。课题的完成体现了编辑部近年来注重编研结合的理念，并为走向国际化办刊打下基础。

10月，第七届《财贸经济》编委会成立。主编：高培勇，副主编：荆林波、史丹。编委会成员：文魁、卢中原、吕政、江小涓、许建国、刘佐、刘伟、刘树成、伍世安、纪宝成、李扬、李翀、李晓西、杨灿明、杨圣明、杨瑞龙、汪同三、何德旭、张馨、张晓山、张嘉兴、陈东琪、赵忠秀、贾康、原梅生、夏春玉、唐旭、徐从才、谈敏、袁志刚、裴平、裴长洪、蔡昉。

12月18日，由南京审计学院金融学院和《财贸经济》杂志社联合主办的"后危机时代区域金融创新与风险管理"学术研讨会在南京召开。来自政府部门、学术机构、高校和金融企业共60余人出席了此次研讨会。上午的主题演讲由南京审计金融学院常务副院长高雷教授、南京审计学院汪祖杰教授和蔡则祥教授共同主持；下午的研讨会围绕"区域金融创新与发展"和"区域金融风险管理"两个主题展开，由《财贸经济》编辑部副主任王朝阳博士和南京审计学院金融学院副院长王家华博士共同主持。会议综述刊登在《财贸经济》2011年第2期。

2011年

1月，第七届《财贸经济》编委会调整。主编：高培勇，副主编：荆林波、史丹。编委会成员：王乔、王广谦、王国刚、王稼琼、卢中原、吕政、江小涓、刘佐、刘伟、刘树成、纪宝成、李扬、李晓西、杨灿明、杨圣明、汪同三、何德旭、张馨、张晓山、张健华、张嘉兴、陈东琪、金碚、赵忠秀、贾康、原梅生、夏春玉、徐从才、谈敏、袁志刚、裴长洪、蔡昉、潘家华。

从2011年第1期起，《财贸经济》与时俱进地做了一些改进与调整。封面和扉页，分别添增了财贸所所徽，以进一步凸显我们这本杂志的学术依托；栏目名称，依次调整为"财政经济""金融经济""贸易经济""国际经济""服务经济""价格经济"和"旅游经济"。这既是对杂志30年来办刊特色和历史传承的延续，也是为了与财贸所当前的学科建设布局和国内外经济社会环境的变化相对接。

3月，根据中国人民大学人文社会科学学术成果评价研究中心的最新统计，《财贸经济》在中国人民大学《复印报刊资料》（2010年度）"经济学"领域的全文转载量排在第3位，在"应用经济学"领域的全文转载量排在第1位。

10月,为配合"把握时代脉搏,共筑财经前沿——暨首届中国财经科学博士后论坛"的召开,出版一期增刊,刊发论文20篇,其内容为世界经济复苏、收入分配调整、公共服务均等化、地方财政运行、个人所得税改革、金融风险防范、外资区位决策、农村劳动力转移、政府职能转型、网游业务转型等。

11月,《财贸经济》第11期刊出五篇"中国入世10周年"专栏文章:裴长洪、郑文《中国加入世贸组织10周年与全球多边贸易体制的变化》,张汉林、袁佳《开放经济条件下中国收入分配状况分析——对中国入世10周年的总结反思》,于立新等《WTO与中国开放型经济可持续发展——中国入世十周年回顾与展望》,殷德生《中国"入世"以来出口产品质量升级的决定因素与变动趋势》以及周庄《应对加入〈政府采购协议〉的政府采购开放性风险预警初探》。

11月4日,《财贸经济》杂志社与云南财经大学财政与经济学院、云南省财税与公共政策研究基地联合举办的"入世十年的中国财政:公共服务均等化与区域发展的核心竞争力"研讨会在昆明召开。中国社科院学部委员、财贸研究所所长高培勇教授,财政部社会保障司副司长、昆明市市委常委、昆明市副市长余功斌博士,云南财经大学副校长伏润民教授出席研讨会。来自中国人民大学等全国各高校、研究机构的专家学者,昆明市政府、云南省财政厅等政府部门相关领导,以及财政与经济学院全体教师和部分研究生参加会议。高培勇教授就近期我国财政与税收领域的热点问题作了主题发言。会议综述刊发在《财贸经济》2012年第2期。

11月12—13日,由浙江工商大学金融学院、浙江省高校人文社会科学重点研究基地浙江工商大学金融学研究中心和《财贸经济》编辑部共同举办的"通货膨胀背景下的中国金融业:改革与创新"研讨会在浙江工商大学召开。开幕式由浙江工商大学金融学院院长钱水土教授主持,浙江工商大学校长张仁寿教授、《财贸经济》编辑部副主任王朝阳博士等出席开幕式并致辞。来自中国社会科学院、中国人民大学、复旦大学、浙江大学、中央财经大学等30余所高校、科研院所和金融实务部门的100余名专家学者参加了会议。会议综述刊发在《财贸经济》2012年第1期。

12月29日,《财贸经济》的主办单位——中国社会科学院财政与贸易经济研究所更名为中国社会科学院财经战略研究院。

2012年

1月,为体现主办单位的更名,从第1期《财贸经济》起,在封面和扉页改为刊印中国社会科学院财经战略研究院院徽;同时对刊物做了一些调整:取消了原有的学科栏目划分，更加强调传统学科、新兴学科和交叉学科并重，鼓励跨学科的综合性研究；适当增加了单篇文章的发表篇幅，更加提倡对重大理论和现实问题的深入而系统的研究；鼓励学科体系、学术观点和科研方法创新，更加着力推出立足中国特色社会主义实践的优秀论文；为学术规范、英文信息等内容提出了一系列新的要求，更加注重提升本刊的学术质量和国际化水平。

第七届《财贸经济》编委会调整。主编：高培勇，副主编：荆林波、史丹。编委会成员：王乔、王广谦、王国刚、王稼琼、卢中原、吕政、江小涓、刘佐、刘伟、刘树成、陈雨露、李扬、李晓西、杨灿明、杨圣明、汪同三、何德旭、张馨、张晓山、张健华、张嘉兴、陈东琪、金碚、赵忠秀、贾康、谈敏、徐从才、郭泽光、夏春玉、袁志刚、蔡昉、裴长洪、潘家华。

3月，为进一步鼓励学术创新，奖励优秀人才，邓子基教育基金会与中国社会科学院财经战略研究院《财贸经济》编辑部决定共同设立"邓子基财经学术论文奖"。该奖项每年评选一次，每次评出5篇优秀论文，单篇奖金3万元。

5月，《财贸经济》杂志社从北京市阜外月坛北小街2号院2号楼搬迁至北京三里河东路5号中商大厦8层。但电话号码保持不变，仍为010—68034659，投稿地址仍为"北京市阜外月坛北小街2号（100836）"。

9月，《财贸经济》获得首批国家社科基金期刊资助，资助金额为40万元。

11月15日，由邓子基教育基金会与中国社会科学院财经战略研究院《财贸经济》编辑部共同设立的"邓子基财经学术论文奖"首次评奖结果公示。本次评奖活动共评出6篇论文奖：张雪兰、何德旭《关于完善我国地方政府金融管理体制的思考》（2011年第7期），苑德宇、陈工《政府公共投资、地区经济增长与效应差异——基于我国省级面板数据的经验分析》（2011年第12期），顾乃华《结构奖赏还是结构负担——我国服务业就业结构变动与生产率演变关系的实证研究》（2010年第6期），张斌、杨之刚《政府间职能纵向配置的规范分析》（2010年第2期），吕延方、赵进文《中国承接服务外包影响因素分析——基于多国面板数据的实证检验》（2010年第7期），崔军《基于"调高"、"提低"目标的我国直接税体系建设》（2011年第6期）。

"邓子基财经学术论文奖"评委会成员为：裴长洪、王国刚、杨圣明、汪同三、王乔、徐从才、李晓西、郑红亮、胡怀国、杨志勇、张群群。

2013年

1月，第七届《财贸经济》编委会调整。主编：高培勇，副主编：荆林波、史丹。编委会成员：王乔、王广谦、王国刚、王稼琼、卢中原、吕政、江小涓、刘佐、刘伟、刘树成、陈雨露、李扬、李晓西、杨灿明、杨圣明、汪同三、何德旭、张馨、张晓山、张健华、张嘉兴、陈东琪、金碚、赵忠秀、贾康、樊丽明、徐从才、郭泽光、夏春玉、袁志刚、蔡昉、裴长洪、潘家华。

根据财经战略研究的需要，编辑部对刊物进一步做了调整，不仅在形式上取消了原有的学科栏目划分，而且在内容上更加强调传统学科、新兴学科和交叉学科并重，鼓励跨学科的综合性研究；继续做到增加单篇文章的发表篇幅，更加提倡对重大理论和现实问题的深入而系统的研究；鼓励学科体系、学术观点和科研方法创新，更加着力推出立足中国特色社会主义实践的优秀论文；继续规范排版及英文信息等内容，更加注重提升本刊的学术质量和国际化水平。

按照中国社科院学术期刊创新工程的要求，《财贸经济》杂志进入"统一管理、统一经费、统一印制、统一发行、统一入库"的"五统一"，从2013年第1期起，印制、发行交由社会科学文献出版社进行。

5月4日，由中国社会科学院财经战略研究院主办、《财贸经济》编辑部承办、专门面向中青年学者的"财贸经济笔会2013：新时期改革的学术探索"研讨会在京召开。本次笔会由上午的主题论坛和下午的分组讨论及编辑部工作交流组成，来自全国各大高校和科研机构的80余位专家、学者参加了本次研讨会。《财贸经济》2013年第5期刊登了会议综述。

7月1日，启用新的电子邮箱 caimaojj@cass.org.cn，原邮箱（cmjj2008@yahoo.com.cn）不再使用。

9月，为配合第二届"中国财经科学博士后论坛"的召开，出版一期增刊，刊发论文13篇，内容涉及财税体制改革、金融改革、流通产业创新、加工贸易转型升级等。本届论坛主题为"深化改革 创新发展"。

《财贸经济》通过国家社科基金办公室考核，成绩良好，并继续获得国家社科基金期刊资助，金额40万元。

10月26日，由厦门大学经济学院、王亚南经济研究院和两岸关系和平发展协同创新中心主办，台湾逢甲大学商学院共同主办，厦门大学经济学院财政系、厦门市税务学会和厦门市国际税收研究会承办，《财政研究》《财贸经济》和《税务研究》编辑部协办的"2013海峡两岸财税学术研讨会"在厦门大学召开。财经院院长、《财贸经济》主编高培勇做大会主题发言，《财贸经济》编辑部范建鏋副主任、张继行出席了此次会议。

12月，在南京大学（教育部委托）核心2013版CSSCI来源期刊经济学（73

种期刊）中，《财贸经济》排名第 12 位。

2014 年

1 月，第七届《财贸经济》编委会调整。主编：高培勇，副主编：荆林波。编委会成员：王乔、王广谦、王国刚、王稼琼、卢中原、史丹、吕政、江小涓、刘佐、刘伟、刘树成、陈雨露、李扬、李晓西、李维安、杨灿明、杨圣明、汪同三、何德旭、张馨、张晓山、张健华、陈东琪、金碚、赵忠秀、贾康、徐从才、郭泽光、夏春玉、袁志刚、蔡昉、裴长洪、樊丽明、潘家华。

4 月，第七届《财贸经济》编委会调整。主编：高培勇。编委会成员：王乔、王广谦、王国刚、王稼琼、卢中原、史丹、吕政、江小涓、刘佐、刘伟、刘树成、陈雨露、李扬、李晓西、李维安、杨灿明、杨圣明、汪同三、何德旭、张馨、张晓山、张健华、陈东琪、金碚、荆林波、赵忠秀、贾康、徐从才、郭泽光、夏春玉、袁志刚、蔡昉、裴长洪、樊丽明、潘家华。

4 月 8 日，《财贸经济》编辑部收到中国人民大学"复印报刊资料"贺信，据其统计结果：（1）在"经济学学科期刊"全文转载排名中，本刊转载量位列第 1 位，转载率位列第 2 位，综合指数位列第 1 位；（2）在"应用经济学学科期刊"全文转载排名中，本刊转载量位列第 1 位，转载率位列第 1 位，综合指数位列第 1 位。

4 月 28 日，经"财贸经济—邓子基财经学术论文奖评奖委员会"评审并公示，2013 年度财贸经济—邓子基财经学术论文奖的获奖论文共 5 篇：（1）倪鹏飞、李清彬、李超：《中国城市幸福感的空间差异及影响因素》，《财贸经济》2012 年第 5 期。（2）马骁、赵艾凤、陈建东、林谦：《区域间人均财政收入差异的核心成因——基于 2003—2010 年中国省际数据的分析与引申》，《财贸经济》2012 年第 9 期。（3）江春、周宁东：《中国农村金融改革和发展的理论反思与实证检验——基于企业家精神的视角》，《财贸经济》2012 年第 1 期。（4）刘海洋、蒋婷婷、吴龙：《所有制性质对中国企业议价能力的影响》，《财贸经济》2012 年第 9 期。（5）张碧琼、田晓明：《中国对外直接投资环境评估：综合评分法及应用》，《财贸经济》2012 年第 2 期。

从 7 月 1 日起，《财贸经济》新版网站正式启用。新版网站由网站基本信息、在线办公系统和网刊发布系统组成。通过网刊发布系统，读者可以免费浏览和下载 2013 年以来本刊发表的所有论文全文。至此，基本实现了《财贸经济》电子版投稿、审稿、稿件查询、全文刊登、稿件流程全自动化管理。同时，匿名审稿人制度得到进一步完善,双向匿名审稿由覆盖大部分投稿扩大到覆盖全部投稿。

8月12日,由中国社会科学院财经战略研究院和贵州财经大学联合主办,《财贸经济》编辑部、China Finance and Economic Review 编辑部、贵州财经大学财政与税收学院共同承办,专门面向中青年学者的"财贸经济笔会2014:全面深化改革的学术探索"在贵阳召开。本次笔会由上午的主题论坛和"邓子基财经学术论文奖2013"颁奖仪式,下午的分组讨论以及编辑部工作交流组成,来自全国各大高校和科研机构的60余位专家学者参加了本次笔会。会议综述发表在《财贸经济》2014年第9期。

9月,《财贸经济》通过国家社科基金办公室考核,成绩良好,并继续获得国家社科基金期刊资助,金额50万元。

11月,在中国市场学会、中国商业经济学会、中国社会科学院财经战略研究院、中国流通三十人论坛(G30)在北京首都经济贸易大学联合举办"庆祝建国65周年中国流通发展与改革高峰论坛暨系列颁奖活动"中,《财贸经济》荣获学术贡献奖。

11月15日,《财贸经济》编辑部搬迁至新的办公地址(北京市朝阳区曙光西里28号中冶大厦9层,邮编:100028),办公电话变更为010—59868272,原办公电话010—68034659停用。

11月22日,由中国社会科学院中国社会科学评价中心主办的首届全国人文社会科学评价高峰论坛在人民大会堂北京厅隆重举行。本届论坛的主题是:期刊·机构·人员——评价在人文社会科学发展中的导向作用。来自全国高校、社会科学研究机构的专家学者共120人参加论坛。《财贸经济》在全国经济学类学术期刊评价中排名第8位(核心期刊)。王朝阳副主任出席本次大会。

12月13—14日,为了搭建高水平的学术交流平台,进一步促进中国金融管理领域的理论与实践研究,复旦大学、上海交通大学、南京大学、华东师范大学、东南大学、厦门大学、上海师范大学、上海对外经贸大学、广东财经大学、浙江工商大学、西南交通大学等高校和《财贸经济》编辑部、《上海金融》编辑部等联合发起全国金融管理联合研究会及教研同盟,每年举行一次"全国金融管理论坛"。"首届全国金融管理论坛"在上海举行,论坛主题为"大数据时代的中国金融管理变革"。王朝阳副主任出席本次论坛。

附录 2 《财贸经济》编辑部历年工作人员[*]

1979 年，筹备办刊，方明为编辑部代主任。

1980—1983 年，主编：刘明夫，副主编：方明、柳静、姜君辰。

1980—1982 年，编辑部主任：胡季，副主任：阚沸、贾履让；编辑：黄仁清、赵一新、林旗、陈燕、王蜀伟（临时）。

1983—1993 年，成立《财贸经济资料》（内刊）编辑部，主任：阚沸，副主任：宋则、王福珍；编辑：柏冬秀、于立新、孔繁来、胡翠萍、钱铭燕。

1983—1984 年，编辑部主任：贾履让，副主任：陈令淑、珊宝；编辑：黄仁清、赵一新、林旗、陈燕、胡淑珍。

1984—1993 年，主编：张卓元，副主编：赵效民、贾履让。

1986—1991 年，编辑部主任：张魁峰，副主任：陈令淑、珊宝、赵一新、石小抗；编辑：黄仁清、陈燕、肖梦、安晓枫、李晓湘、王廉君、谢卫。

1992—1993 年，编辑部主任：郭冬乐，副主任：赵一新、陈晓伟；编辑：陈令淑、珊宝、陈燕、安晓枫、李晓湘、王廉君、谢卫。

1994—1998 年，主编：杨圣明，副主编：刘溶沧、郭冬乐。

1994—1997 年，编辑部主任：房汉廷，副主任：赵一新、林旗、王福珍、陈晓伟；编辑：陈燕、安晓枫、李晓湘、柏冬秀、孔繁来、王廉君。

1999—2002 年，主编：刘溶沧，副主编：郭冬乐、李扬。

---

[*] 受公开资料限制，编辑部历年工作人员变动主要以一年为单位进行整理。

1998—2003 年，编辑部主任：何德旭，副主任：林旗、安晓枫；编辑：李晓湘、柏冬秀、陈燕、孔繁来、荆林波、李新。

2003—2004 年，主编：江小涓，副主编：何德旭、高培勇。
2004—2007 年，编辑部主任：安晓枫，副主任：王迎新、张群群；编辑：陈燕。

2005—2008 年，主编：裴长洪，副主编：何德旭、高培勇。
2008 年，编辑部主任：王迎新，副主任：张群群；编辑：陈燕、殷作恒、谢谦。

2009—2010 年，主编：裴长洪，副主编：高培勇、荆林波。
2009—2010 年，编辑部主任：王迎新，副主任：王朝阳；编辑：陈燕、殷作恒、谢谦、董萍。

2010—2012 年，主编：高培勇，副主编：荆林波、史丹。
2010—2011 年 4 月，编辑部主任：王迎新，副主任：王朝阳；编辑：陈燕、殷作恒、董萍、范建鏋。
2011 年 5 月—2012 年 8 月，编辑部主任：王迎新，副主任：王朝阳、范建鏋；编辑：陈燕、殷作恒、董萍。
2011 年 12 月，成立财经院《专报》（内刊）编辑室，王朝阳兼任编辑室副主任并主持工作。
2012 年 1 月—2012 年 8 月，编辑部主任：王迎新，副主任：王朝阳、范建鏋；编辑：孔繁来（兼杂志社副社长）、陈燕、殷作恒、董萍。
2012 年 6 月，成立财经院 China Finance and Economic Review（英文刊，国内外公开发行）编辑部，王诚庆任编辑部主任，范建鏋兼任编辑部副主任。

2010—2013 年，主编：高培勇，副主编：荆林波
2010—2014 年，主编：高培勇
2012 年 9 月—2014 年 8 月，编辑部主任：王迎新，副主任：王朝阳、范建鏋；编辑：孔繁来、陈燕、殷作恒、董萍、白金兰、张继行。
2014 年 9—12 月，编辑部主任：王迎新，副主任：王朝阳、张德勇（兼任英文刊编辑部副主任，范建鏋不再兼任）；编辑：孔繁来、陈燕、殷作恒、董萍、白金兰、张继行。

附录3 《财贸经济》出版的基本情况

刊名	刊期	出版年份	版面（页）	定价（元）	备注
财贸经济丛刊	双月刊	1980	64	0.58	出版5期；16开
财贸经济	双月刊	1981	64	0.30	出版6期
财贸经济	月刊	1982—1984	64	0.30	每年出版12期（1984年出版增刊1期）
财贸经济	月刊	1985—1986	80	0.55	
财贸经济	月刊	1987—1988	64	0.65	
财贸经济	月刊	1989	64	0.95	
财贸经济	月刊	1990	64	1.50	
财贸经济	月刊	1991—1993	64	2.00	
财贸经济	月刊	1994	64	2.80	出版13期（含增刊1期）
财贸经济	月刊	1995—1997	64	4.80	
财贸经济	月刊	1998—1999	64	5.50	
财贸经济	月刊	2000—2002	80	8.00	
财贸经济	月刊	2003—2006	96	10.00	改为大16开
财贸经济	月刊	2007	128	12.00	出版13期（含增刊1期）
财贸经济	月刊	2008	128	12.00	增加了内封、页眉，取消小五号字的排版
财贸经济	月刊	2009	136	15.00	
财贸经济	月刊	2010	136	18.00	
财贸经济	月刊	2011	136	18.00	在封面和扉页上增加所徽；出版13期（含增刊1期）
财贸经济	月刊	2012	136	18.00	在封面和扉页改为刊印院徽；每篇文章后列出英文提要
财贸经济	月刊	2013	136	18.00	出版13期（含增刊1期）；社会科学文献出版社统一负责印制、发行
财贸经济	月刊	2014	136	20.00	

辑部再次得到了前辈和同事们的支持。张卓元老师曾任财贸所所长和本刊主编，亲自为文集作序；冯雷、王诚庆、张群群、杨志勇等同事，在论文遴选过程中给予了大力支持。对他们的付出，编辑部表示由衷的感谢。

为增强文集的可读性，编辑部在保持原文内容不变的基础上进行了一些处理。除技术性编辑校对和修改个别错误之外，编辑部又做了两项工作。一是对于早些年份没有内容摘要的论文，组织人员进行了补充撰写；二是增加了论文的作者简介。作者简介的撰写主要根据公开权威的资料，除基本信息外，重点介绍其研究领域、学术贡献和代表作等内容。对部分署名为"课题组"的论文，作者简介主要介绍负责人或执笔人的情况；如果他们曾在文集中的其他论文出现过，则不再重复介绍。

这项工作从初春开始启动，到完成时已将进入盛夏。在文集即将付梓之际，虽有些许遗憾，但更多的是欣慰。新的时代，赋予《财贸经济》新的任务。全体编辑部人将继续努力，秉持前辈们的办刊精神，把这项事业传承下去并不断发扬光大。

《财贸经济》编辑部
2015 年 7 月

后　　记

在合适的时机出版一本纪念文集,是《财贸经济》编辑部近几年一直的愿望。在创刊35周年之际,这个愿望有机会实现了。

能够出版这样一本文集,首先要感谢的,当然是创刊以来的几代编辑部人。回望过去,我们能够想象,在那个物资相当缺乏的年代,在技术条件还比较落后的情况下,没有他们的辛勤与智慧,刊物是不可能得到创办的,或者即便在一时热情的创办之后也是难以持续发展的。尤为难得的是,他们从一个较为混乱的环境中走出来,却能够不畏争议并坚持学术,用极具战略性的眼光,在刊物定位和办刊理念等方面为后来者指明方向,为刊物的持续发展奠定了基础。他们用实际行动证明,办好《财贸经济》,不仅是一项常规工作,更成为每个编辑部人的事业。正是在这种精神的支撑下,薪火相传,《财贸经济》迎来了35岁的生日。

能够出版这样一本文集,还要感谢全体财经院（财贸所）人的支持和付出。作为由财经院主办的学术期刊,《财贸经济》的办刊历来都不是编辑部独立的活动,全体科研人员和行政人员都为刊物发展做出了贡献。35年来,财贸所的学科体系与部门设置屡有变化,办刊机制与技术手段不断升级;2011年底财经院组建以来,又开始按照"国家级学术型智库"的定位,力求在"上层次、扩范围、探机制"等方面有所创新。当外部环境变化要求《财贸经济》做出调整时,当编辑部在人、财、物等方面出现困难时,总是能够得到财经院同事们及时、鼎力的支持。没有他们的付出,《财贸经济》能顺利走过35年也是难以想象的。

为编撰本文集,按照预定的计划和原则,编辑部春节后即启动相关工作。其中两项最主要的任务,一是每年一篇论文的遴选,二是35年大事记的整理。为做好论文遴选工作,编辑部在不同范围内进行了多次讨论;在形成初步方案和材料后,又向财经院同事以及部分曾在编辑部工作过的领导同志征求了意见。根据历史资料,我们编纂整理了"《财贸经济》大事记",其中记录了1980—2014年值得记载的一些重要事件,也包括编辑部人员变化的基本情况。在这两项工作的过程中,编